ヤマト王権と渡来人

―日本考古学協会2003年度滋賀大会シンポジウム2―

大橋信弥
花田勝広 編

はじめに

日本考古学協会の二〇〇三年度滋賀大会実行委員会の準備会議において、滋賀県から発信すべき多くのテーマの中から「近世城郭の成立」、「弥生時代の大型建物」、「渡来人の受容と生産」という三つのテーマが選ばれた。大会の運営には西川幸治大会委員長、菅谷文則副委員長、小笠原好彦実行委員長のもと、県下の埋文担当者・学生が結集し、二〇〇三年十月二五日から三日間、滋賀県立大学で公開講演会・研究集会などを行った。本書は、そのうち渡来人のシンポジウムの成果をまとめた論文集である。渡来人のテーマは、前日に公開講演を戴いた水野正好氏の大津市域の先駆的な研究を継承・発展させるものとして、最前線の研究者の方々に発表を頂いた。

大会終了後の実行委員会の打合せで発刊が決まり、発表者にその旨を連絡し、『ヤマト王権と渡来人』の書名で新たに討論の成果を含め、書き下ろして頂くことで理解と賛同を得た。出版には地元のサンライズ出版に引き受けていただくことになった。

渡来人は、本格的な国家が成立する以前の古墳時代から飛鳥時代に、幾度かの組織的な交流と移動により、古代国家形成期の列島社会に多大な影響を与えたことが知られる。特に、ヤマト王権の形成・機構の確立に画期的な役割を果たしたとみられるが、これまでの研究によってもその具体的な実像が判明している部分は決して多くない。

文献史学の立場から渡来人研究の基礎を築かれた関晃氏は、『帰化人』（至文堂　一九五六年）の中で、次のように書かれている。

「われわれは、誰でも古代の帰化人たちの血を一〇％や二〇％は受けていると考えなければならない。われわれの祖先が帰化人を同化したというような言い方がよく行われるけれども、そうでなくて、帰化人はわれわれの祖先なのである。彼らのした仕事は、日本人のためにした仕事でなくて、日本人がしたことなのである。」

この言葉は、四〇年以上まえのものであるが、「古代の帰化人はわれわれの祖先」、「彼らのした仕事は……日本人がしたこと」と説く、今日においても斬新な視角である。

「帰化人」の用語は、歴史認識の深化により「渡来人」として、上田正昭氏の提唱で改められた。以後、多くの研究が文献史料を中心にすすめられたが、ここ三〇年余の開発に伴う遺跡の発掘による考古資料の蓄積により、この問題を具体的に解明する条件が整いつつある。本書は、河内・大和・摂津・山城などの畿内と播磨・紀伊・近江などの周辺部、瀬戸内の拠点の吉備地域など、各地域の渡来人の受容と生産組織を明らかにするという視点から、各執筆者に論究をお願いした。それとともに古代国家の形成期に渡来人が持ち込んだ知識・技術・思想などを、考古学と文献史学の立場から、「総合学」として捉え、この重要な古代史の課題へアプローチを試みた。

本書が渡来人の研究にとどまらず、広く古代国家の形成を国際的な視野から考える一助となれば幸いである。

二〇〇五年五月

花田　勝広

はじめに

総　論

第一章　近畿の渡来人の受容

第二章　渡来人と生産

第三章　史料からみた渡来人

総論

古墳時代の畿内渡来人

花田勝広

はじめに

平安時代初め、弘仁年間に編纂された『新撰姓氏録』によると、支配者層を形成する氏の家柄リストが、左右京と畿内すなわち山城・大和・河内・摂津・和泉五カ国の範囲のものが収録される。全体で一〇五九の氏のうち、渡来系と称する氏は、三二四でほぼ三〇%を占める。この割合について、史料が抄本であって完全なものではないが、奈良時代末から続けられた氏族志編纂による氏族系譜が集成されたものである[①]。渡来系氏族が約三〇%の割合を占め、各説・批判もあるが、京・畿内の渡来系氏族を考える上で、非常に注目される数値である。渡来系の人々は、弥生時代以来、東アジアの政治的動向により朝鮮半島から、幾たびの渡来があった。

古墳時代の渡来人は、倭政権内部の技術変革と支配構造に決定的な影響を与えたことが知られる。渡来した人々は、朝鮮半島を故地とするが、その痕跡を確認することは容易でない。しかし、古墳時代中期以降、須恵器・韓式系土器などの遺物、初期須恵器生産・金属器生産などの技術系工人、横穴式石室などの群集墳被葬者の固有性が顕著な事例では検証することが可能である。

近年、文献史学では、遺跡・遺物などの考古資料を積極的に用い、渡来系氏族の存在を検証・新たな展望を示唆する加藤謙吉[②]・田中史生[③]・井上満郎[④]氏などの一連の研究が知られる。考古学・文献史学は、資料・史料を個有の特性・性格にもとづいて、歴史学の問題を解明する手段であるが、考古資料の増加により乖離がはじまって久しいが、渡来人の問題は両者の特性の不備を補う綜合学によってのみ解決できうる。渡来人による新たな技術変革と渡来時期が密接に連動しており、二つが一致する画期や操業主体を総合的に検討したい。

大壁建物集落からみた様相

大壁建物と分布　渡来人系集団に関連の深い大壁建物を中心に遺構を抽出し、その構造・分布について検討してみる。その系譜は、朝鮮半島に類例が認められており、渡来人の移動に基づく痕跡として、従来知られていた近江の他に大和・河内・和泉・摂津・山城地域などの畿内政権中枢部でも、確実な事例が検出されるようになり、三河・播磨・伯耆・信濃・筑紫・豊前地域などにも存在が確認されるようになり、西日本を中心に事例も増加する。

大壁建物　方形又は長方形の平面形を呈し、囲溝を掘り、棟持柱・間柱によって壁をつくる掘立柱大壁造りで、屋根は切妻または寄棟と推定される。建物構造で分類するならば、土壁建物となるが、狭義の意味でこの用語を用いる。大壁建物は、現在のところ、近畿・東海・九州に四八遺跡九二棟に及んでいる。最も多いのは、近江の大津地域で比叡山東南麓に集中する。

大壁建物集落

大和　葛城地域の南郷遺跡群で九棟、飛鳥地域周辺の清水谷遺跡など大壁建物が検出されている。時期は五世紀前半～六世紀前半に比定されるものである。

南郷柳原遺跡は、削平のためコ字状に周溝が東西七m×南北九・二mの規模で長方形を呈す。周溝は、幅〇・二～〇・七mほどで、底面に凹凸があり、柱穴を据えたものと考えられる。西辺では、〇・七m間隔で柱穴を配列され、規則的に並ぶ間柱とみられる。南辺でも柱穴の凹凸があり、両コーナーが深く柱を控えた柱穴とされる。また南辺に接してＳＫ5があり、棟持柱と考えられる。特に注目されるのは、大壁建物と同時期の石垣（ＳＸ01）があり、屋敷外郭とされるうちの中心建物とみなされる。石垣に伴って、ＴＧ232～ＴＫ73型式の須恵器が出土し、大壁建物と同時期に比定される。南郷井柄遺跡では、第二地区で大壁建物一棟が検出された。建物は、長辺一一・二m×短辺五mの長方形プランを呈し、幅〇・六～〇・七m、深さ五〇cmである。溝内には、〇・四mの柱穴が西側で連続して多数検出される。出土遺物から五世紀後半に比定される。南郷安田遺跡では、第一一・一二トレンチで各一棟が検出された。SB1は、北半部を削平されるが、南北六・九×東西六・六mの方形プランと考えられる大壁建物である。囲溝は、幅〇・六～〇・八m、深さ〇・六mを測り、間柱は溝の外側に寄って配列される。特に炭化材の残存状態より、囲溝を廻らし一度埋め戻してから間柱掘方を掘り、間柱を建てたものと推定されている。さらに外側に接して径〇・九m、深さ〇・五mを測る円形掘方が、一対検出され棟持柱と推定される。井戸大田台遺跡では、大壁建物二棟が重複して検出された。SB1は、南北五・五×東西六mのほぼ方形プランを呈し、囲溝は幅〇・五～〇・七mで深さ〇・三～〇・七mを測る。東溝では、径〇・三m前後の柱を〇・三m間隔で並べ、西溝においても〇・二m前後の柱を〇・二m間隔の状態が確認されている。溝内の土器より、六世紀前葉～中葉と考えられる。SB—2は、コ字状に溝が検出され、南北三×東西五・八mの長方形を呈す。溝内では、西溝で径〇・一五～〇・二mの間柱を並べる。時期は、須恵器より六世紀中葉～後葉と考えられる。佐田袖ノ木遺跡のSB—18は、八・二×五・二m以上の長方形プランを呈し、幅〇・四mで深さ〇・四五m囲溝が廻る。時期はTK23～47型式で六世紀前半に比定される。

清水谷遺跡は、高取川上流の低位段丘上に立地する古墳時代中期～飛鳥時代にかけての集落である。大壁建物は、重複しながら六棟が検出され、掘立柱建物と単位集落を形成する。遺構群は、五世紀中～六世紀初頭に大壁建物群が検出され、韓式系土器・陶質土器が多量に検出されている。先行する五世紀前葉の竪穴建物には、韓式系土器がほとんど伴わない。このように、竪穴建物群↓大壁建物群・平地建物↓掘立柱建物への構造変化が知られている。また、L字状竈が温突に類似、注目される。さらに、明日香村のホラント遺跡にても、七世紀後半の大壁が検出された。飛鳥・桧隈地域での大壁建物が検出された意義は非常に大きい。さらに、近年、観覚寺・森カシ谷遺跡で続々と検出される。

河内・和泉　大県遺跡は、柏原市に所在する古墳中期～奈良時代を中心とする集落で、古墳時代の鍛冶工房として著名である。大壁建物は、削平が著しくコ字状を呈し、東西四・五×南北六・七mの周溝が残存する。深さ〇・三mで須恵器と土師器の細片が出土した。遺構群の中で、建物一が同一方向で柱穴内の須恵器より六世紀末～七世紀前半と考えられることから、同時期とみなしたい。鍛冶炉三を覆う工房や鍛冶炉群と併行する可能性が高く、留意される。大園遺跡は、高石市大園に所在する古墳時代中～後期を中心とする遺跡で、多数の掘立柱建物群・井戸等が検出される。大壁建物は、D区の溝に区画された建物小群が抽出され、五世紀後葉～末の単位集落様相が明らかになっている。大壁建物は、方形周溝状遺構として報告されているもので、一辺〇・五～〇・六mで四隅に柱穴が検出される。溝内は深さ〇・二mで凹凸がある。大壁建物は、三四×四八mの区画溝内に位置し、掘立柱建物三棟と共に構成される小群をなす。方位や配置より、同時期とみられる。

山城　森垣外遺跡は、精華町に所在する古墳時代中～後期にかけての集落で、竪穴住居八棟、掘立柱建物群が多数、検出された。大壁建物六三九は、一辺九mであり幅〇・四～〇・五mの囲溝が廻る。間柱は、一・八m前後の間隔で規則正しく配列され、一二～一五カ所の柱穴がまた、南辺に深い掘方を有する柱穴二カ所があり、扉等の施設が考えられている。また南面の土壙から、MT15型式以前と考えられ、TK23～47型式に比定される。A3区の大壁建物一四三は、五・五×七mで本来方形プランとされ幅〇・四mの溝が廻る。大壁建物五八五は、六・五×七mの方形プランで、一・五m間隔で間柱が検出される。さらに、三棟の大壁建物は、掘立柱建物群の中枢施設とみなされる。さらに、羽口や鉄滓・砥石などが出土しており、鍛冶工房が周辺に存在している可能性がある。

摂津　上沢遺跡は、神戸市長田区に所在する古墳時代中～後期の集落で、竪穴住居・掘立柱建物群・大壁建物が検出される。五世紀後半の竪穴住居からは、多量の滑石製品・製塩土器・韓式系土器が出土する。大壁建物は、六世紀後半～七世紀初頭の二棟が検出される。注目されるのは、周辺の神楽遺跡などでも多量の韓式系土器が出土する集落が確認される。

播磨　寒鳳遺跡は、神戸市西区に所在する古墳時代後期を中心とする集落である。明石川支流、伊川を見下す標高二三mの台地に立地する。大壁建物は、竪穴住居一五棟・掘立柱建物一五棟・溝・土壙と共に検出され、重複が著しい。建物は、二棟がほぼ同一方位で、近接して配置される。ＳＢ40は、東西六・五×南北四・七ｍの長方形プランを呈し、溝内に間柱が検出される。ＳＢ41は、東西三×南北三・四ｍのほぼ方形プランを呈す、小型の建物である。竪穴建物九より、陶邑ＴＫ10型式の土器が出土し、これ以降の年代が推定される。大壁建物は、掘立柱建物群と群構成をなすものと考えられる。

近江　比叡山東麓の大津市内の七遺跡二二地点と愛知川町なまず遺跡、多賀町木曽遺跡、高月町高月南遺跡・中主町光相寺遺跡などで大壁建物が検出されている。ほとんどが大津市内に集中分布する。

高月南遺跡は、伊香郡高月町に所在する弥生時代～鎌倉時代の拠点集落で、五世紀前・六世紀末～七世紀前半の大壁建物二棟が検出された。近江から北陸へ通過する上で、重要な地域である。光相寺遺跡は、野洲川下流域の野洲市吉地・西河原に広がる飛鳥～奈良時代の集落跡である。大壁建物は、幅〇・六～一・二ｍで深さ〇・五～〇・八ｍの囲溝を廻し、一辺七～八ｍの方形プランを呈す。囲溝内には、直径〇・一～〇・二ｍの間柱などが三〇本遺存する。建物は、棟持柱を有しないことから、寄棟造りの上屋と推定される。時期は、出土遺物により七世紀後半と考えられている。

三河　矢迫遺跡は、豊田市の碧海台地に位置し、古墳時代中～後期の神明遺跡に連なる丘陵上にある。第二東海自動車道建設に伴う調査で、古墳時代後期～奈良時代の竪穴建物一七棟と大壁建物三棟が検出された。建物は、一辺五～一〇ｍの長方形プランを呈し、囲溝が深く廻り、柱穴が確認された。このうち、二つの長辺の中央が途切れており、入口部分と考えられている。時期は、七世紀前半に比定される。大西遺跡は、豊橋市豊川下流の河岸段丘上に位置する。大壁建物（ＳＢ—37）は、掘立柱建物群に伴い検出された。規模は、六・五×四・五ｍ以上で深さ〇・二～〇・五ｍを測る。時期は、六世紀後半～七世紀前半に比定される。

伯耆　夏谷遺跡は、倉吉市に所在する弥生時代後期～古墳時代後期の集落である。大壁建物は、丘陵上に一六棟の竪穴建物と共に検出された。平面は、南北一二・二ｍ×東西一二・二ｍを測る大型のもので、幅〇・六～〇・九ｍで深さ〇・一～〇・三ｍの囲溝となる。囲溝内には、いくつかの柱穴が検出された。周辺より須恵器（高杯・蓋）・移動式竈が出土しており、陶邑ＴＫ23型式併行期とみなされ、五世紀末ごろに比定される。

筑紫　福岡市梅林遺跡で、一一棟の大壁建物が検出された。削平されるが、六世紀末～七世紀前半に比定される。囲溝はないが、間柱が配列される。さらに、金武遺跡が山麓にて確認されており、鉄生産に関連する遺構群がこの地域に多く、開始時期と相俟って注目される。

豊前　豊前市小石原泉遺跡では、幅〇・二～〇・三mの囲溝を廻らす長方形プランのものが、二棟並列して検出され、六世紀末～七世紀前半に比定されている。

その他　これら以外に、信濃地域の長野県松本市上の城遺跡・千鹿頭北遺跡一七号建物があり、古墳時代後期に比定される。

以上のように、管見にふれただけでも、近畿地方を中心に西日本から中部地方まで知られ、今後類例が増加するものと推察される。

大壁建物と集落構成

この特異な建物が従来、渡来人建物のメルクマークとされたため、片寄って評価された観が強い。ところが、この建物も集落の中での一家屋形態であり、単独で存在するものはなく他の建物構造のものを含め合せて、検討しなくては実態と異なる。大壁建物はこれらの中で、従来の掘立柱建物と類似する点もあり、本来は掘立柱建物との対比の中で構造上の特徴を解明する必要がある。

五世紀の集落　南郷遺跡群では、葛城東麓の小丘陵上に五世紀を中心とした集落が数群検出されている。大壁建物は、南郷生家遺跡で二棟、南郷柳原遺跡で一棟が検出された。両遺跡は近接し、南郷柳原遺跡では、石垣を有する中心建物であることが判明している。生家遺跡では、掘立柱建物も同時併存する可能性があり、大壁建物のみの構成ではない。特に柳原遺跡の大壁建物は陶邑TG232～TK73型式併行期に比定される。また、石垣を持つ建物は、井戸井柄遺跡でも検出されており、これらの建物が渡来人を掌握する中間層で親方層と理解されている。これらの遺跡は、初期須恵器の他に韓式系土器を伴い、渡来人が生産に関与したことが明らかである。同様に忍海地域にも専業鍛冶を中心とした特定工房も予想されており、大壁建物が渡来人の建物と証明するメルクマークとなる。

清水谷遺跡は、農耕に適さない小支谷の段丘に集落が営なまれている。小集落は、竪穴建物群→大壁建物・掘立柱建物群→掘立柱建物群へと構造変化する。大壁建物の時期である五世紀中～六世紀初頭に、顕著に渡来人の居住を示す韓式系土器が多量に出土する。史料によると、後の今木郡（高市）飛鳥南辺にあたり、東漢氏の本拠地に近いことが注目される。

大園遺跡の建物小群は、D地区で五世紀後半の集落モデルとして著名な区画で検出された。大壁建物は、三五×五〇mに長方形に溝によって区画された中で、掘立柱建物三棟・井戸三カ所と共に検出された。このうち床面積の広いSB9は、従来中心建物と考えられていたが、大壁建物が五〇㎡前後となり中核建物となる。また、初期須恵器・陶質土器の出土から、渡来人集団の中心建物とみることもできる。

夏谷遺跡では、一八棟の竪穴建物と一棟の大壁建物の構成であり、集落中心建物とみなされる。掘立柱建物もなく、特異な様相を呈す。一方、大壁建物とは決め難いが、堺市小阪遺跡で竪穴建物六棟・掘立柱建物三棟に伴い、平地式建物二棟が検出される。

このように、大壁建物は、大和・和泉・山城などの地域に散発的に確認されているが、大和盆地南部の大和の渡来人集住地に、近年検出されたものが多く、増加が予想される。しかし、大壁建物のみで構成される集落はなく、掘立柱建物群・竪穴建物と一体となった集落構成を示すものであり、この点を留意しなくてはいけない。

六世紀～七世紀の集落　大壁建物は、南郷遺跡群の一部を除くと明確な六世紀前半のものでは明らかなものが少ない。特に、大県遺跡・穴太遺跡・滋賀里遺跡・南滋賀遺跡・寒鳳遺跡・なまず遺跡・木曽遺跡・矢迫遺跡など六世紀後半～七世紀前半代のものが多くある。このうち、報告例が多く地域的に明らかな大津市域の集落群を中心にして検討したい。

南郷遺跡群の井戸大田台遺跡では、五世紀後半の大型掘立柱建物群の廃絶後に南側に竪穴建物・大壁建物群が群集する。建物の切合関係により二～三回の建替が確認できる。大壁建物（SB1）と同時期のものは、竪穴住居（SB3・5・6）と溝状遺構がある。数棟の掘立柱建物も伴うものと思われるが、詳細な時期は不明である。大壁建物と竪穴住居と混成した集落構成となる。これらは、六世紀前～後半まで継続して営まれる。

大津市北郊の穴太から南滋賀にかけて、二一地点で大壁建物が検出されている。最も多い穴太遺跡では、穴太廃寺周辺から九地点が知られる。穴太遺跡A区では、調査により六世紀後葉～八世紀代の遺構が数面に伴って、大壁建物・掘立柱建物群・竪穴住居・溝・柵列が検出されている。遺構群は、遺構面と建物の切り合い関係により、数時期に区分される。Ⅰ期は六世紀後半～末に比定される遺構群で礎石建ち建物二棟・大壁建物二三棟・柵列・区画溝を含めた溝群からなる。まず、溝二と溝四・溝二〇二によって、北側と南側ブロックに分かれ、建物群が配置される。北群は、礎石建ち建物二を中心に、礎石建ち建物一が配置され、大壁建物と掘立柱建物が構成され、北側に柵二〇四・南側に溝二〇三・二〇四により区画される。南群は、溝二〇二以南の微高地に溝二〇二に沿って東西に配列される一群、中央部の掘立柱建物群、南側の掘立柱建物群の三群からなる。これらは、全て掘立柱建物群のみで構成される。大壁建物一〇二より斎串三・大壁建物一〇三より小型下駄が出土する。Ⅱ期は、六世紀末～七世紀前半に比定される建物群で、大壁建物四棟・掘立柱建物一七棟と柵列・区画溝より構成される。建物は、二～三棟が重複するものがあり、小期に区分される。建物群はⅠ期の配置を踏襲して、北群と南群に区別される。北群は、礎石建ち建物二の位置に大壁建物二〇一→二〇三が連続して建て直される。特に大壁建物二〇一は、柵列を建物の周囲に廻す。大壁建物二〇三・二〇四の位置に掘立柱建物一〇三がL字状の区画溝を有する。北側にも溝一〇二と柵列、南側に溝一〇四と柵一〇四が配置され、前代の占地利用が踏襲される。南群は、溝一〇五以南に大壁建物一棟・掘立柱建物により構成され、溝に沿った部分に建物が集中する。大壁建物一〇四は周囲に柵列を廻らし、掘立柱建物群と構成される。また、溝一〇六に沿って三棟の掘立柱建物が単位群をなす。

このように、Ⅰ期は掘立柱建物群を中心に構成されていたが、後半期に大壁建物・掘立柱建物・礎石建ち建物が加わり、北群に区画溝と柵列により構成され、南群は掘立柱建物のみで構成され、建物格差が生じている。北群に文字を使用する知識層の存在が留意される。Ⅱ期は、前代の配置が踏襲され、重要な建物部分に大壁建物や区画溝を持つ掘立柱建物群が占地し、柵列や区画溝の同様な機能を有している。とにかく、重複が著しく頻繁な建て替えが行なわれる。南群はⅡ期にない大壁建物が出現し、掘立柱建物群と組み合せの建物構成となる。区画は、南北によるものだけで、東西については明確な区画はない。Ⅲ期は、北側に竪穴住居・掘立柱建物による構成となり従来の特殊な遺構の色彩はなく通有の集落を呈す。この集落の出土品で特徴的なのは、下駄・うき・土錘などの漁労具、斎串などの出土が注目される。また、七世紀前半で数少ない木簡・墨書土器・円面硯・転用硯などは、渡来人と考える上で重要な視点である。生業に係わるものとして漁労具の出土は、農耕以外に、湖上交通に携わる人々の像が窺える。

百済・新羅時代の温突（オンドル）遺構は少なく、穴太遺跡（弥生町）ＳＸ22が扶蘇山城のものと構造的に類似する特徴が多いが、韓国における発掘調査資料の増加によって検証されるものと考えられる。しかし、温突としての焚口・焼成室・煙道といった部位は発達段階と云えども備わっており、発掘調査状況から云っても、誤りのないものと推察される。六世紀後葉～七世紀前半代に倭国において温突の設置はなく、礎石建物・大壁建物と共に、渡来人の所産であることは云うまでもない。さらに、大和・清水谷遺跡でも温突遺構が検出される。

集落としてみた場合、五世紀前葉の南郷柳原遺跡・高月南遺跡が、確実に古い事例である。石垣を有する中核建物であり、南郷遺跡群の様相から渡来系集団の建物と考えられる。六世紀前半代には、南郷遺跡群のほかに森垣外遺跡などのように山城・和泉・播磨・近江地域に事例が増える。六世紀後半には近江・河内・摂津・三河・豊前・筑紫地域にも知られ、その増加が著しい。穴太遺跡群の場合、複数の大壁建物が単位群の中核施設として普及し、地域集落構成として、一般化する点が注目される。

集落と墓域の様相

大壁建物を含む集落・韓式系土器を出土する渡来人集落、ミニチュア炊飯具・釵子等の遺物を出土する古墳を中心に集落と墓制を総合的に検討する。渡来工人の様相を顕著に示す遺跡群を各地域にて検証する。

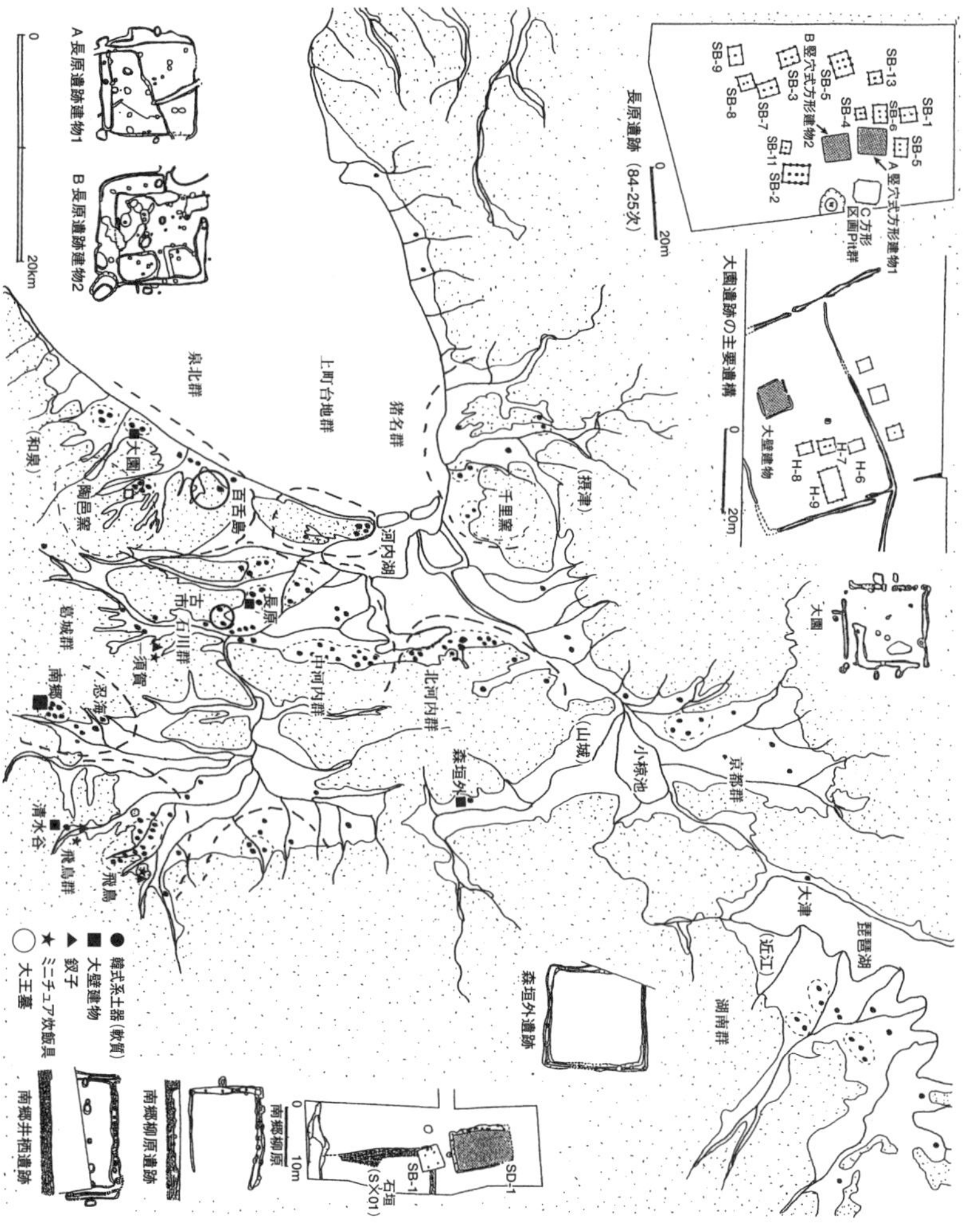

図1　5世紀の渡来系遺跡・遺物

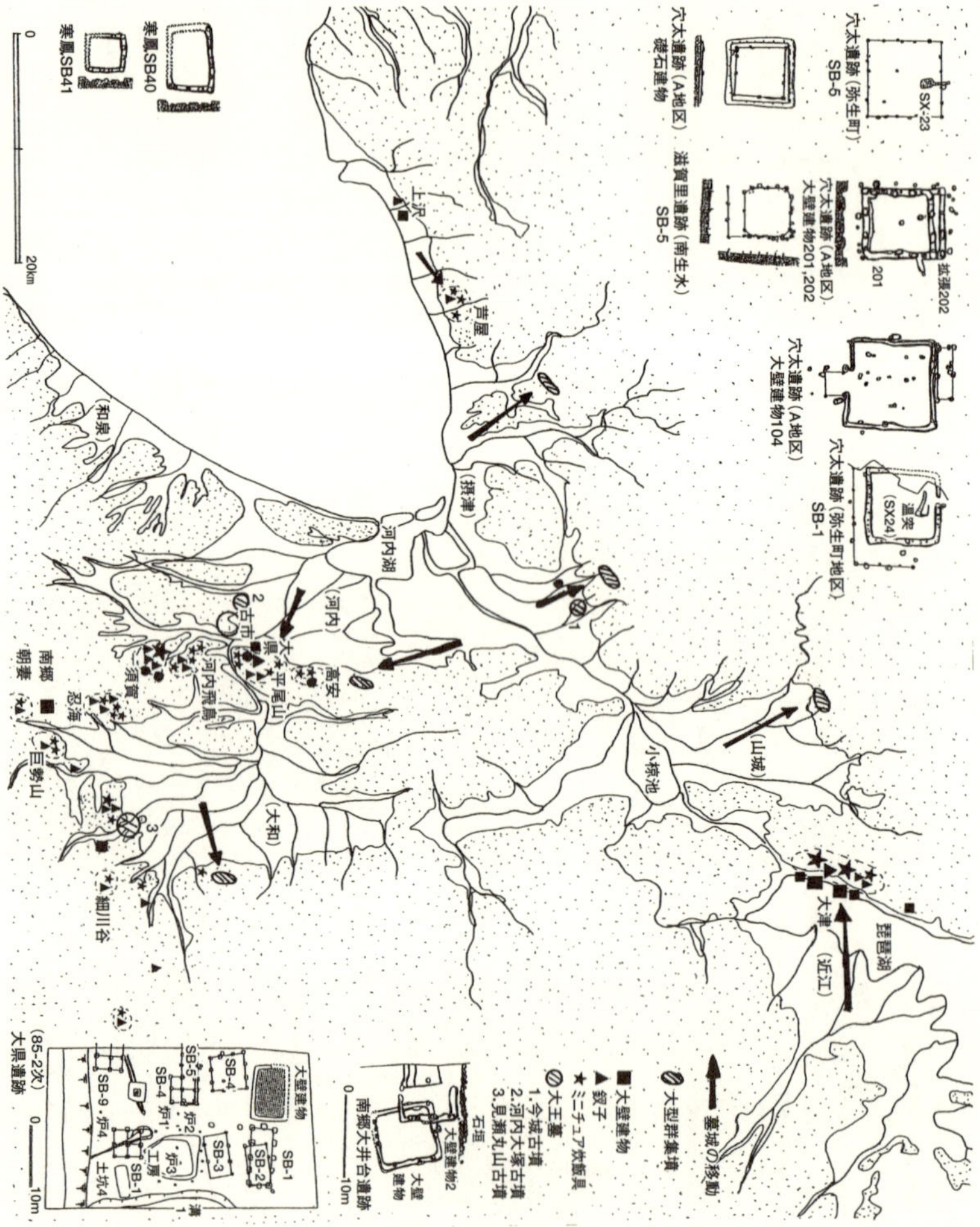

図2　6～7世紀前半の渡来系遺跡・遺物

大和の工房・集落と墓域

工房・集落　葛城地域は、古代葛城氏の勢力圏として周知されている。このうち、忍海の脇田遺跡では、五世紀前半～七世紀代の鍛冶関連遺構が検出され、背後の鍛冶具・鉄滓供献古墳の存在や史料にみる忍海手人が一致することから、畿内の特定工房の一つとみなされる。脇田遺跡は、葛城山東麓の東方丘陵に立地する。双塔式の伽藍配置を持った寺院で七世紀後半～末葉、西遺跡では壇上積基壇の塔址が発掘され、新羅系鬼面文瓦も出土している。二次調査の結果では、六世紀後半～八世紀代の幅の中で鍛冶生産の操業が推定されている。銅片・銅滓片の出土は、金工・銅製品を用いた鉄製品の製作を予想される。

葛城地域南部の南郷遺跡群は、小斜面に数群のまとまりがあり、石垣を配列する建物と竪穴建物からなる遺構群から構成される。石垣を配列するものは、南郷柳原遺跡と井戸井柄遺跡の二カ所があり、両者は二五〇ｍで接近する。前者は、長さ一五ｍ、高さ一ｍが残存するL字状の配列が確認される。その内部には、大壁建物が一棟ほど検出される。建物は、五世紀前～中葉に比定され、最古の大壁建物である。大半の集落は、竪穴建物を中心に構成される。南郷井柄遺跡は、大壁建物が検出され、五世紀後葉とされる。井戸井柄遺跡は、一辺四～五ｍの方形住居二棟が検出され、須恵器・陶質土器・韓式系土器が伴っている。このうち、南郷角田遺跡、南郷柳原遺跡、南郷井柄遺跡、下茶屋カマ田遺跡では、鍛冶関連遺物を伴っており、工房の存在が窺える。ただし、確実な鍛冶炉は不明確であるが、鍛造剥片や鉄滓・羽口の存在から周辺に存在することはほぼ確実であろう。以上のように、石垣を有する中心建物を中心に大壁建物を含む集落が形成され、鍛冶工人・玉作り工人が居住していたようである。時期的にも、初期須恵器の段階に突如として出現し、五世紀後半に衰退しており、葛城氏の活躍と盛衰とも一致する点が注目される。

飛鳥地域の渡来人について、関川尚功氏が韓式系土器・釵子などを中心にその背景をまとめられている。飛鳥川流域では、天香久山西麓一帯の橿原市木ノ元町・別所町・高殿町で竪穴建物が七棟検出されている。造り付け竈を有する建物埋土から、韓式系土器（甕・甑）、瓦質土器（多耳壺の蓋）などが出土している。畝傍山北東の四条大田中遺跡からは、溝跡より韓式系土器（甕・甑・鉢）に伴い初期須恵器が出土している。飛鳥地域では、小平野に古墳時代を通じて、小集落が検出されている。このうち、島庄・岡・飛鳥寺・石神遺跡などで竪穴建物が検出され、韓式系土器が出土する。特に石神遺跡一帯では、六世紀代へ継続して住居が営まれる。西口壽生氏は、この分布の様相から、古墳時代中期から後期にかけて約五〇〇m間隔に、三つの地点にまとまるとし、『日本書紀』雄略七年、「手末才伎」を「上桃原」・「下桃原」・「真神原」に遷り住ませた地域と整合性があるとする。そして、石神遺跡北方、奥山に近い地域を五世紀代の最初の渡来人集住地とみる。また、韓式系土器を持つ住居は竪穴建物として突如出現すること。後の飛鳥・藤原京域でも五世紀中葉～後半に増加が知られる。特に、渡来人集落が地域を分けて共存関連にある地域、在来のムラと渡来系のムラが隔てなく共存した地域の二つを指摘[5]する。

墓域　葛城山麓で鍛冶具副葬・鉄滓を供献する古墳は、石光山一号墳・笛吹八・一二号墳・寺口忍海古墳群（九基）などがあり、巨勢山古墳群（七基）が知られ、鍛冶工人との関係が指摘される。忍海地域では寺口忍海古墳群・笛吹古墳群・石光山一号墳で鍛冶関連遺物が集中する。さらに、巨勢山古墳群では、ミニチュア炊飯具（四〇八号・四一五号墳）、釵子（七五号墳）で出土しており、渡来人・鍛冶工人を中心とした墓域とみなされる。南郷遺跡群の南側では、北窪古墳群ナラズ柿支群において、ミニチュア炊飯具（一号墳）・釵子（三号墳）などが出土する。笛吹古墳群には、「神山千塚」・笛吹遊塚古墳でミニチュア炊飯具、笛吹一二号墳で釵子を出土するものがあり、渡来人に関する遺物として注目される。さらに、脇田字柳辻で六世紀代の須恵器と共に釵子一が出土し、古墳と考えられる。小林樫ノ木古墳でも六世紀前半の釵子一が出土する。このように、この一帯が渡来系集団を中心とする墓域とみなしうる。

葛城地域では、群集墳の調査事例が少なく、実態が明確でないが、総数六〇〇基の巨勢山古墳群でも鍛冶具・鉄滓・ミニチュア炊飯具が出土しており、今後その事例の増加が予想される。また、紀伊へ向う五条猫塚古墳、高取町のイノヲク一号墳にも鍛冶具一式が出土し、イノヲク三号・一二号墳に鉄滓供献古墳も確認されている。

このことから、鍛冶集落と鍛冶工人の墓域を、総合的に理解することが可能である。特に、脇田遺跡とその周辺の鍛冶具・鉄滓供献古墳を忍海群、巨勢山古墳群と名柄遺跡で巨勢山群、イノヲク一号墳の存在から高取群などを設定できる。巨勢山群は、鉄滓供献古墳が増加したが、六〜七世紀代の鍛冶工房群はその実態が明らかでない。今後、名柄・朝妻・佐味地域で発見される可能性が高い。しかし、五世紀代の南郷遺跡群の鍛冶工房群に伴う墓域の実態は不明である。高取群は、六世紀末の清水谷高貝遺跡なども知られているが、先行する鍛冶関連遺跡の存在が留意される。今後、これらの鍛冶工人を直接掌握する背後氏族を知る上で重要であろう。

河内の集落と工房

集落　渡来系集団の集落とされる五世紀代の韓式系土器を出土する集落を検討する。渡来人の存在を示す集落は、今津啓子氏[6]によって朝鮮系軟質土器の四セット以上の揃うものを彼らの居住する集落とみなしている。その分布は、河内平野・石津川流域・布留川流域・飛鳥川流域・紀ノ川河口を中心に集中して認められる。このうち河内平野では、五世紀代の集落の出土頻度が高く、朝鮮系軟質土器出土地すなわち、集落とみなされ、一般の倭系集落内に渡来人の混成とみることができる。これらの成果をもとに、集落の建物構成より二つに大別される。Ⅰ類は竪穴建物を中心とする集落、Ⅱ類は掘立柱建物を中心とするものがある。竪穴建物を中心とする集落は、茄子作・中海道・森北町・郡家川西・万崎池・長保寺・北木田遺跡などがあり、大仙中町・鴨田・馬場遺跡なども可能性がある。一方、掘立柱建物を中心とする集落は、長原（八四―五次）・八尾南・大園遺跡などを代表とすることができる。また、混成するものとして、小阪・神楽遺跡が知られる。これらは、渡来人居住集落とされ、竪穴建物と掘立柱建物の両者が存在することも判明している。河内中枢部に掘立柱建物群を主体とするものが多い点が注目される。このうち、長原遺跡（八四―一五次）では、掘立柱建物一六棟・平地式建物二棟・井戸一カ所・溝群が検出される。この建物群は、五世紀後半（陶邑ＴＫ23〜47型式）を中心とする時期に比定される。平地式建物二棟は、囲溝状の痕跡と溝内に柱穴があり、大壁建物として注目される。

墓域　六世紀の群集墳の一つである一須賀古墳群は、推定総数約二〇〇基のうち、四〇％前後の実態が明らかであり、河内地方の平尾山・山畑・高安古墳群に比べると調査率が非常に高い。円墳は、多くが横穴式石室を内部主体とするものであり、その構造によって三タイプに大別される。A類は、いわゆる畿内系石室で、一須賀で通有のタイプである。B類は、古式のものは左片袖式の横穴式石室を深い墓壙内に設け、羨道が玄室床面よりレベルが高くなるものである。この一群は、一瀬和夫氏[⑦]により「高井田型石室」と呼称されるものである。一須賀古墳群で九基ほど知られている。共に造墓時期はTK47～TK10型式がほとんどである。C類は、方形に近い平面型を呈し、側壁が持ち送りドーム天井であると考えられる石室である。代表例としてWA―一一号墳が上げられる。これら以外のものとして、WA―二二号・D―一二号墳のように、天井部の持ち送りの著しいものが知られる。このように石室は、A～Cの三タイプに大別される。その構成比は、調査数六六基中八〇％がA類、一五％がB類、一％がC類、四％がD類と云う構成であり、ほとんどが畿内系や畿内型横穴式石室である。一方、B類は、高井田山古墳の石室構造の影響を受けた特徴を持つものである。横穴式石室の導入期に認められる一群であり、桜井公園二号墳と共通するものがある。C類は、長原七ノ坪古墳とほぼ同一の平面プランを有している。造墓時期は長原七ノ坪古墳が、MT15型式、一須賀WA―一一号墳がTK10型式となっている。また、高安・郡川支群一六号墳も同時期であり、奥壁・側壁を天井部で持ち送り、二石天井石となっている。高安では、外に六基ほど類例が知られる。このように主流は畿内型石室であり、六世紀後半～七世紀前半の造墓数が最も多い。造墓時期も陶邑MT47型式～隼上りⅡ段階までであり約一〇〇年前後に納まる。群集墳は、古墳の規模や内部構造（横穴式石室）によって規定されるのでなく、被葬者の埋葬施設（棺）や副葬品にその性格が現われる場合が多い。棺葬は、その材質によって鉄釘で留める木棺と二上山の松香石を用いた組合式家形石棺がある。この二種が一須賀古墳群における一般的な棺葬である。

炊飯具は、高さ一〇㎝前後の小型品と二〇㎝前後の大型品に二種の法量差がある。竈の形態は、付庇を焚口の周囲に巡らせ、体部に把手を有するものと持たないものがある。大和にみられるように把手の変わりに円孔を有するものはなく、体部に凸帯を有するものが認められる。共伴する甕・甑・鍋も各種の形態差が大きい。一方、これらに伴って須恵器を模倣した土師器の壺・杯などがあり、小型炊飯具に伴って出土している。ミニチュア炊飯具の副葬率は最少二〇％～最大二五％前後であり、従来指摘されているように高い比率である。副葬品は、全体として装身具の副葬（釵子・指輪・釧）とミニチュア炊飯具の出土する頻度が高い。その反面、武具・馬具の副葬率が他の古墳群と比較すると低いことが窺える。また、金銅製冠・沓や金製垂飾付耳飾・金銅製飾金具・釵子・指輪等の朝鮮半島と交流の濃い出土品が注目される。一方、環頭大刀や馬具は、特定の中～大型古墳へ集中することから、各支群の単位群の格差を示しているものと理解できる。これらの遺物は、有機的に関連をもって共併する場合も多く、D・B・I支群に集中することから、支群間の差と見ることができる。このように、一須賀古墳群、群の総括者WA―一号又は、D―四号墳の被葬者を頂点として、支群間に格差が存在するようである。一須賀古墳群の盛期において、墳丘規模・石室の大小による格差は、造墓主体である有力家長層の階層差と理解したい。被葬者の性格を推察する上で、古墳出土の服装品あるいは、石室の構造的特徴などが有力な手掛かりとなる。特に副葬品では、ミニチュア炊飯具・釵子・韓式系土器が、渡来人集団と密接に関わる文物とされる。

平尾山古墳群では、ほとんどのものが横穴式石室を内部主体とする群集墳で、約一、五〇〇基から構成される。このうち古い一群は、MT15～TK10型式に比定される竪穴系横口式石室もあるが、ほとんどが広義の畿内型石室となる。釵子を出土するものは、雁多尾畑支群一一―六号・六―一三号墳、平尾山支群八―一七号・九―二号墳、平野大県一〇―一号・一七―一号・一七―二号・二〇―三号・二七―一号・二七―五号墳と太平寺横穴支群三―三・三―八号墳の一二基が知られる。ミニチュア炊飯具は、平野大県一〇―一号・二〇―三号墳、高井田三―五号墳等で四基が知られる。共に現在のところ、時期的にMT85～TK217型式の造墓ものに副葬される。

飛鳥千塚では、B支群で釵子、A―四号・A―二号墳にミニチュア炊飯具が検出される。周辺にも、切戸二号墳・大谷二号墳・奉献塔山一・二号墳・誉田山古墳群などでも分布が確認される。このような分布状態から、高安千塚・平尾山古墳群から一須賀古墳群を中核として、釵子・ミニチュア炊飯具・指輪などの渡来系集団に伴う遺物が、今後とも増加するとみる。

近江の墓域

志賀古墳群　志賀古墳群は、旧稿で検討しているので、詳細は省略する。

志賀古墳群は、木棺直葬墳と横穴式石室墳から構成されて前者は、六支群一七基で五世紀後半～六世紀初頭の造墓であり、竪穴建物を中心とした集落に被葬者が求められる。後者は、二五支群六一一基で五世紀末～七世紀中葉までに造墓が集中する。造墓は、穴太群の飼込一六号墳（TK47型式）、滋賀里群の大通寺三号墳（MT15型式）にみられる二〇〇～三〇〇基の中群に開始される。造墓数の六〇～七〇基の坂本群・錦織群はやや遅れ、TK10型式から造墓が開始される。そして六世紀後半～七世紀初頭が最盛期でピークが認められる。この中には、玄室面積が九～二〇㎡の大形石室が含まれている。これらは、近江地方の前方後円墳の主体部を凌駕するものも多く含まれている。特に大通寺三・一六号墳・太鼓塚五号・E―一号墳・飼込一七号墳・熊ヶ谷五号墳は群における有力小首長に比定できよう。したがって、実質的には有力小首長であるが、前方後円墳の葬法は認められない階層と考えたい。また、水野正好氏の指摘にあるように、比叡山東麓の狭い扇状地に六〇〇基からなる横穴式石室被葬者集団の全ての集住を求めることは地理的に無理があり、やはり他地域からの本拠地への帰葬を求めることが妥当である。志賀古墳群は、横穴式石室A（長方形）・B類（方形）が主流で、これにC類（両袖）・D類（無袖）が加わる構成であり、そのA・B類の斉一性の強いことが注目される。それは、本拠地に帰葬するが故にミニチュア炊飯具を副葬品として用い、A・B類石室を造墓なすことができたものと理解したい。造墓は本拠地帰葬の場合、統括氏族の造墓規制を受けるものが基本となるものと解される。

ミニチュア炊飯具・釵子

ミニチュア炊飯具・釵子　水野正好・関川尚功の優れた先学の研究があり、中国あるいは朝鮮系渡来人に伴う遺物と見做されている。ミニチュア炊飯具・釵子の出土地をもとにした渡来系集団の墓域は、河内・大和・近江などで四九カ所が周知されている。そのうち、群として密集度の高いのは河内の一須賀古墳群、大和の与楽ナシタニ古墳群があげられ、二四基があり過半数である。その分布も、磐余近隣（四基）、飛鳥（八基）、忍海（三基）、一須賀（一九基）、駒ケ谷（六基）、平尾山（四基）、高安（一基）、磯城と巨勢などに各一基が分布する。

釵子は、関川分類⑧のＩＡタイプが大和・河内・近江地域に最も多く普及している。ＩＢ・Ⅱタイプは大和・河内地域に検出され、ＩＤタイプが河内・摂津地域に認められる。畿内では、大和の坂ノ山四・五号墳が最も古くＴＫ208型式に検出され、五世紀末に桜井公園二号墳・飛鳥周辺の渡来系の横穴式石室に副葬される。六世紀中〜後葉に忍海・巨勢などにひろがる。河内でも一須賀Ｉ―一九号墳が五世紀末に初見され、六世紀中〜後葉にも副葬が拡大し、平尾山古墳群・飛鳥千塚などにも検出される。近江では、六世紀前半に大通寺四一号墳・大谷古墳群に初見され、六世紀中〜七世紀前半に太鼓塚古墳群で顕著にみとめられる。

ミニチュア炊飯具の場合、大和の桜井公園二号墳がＴＫ47型式で最も古く、稲村山古墳が五世紀末〜六世紀初頭のものとみられ、磐余・飛鳥周辺より副葬化が始まったものとされる。そして河内でも、一須賀Ｉ―一九号墳がＴＫ四七型式で最も古く、ＭＴ15〜ＴＫ10型式に高安郡川一六号・一須賀ＷＡ―一一号墳、近江（大通寺三号・野添二〇号・穴太飼込一五号墳）のように各地で副葬が開始されている。釵子の副葬は、若干副葬時期が下るが、与楽ナシタニ支群や奉献塔山二号墳・太鼓塚古墳群のようにミニチュア炊飯具を共併するものもあり、非常に両者の共存が注目される。これらを副葬する横穴式石室は、一須賀ＷＡ―一一号墳・高安郡川一六号墳、志賀古墳群、与楽古墳群など、天井部が持ち送り強い類似する特徴を有している。ところが、一須賀でも長方形プランを有する畿内型石室に副葬される場合が多い。また、軟質の韓式系土器を出土する高安郡川一六号、一須賀ＷＡ―一一号・ＷＡ―二一号・ＷＡ―一七号墳があり、前二者がミニチュア炊飯具を共併している。ただし、近江のように志賀古墳群の集落と墓域の一体として、現段階では把握できていない。つまり、近江では、この一帯の渡来人集落が集住形態をなすのに対し、河内・大和では集落内において、渡来系集団と従来の集在地団が混成した集落形態をなすものと理解したい。大和・河内では、六世紀の群集墳に前述したように釵子・ミニチュア炊飯具の高い副葬率の一群は認められるものの、石室形態は、畿内型石室A類が主体となった様式であり、志賀古墳群のB類（方形）に類似する石室は量的に少ない。したがって、群集墳内の造墓において、石室形態は統括氏族の規則が強く、通有の副葬品に伴って渡来色の強い副葬品の差として出土するようである。

このことから、畿内中枢部では渡来系氏族を分散的に従来の有力氏族集団の構成員として掌握し、組織化されたものとみなしたい。六世紀代に有力家長層の抬頭の中で渡来系氏族も造墓が可能となり、群内の副葬品差として生活遺物の一部が認められるのであろう。上記の推定を裏付けるように、須恵器・鍛冶などの技術系専業工人の集落を除くと、近江で認められるような集住形態の集落が多数発見されないことはこの理由によるものである。

渡来系遺跡群と史料の対比

渡来系集団は、技術系・知識系・土木系などの職能集団に大きく分類されると思われ、実証は困難が多いとされるが、関連する遺跡群をもとにその背景と、史料にみる様相を考えてみたい。

河内

技術系の大県・森遺跡群は、多量の椀形滓や羽口出土量から鍛冶専業集落とみられ、朝鮮系軟質土器や陶質土器を出土により、渡来人が生産に従事したと考えられる。特に、大型の椀形滓の存在より、鉄素材をつくる精錬鍛冶から、鍛錬鍛冶までを行っている。生産規模とその内容から、鉄器のほかに鉄素材配布の拠点中核センターの可能性が指摘される。陶邑では、大庭寺遺跡などにみられる半島系譜の須恵器（TG232型式）を焼成しており、その系譜は釜山系統から百済ないし全南系統への転換と云うべき変化をすることが指摘される。そして、TK73型式を経て定型化するTK208型式へ量産がなされる。千里丘陵においても、吹田三二号窯でも初期須恵器窯が築窯され、生産が拡大化する。石川流域の一須賀二号窯以外にも神山遺跡などでも初期須恵器窯の存在が予想される。須恵器窯の開始においても、朝鮮系軟質土器を出土する遺跡が周辺に存在し、単独でないことが窺える。平野部の長原・久宝寺・八尾南・亀井遺跡は、河内湖沖積低地の治水・灌漑などに伴う開発に渡来人が関与した土木系の開発型集落と考えられている。

上町台地の法円坂遺跡でも各所に朝鮮系軟質土器が出土しており、港・津の管理に伴う知識系渡来人の関与を予想せしめる。四条畷一帯は、馬の飼育・放牧に関連が従来指摘される。奈良井遺跡では、五世紀後半〜六世紀中葉に馬の遺骸は五頭の頭部や骨だけ、馬を犠牲にした祭祀が行なわれていたと推察される。また、朝鮮系軟質土器の平底鉢・甑が出土する。同様に南野米崎・中野でも韓式系土器に伴う馬骨や滑石製玉類が出土している。近年でも長保寺・楠遺跡でも出土し、木製鞍などが注目される。さらに、製塩土器や製塩炉の検出により、馬の飼育に必要な塩生産が推定される。史料にみる娑羅羅馬飼・菟野馬飼などの集団の居住域と推定される。

墓制においても、平野部の城山四・五号墳では方墳の主体部に韓式系土器を合口棺として使用しており、渡来人の被葬者と考えられる。[9] 長原古墳群は二〇〇基に近い方墳が検出され、長原二・三期に造墓数が増加するものに、韓式系土器を出土するものがあり、渡来人を含む可能性が極めて高い。このように河内平野では、専業的な手工業生産工房が、大規模な形で存在するのに対し、大和では複合する工房が拠点的な集落にまとまって存在する点が指摘される。[10] 倭政権は、五世紀代に積極的に平野部の関発と大規模な手工業生産工房を設置し、各種の職能集団である渡来人を配したものとみなされる。したがって、五世紀前葉を中心に韓式系土器（軟質系）が多量に出土することから、従来の倭系集落内やその周辺に渡来人を配置したものと推察される。ただし、渡来系集団の規模や混成の度合いより、各種の集落形態を示すものとみられる。一方、一須賀古墳群の被葬者集団については、ミニチュア炊飯具・釵子・韓式系土器・金製垂飾付耳飾などが出土しており、渡来人系集団を含む被葬者と考えられる。先学の研究によって、磯長谷古墳群が蘇我系の皇陵群とされており、一須賀古墳群もこの傘下の被葬者集団と見做すことはほぼ間違いがなかろう。特に、横穴式石室は、五世紀末に高井田型の横穴式石室を導入後に、六世紀前葉の多種のタイプが混在するのに対し、中葉～後葉にかけて畿内型石室へ移行、斉一化が進む。したがって、渡来系の遺物を副葬する古墳が、志賀古墳群のように石室形態差が、ある程度反映する状況とは異なっている。つまり一須賀古墳群は、造墓開始期に渡来系の石室様式・副葬品が顕著に現われるが、次第に畿内型石室の普及に伴い古墳の規模・石室形態・棺葬が統括氏族の規制が強くなり、渡来人の特性は副葬品の差として現われているものと推察される。恐らく志賀古墳群のような独自性は造墓規制の中で反映しなかったものと考えられる。

大和

大壁建物が朝鮮半島の建物の系譜を引くことが、百済・艇止山遺跡の大壁建物群の調査で明らかとなった[11]。この遺跡は、武寧王陵が位置する艇止山北側にある。このうち大壁建物は、丘陵頂部平坦面に三棟、南斜面に四棟の七棟ある。これらは、二号建物を除くと等高線に沿った配置となり、上段・中段・下段の各テラスに大壁建物が検出される。大壁建物は、一辺五～七ｍ前後の方形に近い平面形を呈す。囲溝内には、主柱穴の他に間柱を配列しており、日本国内で発見されるものと類似点が多く認められる。しかし、いくつかのものに主柱穴が周溝外側へやや、突出した柱を配置する点が異なるが、概ね類似する大壁建物と考えられる。韓国の大壁建物の時期は、上限を六世紀初頭まで溯る可能性を持つものの、六世紀中頃まで存在していた可能性がある。その性格は、百済熊津時代の国家的施設とされる。ただし現在のところ、大壁建物は五世紀前半に溯る南郷柳原遺跡や清水谷遺跡・高月南遺跡が古い事例であり、韓国の発掘調査の増加よって、その実相が明らかになるものと推量される。

金属器生産の工人集団は、令制において、鍛冶司・典鋳司・造兵司などの前身となる工房群に金属工として配属されるか、または生産物の貢納によって王権に掌握されていた。史料にみる蘇我氏支配下の東漢人系列に置かれたものは、鎧作、忍海漢人、金作部、飽波漢人であり、葛城地域の関連から三田首、朝妻手人、朝妻金作、忍海手人、忍海漢人、忍海部も加えられる。奈良時代の金属工の中に佐備、錦部、石村、額田の氏名があり、『新撰姓氏録』逸文の中に佐味村主、錦部村主、石村村主、額田村主の同族とみなされている。これらは、新羅後裔と記す桑原・佐糜・高宮・忍海の四邑の漢人名が葛城地域の地名と一致しており、上記の新撰姓氏録・続日本紀の養老六年（七二二）の改姓要求記事とも整合点が多く注目される。八世紀前半には朝妻・忍海・佐味などの金工の存在が明らかであり、六世紀末～七世紀前半代の『元興寺伽藍縁起并流記資財帳』に引用される『塔露盤銘』の記載にも忍海首・朝妻首の名が認められる。

一方、発掘調査の資料は、脇田・名柄・南郷遺跡群で、鍛冶関連遺構・遺物が検出されており、五世紀前葉～七世紀代の年代に比定されているため、鍛冶工人集団の存在が予想される。名柄・南郷遺跡群では、五世紀代を中心に操業がなされて、葛城氏の盛行とも一致しており、傘下の工人集団である可能性が窮めて高い。特に、韓式系土器の出土や初期須恵器窯の存在が推定されており、朝鮮半島からの伽耶系渡来人の移動とみられる。金工などの特殊工房・鍛冶工房が同時期に操業を行い、石垣を有する建物群を中心に、集落の構成が認められ、大壁建物などの渡来人の建物と予想される。ただし、鍛冶工房の実態は、竪穴建物や掘立柱建物からなるいくつかの建物群を中心とした工房からなり、鉄器・玉生産を併用で行っているようである。河内の大県遺跡群に見られる専業的な色彩は、忍海の脇田遺跡を除く他の工房群では薄い。ただし、南郷遺跡群では五世紀前葉～中葉を中心に鍛冶工房で操業がなされており、六世紀代以降の状況は明確でないが、継続する大規模鍛冶集落は存在しないようである。したがって、東漢氏の管理下に編入されたとされる六世紀以降は、従来の居館内工房や首長直属工房の再編が予想され、ある特定地への集住が推定される。葛城地域の鍛冶工房は、脇田遺跡を除くと、首長直属の短期集中的な工房に留まっており、その消長も統括氏族の隆盛と一致するものと考えられる。倭政権の手工業を掌握したのは、倭王の大王直属工房と云ったものでなく、王権を構成する有力首長下の工房群と考えられる。葛城の工房群は、葛城氏の盛行期段階とそれ以後の段階に大きく大別でき、前者が首長の居館内工房と傘下の短期集中的な工房、後者が渡来人集団を掌握する東漢氏支配下の工房群と推定される。ただし、操業主体を確定する考古学的資料は少なく、史料に依拠しているため問題点が多いが、操業の様相や存在形態から一致する点も留意される。墓制からは、南郷九山遺跡・南郷安田遺跡においても、韓式系土器の合口棺を用いたものがあり、渡来人の墓と考えている。忍海地域では、寺口忍海H―一二号墳、笛吹八・一二号墳、小林樫ノ木古墳、柳辻古墳で釵子、寺口忍海H―四三号墳、笛吹遊ケ岡古墳、笛吹古墳群でミニチュア炊飯具が出土する。南郷遺跡群周辺では、朝妻北窪古墳群で釵子、巨勢山古墳群内で二基、オイダ山にてミニチュア炊飯具で検出される。これらの分布は、大壁建物も併せて考えて総合すると、史料にみる渡来系氏族が存在し、集住していたことは明らかとみる。また、飛鳥南部において、大壁建物の急増は、渡来人の集住を実証できうるものである。

大津

五世紀代は、比叡山東南麓の榿木原遺跡・穴太遺跡・高砂遺跡にて、竪穴建物群のみで構成される集落からなる。六世紀代では、滋賀里遺跡・穴太遺跡・高砂遺跡などがあり、掘立柱建物を主流とする構成である。基本的には五世紀代が、竪穴建物を中心とする建物群構成、六世紀前葉～後葉が掘立柱建物を中心とし、六世紀末～七世紀前半にこれに大壁建物・礎石建物が加わった集落配置を取るようである。集落は竪穴建物を主体に構成される段階（Ⅰ期）、大形掘立柱建物が主体となる段階（Ⅱ期）、掘立柱建物集落に大壁建物・礎石建物が中枢施設となる段階（Ⅲ期）、大壁建物がなくなり再び掘立柱建物集落となる段階（Ⅳ期）の四期に大別される。その転換期は、五世紀末～六世紀初頭、六世紀末、七世紀後葉の大津宮前後に画期が認められる。群集墳は、内部主体が木棺直葬～横穴式石室へ移行するにしたがって、Ⅱ期集落が母体となり、Ⅲ期へ踏襲される集落配置を取ることや、爆発的な集落の拡大と一致することから、Ⅱ期以降を渡来系氏族の集落とみなしたい。ただし、太鼓塚古墳群の下層で韓式系土器が少量ながら、検出されており留意される。Ⅲ期以降は、これらの集落に対応して、坂本廃寺・穴太廃寺・南滋賀廃寺・三井寺前身寺院などの飛鳥～白鳳時代の寺院が集中的に造営されている。六七二年の大津宮遷都と云う政治的契機があったものの、基本的には渡来系氏族の氏寺的性格が濃厚である。一方、墓域においても矩形を呈し、穹窿形の天井部を有する横

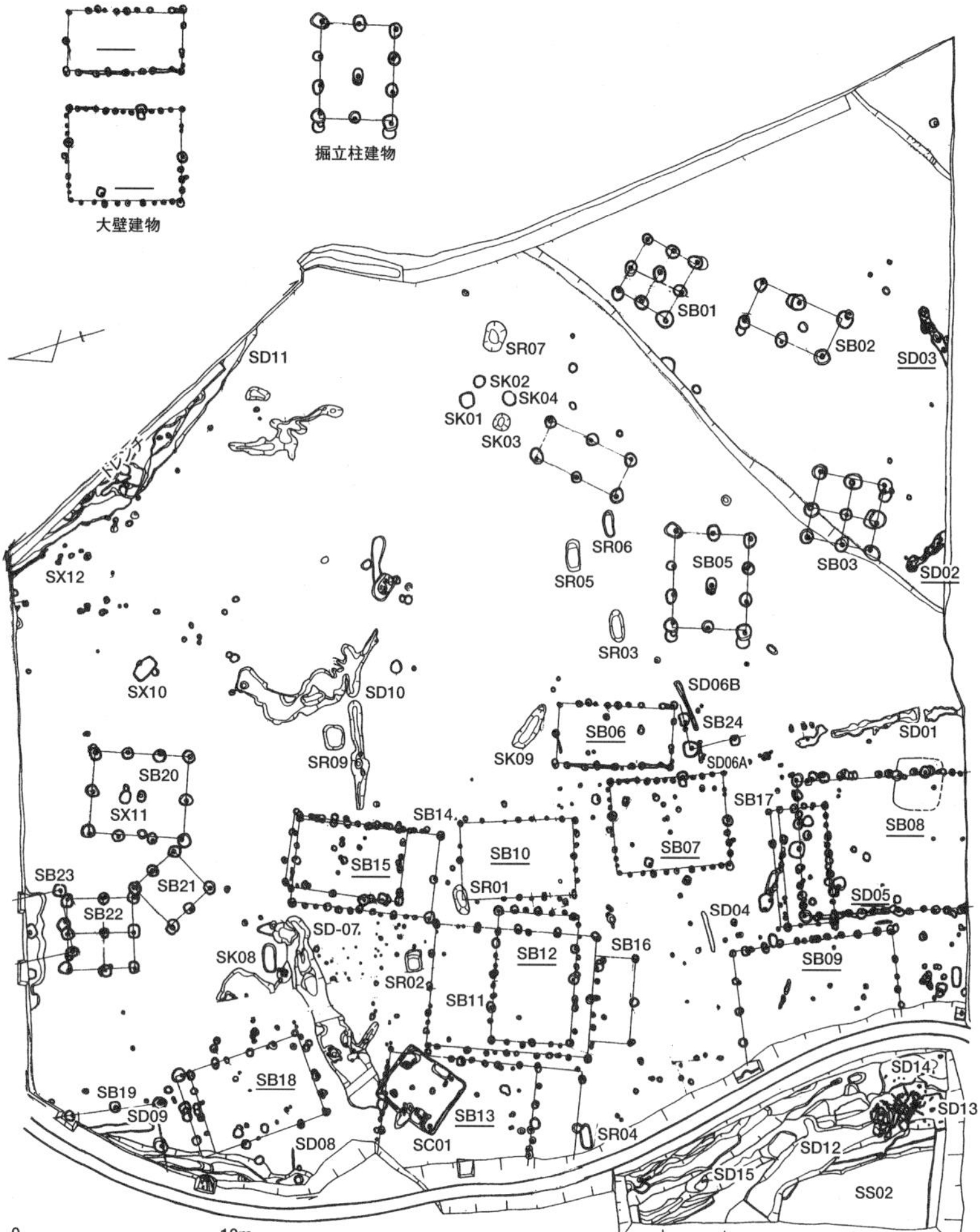
掘立柱建物
大壁建物
SD11
トレンチ
SX12
SR07
SK02
SK04
SK01
SK03
SB01
SB02
SD03
SR06
SR05
SB05
SB03
SD02
SR03
SX10
SD10
SD06B
SB24
SD01
SK09
SB06
SD06A
SR09
SB20
SX11
SB14
SB17
SB08
SB15
SB10
SB07
SB23
SB21
SR01
SD05
SB22
SD04
SD-07
SB16
SB12
SB09
SK08
SR02
SB11
SD14
SB19
SB18
SD13
SD09
SB13
SR04
SD08
SC01
SD12
SD15
SS02
0
10m

図3　福岡市梅林遺跡

穴式石室が背後の山麓に大小二三支群の群集墳が造営されている。志賀古墳群は、立地によって四支群に大別され、約六〇〇基が周知される。

畿内とその周辺部では、横穴式石室を内部主体とする群としては、平尾山・高安・龍王山・一須賀古墳群に匹敵する規模を有する。出土遺物では、従来指摘されるミニチュア炊飯具が全体の四割弱の比率で出土し、釵子・銅釧が共併するものが増加しており、河内の一須賀古墳群などと同様のあり方を呈している。このように集落・墓域が共に渡来色の強い、遺構・遺物が検出されており、渡来系氏族の集住・本拠地埋葬（帰葬）によった結果であるものとみる。被葬者集団ついては、水野正好氏によって律令期の志賀郡郷域の復元と史料にみる播居する氏族の基礎的研究がなされている。山尾幸久氏は、北陸・山陰地域の東海（日本海）に繋がる交易路、東海地域への湖上交通の要衝に、倭政権による港湾の整備・管理に伴う渡来人の配置とみる。

この一帯には、古墳と一致するように飛鳥・白鳳時代の寺院が分布する。穴太廃寺（再建）・崇福寺・南滋賀廃寺では、類似する瓦積み基壇が外装に採用されている。したがって、この軒瓦と瓦積基壇から、渡来系寺院と推察されている。さらに、滋賀郡古市郷に南郷遺跡、瀬田川東側の栗太郡勢多郷に源内峠・木瓜原遺跡などの七世紀～八世紀代の製鉄遺跡があり、源内峠遺跡四号炉の炉系譜が百済とする見解がある。

まとめ

渡来人の集落及び渡来系集団を明らかにするため、その指標となる大壁建物・生産工房と墓域について、代表的な事例を集成・様相を検討した。その中、大壁建物が単独で存在するのでなく、掘立柱建物・竪穴建物などの建築様式と混在し、一体となり集落配置なすことが一般的でその棟数は少ない。いずれにしても、大壁建物が畿内にも検出例があり、南郷柳原遺跡・滋賀県高月南遺跡のように、韓国の調査例より古い時期のものが知られる。現在のところ百済・公州艇止山遺跡の建物が構造上類似し、六世紀前半代の大壁建物導入地域の一つとみなすことが有力である。その上限とその系譜については、朝鮮半島の集落調査の増加より明らかになるものと推察される。分布域や各遺跡の大壁建物の時期により、三つの画期に区分して理解することができる。①五世紀前葉は、南郷柳原遺跡にみられるTG232～TK73型式を中心とする。この遺跡は、葛城氏傘下の金属器生産工房で、渡来系工人に関連するものである。大壁建物は、清水谷遺跡と共に古相であるが、今後調査が進めば五世紀前葉～後葉までの事例が増加するものと予想される。②五世紀末～六世紀初頭は、大園・南郷安田・井戸大井台・森垣内・夏谷遺跡などである。建物の棟数は少なく、竪穴建物・掘立柱建物と混成の配置を呈す。③六世紀後半～七世紀前半は、近江の穴太遺跡群などに顕著にみられるものである。大津一帯の場合、古墳・ミニチュア炊飯具などの渡来系集団に伴う副葬品ともよく一致し、独自の地域圏を構成する。摂津の上沢遺跡や播磨の寒風遺跡・三河の矢迫遺跡・豊前の小石原泉遺跡もこの時期に比定され、最も検出例が多い。特に、②・③の遺跡は前代に渡来系遺物を出土する遺跡が存在し、周辺に立地するものが認められ、後に渡来人が再配置されたとみることができる。これらを地域・時期ごとに検討すると、明らかに時期差を生じている。この場合、朝鮮半島より幾度かの直接的な渡来人の移住と、史料にみられる畿内からの移動の二つの場合が想定される。近江の穴太遺跡群などは、今のところ五世紀代の大壁建物が検出されていないことからすると、大和南部・河内からの渡来人の移動を考える必要がある。青柳泰介氏の分類に基づく系譜から、複数の大壁建物の系列が知られ、大和からの伝播として、近江を含めた地域の出現差を窺うことができうる。同様に、炊飯具からみると、六世紀前半の大通寺三号墳の実用品と考えられ、河内からの製品とみる。ミニチュア竈の形態は取手の上下の違いを除くと河内のものに、他の器種も類似する。志賀古墳群の横穴式石室は、一須賀古墳群の古相横穴式石室の墓道や石室構造に類似する特徴が認めうる。これらのことから、河内系渡来人の移住とみる。同様な指摘は、加藤謙吉氏[12]の西漢人傘下の擬制的同族集団とする史料からの見解と整合性が高い。ただし、六世紀末の太鼓塚三二号墳に百済系平底壺が副葬されていることからも、河内系渡来人を母体に韓半島より直接的に新たな渡来人の移住も考えなければならない。一方、ミニチュア竈形態は取手の差異でみるならば、摂津・芦屋の城山・三条古墳群の系譜は河内系、播磨・袋尻浅谷三号墳も河内系渡来人となる。大和・飛鳥一帯は、『日本書紀』雄略七年、「手末才伎」の配置が史料にみられ、五世紀代の韓式系土器の分布や集落様相から注目される。このように、断片的であるが渡来人の集住と再配置を窺うことができる。ただし、大壁建物を時期の検討からでは史料にみる大和からの再配置については限界が認められる。しかし、5～7世紀の大壁建物の検出は、飛鳥に渡来人の集住を実証する。

河内平野の韓式系土器を出土する遺跡群は、渡来人の職能を知る上で建物群の構成主体が、竪穴建物と掘立柱建物かで地域圏を考え、共伴遺物により集団の特質を把握するように努めた。しかし、平野部の大半の集落より、韓式系土器をはじめとした遺物が出土しており、集団に占める渡来人の割合が多い少ないはあるとしても、計画的に配置された可能性が高い。これらの流れを検討すると、近江の大津周辺と大和の葛城一帯に大壁建物をはじめとした集落・手工業・古墳の様相から、渡来人の存在を綜合的に示す地域モデルを設定することが、相互の比較・特性を見出す上で最も有効である。ところが、他の地域の遺跡にその実相を把握できるものは極めて少ない。それは政治権力が、渡来人集団の特性や技術に応じて、直接組織内に系列化して組み込み、在地系集団内に分散し、掌握されたことによるものであろう。したがって、彼らの大陸・朝鮮半島の慣行や生活遺構が、分散集住・再配置政策のなかで、特殊な知識や技術を有しない、大半の人々の痕跡は見出しにくい。

渡来系集団を把握するための韓式系土器・陶質土器などの遺物研究は、精緻に進んでいるものの、遺構の検討からは横穴式石室構造の比較などしかなく、今後、集落の中で大壁建物を含めた遺構からの検証の進展が望まれる。渡来人の存在を証明するには、多くの遺跡から情報や史料を複合的に検討し、総合化することが重要であり、綜合的視点と個別検証が重要となろう。

引用文献

・花田勝広『古代の鉄生産と渡来人―倭政権の形成と生産組織―』雄山閣　二〇〇二

・花田勝広「河内・大和・近江の渡来人」(『究班Ⅱ』埋蔵文化財研究会　二〇〇二)

*紙面の関係上、多くの引用文献は省略した。前二論文の註を参照頂きたい。

註

①関晃『帰化人』至文堂　一九五六
②加藤謙吉「大和葛城地方の渡来人」（『秦氏とその民』白水社　一九九八）
③田中史生「渡来人と王権・地域」（『倭国と東アジア』吉川弘文館　二〇〇二）
④井上満郎『古代の日本と渡来人』明石書店　一九九九
⑤西口壽生「古墳時代の飛鳥・藤原地域」（『あすか以前』飛鳥資料館　二〇〇二）
⑥今津啓子「渡来人の土器―朝鮮系軟質土器を中心に―」（『ヤマト王権の交流と諸相』　名著出版　一九九四）
⑦一瀬和夫「近畿地方」『季刊考古学―横穴式石室の導入と系譜―』四五号　雄山閣出版　一九九三
⑧関川尚功「古墳時代の渡来人―大和・河内を中心に―」（『橿原考古学研究所論集』第九　橿原考古学研究所　一九八八）
⑨坂靖「古墳時代における大和の鍛冶集団」（『橿原考古学研究所論集一三』吉川弘文館　一九九八）
⑩堀田啓一「渡来人―大和を中心に―」（『古墳時代の研究』一三　雄山閣出版　一九九三年）
⑪国立公州博物館『艇止山遺跡』国立公州博物館学術調査叢書第七冊　一九九九
⑫前掲書②
⑬加藤謙吉『吉氏と西漢氏』白水社　二〇〇一

第一章

近畿の渡来人の受容

大和の渡来人

青柳泰介

はじめに

五、六世紀代の「渡来人」の果たした役割については、古代日本の政治体制や社会構造などを考える上で極めて重要なテーマであることは、文献を用いた歴史学の分野で早くから提言されてきた（関晃一九五六、上田正昭一九八五、平野邦雄一九八五など）。考古学の分野でもそれらの先行研究に導かれるように研究が積み重ねられてきた。それらの研究により、その「渡来人」のもたらした文物・技術によって大きく変わったこととして、

①生活習慣…竈の導入、煮沸具の変化および陶器の導入

②手工業生産…鉄器生産、玉生産、ガラス生産などの進展および窯業生産の導入

③農業生産…牛馬耕の導入

④土木・建築技術…堤の導入、「大壁建物」の導入

⑤墓制…横穴式石室の導入、副葬品の変化

などが挙げられる。主なものを挙げただけでも、その影響の大きいことが分かる。ところが、「渡来人」の存在を証明することの難しさは亀田修一氏の研究によって明らかとなった（亀田一九九三）。それは、上記の要素の大部分がその後の古代日本の社会・生活等に定着したこと、「渡来人」の動向が当時の日本の政治情勢に左右されがちだったと思われること、流動的な東アジア情勢の余波を受けて「渡来人」の動きが複雑であったと想定されることなどが背景にあると考えられる。よって、本稿では「渡来人」の動向を把握するというよりも、渡来系の文物や技術が在地に定着する過程および独自性を保持する状況を追い、それらが把握できる地域とできない地域とを把握することに努めたい。その両者を把握することにより、「渡来人」の実態にも少しは迫れるものと考える。ただし、渡来系の要素は五世紀代では集落域で顕著であるが、六世紀代では墓域で顕著であるため、五、

六世紀代を通して把握できる要素は少ない。その中で「大壁建物」は両世紀を通じてみられ、かつ独自性も保持しつづけるという貴重な例である。

研究史

大和の「渡来人」については、主に関川尚功、堀田啓一、坂靖氏らの研究が挙げられる。関川氏は韓式系土器、釵子、小型炊飯具を基に分析を行い、五世紀代は飛鳥、磐余地域、六世紀代はさらに葛城地域にも居住域がみられるようになり、その中で飛鳥地域がもっとも重要な地域であるとされ、その「渡来人」は主に加耶系であろうとされた。また、五世紀代には古墳被葬者クラスが少なかったのが、六世紀代には増加すると指摘されている。なお、副葬品の分析からその職掌も分かるとされた（関川一九八八）。堀田氏は花田勝広氏の業績（花田一九八九）を重視して、更に手工業生産の観点を積極的に導入されて、飛鳥、忍阪、忍海、布留、郡山の五地域に「渡来人」の痕跡を見出せるとした（堀田一九九三）。坂氏は鍛冶集団の動向を鍛冶関係遺構・遺物を手がかりに、集落域および墓域の双方で検討され、高取、橿原、桜井、葛城北部、同南部、天理、郡山の七地域にまとめ、その背景に渡来系工人集団を想定された（坂一九九八）。そして、さらに踏み込んで、前方後円墳の被葬者（王）と技術者集団（「渡来人」）という図式で葛城、佐紀、天理、飛鳥の四地域を主に取り上げ、それぞれ葛城氏、「ヤマトの王」（王権）、物部氏、大伴氏が掌握していたと結論づけた（坂一九九九）。

以上より、大和の「渡来人」研究は集落における手工業生産と墓の副葬品研究が核となり、韓式系土器の分布から居住域を想定するという方向性がみられた。ただし、韓式系土器の研究の進展により、それが出土する＝「渡来人」が存在するという図式はもはや成り立たなくなってきた。また、最近生駒地域でも韓式系土器が多量に出土していたことが判明したので、そのような未発見の潜在地域もまだ存在することが考えられる。よって、本稿では現状で韓式系土器が多量に出土し、かつそれらの在地への受容過程が想定できそうな地域、および先述したように五、六世紀代を通じて独自性を保持しつづけた「大壁建物」のみられる地域に焦点を絞ってみていきたい。すなわち、葛城、天理、飛鳥地域である。それから、現状では渡来系要素は断片的にしか判明していないが、王権中枢地域と目される大和東南部地域も重点的に取り上げたい。その他、ワニ、矢田丘陵周辺、榛原、五条地域についても簡単に触れたい。そして、それを手工業生産（鉄器、玉、ガラスなど）や副葬品（鍛冶関係遺物、釵子、小型炊飯具、韓式系土器など）および主体部（玄門部閉塞横穴式石室、土器棺など）などの研究成果で補完したいと考える。また、以上の検討を踏まえて渡来系要素の導入時期や画期および系譜などについても簡単に言及したい。

葛城地域

葛城地域は二上山～金剛山東麓および馬見丘陵周辺一帯を指し、大きく馬見丘陵周辺（A地域）、二上山～葛城山東麓（B―一地域）、金剛山東麓（B―二地域）に三分される。なお、関川、堀田、坂の各氏が重視するのは、馬見丘陵周辺を除く地域であり、坂氏は葛城山東麓地域を葛城地域北部、金剛山東麓地域を同南部と細分されている。

ここでは金剛山東麓（B―二地域）の御所市所在の南郷遺跡群の調査成果を基に、韓式系土器の受容過程および「大壁建物」の変遷過程について簡単に触れたい。

まずは南郷遺跡群の概要であるが、奈良盆地西南部の金剛山と巨勢山とに挟まれた扇状地上に位置し、約一㎞四方の広がりをもつ大遺跡群である。四世紀代の遺構・遺物は希薄であり、五世紀代にピークが想定できるので、突如として出現した観があり、六世紀代については規模が縮小する。内容は西南端と東北端に居館状遺構、中央部に「大壁建物」や掘立柱建物を核とする「中間層」居住区、その周囲に竪穴式住居を中心とする一般層居住区、南部に倉庫群、工房からなる物流センター区、同じく導水施設と大型四面庇付き掘立柱建物からなる「祭祀」儀礼区が配置される。また、遺跡群内では様々な手工業生産の痕跡をはじめ、渡来系遺物、遺構が濃厚に分布するため、地理的な条件も加味すると、「日本書紀」神功皇后五年三月条に記載のある、韓半島系渡来人を集住させたといわれる「葛城四邑」の一つであろうと考えられる。周囲の遺跡を見渡すと、葛城地域最大の古墳である室宮

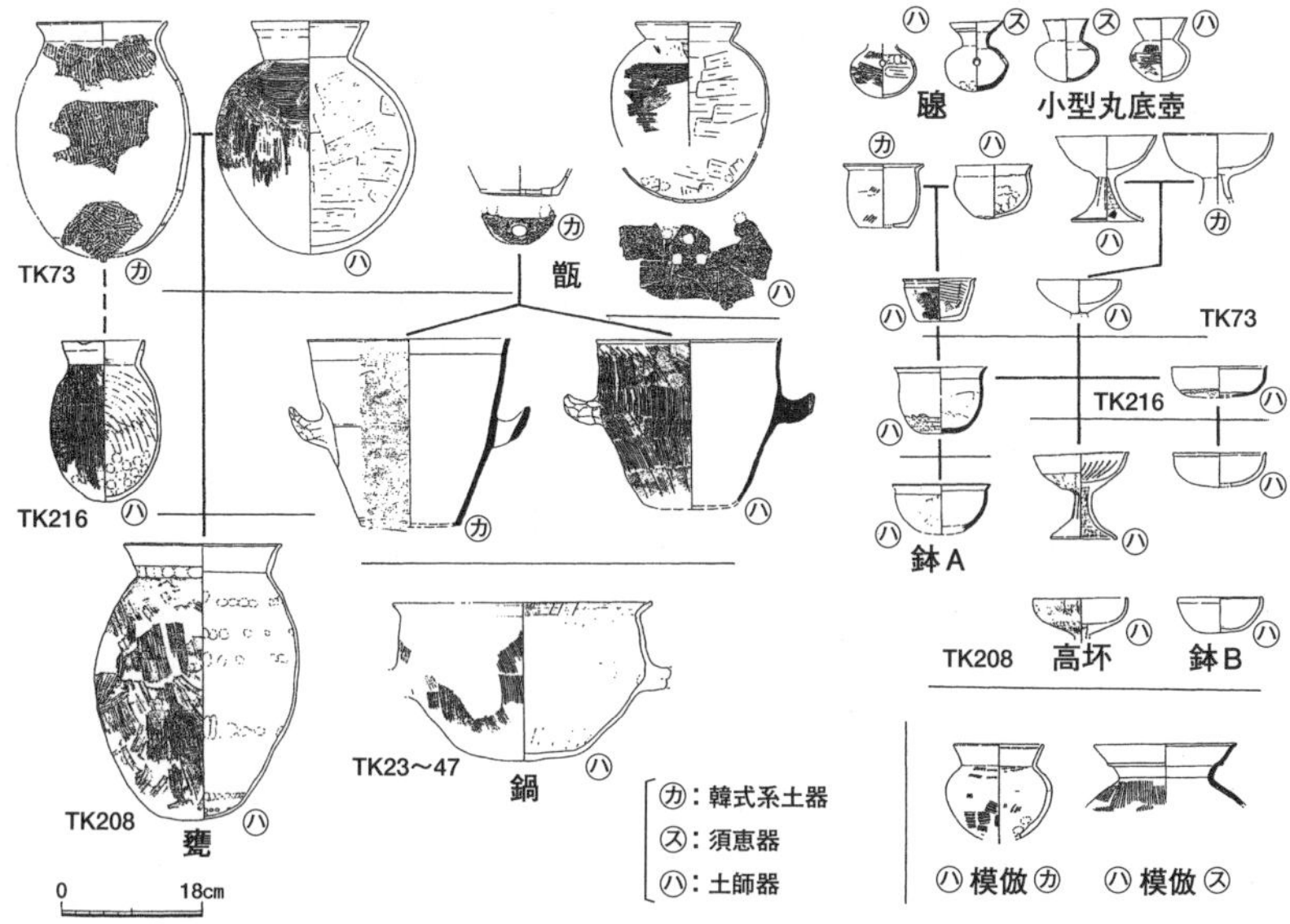

図１　韓式系土器の土師器化過程

山古墳、超大型群集墳の巨勢山古墳群などの同時期の大規模な遺跡がみられるので、該期に周辺の開発が一気に進行したことが考えられる。なお、墓域については遺跡群内の土器棺墓および巨勢山古墳群に求められよう。前者は居住区に隣接した小規模なものであり五～六世紀代にかけて連綿と営まれるのに対し、後者は五世紀代よりも六世紀代の方に渡来系要素が顕著な古墳が多い。五世紀代の住人のほとんどが古墳被葬者クラスではなかったからか、それとも定住せずに役目を果たしたら移動していたからか。なお、南郷岩下遺跡の六世紀代の「大壁建物」を核とする集落の縁辺部において、土器棺の下に韓式系土器片を敷いた墓が検出され、その系譜を考える上で注目される。

　次に、この遺跡群の土器の分析を通して、韓式系土器の受容過程が浮かび上がってきた（青柳二〇〇三ａ）。その過程の中で布留式土器群（土師器）はその役目を終えるようである。土師器の煮沸具（甕）と供膳具（高坏、鉢）は韓式系土器の受容過程で姿を変え、貯蔵具（壺）は須恵器に取ってかわられる。韓式系土器の土師器化は土師器の該当器種をベースにして変容形態を経て達成された。ただし、甑と鍋は該当器種がなかったために、韓式系土器が長く存続することとなった。それらが完了するのは五世紀後葉～末葉を待たねばならなかった。一方、土師器を模倣した韓式系土器や須恵器も当初はみられたが、一器種として確立することなく消滅した。さらに、須恵器自体も韓式系土器の土師器化が達成された頃には、当初の渡来色の濃いセットから取捨選択を繰り返して日本独自のセットを確立していた（蓋坏と有蓋短脚高坏を核とする）。以上より、この遺跡群の土器の変容の主体はあくまで在来系の土器（土師器）にあり、渡来系の土器（韓式系土器、須恵器）にはなかったことが想定される。なお、このような変化を追えなくても、土師器と韓式系土器および須恵器の中間的な器種が存在すれば、その可能性を想定できる目安となろう。また、韓式系土器の土師器化において煮沸具の受容に力点が置かれたことは、それら一括遺物が出土した竪穴式住居の大半に造りつけの竈が存在していたことからも首肯しうる。

「大壁建物」については、滋賀県大津市の穴太遺跡（六世紀後半～七世紀前半）の例を指標として、方形溝掘削→柱設置→溝埋め戻しという構築過程を経た、柱が土壁に塗り込められて外からはみえない大壁構造であるとされてきた。しかし、この遺跡群で調査した五世紀前半～六世紀後半の八棟の例を基にまとめると、複雑な構築過程（方形溝掘削→埋め戻し→柱穴掘削→柱設置）→穴太遺跡のような単純な構築過程に変化していくこと、平面プランにおいて柱が突出するタイプ→突出しないタイプに変化していくことなどが明らかとなり、当初は大壁構造ではなかった可能性がでてきた。なお、韓半島で最近確認されるようになってきた「大壁建物」はこの遺跡群の例によく似ていることから、その系譜がそこに求められる可能性が高まってきた（青柳二〇〇二、二〇〇三b）。また、この遺跡群において「大壁建物」は、渡来系要素を見出しにくくなった六世紀代においても、五世紀代のありかたを踏襲して、その独自性を保持し続けた。その六世紀代において、巨勢山古墳群に渡来系要素が顕著にみられるようになるので、この建物の住人との関係を今後考えていかねばならない。

なお、南郷遺跡群における韓式系土器、「大壁建物」の導入期は、遺跡群の形成期である初期須恵器の段階（五世紀前半）であり、画期は韓式系土器がその役割を

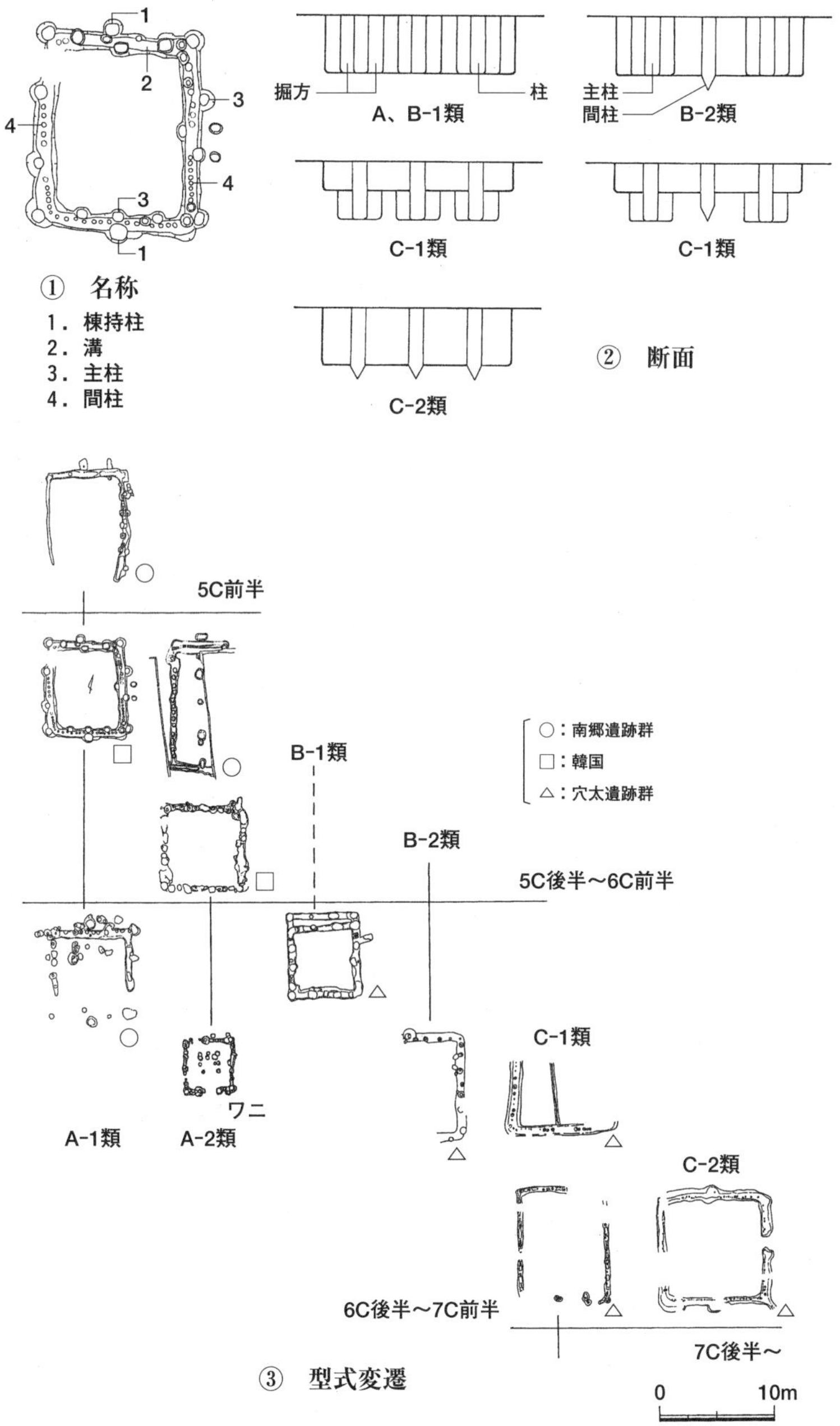
① 名称
1．棟持柱
2．溝
3．主柱
4．間柱
掘方
柱
A、B-1類
主柱
間柱
B-2類
C-1類
C-1類
C-2類
② 断面
5C前半
○：南郷遺跡群
□：韓国
△：穴太遺跡群
B-1類
B-2類
5C後半～6C前半
C-1類
ワニ
A-1類
A-2類
C-2類
6C後半～7C前半
7C後半～
③ 型式変遷
0
10m

図2 「大壁建物」

終え、遺跡群が縮小する六世紀代に求められよう。手工業生産についても同様であり、遺跡群の形成とともに大規模に組織され、遺跡群の縮小とともに再編成されたと考えられる。また、五世紀前半代の手工業生産は鉄器だけではなく玉、ガラス、銅、銀など様々な種類のものを大規模かつ複合的に行っていたが、六世紀代は鍛冶を中心とした小規模な生産に転換したようだ。なお、全盛期には甲冑、刀剣なども生産していた可能性がある。

その他にも周辺では、五世紀代のL字形竈が確認された林遺跡、刀剣生産を含む鉄器、玉などの手工業生産の痕跡のみられる居館状遺構が確認された名柄遺跡、陶質土器（船形など）が出土した室宮山古墳、六世紀代の釵子や小型炊飯具が出土した北窪古墳群など、渡来系要素が確認される例が増加しつつある。特に、葛城地域最大の首長墓である室宮山古墳で渡来系要素が確認されたことは、葛城地域の地域性を象徴しており注目される。

なお、巨勢山古墳群については、藤田和尊氏をはじめとする御所市教育委員会の方々が精力的かつ長期にわたって調査・研究を進展・継続しており、その細部が明らかになりつつある（藤田二〇〇二、藤田・木許守二〇〇二、藤田二〇〇三など）。詳細はそれらの業績を参照してほしいが、それらによると、この古墳群は四世紀後葉から造墓を開始するものの、六世紀中葉までそのありかたは散在的であるようだ。その中の四三六号（境谷四号）墳は主体部が木棺直葬の五世紀代の古墳であるが、鍛冶道具を副葬しており注目される。六世紀前葉になると、七一号（タケノクチ四―一六号）、七五号、四三一号（境谷八号）、四三二号（境谷九号）墳などに初期横穴式石室が採用される。特に、七一号、七五号、四三一号墳は玄門部で閉塞し穹窿状天井をもつタイプで、七五号墳に優秀な馬具とミニチュア農工具を副葬し、四三一号墳の墳裾からは鉄滓が出土した。六世紀中葉の六四一号墳（条池北古墳）は石室の破壊が著しいが、初期横穴式石室の系譜をひく玄門部閉塞を行なっている。また、三七四号墳では六四一号墳のような玄門部閉塞は行なっていないが、鉄滓を副葬している。なお、この時期まではまだ木棺直葬墳が一般的であり、かつ密集して造墓しないようだ。

六世紀後葉になると、①横穴式石室の普及、②鉄滓副葬の流行（それ以外に小型炊飯具、指輪などもみられる）、

③一部で中期古墳を破壊しながら密集して造墓、などの特徴がみられ、急速に膨張していわゆる超大型群集墳を形成するようだ。

画期は渡来系要素が濃厚にみられる六世紀前葉と同後葉であり、この現象は他所の群集墳でもみられるので、それぞれの時期に造営主体の変質を読みとれるようだ。なお、この古墳群では一貫して武器を副葬しており、被葬者は軍人的色彩を帯びているようだ。また、六世紀代を通じて鉄滓が古墳に供献され続けるようだ。

それらの画期と南郷遺跡群の動向とは現在検討中である。いずれの画期も遺跡群の最盛期が過ぎ、鉄器生産が縮小し、韓式系土器が役割を終えて以降に起こっているが、いずれの時期にも「大壁建物」は建立されていたので、渡来系要素という観点からは対応する可能性がある。今後は内容を詳細に比較検討して判断したい。特に、南郷遺跡群の最盛期にあたる五世紀代の古墳を、巨勢山古墳群の最盛期にあたる六世紀後葉の古墳が破壊するという現象が一部でみられるので、注意しなければならない。なお、五世紀代の四三六号墳の被葬者と南郷遺跡群とに関しては、千賀久、坂氏らが指摘しているように、鍛冶という共通項がみられるので、何らかの関係があった（千賀一九九五、坂一九九八）ことが考えられよう。

二上山〜葛城山東麓（B—一地域）では、集落については四世紀代に太田遺跡で小規模鉄器生産の痕跡が、五世紀代に竹内遺跡や脇田遺跡などで韓式系土器がみられる程度であるが、後述するように脇田遺跡では大規模鉄器生産を行なっていた可能性がある。

一方の古墳については、五世紀代には寺口忍海古墳群（D—一七号墳など）、小林・樫ノ木古墳群（三号墳）で初期横穴式石室、石光山古墳群で木棺直葬墳の周溝から鉄滓（一号墳）、兵家古墳群で竪穴式石槨内から鋳造鉄斧（六号墳）が、六世紀代には寺口忍海古墳群で竪穴系横口式石室や鍛冶関係遺物（鍛冶道具、鉄滓、鋳造鉄斧）、釵子、小型炊飯具、ミニチュア農工具、笛吹古墳群で鉄滓、釵子、小型炊飯具、ミニチュア農工具、寺口千塚古墳群で一墳丘多石室（平石谷川地区一〇号墳）、竪穴系横口式石室、鋳造鉄斧、ミニチュア農工具、石光山古墳群で木棺直葬墳から陶質土器、ミニチュア農工具、竪穴系横口式石室、小林・樫ノ木古墳群で釵子（一号墳）、島ノ山・車ヶ谷古墳群で鉄滓（一三号地点）が確認されるなど、渡来系要素を含む群集墳が多数みられる。特に、主体部に竪穴系横口式石室を採用している古墳が目につく点は留意したい。ただし、導入期の五世紀後葉には初期横穴式石室もみられた。また、上記群集墳において、六世紀中葉以前には武器副葬がみられるものの、後葉以降にはそれがまったくみられなくなるという特徴もあるようだ。

なお、六世紀後半の首長墓である二塚古墳において、鉄鋌、ミニチュア農工具、竪穴系横口式石室が確認されていることも注意される。

また、脇田遺跡では五世紀後半と六世紀後半~八世紀代に鉄器生産が行なわれたようであり、前記寺口忍海古墳群が地理的にその奥津城の一つになる可能性が高く、そこにおける鍛冶関係遺物の副葬も六世紀前葉の鍛冶道具と六世紀末の鉄滓とに大きく分かれるので、それらが将来的に脇田遺跡のそれぞれの操業時期と対応してくる可能性があろう。すると、花田、千賀、坂氏らが指摘したように、当該地域は五世紀後半に鉄器を中心とする手工業生産に着手し、六世紀後半に再編成された(花田一九八九、千賀一九八八、坂一九九八)可能性が考えられる。ただし、脇田遺跡は不明な点が多いため、南郷遺跡群の項でみてきたような韓式系土器の受容過程、「大壁建物」の継続建立、集落と墓の実態がきっちりと把握できないし、ほかの遺跡についても同様であるので、当該地域の手工業生産組織の実態は推測の域を出ない。

馬見丘陵周辺(A地域)については、渡来系要素ははっきりしない。磯野北遺跡で四世紀代の玉造遺構、箸尾遺跡で四世紀代の鉄滓、宮堂遺跡で五~六世紀代の鉄滓・鞴羽口が出土したことが気になるが、顕著な痕跡は今のところみられない。

以上のように、葛城地域では小規模な鉄器生産が四世紀代に想定されるものの、本格的な渡来系要素の導入は五世紀代以降とみて差し支えないであろう。特に、脇田遺跡と南郷遺跡群では大規模手工業生産が想定され、後者では更に鉄器だけではなく様々な手工業生産の痕跡、韓式系土器の受容過程、「大壁建物」の変遷過程まで追えた。

また、脇田遺跡周辺の北部地域(B—一地域)の古墳には竪穴系横口式石室が、南郷遺跡群周辺の南部地域(B—二地域)では穹窿状天井をもつ初期横穴式石室の系譜をひく古墳が顕著にみられるので、それぞれの地域の集団はその故地を異にする可能性がある。前者は主に加耶地域、後者は主に百済地域を想定できようか。

また、藤田氏が指摘しているように、六世紀後葉の北部地域（B—一地域）には武器副葬がみられないので官人系集団が、南部地域（B—二地域）にはそれがみられるので軍人系集団が葬られた（藤田二〇〇三）のであろうか。なお、六世紀代はB—一地域にミニチュア農工具が集中する傾向があり、坂氏もそれらの分析を通して、それらが集中してみられる地域の該期の古墳の被葬者像に武人的性格はない（坂一九八八）と想定されている。

天理地域

天理市の中央部に位置する布留遺跡を中心とし、特に、五世紀代に渡来系要素が濃厚に見られる。布留川下流域の平等坊・岩室遺跡、中町西遺跡でも多量の韓式系土器が出土し、土師器との中間的な器種もみられるため、分析の急がれる地域である。特に中町西遺跡では、五世紀代の流路より韓式系土器に混じって鞴羽口、小型竈、土製の竈縁、井戸より土製の算盤玉形紡錘車が出土し注目される。前記以外にも周辺には小路遺跡などでも韓式系土器が、九ノ坪・シマダ遺跡では韓式系土器等は未確認だが、充実した玉造関係遺物が出土している。しかしながら、布留遺跡以外では遺跡の内容については、そのほとんどが溝や流路などしか分からず、建物などの生活関係遺構の実態が不明なのが残念である。なお、この地域では「大壁建物」は見出せていない。

布留遺跡は布留川を中心として、居館状遺構、大規模倉庫群、鉄器・玉・ガラス・銅などの手工業生産の痕跡（刀剣類も生産していた可能性が高い）、「石上溝」、それらを取り巻くように古墳群が形成されている。特に、五世紀後半に布留川南岸で顕著な遺構・遺物が集中するので、該期にそこを中心として発展したことが考えられるが、南郷遺跡群と違って四世紀代や六世紀代にも顕著な遺構・遺物を確認できる（山内紀嗣一九九一）。ただし、六世紀後半代以降は規模が縮小するようだ。

なお、南部では四～六世紀代にかけて断続的に古墳が造営された（杣之内古墳群）。その中の東乗鞍古墳に六世紀前葉の初期の畿内型横穴式石室が存在することは注

図3の遺跡名

ワニ

1．大和６号墳（５Ｃ）
2．東紀寺遺跡（４～５Ｃ）
3．円照寺墓山古墳群（５Ｃ）
4．和爾・森本遺跡（和爾遺跡群、5C）
5．櫟本高塚遺跡（和爾遺跡群、6C）

天理

6．ハミ塚古墳（６Ｃ）
7．石上・豊田古墳群（５～６Ｃ）
8．杣之内古墳群（５～６Ｃ）
9．布留遺跡（４～６Ｃ）
10. 九ノ坪・シマダ遺跡（５Ｃ）
11. 平等坊・岩室遺跡（５Ｃ）
12. 小路遺跡（５Ｃ）
13. 中町西遺跡（５Ｃ）

大和東南部

14. 珠城山古墳群（６Ｃ）Ｂ
15. 城島遺跡（６Ｃ）Ｂ
16. 忍阪遺跡（６Ｃ）Ｂ
17. カタハラ古墳群（６Ｃ）Ｂ
18. 植松東古墳群（６Ｃ）Ｂ
19. 上之宮遺跡（６Ｃ）Ｂ
20. 谷遺跡（６Ｃ）Ｂ
21. 桜井児童公園２号墳（５Ｃ）Ｂ
22. 大福遺跡（５Ｃ）Ｂ
23. 坪井遺跡（５Ｃ）Ｂ
24. 十六面・薬王寺遺跡（５Ｃ）Ｃ

飛鳥

25. 南山４号墳（５Ｃ）Ａ
26. 八釣マキト古墳群（６Ｃ）Ａ
27. 上５号墳（６Ｃ）Ａ
28. 四分遺跡（藤原宮西方官衙地区下層、５Ｃ）Ａ
29. 山田道下層（５Ｃ）Ａ
30. 飛鳥寺下層「真神原」(５～６Ｃ)Ａ
31. 飛鳥池遺跡下層（５Ｃ）Ａ
32. 岡遺跡「下桃原」（５～６Ｃ）Ａ
33. 島庄遺跡「上桃原」（５～６Ｃ)Ａ
34. 曾我遺跡（５～６Ｃ）Ｂ
35. 東坊城遺跡（５Ｃ）Ｂ
36. 西坊城遺跡（５Ｃ）Ｂ
37. 新沢千塚古墳群（５Ｃ）Ｂ
38. 沼山古墳（６Ｃ）Ｂ
39. 与楽古墳群（６Ｃ）Ｂ
40. 坂ノ山４号墳（５Ｃ）Ｂ
41. 稲村山古墳（５Ｃ）Ｂ
42. 清水谷遺跡（５Ｃ、６Ｃ）Ｂ
43. イノオク古墳群（６Ｃ）Ｂ
44. 市尾新渕古墳群（６Ｃ）Ｂ

葛城

45. 林遺跡（５Ｃ）Ｂ－２
46. 北窪古墳群（６Ｃ）Ｂ－２
47. 南郷遺跡群（５～６Ｃ）Ｂ－２
48. 巨勢山古墳群（４～６Ｃ）Ｂ－２
49. 名柄遺跡（５Ｃ）Ｂ－２
50. 室宮山古墳（５Ｃ）Ｂ－２
51. 石光山古墳群(５～６Ｃ)Ｂ－１
52. 小林・樫ノ木古墳群（５～６Ｃ）Ｂ－１
53. 笛吹古墳群（６Ｃ）Ｂ－１
54. 脇田遺跡(５Ｃ、６～８Ｃ)Ｂ－１
55. 島ノ山・車ヶ谷古墳群（５～６Ｃ）Ｂ－１
56. 寺口忍海古墳群(５～６Ｃ)Ｂ－１
57. 二塚古墳（６Ｃ）Ｂ－１
58. 寺口千塚古墳群（６Ｃ）Ｂ－１
59. 兵家古墳群（５Ｃ）Ｂ－１
60. 竹内遺跡（５Ｃ）Ｂ－１
61. 宮堂遺跡（５～６Ｃ）Ａ

矢田丘陵周辺

62. 原田遺跡（６Ｃ）
63. 菩提山古墳群（５Ｃ）
64. 藤ノ木古墳（６Ｃ）
65. 宮山塚古墳（５Ｃ）
66. 壱分遺跡群（５Ｃ）

五条

67. 五条猫塚古墳（５Ｃ）

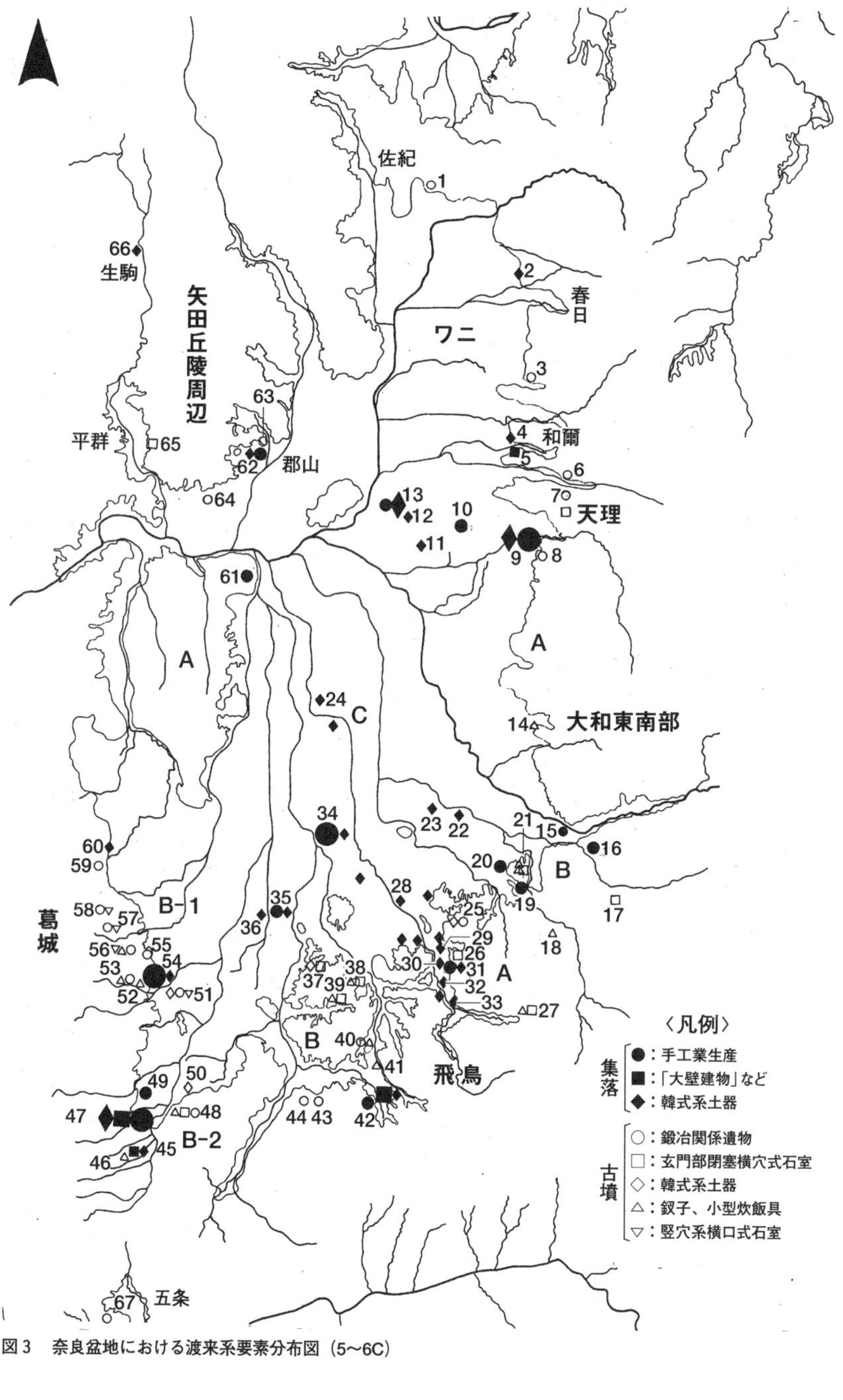

図3　奈良盆地における渡来系要素分布図（5~6C）

目される。また、北部の岩屋古墳群内の大型方墳である六世紀後葉のハミ塚古墳の横穴式石室内から鉄滓が出土したことも注目される。

群集墳については、布留遺跡北方の石上・豊田古墳群と南方の杣之内古墳群杣之内赤坂地区、守目堂ツルクビ地区、須川地区でみられ、いずれも五世紀後半代に造墓を開始し、六世紀後半代に造墓のピークを迎えるようである。主体部は六世紀前半代に木棺直葬→横穴式石室に移行するようだ。渡来系要素は五世紀後半代の杣之内赤坂九号墳の周溝から出土した鉄滓、六世紀前半代の石上・豊田古墳群タキハラ五号墳などでみられる玄門部閉塞の初期横穴式石室、木棺直葬墳である須川一号墳で出土したミニチュア農工具、六世紀後半代の両古墳群で九カ所出土している供献鉄滓、石上・豊田古墳群ホリノヲ二号墳で出土の鍛冶道具などが挙げられる。

画期は群集墳が造営を開始する五世紀後半代、初期横穴式石室が導入される六世紀前半代と、造墓がピークを迎える六世紀後半代とにそれぞれ求められよう。布留遺跡との関係を重視すると、特に最初の画期である五世紀後半代が重視されよう。該期に居館状遺構、大型倉庫群、「石上溝」などが整備されるからである。また、造墓がピークを迎える六世紀後半代に布留遺跡の規模が縮小することが課題として残る。

なお、当該地は百済王から贈呈されたと想定される七枝刀を保管する石上神宮が存在し、かつ文献により五世紀代には王権の武器庫が所在したと想定される地域でもあることは、念頭においた方がよいだろう。その石上神宮には、ほかに五世紀代のものと思われる鋲留めの鉄盾も伝世しており、さらに禁足地を中心として境内から古墳時代の遺物が多数出土していて、その中に初期須恵器も含まれるようだ。

飛鳥地域

飛鳥川、高取川、曾我川流域にまたがる地域で、文献の上では最大の「渡来人」を抱えていた地域である。また、他地域に比べて渡来系要素を含む五世紀代の古墳がもっとも多い地域（関川一九八八）でもある。大きく飛鳥川流域（A地域）と高取・曾我川流域（B地域）とに分けられよう。韓式系土器の分布はA地域に集中しており、その分布のまとまりから五～六世紀代に栄えた「真神原」（飛鳥寺下層、石神遺跡）、「下桃原」（岡）、「上桃原」（島庄）に比定する見解（西口壽生二〇〇二）もある。また、B地域の高取川上流域の清水谷遺跡で五世紀代の「大壁建物」が数代にわたって構築されていたことが分かり、周囲の二基の同時期の渡来系要素を含む古墳（釵子・ミニチュア農工具の出土した坂ノ山四号墳、釵子・小型炊飯具の出土した稲村山古墳）の存在とともに、当該地周辺が「檜隈」に該当する可能性を指摘できよう。

なお、坂氏が指摘するように、現状では五～六世紀代に当該地で大規模手工業生産を展開した痕跡は、B地域の曾我川下流域の曽我遺跡（玉造）でしか見出せない（坂一九九九）。A地域の飛鳥池遺跡下層、B地域の東坊城遺跡（以上、五世紀代）、B地域の清水谷遺跡（六世紀代）で鉄滓が出土しているので、小規模な生産は行なっていたものと考えられる。ただし、肝心の韓式系土器の分布の中心域（A地域）は、七世紀代の宮殿所在地となってしまったため、その全貌が不明であることは留意しなければならない。なお、曽我遺跡、飛鳥池遺跡下層、東坊城遺跡では韓式系土器も出土している。

渡来系要素のみられる墓域は五世紀代は分散傾向にあり、六世紀代はA地域の細川谷・小原周辺およびB地域の越智・真弓丘陵に見られる。また、葛城地域との隣接地（B地域）の市尾墓山古墳において六世紀前葉の初期の畿内型横穴式石室を見出せることは注目される。

五世紀代の渡来系要素のみられる古墳は先述の二古墳のほかに、A地域の南山四号墳の陶質土器・鉄鋌、B地域の新沢千塚二八一号墳の陶質土器、同二二一号墳の玄門部閉塞の初期横穴式石室などがあげられよう。なお、新沢二二一号墳以外の主体部は従来の埋葬施設を踏襲した木棺直葬などである。

六世紀代の渡来系要素のみられる古墳は、いずれも後半代になる。A地域の細川谷・小原では上五号墳・八釣マキト一号墳、B地域の越智・真弓丘陵では沼山古墳、与楽古墳群などが挙げられ、穹窿状天井で、玄門部閉塞という初期横穴式石室の特徴をもつものが多い。また、釵子、小型炊飯具を副葬するものも多い。なお、与楽古墳群には武器は副葬されないという特徴がみられる。また、隣接地の市尾周辺（B地域）でも、やはり後半代の木棺直葬墳であるイノヲク古墳群で鍛冶道具、鉄滓、ミニチュア農工具、市尾新渕古墳群でミニチュア農工具（二号墳）が出土した。

韓式系土器については、A地域が宮殿と重複するため資料の欠落が懸念されるが、公表されている僅かな資料でもその充実ぶりは十分理解できる。上記要素がなければ、当該地は間違いなくもっとも韓式系土器の充実した地域とすることができたであろう。飛鳥川流域において、山田道下層SD二五七〇上層→藤原宮西方官衙地区下層（四分遺跡）SD三一〇〇第二層→飛鳥池遺跡下層（第八七次調査）と、ほぼ五世紀代を通じてその変遷過程を追うことができ、南郷遺跡群と違って初期須恵器の段階（SD三一〇〇第二層）で、煮沸具の土師器化を達成していた可能性が考えられる。

「大壁建物」については、B地域で五世紀代の清水谷遺跡で集中して建立されて以降途絶えるが、七世紀代になるとまたB地域でホラント遺跡、観覚寺遺跡、森檉谷遺跡と集中して建立されるようになる。

その他に、B地域の西坊城遺跡の五～六世紀代の小区画水田の近くの川から韓式系土器が出土していることが注目される。

画期については、集落と古墳の対応関係がはっきりしていないので難しいが、大規模玉造遺跡である曾我遺跡が操業を縮小する六世紀後半代は、墓域において渡来系要素が顕著になってくる時期でもあるので、そのあたりで手工業生産体制の再編がなされた可能性があろう。

なお、四世紀代の大型古墳がみられないことにも留意しておきたい。

大和東南部地域

この地域は大きく天理南部（大和・柳本…A地域）、桜井（磯城・磐余…B地域）、田原本・三宅・川西（盆地中央部…C地域）に分けられる。王権の中枢を形成する地域であるが、渡来系要素は残念ながら、断片的にしか分からない。

三～四世紀代は小規模ながら、A地域で韓式系土器（乙木・佐保庄遺跡）、B地域で韓式系土器（纒向遺跡、上之宮遺跡）、鍛冶関係遺物（纒向遺跡、大福遺跡）、玉造関係遺物（纒向遺跡、上之庄遺跡）、C地域で韓式系土器（矢部遺跡、伴堂東遺跡）が出土している。特に、

C地域では墓域（方形周溝墓）からの出土もあることが注意される。

五世紀代になると、B地域の大福遺跡や坪井遺跡、C地域の十六面・薬王寺遺跡や伴堂東遺跡などで、韓式系土器の出土が確認できるが、それら以外には現状で顕著な痕跡はみられない。

六世紀代に入ると、小規模な手工業生産の痕跡がB地域内の各地でみられるようになる。特に、後半代に顕著になる。谷遺跡では鉄器、玉、ガラス製作関係遺物が、上之宮遺跡では鉄器とガラス製作関係遺物が、城島遺跡や忍阪遺跡では鍛冶関係遺物が出土した。いずれも遺構を伴わないが、上之宮遺跡は居館状遺跡であるので、注目される。

渡来系要素のみられる古墳については、いずれもB地域でみられる。桜井児童公園二号墳（五世紀後葉、玄門部閉塞の初期横穴式石室、小型炊飯具・釵子を副葬）→浅古古墳（六世紀前葉、横穴式石室だが形態不明、小型炊飯具副葬）→カタハラ一号墳（六世紀中葉、穹窿状天井をもつ横穴式石室）→植松東四号墳、球城山一号墳（六世紀後葉、平天井の横穴式石室だが小型炊飯具を副葬）と、連綿と渡来系要素が連続する。しかも、粟原カタソバ七、一〇号墳例のように、七世紀代に入っても、平天井ではあるが玄門部で閉塞する例がみられる。

画期は、手工業生産が小規模ながら活発化し、古墳においても石室形態に初期横穴式石室の要素を払拭する、六世紀後半に求められようか。いずれもB地域で顕著である。ただし、三〜四世紀代の王権中枢である纒向遺跡、五世紀代の王権中枢である脇本遺跡周辺の状況が不明であることは留意しなければならない。

その他の地域

ワニ地域（佐紀・春日・和爾）、矢田丘陵周辺地域（郡山・平群・生駒）、榛原、五条地域で韓式系土器、鍛冶関係遺物などを見出すことができるが、現状では前記地域と比べたら渡来系要素は希薄である。

ワニ地域では、佐紀地区の大和六号墳（五世紀代）で多量の鉄鋌とミニチュア農工具が出土し、春日地区の東紀寺遺跡で四世紀代の鍛冶関係遺物、五世紀代の韓式系土器、円照寺墓山二号墳（五世紀代）で鉄鋌が出土し、和爾地区の和爾遺跡群で五世紀代の韓式系土器、六世紀後半の「大壁建物」がみられるのみである。葛城氏と比肩しうる大豪族のワニ氏は、渡来系要素の摂取には消極的のようだ。ただし、鉄鋌を多量に保有していること、韓式系土器に土師器を模倣した須恵器や軟質系土器がみられることや、「大壁建物」の立地が韓半島での類例とよく似ていることは、留意しなければならない。

矢田丘陵周辺地域では、郡山地区の菩提山二号墳（木棺直葬）で五世紀代のミニチュア農工具、原田遺跡で六世紀代の韓式系土器と鍛冶関係遺物、平群地区で五世紀後葉～六世紀中葉の穹窿状天井をもつ初期横穴式石室の系譜をひく石室、生駒地区の壱分遺跡群で五世紀代の韓式系土器が確認された。平群地区の石室は、宮山塚古墳→勢野茶臼山古墳→柿塚古墳とつながるが、残念ながら盗掘などのために、確認できる渡来系要素は宮山塚古墳の玄門部閉塞のみのようだ。生駒地区の壱分遺跡群は居館状遺跡であると想定されている（小栗明彦二〇〇三b）。なお、坂氏が六世紀後半の大型円墳である斑鳩の藤ノ木古墳からミニチュア農工具が出土していることを「渡来人」との関りで評価されていることは注目される（坂一九九八）。

榛原地域では、六世紀後半の古墳に渡来系要素がみられる。能峠南山三号墳の墓道および高田垣内古墳群室の谷二号墳の石室内に鉄滓が供献され、石榴垣内一号墳に釵子、指輪が、石田一号墳に釵子、小型炊飯具が副葬された。

五条地域では、近内古墳群周辺で五世紀代に渡来系要素がみられる。荒坂遺跡の土坑から韓式系土器、五条猫塚古墳の竪穴式石槨内から鍛冶道具、ミニチュア農工具が出土した。両者は近接しており、その関係が注目される。

まとめ

以上、奈良県内の事例を地域ごとにみてきた。前稿では韓式系土器、「大壁建物」を核として、主に葛城、天理、飛鳥地域の集落遺跡を中心に概観した（青柳二〇〇三c）が、本稿ではさらに、集落における手工業生産、古墳における鍛冶関係遺物、ミニチュア農工具、釵子、小型炊飯具、初期横穴式石室、竪穴系横口式石室などの渡来系要素についても積極的に取り上げ、集落と古墳の対応関係を視野に入れて、かつ大和東南部地域とその他の地域（ワニ、矢田丘陵周辺、榛原、五条）も取り上げて論を展開してきた。

なお、手工業生産と渡来系要素をもつ古墳については、豊富な先行研究が存在し、それらに依拠すること大であった。前者については花田、堀田、坂氏の各論考（花田一九八九、二〇〇二、堀田一九九三、坂一九九八、一九九九）、後者は鉄滓、鍛冶道具（坂一九九八）、鋳造鉄斧、竪穴系横口式石室（坂一九九一）などについては坂氏の論考、鉄鋌については東潮氏の論考（東一九八七）、ミニチュア農工具については門田誠一、坂氏の各論考（門田一九九九、坂一九八八）、釵子、小型炊飯具については関川氏の論考（関川一九八八）、初期横穴式石室については千賀氏の論考（千賀一九八七）を参考にした。また、各地域の古墳については、葛城地域については藤田氏（藤田二〇〇三）、天理地域については日野宏氏（日野一九八八）、飛鳥地域については千賀、西村匡広氏の各論考（千賀一九九九、西村二〇〇三）、大和東南部地域については橋本輝彦氏（橋本二〇〇〇）、平群地域については辰巳和弘・森下浩行氏ほか（辰巳・森下ほか一九九三）の各論考を参考にした。

なお、筆者は鉄器生産および生活習慣、墓制だけではなく、農業、窯業生産についても取り上げたかった。特に、前者は堤、牛馬耕および曲刃鎌などが、後者は須恵器窯が指標となるが、現状では前者はミニチュア農工具のみに顕著にみられるがそれらの出土する古墳の規模は総じて小さく、後者は五条地域において六世紀代の今井窯まで待たなければならない。将来の課題である。花田氏が指摘しているように、それらを総合的に検討したときにはじめて、「渡来人」について正当な評価が下せよう（花田二〇〇二）。

次にここで、渡来系の各要素の導入および画期・系譜について簡単に確認しておく。まずは集落についてである。

韓式系土器は三〜四世紀代にも将来されたが、在地の土器様式に決定的な影響を及ぼすことはなかった。五世紀前半代に将来された土器群は竈や陶器の導入とともに在地の土器様式を揺るがすものであり、様々な試行錯誤が各地で繰り広げられて、五世紀後半代には須恵器と土師器による韓式系土器様式の和式化が達成され、以後の土器様式を決定づけた。なお、今後各地でその受容状況を分析すれば、南郷遺跡群周辺と飛鳥A地域とに違いがあるように、渡来系要素の受容過程に関して地域差を抽出する際の指標の一つに挙げられよう。また、その系譜は加耶〜百済地域の韓半島西南部に求められる（小栗二〇〇三aなど）。

「大壁建物」は五世紀前半代に複雑な工法のものが韓半島から導入されて以降、日本列島の建築様式に決定的な影響を与えることなく型式変化をして、六世紀後半代に滋賀県の穴太遺跡例を代表とする簡略化された工法を達成したが、残念ながら奈良県内の六世紀後半代の類例が少ないので、現状ではその画期を確認できない。ただし、七世紀前半代の飛鳥B地域の観覚寺遺跡で類例を確認できることは示唆的である。なお、この種の建物は在地の建築様式に決定的な影響を与えることなく独自の展開をするが、類例が韓半島にもみられルーツはそこにあること、模倣の難しい工法をとることなども考慮に入れると、韓半島、日本列島の双方で型式変化を追及し、双方で同じような変化をたどることが確認できれば、「渡来人」の波状渡来を認識する指標の一つに挙げられると考える。また、その系譜は韓式系土器と同じであると考えるが、現状では類例のほとんどが百済地域に求められる（青柳二〇〇三bなど）。

手工業生産については、構造を明確に把握できる「工房」は皆無であり、わずかに南郷角田遺跡の三基並列する楕円形土坑周辺から出土する鉄、銅、銀、ガラス、鹿角など様々な手工業生産関係遺物を、曾我遺跡の土坑・溝などから出土する多量の玉造り関係遺物を確認しうる程度である。それ以外は遺物から想定するしかない。三〜四世紀代については大和東南部、葛城、ワニ地域で小規模な鉄器生産もしくは玉生産がおこなわれていた。なお、大和東南部地域は当時の王権中枢地域であるので、今後大規模生産を行なった痕跡が発見されるかもしれない。五〜六世紀代は葛城地域（南郷遺跡群、脇田遺跡）、天理地域（布留遺跡）、飛鳥地域（曾我遺跡）で大規模生産がみられた。南郷遺跡群では五世紀後半代、布留遺跡、曾我遺跡では六世紀前半代までがピークでそれ以降は生産が縮小する。また、以上の遺跡の周辺では、小規模生産を行なった遺跡もみられるので、それらの地域においては重層的な生産体制が敷かれたようだ。なお、曾

表1　集落における渡来系要素

遺跡番号	遺跡名	地域	時期	鍛冶関係遺物	玉造関係遺物	ガラス製作関係遺物	韓式系土器	「大壁建物」	備考
2	東紀寺	ワニ	4C	○					
2	東紀寺	ワニ	5C				○		
4	和爾・森本	ワニ	5C				○		
5	櫟本高塚	ワニ	6C後半					○	
9	布留	天理	5C～6C	◎(刀剣)	◎	◎？	◎		6C後半代生産縮小、銅滓、ミニチュア鉄斧
10	九ノ坪・シマダ	天理	5C前半		○				
11	平等坊・岩室	天理	5C				○		
12	小路	天理	5C				○		
13	中町西	天理	5C	○			◎		小型竈あり
	乙木・佐保庄	大和東南部A	4C				○		
	纏向	大和東南部B	4C	○	○		○		
	上之庄	大和東南部B	4C		○				
22	大福	大和東南部B	4C	○					
19	上之宮	大和東南部B	4C				○		
	伴堂東	大和東南部C	4C				○		
22	大福	大和東南部B	5C				○		
23	坪井	大和東南部B	5C				○		
24	十六面・薬王寺	大和東南部C	5C				○		
15	城島	大和東南部B	6C後半	○					
16	忍阪	大和東南部B	6C後半	○					
19	上之宮	大和東南部B	6C後半	○		○			居館
20	谷	大和東南部B	6C後半	○	○	○			
28	四分	飛鳥A	5C				○		
29	山田道下層	飛鳥A	5C				○		
30	飛鳥寺下層	飛鳥A	5C				○		
31	飛鳥池下層	飛鳥A	5C～6C	○			○		
32	岡	飛鳥A	5C～6C				○		
33	島庄	飛鳥A	5C～6C				○		
34	曾我	飛鳥B	5C～6C		◎		○		6C後半代生産縮小、4C代にも小規模生産の可能性あり。
35	東坊城	飛鳥B	5C	○			○		
36	西坊城	飛鳥B	5C				○		農業生産にも関与？
42	清水谷	飛鳥B	5C				○	◎	
42	清水谷	飛鳥B	6C後半	○					
	箸尾	葛城A	4C	○					
	磯野北	葛城A	4C		○				
	太田	葛城B−1	4C	○					
61	宮堂	葛城A	5C～6C	○					
60	竹内	葛城B−1	5C				○		
54	脇田	葛城B−1	5C後半	○			○		
45	林	葛城B−2	5C				○	L字形竈	
47	南郷	葛城B−2	5C～6C	◎ (甲冑、刀剣)	○	○	◎	◎	6C代生産縮小、銀滴、銅滓、ミニチュア鉄斧
49	名柄	葛城B−2	5C後半	○(刀剣)	○		○		居館
54	脇田	葛城B−1	6C後半～	◎					
66	壱分	矢田丘陵周辺	5C				○		
62	原田	矢田丘陵周辺	6C後半	○			○		
	荒坂	五条	5C				○		

表2　古墳における渡来系要素

遺跡番号	古墳群名	古墳名	地域	時期	墳形	初期横穴式石室	竪穴系横口式石室	韓式系土器	鍛冶道具	鉄滓	鋳造鉄斧	鉄鋌	ミニチュア農工具	小型炊飯具	釵子	備考
1	大和	6号墳	ワニ	5C	方							○	○			
3	円照寺墓山	2号墳	ワニ	5C	円							○				
8	杣之内	赤阪9号墳	天理	5C後半	円					○						
8	杣之内	須川1号墳	天理	6C前半	前方後円								○			
7	石上・豊田	タキハラ5号墳	天理	6C前半	円	○										
7	石上・豊田	タキハラ3号墳	天理	6C後半	円					○						
7	石上・豊田	石上北B3号墳	天理	6C後半	円					○						
7	石上・豊田	ホリノヲ2号墳	天理	6C後半	円				○							
8	杣之内	赤阪6号墳	天理	6C後半	円					○						
8	杣之内	赤阪18号墳	天理	6C後半	円					○						
6		ハミ塚	天理	6C後葉	方					○						
	矢部	T−3	大和東南部C	4C前半	方形区画墓			○								
	伴堂東	ST2001	大和東南部C	5C前半	方形周溝墓			○								
21	桜井児童公園	2号墳	大和東南部B	5C後葉	円	○								○	○	
17	カタハラ	1号墳	大和東南部B	6C中葉	円	○										
14	珠城山	1号墳	大和東南部B	6C後葉	前方後円									○		
18	植松東	4号墳	大和東南部B	6C後葉	円									○		
25	南山	4号墳	飛鳥A	5C	円			○				○				
37	新沢千塚	221号墳	飛鳥B	5C	円	○										
37	新沢千塚	281号墳	飛鳥B	5C	円			○								
40	坂ノ山	4号墳	飛鳥B	5C後半	円								○		○	
41		稲村山	飛鳥B	5C後半										○	○	
		市尾墓山	飛鳥B	6C前葉	前方後円	○(畿内型)										
		市尾宮塚	飛鳥B	6C中葉	前方後円	○(畿内型)										
26	八釣マキト	1号墳	飛鳥A	6C後半	円	○										
27	上	5号墳	飛鳥A	6C後半	円	○								○	○	
38		沼山	飛鳥B	6C後半	円	○								○		
39	与楽	ナシタニ2号墳	飛鳥B	6C後半	円	○								○	○	
39	与楽	ナシタニ3号墳	飛鳥B	6C後半	円	○										
39	与楽	ナシタニ6号墳	飛鳥B	6C後半	円	○								○		
43	イノヲク	1号墳	飛鳥B	6C後半	円				○							
43	イノヲク	3号墳	飛鳥B	6C後半	円					○						
44	市尾・新渕	2号墳	飛鳥B	6C後半	円								○			
50		室宮山	葛城B−2	5C前葉	前方後円			○								
59	兵家	6号墳	葛城B−1	5C中葉	方						○					
48	巨勢山	436号墳	葛城B−2	5C後半	円				○							
51	石光山	1号墳	葛城B−1	5C後葉	前方後円					○						
52	小林・樫ノ木	3号墳	葛城B−1	5C後葉	円	○										
56	寺口忍海	D−27号墳	葛城B−1	5C後葉	円	○										
56	寺口忍海	H−16号墳	葛城B−1	6C前葉	円		○		○				○			
56	寺口忍海	H−5号墳	葛城B−1	6C中葉	円						○					
58	寺口千塚	平石谷川15号墳	葛城B−1	6C前葉	円		○				○					
58	寺口千塚	平石谷川16号墳	葛城B−1	6C中葉	円		○						○			
51	石光山	25号墳	葛城B−1	6C前葉	円								○			
51	石光山	20号墳	葛城B−1	6C中葉	円								○			
52	小林・樫ノ木	1号墳	葛城B−1	6C前葉	円	○									○	
48	巨勢山	71号墳	葛城B−2	6C前葉	円	○										
48	巨勢山	75号墳	葛城B−2	6C前葉	円	○							○			
48	巨勢山	431号墳	葛城B−2	6C前葉	円	○				○						
48	巨勢山	408号墳	葛城B−2	6C前葉	円									○		
48	巨勢山	641号墳	葛城B−2	6C中葉	円	○										
48	巨勢山	374号墳	葛城B−2	6C中葉	円					○						
53	笛吹	8号墳	葛城B−1	6C	円					○					○	
53	笛吹	12号墳	葛城B−1	6C	円					○					○	
53	笛吹	13号墳	葛城B−1	6C	円								○			
55	島ノ山・車谷	13号地点	葛城B−1	6C						○						
57		二塚	葛城B−1	6C後葉	前方後円		○					○	○			

遺跡番号	古墳群名	古墳名	地域	時期	墳形	初期横穴式石室	竪穴系横口式石室	韓式系土器	鍛冶道具	鉄滓	鋳造鉄斧	鉄鋌	ミニチュア農工具	小型炊飯具	釵子	備考
51	石光山	4号墳	葛城B−1	6C後葉	前方後円								○			
51	石光山	13号墳	葛城B−1	6C後葉	円		○									
56	寺口忍海	H−14号墳	葛城B−1	6C後葉	円		○						○			
56	寺口忍海	H−29号墳	葛城B−1	6C後葉	円					○						
56	寺口忍海	H−30号墳	葛城B−1	6C後葉	円		○			○					○	
56	寺口忍海	H−36号墳	葛城B−1	6C後葉	円					○						
56	寺口忍海	E−19号墳	葛城B−1	6C後葉	円		○								○	
58	寺口千塚	平石谷川10号墳	葛城B−1	6C後葉	円		○						○			一墳丘多石室
48	巨勢山	414号墳	葛城B—2	6C後葉	円					○				○		770号墳を破壊
48	巨勢山	415号墳	葛城B—2	6C後葉	円					○				○		770号墳を破壊
48	巨勢山	420号墳	葛城B—2	6C後葉	円					○				○		
46	北窪	ナラズ柿1号墳	葛城B—2	6C後半	円									○		
46	北窪	ナラズ柿3号墳	葛城B—2	6C後半	円										○	
63	菩提山	2号墳	矢田丘陵周辺	5C中葉	円								○			
65		宮山塚	矢田丘陵周辺	5C後葉	円	○										
64		藤ノ木	矢田丘陵周辺	6C後葉	円								○			
	能峠	南山3号墳	榛原	6C後半	円					○						
	高田垣内	室の谷2号墳	榛原	6C後半	円					○						
	石榴垣内	1号墳	榛原	6C後半	円										○	
	石田	1号墳	榛原	6C後半	円									○	○	
67		五条猫塚	五条	5C	方				○				○			

我遺跡では特定品目の大規模生産をおこなったが、南郷遺跡群、布留遺跡では複合大規模生産をおこなった。一方で、飛鳥B地域（清水谷遺跡）、大和東南部B地域（桜井地区）、矢田丘陵周辺地域（原田遺跡）では六世紀後半代に小規模生産がみられた。特に、桜井地区では小規模ながら複合生産体制が敷かれ、この体制が七世紀代の飛鳥A地域における官営工房（飛鳥池遺跡）での複合大規模生産の素地になった可能性がある。また、脇田遺跡では特定品目の大規模生産を六世紀後半代以降におこなったようだ。

次は古墳における渡来系要素についてである。

鍛冶関係遺物については、鉄滓は五世紀後半〜六世紀前半代にもみられるが類例は少なく、六世紀後半代に集中し、葛城、飛鳥、天理、榛原地域に分布する。なお、鍛冶道具、鋳造鉄斧、鉄鋌は五〜六世紀代にかけてみられるが、類例は少ない。鍛冶道具は葛城、飛鳥、天理地域、鋳造鉄斧は葛城地域、鉄鋌は葛城、飛鳥、ワニ地域に分布する。鍛冶道具、鉄滓は鉄器生産を象徴し、鋳造鉄斧、鉄鋌は鉄器生産に供される鉄素材であり、それらの類例は韓半島東南部に多数みられる（東一九八七）。

ミニチュア農工具は四~五世紀代にもみられるが、六世紀代の葛城B―一地域に集中し、ほかに天理、飛鳥、矢田丘陵周辺地域にも分布する。その類例は韓半島西南部にみられる(門田一九九九)。

釵子・小型炊飯具は五世紀後半~六世紀前半代にもみられるが、六世紀後半代に集中し、葛城、飛鳥、桜井、榛原地域に分布する。なお、これらの遺物は韓半島ではあまり類例がないので、問題である。関川氏は中国にそのルーツを求めている(関川一九八八)。なお、中町西遺跡出土の小型竈は、五世紀代の集落から出土したが、同じく五世紀代の集落から出土した南郷、布留遺跡出土のミニチュア鉄斧と同様、六世紀代に集中して出土する当該遺物の祖型になる可能性がある。

初期横穴式石室は羨道が短く、玄門部で閉塞し、玄室天井が穹窿状を呈する、百済起源の石室であると考えられ、五世紀後半代に葛城B―一、桜井、平群地域、六世紀前半代に葛城B―二、天理地域に導入され、葛城B―二、桜井、平群地域では変容しつつも六世紀中葉まで系譜が続くようである。また、六世紀後半になると、もはや初期石室とはいえないが、その系譜を引く石室が飛鳥地域に集中して造営されるようになる。なお、他地域では一須賀古墳群(河内)、志賀古墳群(近江)のように、五世紀後半~六世紀後半にかけて連綿と初期石室の要素が続く古墳群も存在する(花田二〇〇二)。

竪穴系横口式石室は六世紀代の葛城B―一地域に集中してみられ、寺口千塚古墳群のように立地が悪くかつ一墳丘多石室のものもみられる。系譜は加耶地域に求められる可能性が高い(坂一九九一)。

以上の要素を概観すると、導入は三~四世紀代に遡るものもみられるが、大和東南部地域を除き小規模かつ根づかないので、本格的には五世紀代を待たねばならない。

画期は、韓式系土器については五世紀後半代、「大壁建物」、手工業生産、副葬品(鉄滓、釵子、小型炊飯具)、横穴式石室については六世紀後半代に求められよう。なかでも、複合大規模生産→特定品目大規模生産、巨勢山古墳群における中期古墳の破壊、飛鳥地域に初期横穴式石室の系譜をひく石室の集中などの現象に象徴されるように、六世紀後半代に様々な渡来系要素が大きな画期を迎えるようであり、該期に「渡来人」の再編成が行われたものと考える。

分布は葛城、天理、飛鳥、大和東南部地域に集中するが、大型古墳群を抱える地域（葛城A、大和東南部A、ワニ地域）では希薄である。坂氏が言うように、保守性・伝統性が現れているとみるべきかもしれない（坂一九九九）。

系譜は百済、加耶地域に連なるものが多そうであり、「大壁建物」、初期横穴式石室は前者、鍛冶関係遺物、竪穴系横口式石室は後者の可能性があろう。なお、釵子、小型炊飯具については明らかにできない。韓半島系「渡来人」が日本で創出したものか、関川氏の言うように中国系である（関川一九八八）のか、検討を要する。

なお、上述した地域は古代の王権および各地の大首長（豪族）層の勢力圏に対応するようである（岸俊男一九五九、狩野久一九九二）。葛城地域は葛城氏、天理・飛鳥地域は王権を支えたであろう「連」系豪族の物部・大伴氏、ワニ地域は「臣」系豪族のワニ氏、矢田丘陵周辺地域は「臣」系豪族の平群氏、大和東南部地域は王権が掌握していた可能性が考えられ、これらの地域は今後もあらゆる角度から検討を加えねばならない。また、渡来系要素が濃密に確認される三地域のうち、天理・飛鳥地域が王権所在地の大和東南部地域を挟み込むように配置されていることも注意される。いずれも、五世紀代には「連」系豪族の拠点であることとあわせて興味深い。それらの地域の縁辺部に初期の畿内型横穴式石室が存在することも注意される。

雑駁なまとめとなってしまったが、「渡来人」には拘泥せずに、渡来系要素の強い韓式系土器、「大壁建物」を軸に先行研究の設定した地域を分析してみた。前者は在地に受容された要素であり、後者は受容されなかった要素であると考えられ、残念ながら現状では資料不足であり検討できないが、前者を分析することにより渡来系要素の受容過程、後者を分析することにより渡来系要素の波状渡来過程を把握できるのではと期待する。また、両者がともに継続して把握できる地域は、「渡来人」の是非はともかく、渡来系要素の受容にもっとも貢献した地域であろうことは間違いないであろう。その地域に大規模手工業生産の痕跡や渡来系要素の強い古墳が多数存在することは偶然ではないだろう。

よって、本稿では五～六世紀代を通じて、現状でもっとも渡来系要素の受容に貢献したと思われる地域は、葛城B地域と飛鳥地域であるとすることができ、この二地域ならば、「渡来人」が集住した可能性がもっとも高いのではと判断する。ただし、飛鳥地域はA地域の「真神原」、「下桃原」、「上桃原」、B地域の「檜前」を抱える最大の「渡来人」集住区であったが、彼らが何に主に従事していたか不明な点が多い。関川氏が考察したように、与楽古墳群の被葬者が文官である（関川一九八八）とすれば、手工業生産に従事した技術者だけではなく、内政や外交に従事した知識人もいた可能性もあろう。今後も追及していかねばならない課題である。一方の葛城B地域の「渡来人」は、「高宮」、「忍海」、「桑原」、「佐糜」に集住し、手工業生産などに従事した技術者であったと考えられる。

また、それら両地域は四世紀代の開発が遅れた地域であり、五世紀代は葛城氏、大伴氏という在地の「臣」系と王権を支えた「連」系という相反する性格の豪族が掌握していた地域であり、かつそれらが隣接するという奇妙な構図を産んだ。なお、「大壁建物」、横穴式石室、副葬品の検討により、両地域とも百済系要素が強いという共通項があることも注目される。五世紀代以降、百済系「渡来人」らにより、当該地域の開発が推進されたのだろう。

なお、六世紀代に葛城南部（B—二）地域の南郷遺跡群が規模を縮小して以降、葛城B地域は地域再編が行なわれるようであり、北部と南部で地域色が明確化するようである。葛城北部（B—一）地域は、主体部の形態や配置状況等から、加耶系「渡来人」らが開発に従事した可能性が考えられる。

また、大規模技術者集団を抱える葛城地域の生産体制は、坂氏が指摘しているように、北部（B—一地域）の脇田遺跡については単純大規模生産体制、南部（B—二地域）の南郷遺跡群については複合大規模生産体制をとった（坂一九九八）ことが想定される。前者が地域再編以後であり、後者がそれ以前であることは、花田氏が指摘しているような、「倭王権」が六世紀代以降に各地の手工業生産者集団を掌握、再編成して、特定品目の「特定工房」における集中生産を行なった（花田一九八九）ということと符合しようか。

また、渡来系要素のみられる古墳は五世紀代よりも六世紀代に、かつ大型古墳よりも中小古墳に顕著にみられる。それらは今後の分析次第で、「渡来人」の勢力伸張の軌跡と限界を表すものと考えられる。

今後もあらゆる角度から「渡来人」の問題は検討しなければならない。それ次第で、古墳時代の王権および豪族の勢力基盤のありかた（特に「渡来人」を積極的に活用した葛城氏とそうしなかったワニ氏とは際立って対照的である、青柳二〇〇三d）、当時の政治、経済、社会、文化など多方面にわたって分析が可能となろう。また、堀田氏が指摘しているように、考古学的なアプローチが困難な内政、外交、学問、宗教などの分野の解明には、文献を駆使する歴史学などとの学際的研究を必要としよう（堀田一九九三、本書の田中史生氏の論考はその点で参考になろう）。大方の叱正を請い、結びとしたい。

参考文献

・青柳泰介「大壁建物考―韓日関係の具体像構築に関する一試論」（『百済研究』第三五輯（韓国）　二〇〇二）
・青柳泰介「まとめ」（『南郷遺跡群Ⅲ』奈良県立橿原考古学研究所調査報告第七四冊　二〇〇三a）
・青柳泰介「大壁建物再考」（『橿原考古学研究所論集第十四』二〇〇三b）
・青柳泰介「大和」（『日本考古学協会二〇〇三年度大会研究発表要旨』、「日本考古学協会二〇〇三年滋賀大会資料集」　二〇〇三c）
・青柳泰介「葛城とワニ」（『古代近畿と物流の考古学』学生社　二〇〇三d）
・東潮「鉄鋌の基礎的研究」（『考古学論攷』橿原考古学研究所紀要第一二冊　一九八七）
・上田正昭「渡来人と古代日本」（『渡来人』別冊人物読本、河出書房新社　一九八五）
・小栗明彦「南郷遺跡群出土韓式系土器の系譜」（『南郷遺跡群Ⅲ』奈良県立橿原考古学研究所調査報告第七四冊　二〇〇三a）
・小栗明彦「古墳時代生駒谷の物流拠点」（『古代近畿と物流の考古学』学生社　二〇〇三b）
・亀田修一「考古学から見た渡来人」（『古文化談叢』第三〇集（中）一九九三）
・狩野久「畿内の豪族」（『新版　古代の日本⑤　近畿Ⅰ』　角川書店　一九九二）
・岸俊男「古代豪族」（『世界考古学大系』三　平凡社　一九五九）
・関晃「帰化人」至文堂　一九五六
・関川尚功「古墳時代の渡来人―大和・河内地域を中心として―」（『橿原考古学研究所論集　第九』一九八八）
・辰巳和弘・森下浩行ほか「平群谷古墳群再論（上）・（下）」（『古代文化』第四五巻第一〇・一二号　一九九三）
・千賀久「大和における横穴式石室の受容」（『考古学と地域文化』

同志社大学考古学シリーズⅢ　一九八七）
・千賀久「寺口忍海古墳群」新庄町文化財調査報告書第一冊　一九八八
・千賀久「古代葛城の王」奈良県立橿原考古学研究所附属博物館特別展図録第四六冊　一九九五
・千賀久「新たな渡来集団の横穴式石室」（「考古学に学ぶ」同志社大学考古学シリーズⅦ　一九九九）
・西口壽生「古墳時代の飛鳥・藤原京地域」（「あすか―以前」飛鳥資料館図録第三八冊　二〇〇二）
・西村匡広「横穴式石室の壁体構造と玄室平面形の検討」（「上五号墳」奈良県文化財調査報告書第九二集　二〇〇三）
・橋本輝彦「カタハラ古墳群発掘調査報告書」桜井市内埋蔵文化財一九九九年度発掘調査報告書二　二〇〇〇
・花田勝広「倭政権と鍛冶工房―畿内の鍛冶専業集落を中心に―」（「考古学研究」第三六巻第三号　一九八九）
・花田勝広「河内・大和・近江の渡来人」（「究班Ⅱ」埋蔵文化財研究会二五周年記念論文集　二〇〇二）
・坂靖「市尾・新沢古墳群」高取町文化財報告第七冊　一九八八
・坂靖「寺口千塚古墳群」奈良県史蹟名勝天然記念物調査報告第六二冊　一九九一
・坂靖「古墳時代における大和の鍛冶集団」（「橿原考古学研究所論集第一三」一九九八）
・坂靖「近畿二　大和における渡来文化の受容と展開」（「渡来文化の受容と展開―五世紀における政治的・社会的変化の具体相(二)―」第四六回埋蔵文化財研究集会　一九九九）
・日野宏「群集墳と集落に関する一考察―布留遺跡とその周辺を中心として―」（「天理大学学報」第一五七輯　一九八八）
・平野邦雄「大化前代政治過程の研究」吉川弘文館　一九八五
・藤田和尊「巨勢山古墳群Ⅲ」御所市文化財調査報告書第二五集　二〇〇二
・藤田和尊「群集墳の性格について」（「関西大学考古学研究室開設五拾周年記念考古学論叢」二〇〇三）
・藤田和尊・木許守「巨勢山古墳群Ⅳ」御所市文化財調査報告書第二六集　二〇〇二
・堀田啓一「渡来人―大和国を中心に」（「古墳時代の研究」一三　雄山閣出版　一九九三）
・門田誠一「古墳時代の鉄製模型農工具と渡来系集団」（「史学論集」佛教大学文学部史学科創設三〇周年記念　一九九九）
・山内紀嗣「発掘調査二〇年」埋蔵文化財天理教調査団　一九九一

河内湖周辺の韓式系土器と渡来人

田中清美

はじめに

五・六世紀の朝鮮半島の情勢は高句麗の南下政策による百済の動揺、新羅による伽耶諸国の併合と動乱が続いており、政情が不安定な時期であった。

記紀等の文献にもこの時期に百済や伽耶地域から河内湖周辺に渡った渡来人に関る記事や説話が見られるほか、横穴式石室や韓式系土器・馬具などの渡来系遺構・遺物から渡来人が列島に渡ったことが窺われる。

一方、淀川や旧大和川下流域の広大な沖積低地（淀川低地・河内低地）の本格的な開発が始まったのは渡来人が伝えた新来の土木技術によって河川の管理が飛躍的に進展した五・六世紀以降であったと思われる。[①]当時の渡来人の具体的な状況については明らかでない部分も多いが、平安時代の初期に編纂された『新撰姓氏録』によれば平安京および五畿内（山城・大和・摂津・河内・和泉）に居住した支配者集団一〇九五氏の内、渡来系氏族の系譜を引くものは三二四氏あり、全体の約三割を占めていたという。[②]『新撰姓氏録』に記載された彼らの系譜などを考慮すれば五・六世紀の河内湖周辺地域には朝鮮半島の南部地域から相当数の人々が渡ったものと思われる。

既に先学によって指摘されているように、渡来人の中には今来才伎と呼ばれた技術者集団や知識人をはじめ、大和の飛鳥を本貫とし、阿智使を祖とする東漢氏、南河内の古市近郊に居を構えたという王辰爾を祖とする西文氏、摂津豊島郡や山城地域、近江愛智郡などに居住した弓月君を祖とする秦氏など、後世に有力氏族として名を残した渡来人が居たようである。また、羽曳野市を中心とする律令制下の南河内地域にあった河内国志紀・古市・安宿・丹比諸郡内には、西文氏以外にも武生・蔵・馬・船・葛井・津氏などの渡来系氏族が居住していたという。[③]

本稿では渡来人の炊飯具であった韓式系土器および出

土遺跡の分布状況を検討して、五・六世紀の河内湖周辺地域の渡来人の動向について若干の見解を述べる。

韓式系土器の器形と製作技法

韓式系土器は器形や製作技法が三国時代の朝鮮半島南部地域の百済・新羅・加耶諸国などで見られる赤褐色軟質土器に酷似したもので、渡来人が日本列島内（以下列島）で製作した土器の総称である。なお、三国時代に先立つ原三国時代には酸化焔焼成された軟質土器、漢楽浪郡の設置以来、朝鮮半島の南部地域に流入した漢式土器（軟質灰陶）の影響下で成立した硬質土器および器面を磨き、炭素を吸着した瓦質土器があった。この内、硬質土器や瓦質土器はともに窯を用いて焼成されており、これらの製作・焼成技術は三国時代の陶質土器に受け継がれている。

軟質土器は炊飯具である甑・鍋・長胴甕・平底鉢をはじめ、広口壺・甕・鉢などがあり、三国時代の軟質土器の基本的な器形はほぼ出揃っている。

河内地域では大阪市長原遺跡④・加美遺跡⑤、八尾市久宝寺遺跡⑥・中田遺跡⑦などで、原三国時代の土器やそれに酷似したものがV様式最終段階から布留式中相の土器に共伴しているが、北部九州地域に比べて出土量はさほど多くない。⑧

列島出土の三国時代の土器および類似品の名称については漢韓系土器、韓式土器、韓式系土器、朝鮮半島系土器、韓半島系土器、三国土器、三国系土器、大陸系土器、軟質系土器など、様々な名称が付されてきた。本稿では列島出土の三国時代土器の総称を韓式土器、地域が判明したものは国名＋系とし、列島で渡来人が作成したものや倭人が模倣したものは韓式系土器とする。⑨

三国時代の軟質土器と同様に酸化焔焼成された韓式系土器は甑（1〜4）、鍋（5・6）、長胴甕（7〜8・10）、広口壺（9・11〜13）、直口鉢（14）、平底鉢（15・16）、羽釜（17）、釜（18）、蓋（19）、把手付鉢（20・21）、直口壺（22）、移動式竈（23）、煙突状土製品（24）、竈焚口枠（25）など炊飯に関るものが多い（図1〜3）。このほかにも陶質土器広口壺（26）、底部裏面に轆轤の下駄痕のある陶質土器壺（27）、器面にヘラミガキを施した後、炭素を吸着させた瓦質土器有蓋高杯（28）、同無蓋高杯（29）、体部の外面に鳥足文タタキを施し、焼成前に器体の内面に黒色物質を塗布した陶質土器広口壺（30）、同じく鳥足文タタキを施した陶質土器広口壺（31）、陶質土器杯付瓶（32）など百済系土器類もある（図3）。以上の百済系土器や軟質土器に酷似した韓式系土器は初期須恵器出現以前の古式土師器の系譜とは別個のものであり、これは韓式系土器が渡来人の炊飯様式の一つとして持ち込まれたことを示唆している。同様に算盤玉形紡錘車や馬形・鳥形・人形などの生業や祭祀に関る土製品も渡来人の所持品の一つとして流入している。

甑（1～4）は口径二四～二七cm、器高二七～三三cmで、口縁部が体部から直立する（1・2）と外反する（3・4）がある。底部の形態は一般に平底から丸底へ移行するが、初期にも（3）のように丸底のものもある。⑩蒸気孔は中央の円孔の周囲に七ないし八個の円孔を設けた（1・2・4）、三角形、台形、長方形、杏仁形、小さな円孔を多数穿つ（3）などがある。把手は体部の中程にヘラ描き沈線を施した後、内面から挿入しており、初期の把手の形態は牛角状を呈し、上面に切り込みを入れたものが多い。（2）のように把手先端の裏面に製作時の支え穴が見られるものもある。五世紀の第3四半期頃になると把手の形状は一般に舌状を呈するようになり、蒸気孔も中央の円孔の周りに三ないし四個の小判形あるいはD字形のものを二孔穿つようになる。初期の甑の外面整形は平行（3）・格子・斜格子（1）・縄蓆文・鳥足文（2）などのタタキ技法によるが、五世紀第3四半期以降になると一般にハケメ調整が多くなる。

甑と組み合う長胴甕（7・8・10）は口径二〇cm前後、器高三〇～四〇cmあり、底部は丸底のものが多い。体部に平行タタキ（7）や格子タタキを施した後、螺旋状沈線を巡らせる（8）、鳥足文タタキを施す（10）などがある。口縁部は頸部から緩やかに外反するものと、外上方に開くものがあり、器面の整形および調整は、初期のものはタタキ整形が主体を占めており、五世紀第3四半期以降になると平行タタキが若干残るものの、大半はハケメ調整となる。内面の調整はナデが主体で、外面がタタキ整形のものには稀に同心円状の当具痕が見られる。長胴甕で湯沸しのみに使われたものには内面に汚れはないが、煮炊きに使われたものには焦げや汚れがある。

羽釜は長胴甕の頸部に鍔を付けたような形態を呈して

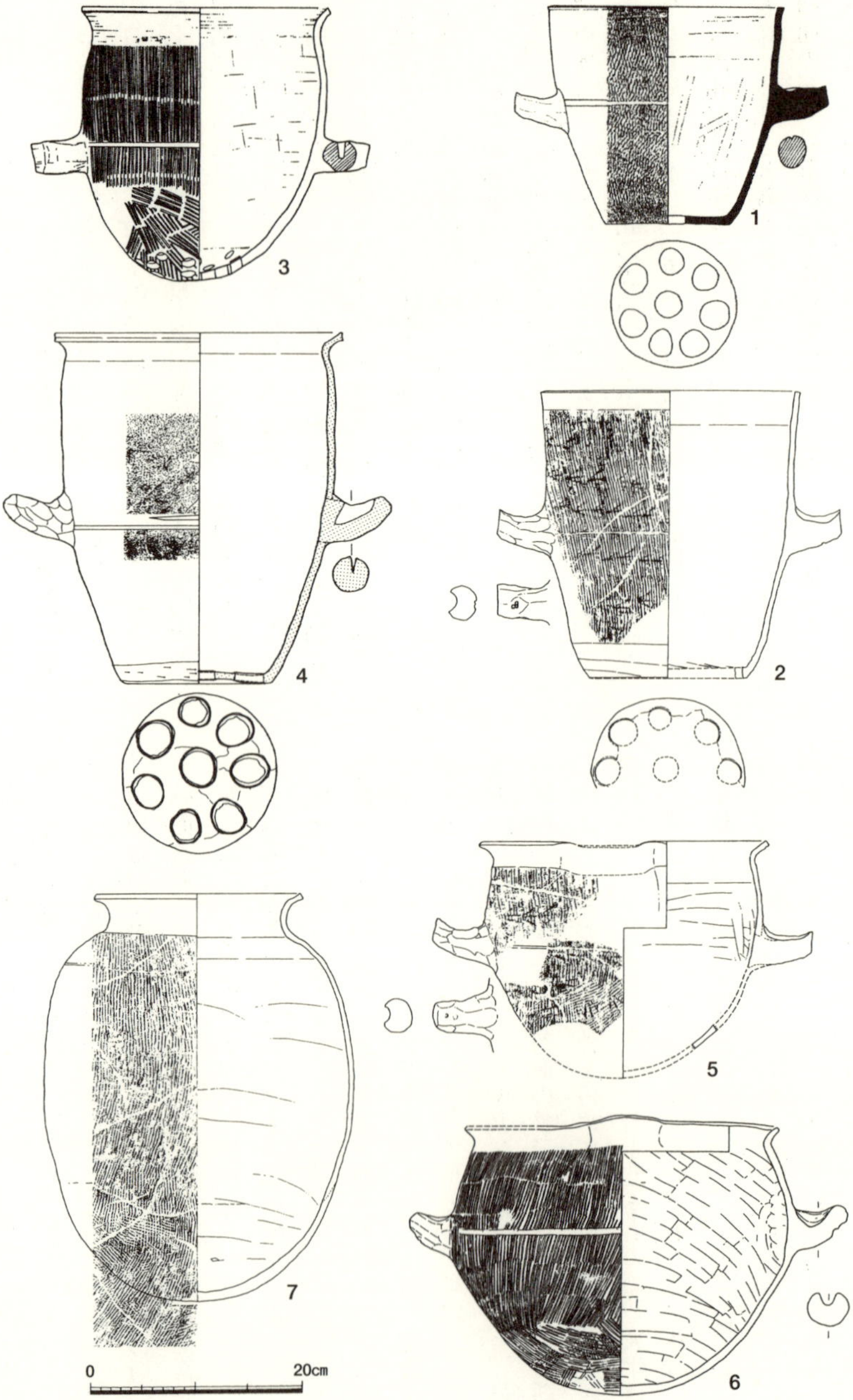

図１　韓式系土器実測図　１：大県、２・５～７：長原、３：八尾南、４：久宝寺

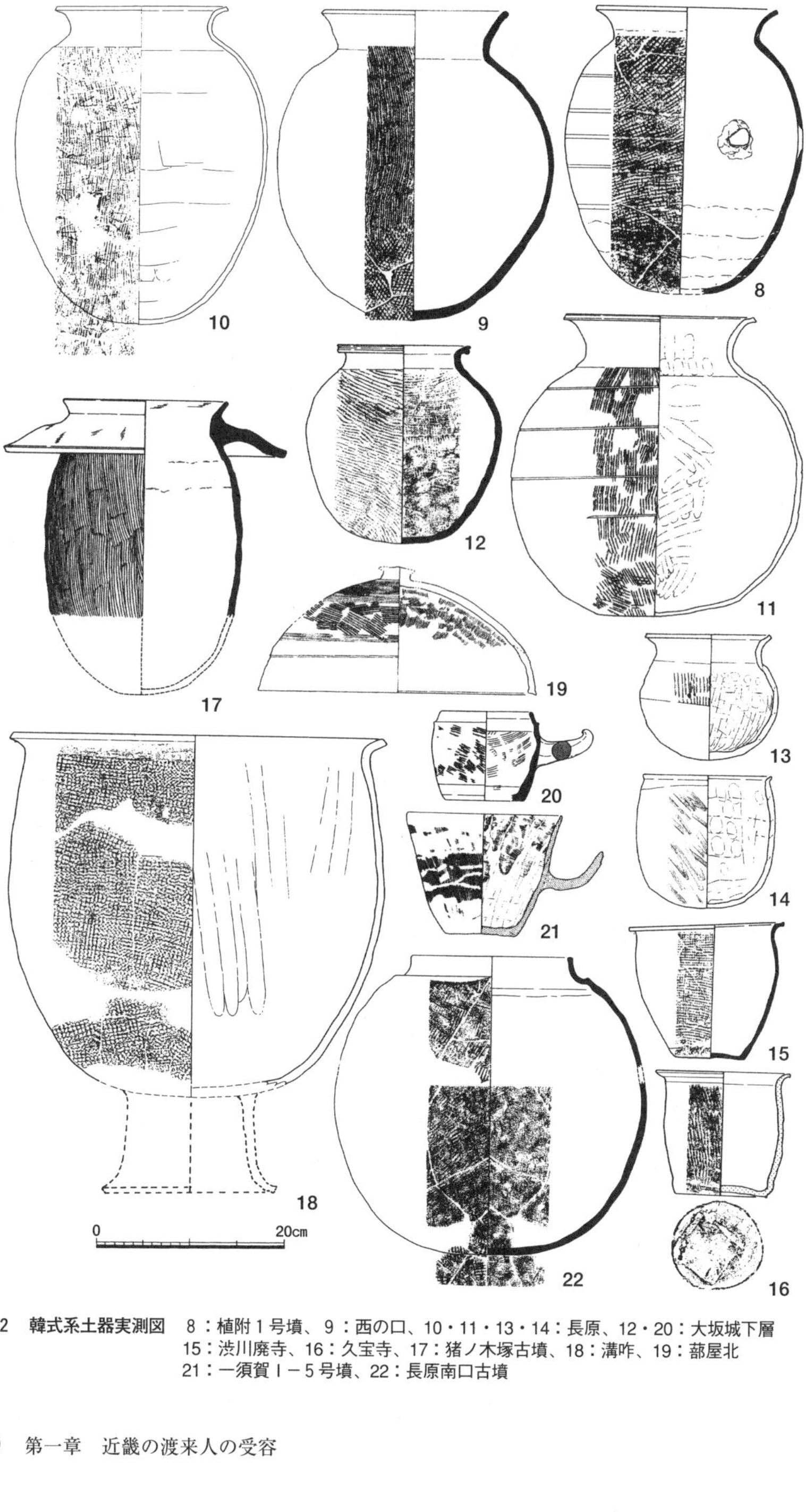

図２　韓式系土器実測図　８：植附１号墳、９：西の口、10・11・13・14：長原、12・20：大坂城下層
15：渋川廃寺、16：久宝寺、17：猪ノ木塚古墳、18：溝咋、19：蔀屋北
21：一須賀Ｉ－５号墳、22：長原南口古墳

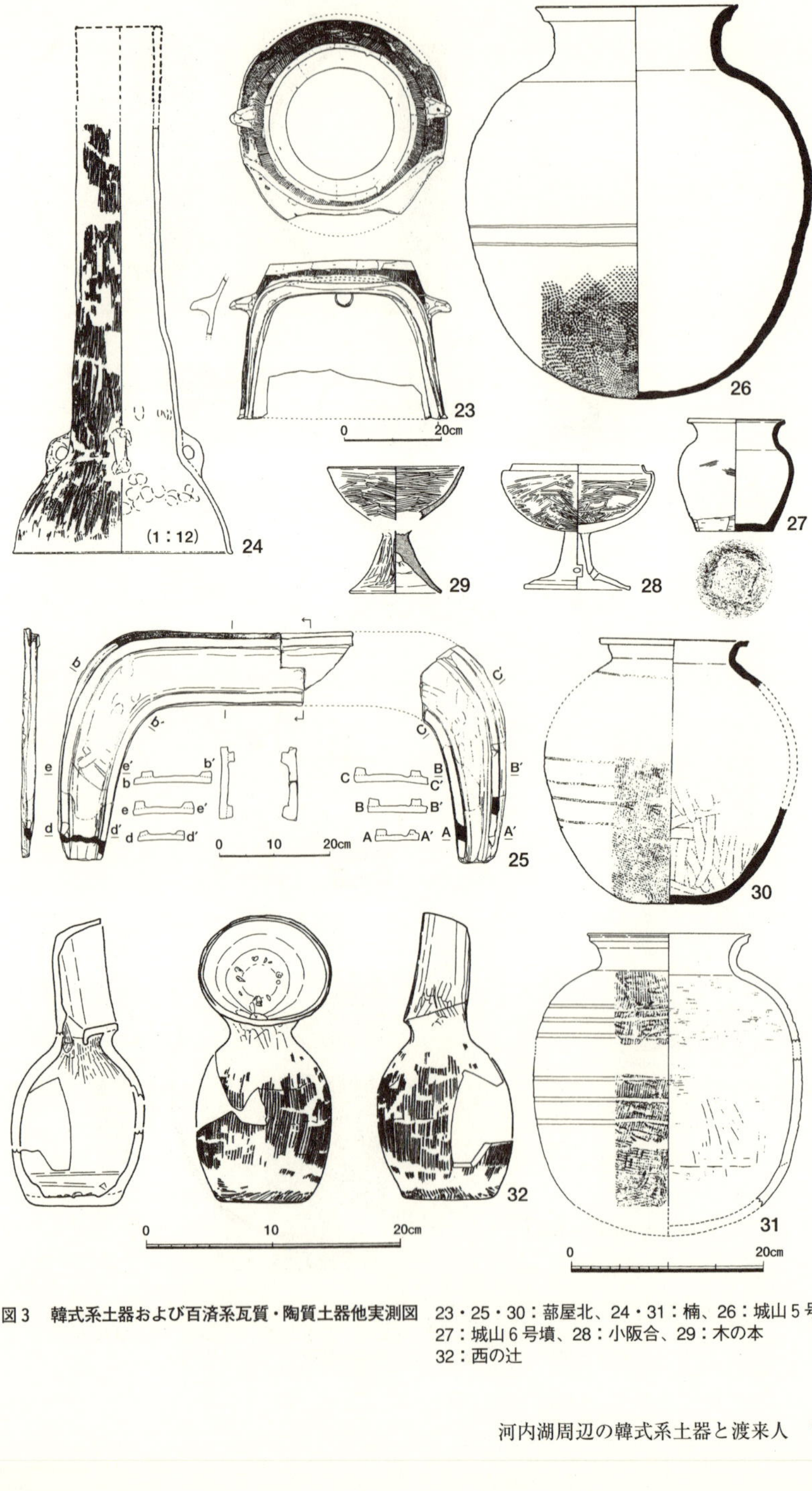

図３　韓式系土器および百済系瓦質・陶質土器他実測図　23・25・30：蔀屋北、24・31：楠、26：城山５号墳
27：城山６号墳、28：小阪合、29：木の本
32：西の辻

おり、東大阪市の猪ノ木塚古墳の出土例（17）からみて、河内地域でも六世紀第1四半期頃には登場したものと思われる。しかし、蔀屋北遺跡や鬼虎川遺跡ではＴＫ23型式～ＴＫ47型式の須恵器に共伴したものも確認されていることから、羽釜の出現期は五世紀代に遡る可能性が高い。[11]猪ノ木塚古墳出土羽釜の類似品としては五世紀代に属するものが韓国釜山広域市にある金海府院洞遺跡や金海礼安里古墳群で確認されている。[12]

鍋（5・6）は口径約二八cm、器高二一cm前後あり、器体の正面に当る側の口縁部に片口を設けている。底部は丸底で、体部の上半に沈線を引いた後、把手を内面から挿入している。鍋の把手の形態も甑と同様に五世紀第3四半期以降になると角状から舌状を呈するものに移行する。

（19）は口径二九・四cm、器高一三・二cmで、丸味のある天井部の中央につまみが付いた甑あるいは鍋などの蓋と考えられる。天井部外面を平行タタキで整形している。

（18）は口径四〇cm、器高四五cm前後で、丸底の底部に脚台が付く釜である。形態からみて東北アジアの遊牧民の主要な煮沸器具である鉄または銅製の鍑を模倣したものと考えられる。器体外面は平行あるいは格子タタキで整形しており、内面に当て具痕が見られるものがある。溝咋遺跡の釜には体部の上半に四条のヘラ描き沈線が巡る。釜は大阪府下では茨木市溝咋遺跡、大阪市長原遺跡、堺市大庭寺遺跡および伏尾遺跡から五世紀第1四半期～第2四半期に属するものが出土している。[13]

平底鉢あるいは深鉢と呼ばれる（15・16）は韓式系土器を特徴付ける器形の一つである。口径・器高ともに一四cm前後あり、底部は平底で、口縁部が短く外反するものが多い。口縁部がさほど開かず端部がやや肥厚するものや、口縁端部の内外面にヨコナデを加え、端面が沈線状に凹むものがある。器面を格子（15）・平行（16）・縄蓆文・鳥足文・長方形タタキで整形するほか、全体をヨコナデやハケメで調整している。また、稀に底部の裏面にいわゆる轆轤の下駄痕と呼ばれる「□」（16）や「Ⅱ」状の圧痕や布目が見られるものがある。平底鉢は甑と同様に初期のものは底部が平底で、タタキ整形の後、外面下端部に静止ヘラケズリを加えるが、五世紀第3四半期以降になると底部が丸くなり、ハケメ調整するものに移行する。ただし、五世紀後葉以降もタタキ技法は僅かながら残存しており、六世紀前葉～中葉の一須賀W一一・同W二一・同W二七号墳や高安郡川一六号墳に副葬された平底鉢には平行タタキや粗い縄蓆文タタキが見られる⑭。また、平底鉢は集落跡から出土する韓式系土器の組成の中でも一定量を占めていること、一須賀古墳群や高安古墳群ほかのように渡来系氏族の奥津城とされる横穴式石室に甑・鍋・羽釜・移動式竈などのミニチュア炊飯具と共に副葬された例もあり、銘々器的な扱いを受けていた可能性がある。このほか、口径一四cm、器高一二cm前後で、平底の器体の中程に把手が付く鉢（20・21）も五世紀第4四半期頃には登場している。（20）は器形や製作技法から判断して、五世紀第4四半期頃の加耶系軟質土器とみられる⑮。

移動式竈は曲げ庇（23）と付け庇を設けるものに二分され、ともに五世紀の第2四半期頃には登場している。前者の器体は甑を逆にしたような形態を呈しており、胎土はいわゆる生駒西麓産のものである。器体の整形時に平行あるいは縄蓆文タタキを施すものが多い。長原遺跡では鳥足文タタキを施した曲げ庇系移動式竈（以下曲げ庇系竈）が出土している。付け庇系移動系竈（以下付け庇系竈）は炊口を保護するように庇および袖を貼り付けており、賭け口はドーム状を呈する。一般的に器体の外面をハケメ調整しており、内面もユビナデ調整するほか、突帯が見られるなど円筒埴輪の製作技法と共通している。体部の上半あるいは中程にある把手の位置も前者とは異なるほか、曲げ庇系竈の把手は下方を向くのに対して、付け庇系竈は上方を向くという傾向が窺える。

（25）は「U字形板状土製品」と呼ばれる中央部に「相欠き」のある造付け竈の炊口を保護する土製品で、寝屋川市長保寺遺跡、八尾市小阪合遺跡、茨木市溝咋遺跡から出土している。同様な土製品は陶邑ON二三一号窯跡や奈良県の中町西遺跡でも確認されているほか、高句麗壁画古墳の壁画に描かれたものや古墳から出土した鉄製竈の炊口に表現されたものをはじめ、朝鮮半島の京畿道内や栄山江流域の五世紀代の百済遺跡から出土しており、渡来人と関りの深い土製品である⑯。

（24）は煙突と考えられる土製品で、下部がドーム状を呈するが、直線的に開くものもある。寝屋川市楠遺跡の煙突には下部に環状の把手が付く。煙突も竈の炊口枠と同様に三国時代の百済の領域に分布する傾向が窺われるほか、類似品は韓国の民俗資料中にも認められる。

一方、東大阪市鬼虎川遺跡の陶質土器杯付瓶（32）をはじめ、鳥足文タタキが施された陶質土器や韓式系土器も百済系の土器として注意すべきものである。現在、摂津・河内地域の鳥足文タタキ土器の出土遺跡は茨木市太田遺跡[17]、寝屋川市楠遺跡[18]、四條畷市蔀屋北遺跡[19]、城遺跡（大上古墳群）[20]、大東市メノコ遺跡[21]、東大阪市瓜生堂遺跡[22]、八尾市久宝寺遺跡[23]、八尾南遺跡[24]、大阪市長原遺跡・城山遺跡[25]、瓜破遺跡[26]など一一遺跡ある。このうち、楠遺跡（広口壺）、蔀屋北遺跡（平底瓶・広口壺）、メノコ遺跡（壺）、瓜生堂遺跡（甕か壺）、瓜破遺跡（壺）などは百済系陶質土器の可能性が高いものである。なお、長原遺跡や八尾南遺跡の鳥足文タタキを施す韓式系土器の出土量は、現在管見による限り列島内で最も多く、五世紀第1～2四半期頃の百済系軟質土器のセット関係をみる上で重要な資料である。

朝鮮半島の鳥足文タタキは管見による限り原三国時代の馬韓地域を中心に瓦質土器や軟質土器に登場した後、三国時代になると百済の勢力が及ぶ地域を中心に分布する傾向が窺われる。また、鳥足文土器は朝鮮半島南西部地域を出発点として、北部九州地域から西部瀬戸内地域を経て摂津・河内地域に至った後、大和に到達するルートを結ぶように分布しており、これは当時の倭王権と百済を結ぶ主要ルートを示すものである。なお、五世紀第4四半期以降に登場する鳥足文タタキ土器については竈の炊口枠をはじめ、栄山江流域の慕韓地域の円筒埴輪を樹立した前方後円墳と同様に、四七五年の百済漢城の陥落を契機に朝鮮半島南西部地域の在地勢力と北部九州地域の首長層や倭王権との交渉が活発化したことを物語っている。

韓式系土器出土遺跡群の様相

現在河内湖周辺の韓式系土器が出土する主な遺跡や古墳の数は九七カ所あるが、それらは①枚方台地遺跡群、②北河内遺跡群、③中河内遺跡群、④河内低地～河内台地北縁遺跡群、⑤南河内遺跡群、⑥淀川低地遺跡群、⑦上町台地と北方砂堆遺跡群、⑧摂津遺跡群の八つの遺跡群に大別される（図4）。これらは韓式系土器研究会が摂津・河内地域の韓式系土器の出土遺跡を集成した一九八七年段階の三三カ所を大きく上回っている[27]。以下、河内湖周辺の遺跡群について順を追ってみておく。

枚方台地〜北河内遺跡群

河内湖北方および周辺には、穂谷川の流域に交北城ノ山遺跡、天野川の流域に森遺跡、茄子作遺跡、淀川流域から河内湖北東部の沖積地に淀川河床遺跡、郡六ノ坪遺跡、楠遺跡などが分布している。特に鉄滓の科学的な分析から精錬鍛冶→鍛錬鍛冶の行程が解明された森遺跡は、北河内地域に鉄製品を供給した五世紀第3四半期〜4四半期の大規模な鍛冶工房を伴う拠点的な集落として注目される[28]。

河内湖北岸地域には寝屋川から讃良川にかけて北木田遺跡、長保寺遺跡、讃良郡条里遺跡などが河内湖の汀線に沿って点在しているほか、岡部川の流域に蔀屋北遺跡、南山下遺跡、岡山南遺跡、清滝川流域に鎌田遺跡、奈良井遺跡、中野遺跡、四條畷小学校内遺跡、木間池北方遺跡、城遺跡（大上古墳群）、権現川の北に南野米崎遺跡、北新町遺跡、権現川の南にメノコ遺跡などが分布している。これらの遺跡では五世紀第1四半期から六世紀第1四半期にかけての韓式系土器が出土しているが、特に五世紀第3四半期になると鳥足文タタキや格子タタキが施された陶質土器をはじめ、竈の炊口枠などの百済系土器類の出土例が増加する。また、鎌田遺跡では一辺一四mの方形周溝状遺構の中から馬歯・骨および五世紀第2〜3四半期の土器類と共に手捏土器・滑石製臼玉・ガラス玉・楽器のスリザサラ・木鏃・木刀・飾り台一対が出土したほか、奈良井遺跡でも隅丸方形周溝状遺構の溝内から六世紀第1四半期頃の須恵器や土師器に馬歯や骨・ミニチュア土器・滑石製臼玉が三六個入った須恵器壺・手捏土器・人形土製品一二点・馬形土製品五点・馬の飼育具（木製ブラシ・ムチの柄）が出土しており、これらは犠牲馬を伴う祭祀の場が時期を追って存在したことを示している。以上のほかにも蔀屋北遺跡、大上古墳群、清滝古墳群では馬の埋葬が確認されているほか、本遺跡群では多数の馬歯・骨が出土することから、ここは倭王権の管理下で馬の飼育を行った「河内の馬飼」の居住地と指摘されている[29]。ところで、河内地域の牛の飼育は守口

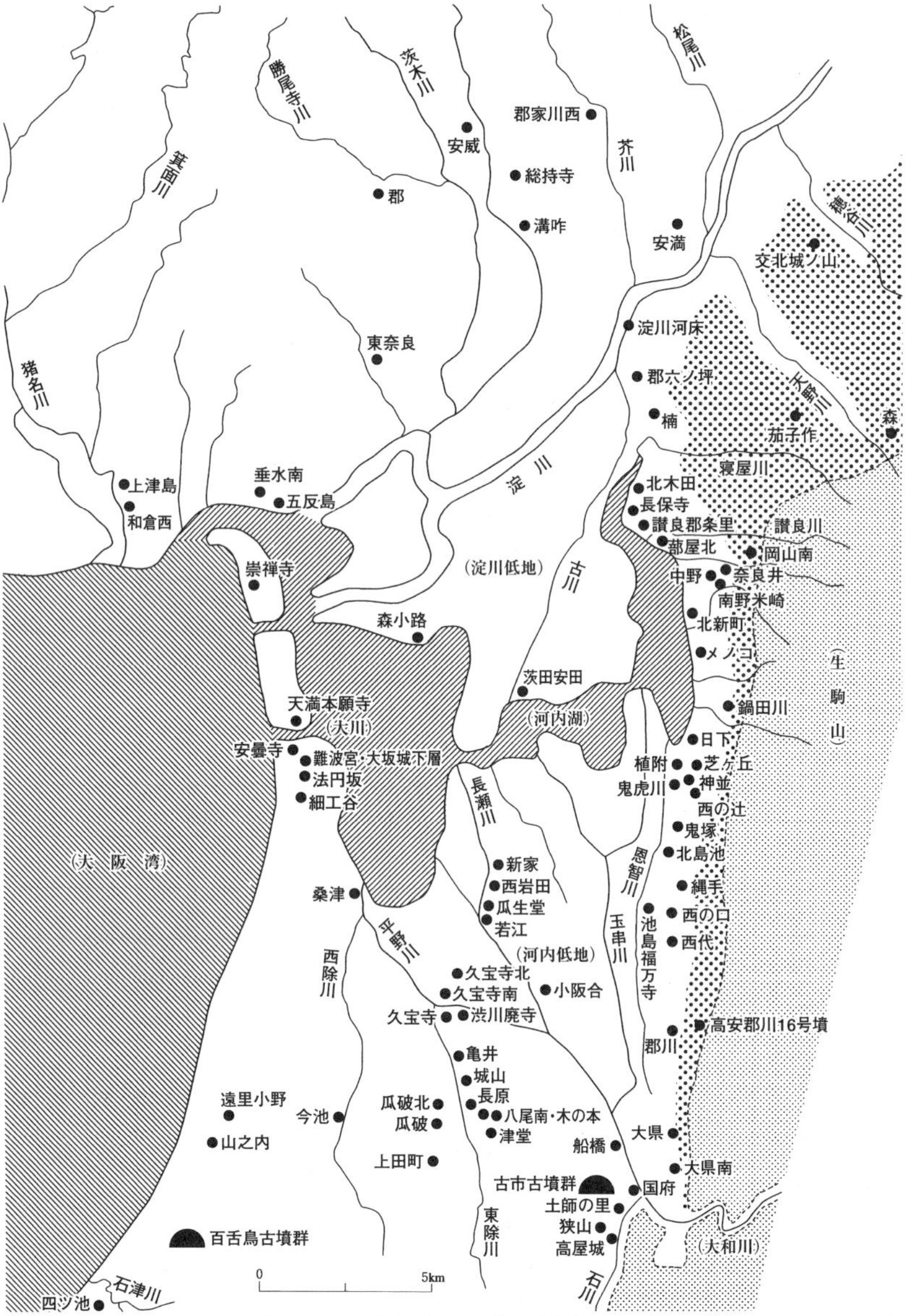

図4　摂津・河内地域の主要韓式系土器出土遺跡分布図　(梶山彦太郎・市原実1986『大阪平野のおいたち』に一部加筆)

市にある帆立貝形前方後円墳梶二号墳から出土した牛の形象埴輪から六世紀の第１四半期頃と推測されていたが、奈良井遺跡・四條畷小学校内遺跡・木間池北方遺跡で出土した牛歯・骨から、牛の飼育も馬と同様に五世紀第２四半期頃まで遡ることが判明した。

一方、河内湖の汀線に近い讃良郡条里遺跡や蔀屋北遺跡をはじめ、北新町遺跡では五世紀第３～４四半期頃に廃絶した井戸の井戸枠材に外洋航海の可能な準構造船の部材あるいは倉庫などの扉材が転用されていたが、これは遺跡の近隣に港（津）があり、ここには北新町遺跡で確認されたような倉庫群を伴うことを示唆している。また、一連の遺跡とみられる蔀屋北遺跡や讃良郡条里遺跡では木製輪鐙や鞍をはじめ、椀形鍛冶滓やガラス小玉の鋳型が出土しているが、これらは集落内に鉄製品や馬具、ガラス小玉の生産を行った工房があったことを示している。このほか、茄子作遺跡、楠遺跡、木間池北方遺跡、城遺跡（大上古墳群）などでは非陶邑産の初期須恵器が多数出土しており、近隣に窯跡が存在する可能性が高い。

したがって、当遺跡群の百済系土器類や韓式系土器を伴う集落には朝鮮半島の南西部地域を故地とする渡来人集団が居住していた可能性が高く、彼らは五世紀第１四半期以来、倭王権の管理下で馬の飼育を中心に、船による半島方面との交易のほか、鍛冶・ガラス小玉の製作・馬具・初期須恵器などの手工業生産に従事していたものと思われる。

中河内遺跡群

河内湖東南方の生駒西麓裾に開けた扇状地から沖積低地には鍋田川遺跡・日下遺跡、植付遺跡、芝ヶ丘遺跡、神並遺跡、鬼虎川遺跡、西ノ辻遺跡、鬼塚遺跡、北島池遺跡、縄手遺跡、池島・福万寺遺跡、西の口遺跡、西代遺跡が、やや南に下って郡川遺跡・大県遺跡・大県南遺跡などが点在している。これらの遺跡群の西方には広大な河内低地が広がっていた。五世紀になってこの地の開発が急速に進んだことについて丸山竜平氏は大和川と石川の合流点より約一㎞北の高井田より流出する恩智川を人工的な排水路である溝渠とみて、これの完成により流域に新たな生産基盤が生まれ、それを倭王権は大県という直轄領にしたと興味深い見解を述べている[30]。たしかに生駒西麓の西側を北流する恩智川沿いには韓式系土器を伴う集落が点在しており、その内の西ノ辻遺跡、神並遺跡、縄手遺跡などの集落は鍛冶工房を伴うほか、西ノ辻遺跡で検出された五世紀第3四半期頃の高度な技術で構築された導水施設などは丸山氏が指摘する当地域の開発と関係するものであろう。したがって、恩智川や玉串川流域の諸集落は倭王権の指揮下で治水事業や耕地の開発を推進した渡来系の集団が営んだものであり、彼らは開発に必要な鉄製品を確保するための鍛冶工房や祭祀に関る玉造工房なども組織化していたものと考えられる。ところで大和川本流から玉串川が分流する地点の東南部にある大県南遺跡ではＴＫ73型式の初期須恵器を伴う炭窯および五世紀第3四半期頃の鍛冶炉・土壙・溝群・炭層をはじめ、鉄滓一四kg・鞴羽口・砥石・獣骨・鹿角製品・ガラス小玉の鋳型など手工業生産に関る遺構・遺物が検出されている。大県南遺跡の北に位置する大県遺跡でも当該期の同様な遺構・遺物が確認されており、両遺跡の一帯には五世紀第1四半期以降に河内湖周辺地域で最大の精錬鍛冶→鍛錬鍛冶を行った鍛冶工房が営まれ、ここではガラス小玉の製作を含む武器・武具および農耕具を主体に生産したことが指摘されている。[31]

また、日下遺跡の近くには河内湖岸を結ぶ拠点的な港の一つと推定される「草香津」があり、当遺跡群と半島を結ぶ船舶の寄港地であったという。

一方、鬼虎川遺跡第二二次調査で古墳時代中期の大溝からＴＫ23型式～ＴＫ47型式の須恵器に共伴した百済系陶質土器杯付き瓶を含む土器群は、当地域の五世紀第4四半期頃の土器組成をみる上で注目すべき資料である。[32]中でも渡来人が製作に関与したとみられる須恵器の技法で作られた土師器高杯や小型甕をはじめ、羽釜や曲げ庇系竈の胎土は角閃石粒を多量に含む当地域特有のものであり、同様な曲げ庇系竈は中河内地域のみならず北河内地域や摂津地域でも確認されている。中河内地域で作られた土師器や韓式系土器の一部が他集落へ運ばれた背景には双方の集落に居住した渡来人集団は同族であった可能性の高いことを示唆している。

河内低地および河内台地北縁遺跡群

本遺跡群には長瀬川流域の新家遺跡、西岩田遺跡、瓜生堂遺跡、若江遺跡、小阪合遺跡、平野川流域の久宝寺北遺跡、久宝寺南遺跡、久宝寺遺跡、渋川廃寺遺跡、東

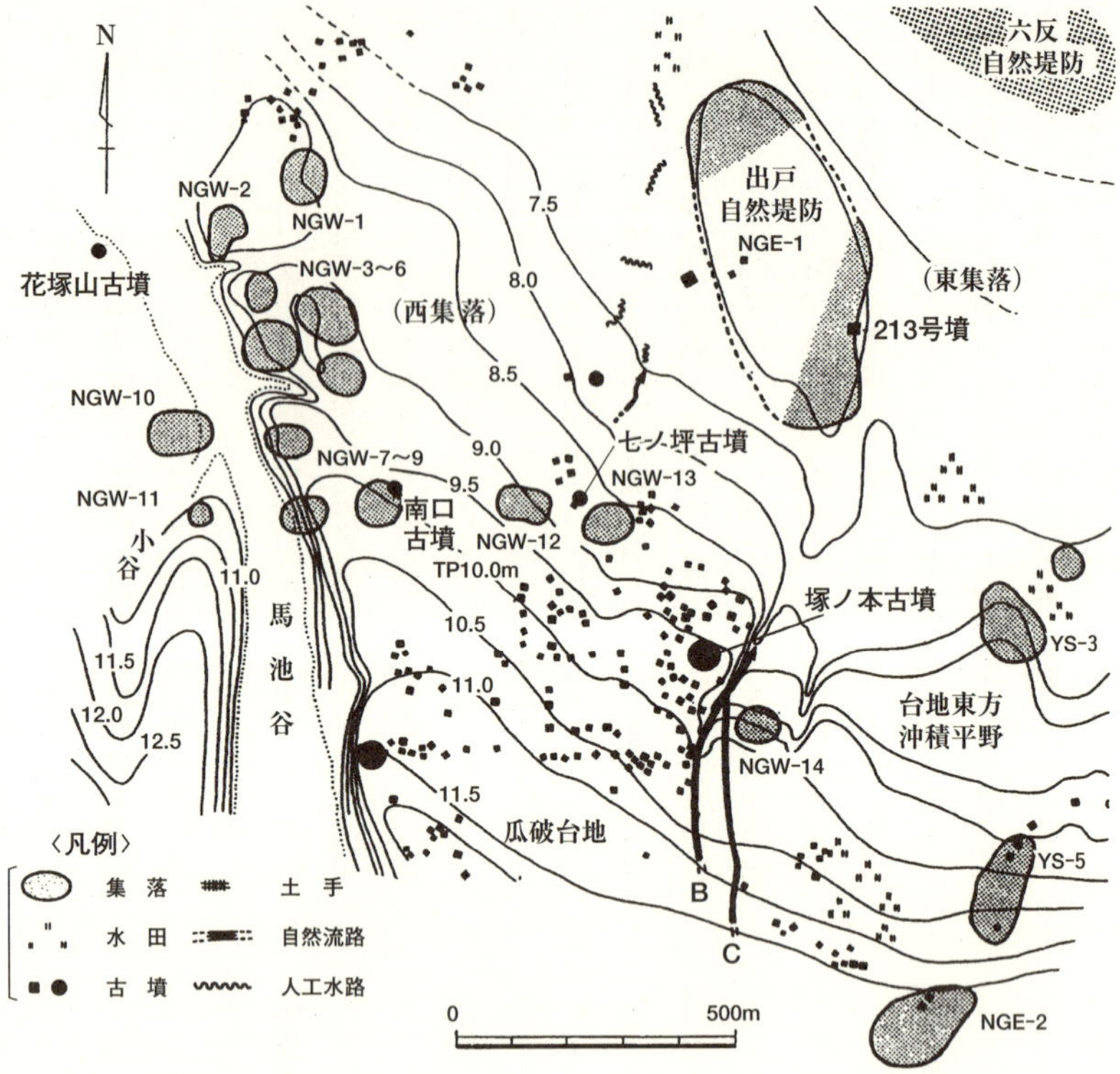

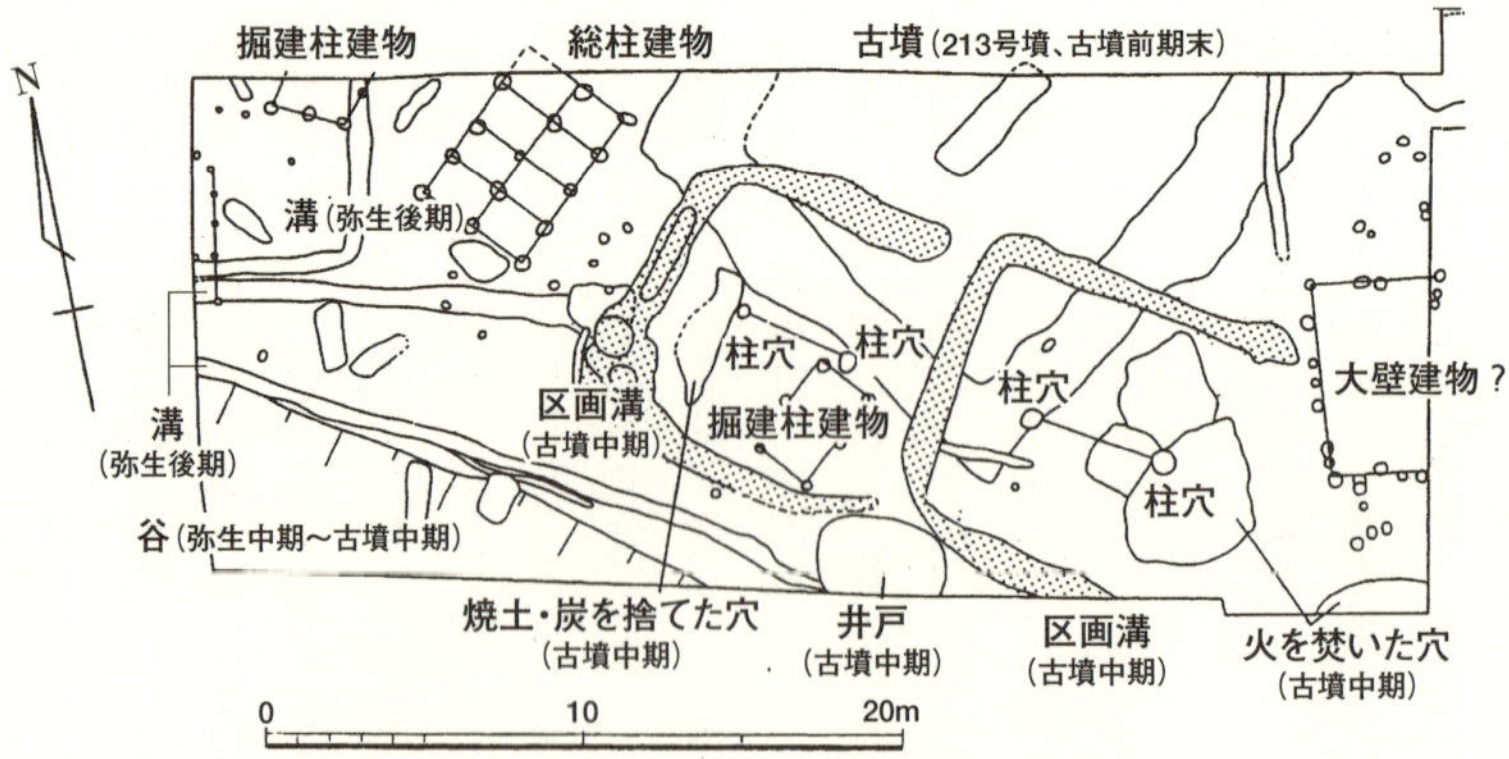

図5　長原遺跡古墳時代中期集落分布図（上）およびNG02－8次調査区遺構配置図（下）

除川流域の亀井遺跡、城山遺跡、長原遺跡、木の本遺跡、八尾南遺跡、津堂遺跡、瓜破遺跡、瓜破北遺跡、上田町遺跡などが含まれる。これらの諸遺跡は長瀬川や平野川および東除川流域に集中する傾向にあるほか、城山遺跡、長原遺跡、木の本遺跡、八尾南遺跡のように一見分散しているように見える集落も実は密接に結びついている。

長原遺跡は羽曳野丘陵より北に派生した瓜破台地の末端から北の河内低地に続く沖積地ならび自然堤防上に位地しており、韓式系土器を伴う古墳時代中期の集落は遺跡のほぼ中央部に位地する長原古墳群を境に北東部にある出戸自然堤防の東集落と、西側の馬池谷に沿って展開する西集落に大きく二分される（図5）。現在集落は東集落→西集落へと移動したことが発掘調査によって判明している[33]。

東集落の範囲内ではこれまでにNG九五—三六・九九—一五・〇二—八・〇三—六次調査など一連の調査が実施されており、造付け竈を設けた方形プランの竪穴住居、大壁建物、掘立柱建物・コの字形区画溝を伴う建物・井戸・土壙・溝・屋外炉などが検出されたほか（図5）、TG231・232型式からTK216型式に至る初期須恵器をはじめ、百済や加耶地域の軟質土器や陶質土器および韓式系土器が多量に出土している。

特に、NG〇二—八次調査地区で確認された東西に二棟並ぶコの字形区画溝を伴う建物は、溝内から多量の焼土・炭片に伴って僅かながら金属滓が見出されたこと、遺構の形状が韓国京畿道にある旗安里遺跡の三国時代の製鉄・鍛冶遺構に酷似することから鍛冶工房の可能性が高いものである。加えて本遺構の南側、窪地を隔てて対置する場所でも鍛冶滓や鞴の羽口がまとまって出土しており、これらも東集落内に鍛冶工房が存在したことを裏付けている。さらに、東集落内では渡来系の建物と指摘されている大壁建物も三棟以上確認されたほか、馬の埋葬遺構や馬歯・骨の出土によって馬が飼育されていたことも判明している。これらの遺構・遺物は東集落が五世紀の第1四半期から第2四半期にかけて営まれた拠点的な集落であること、三国時代の百済系軟質土器や陶質土器をはじめ、伽耶系の陶質土器などは集落内の渡来人集団の故地を示すものとして注目される。ところで、東集落の東方の六反地区では四世紀末頃の治水に伴う幾本もの土堤が確認されているほか、北方の亀井遺跡でも五世紀第2四半期頃の「敷葉工法」と呼ばれる大陸・半島方面の土木技術によって大規模な堤防（図6）が構築されていた。[34]

六反地域の土堤は高さも低い上、弥生時代以来の土砂を積み上げる工法によっており、幾条も流路と平行する土堤は洪水の度に築き直した可能性が高いものである。これに対して「敷葉工法」によって築かれた亀井遺跡の堤防は高さが一m近くあり、河道の固定を行って旧流路から新規流路へと水の流れる方向を変えている。「敷葉工法」は東除川を下った久宝寺遺跡の五世紀代の堤防でも確認されており、ここでは堤防斜面の崩落を防ぐため、丸太材を井桁状に組み合わせて杭止めしていたほか、河道内に多量の丸太杭を合掌状に打ち込み横木を渡して洪水時の水流の勢いを弱めるための大規模な「シガラミ」（図7）が構築されていた。[35]「敷葉工法」や「井桁状の土留工法」および「シガラミ」は、東集落が形成される頃に渡来人が伝えた土木技術であり、沖積低地の開発を推進する上で必要不可欠な工法であった。

五世紀の第3四半期を迎えてまもなく、東集落は西方の馬池谷方面の西集落に移動するが、本集落は東集落と

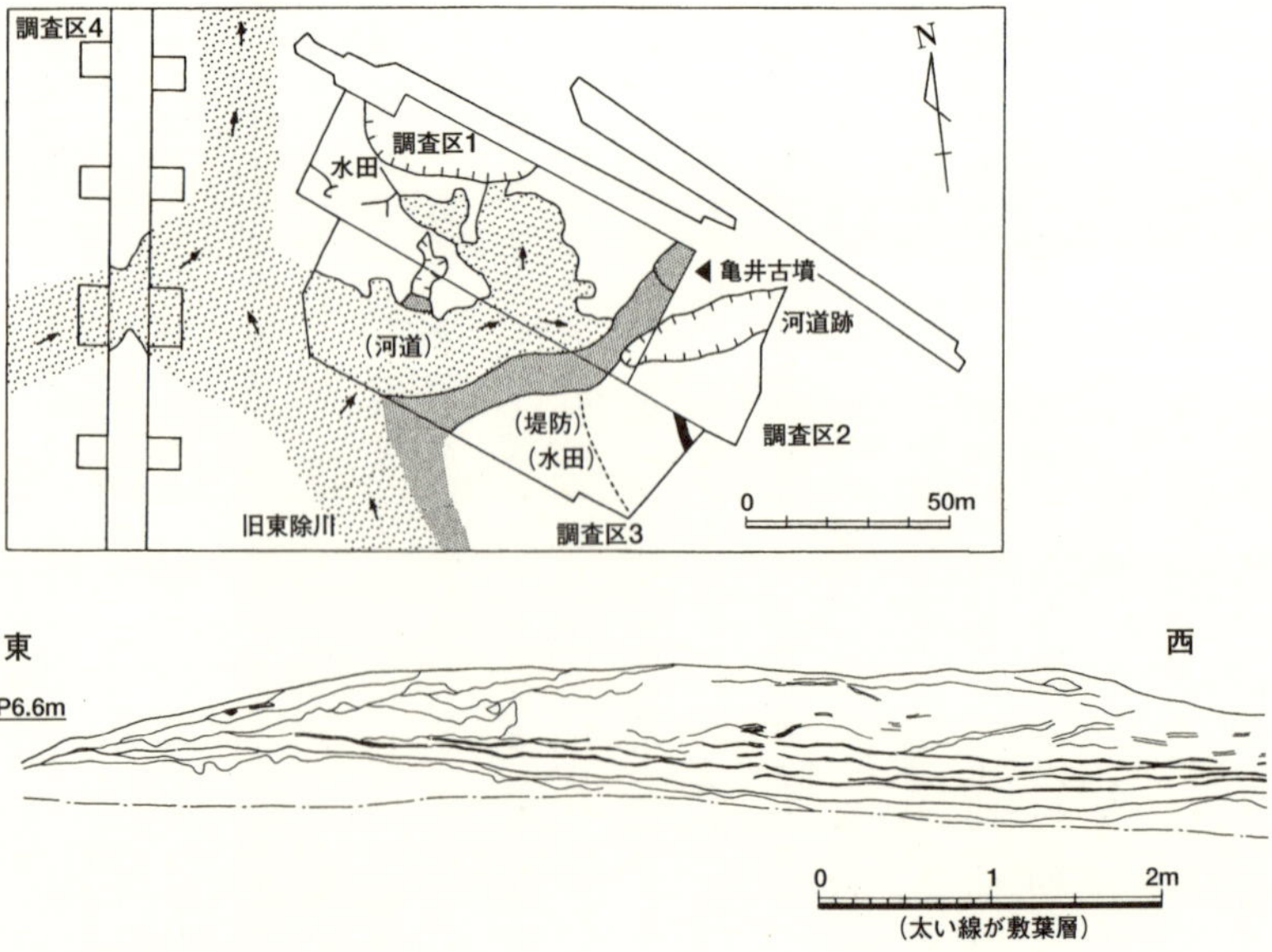

図6　亀井遺跡堤防（34−OD）実測図

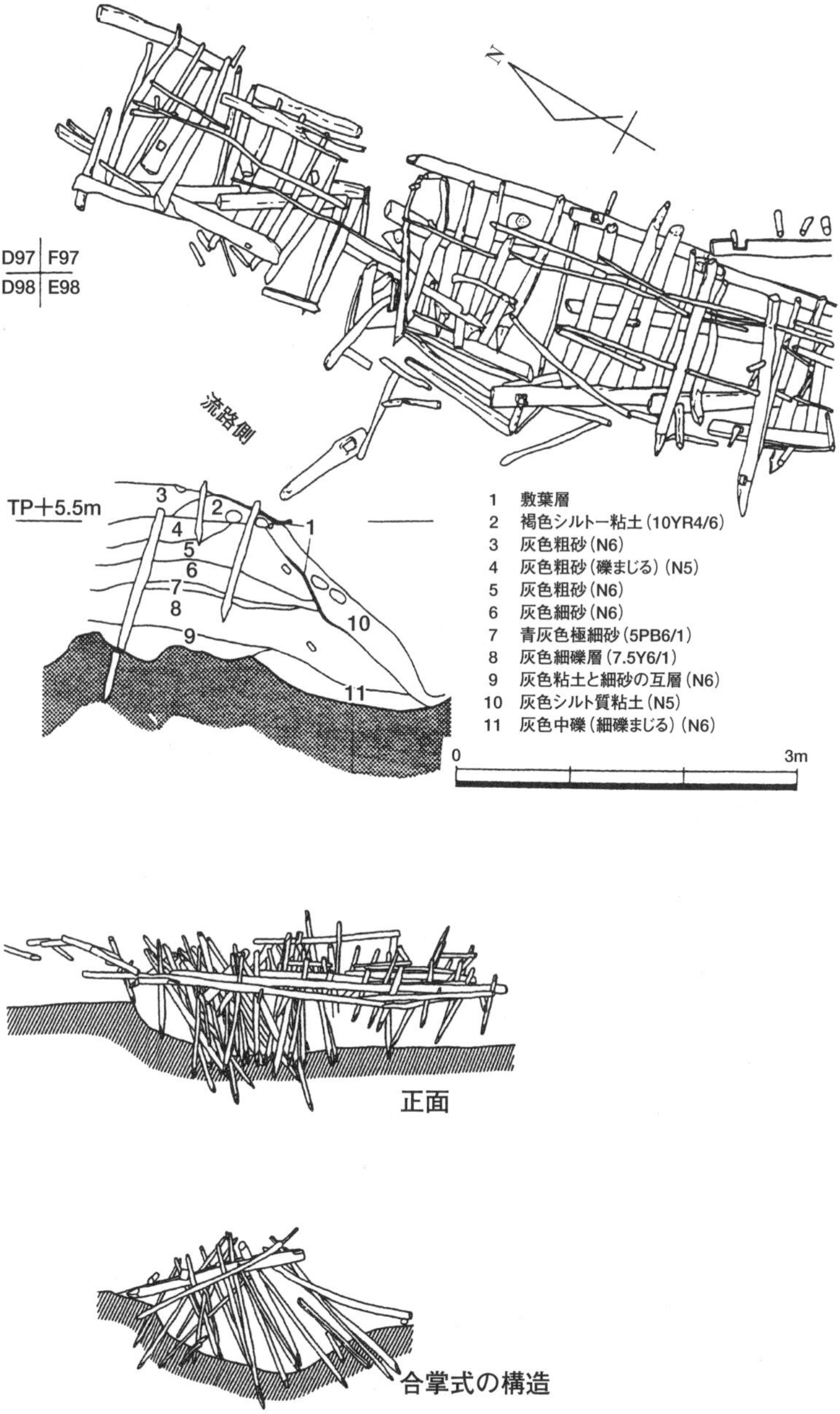

図7　久宝寺遺跡の護岸施設および「シガラミ」

違って集落構成単位ごとに分散的に位置する傾向が窺われる。また、南部の集落ではＴＫ216型式～ＴＫ208型式の須恵器に共伴して格子・平行・鳥足文タタキが施された韓式系土器（甑・長胴甕・鍋・平底鉢・曲げ庇系竈）が出土しており、これらは世代を越えて渡来人がこの地に定住していたことを示している。

一方、西集落が成立する頃の須恵器に共伴する韓式系土器の中にはハケやヘラケズリなど土師器の製作技法で作られたものやタタキ技法など韓式土器の製作技法で作られた土師器が登場するが、このような現象は渡来人と倭人双方の生活面での融合が進んだ結果と解釈される。その後、西集落はＴＫ23型式の須恵器が普及する頃に集落の中心は北部に移り、ＴＫ10型式の須恵器が普及した六世紀第２四半期頃になると廃絶する。西集落が終焉を迎える頃の建物群の主体は複数の大壁造り建物を含む掘立柱建物に移行しており、竪穴住居は見られなくなる。既述したように大壁建物は渡来人と関りの深い建築様式であることから西集落廃絶時の集落には渡来系集団も居住していた状況が想定される。また、西集落の北西にある喜連の一帯は奈良・平安時代には伎人郷と呼ばれていたこと、集落の背後に当たる瓜破台地の一帯は高燥の地であり、馬の飼育には適した地であったようである。『万葉集』に記載された河内国伎人郷の住人馬史国人は、河内古市郡を古くから本拠にしている「河内の馬飼」に関りをもつ百済系の渡来人とみられていることから、喜連に近い西集落北部にも伎人氏に関わる人々が居住していた可能性がある[36]。西集落や馬池谷の内外に分布している馬の埋葬土壙や馬歯・骨は、既述した伎人氏の在住を含めて当地域の渡来系集団は馬の飼育や牧の管理を担っていた「河内の馬飼」とも関係があったことを物語っている。また、六世紀第２四半期頃の西集落では鍛冶滓や鞴の羽口をはじめ、タタキ板・当て具・木槌など須恵器製作の道具も出土しており、集落内には鍛冶や須恵器生産に携わった工人集団が組織されていたと考えられる。

次に長原古墳群と東西集落の渡来人の関りについて補足しておく。

長原古墳群は古墳時代前期末の塚ノ本古墳を筆頭に帆立貝式の前方後円墳三基を含む二一三基以上の小規模な方墳群から構成されている。本古墳群の南方には五・六世紀の倭王権の大王墓群として著名な古市古墳群が位置しており、本古墳群と同様の埴輪類が供給されている長原古墳群の造墓主体は、倭王権とも関わりが深かったものと思われる。

長原古墳群は五世紀第2四半期および五世紀第4四半期に古墳の築造数が増すが、六世紀第1四半期には築造数は減少する。このうち、被葬者が渡来人と推定される古墳は百済系陶質土器壺を土器棺に転用した城山五号墳、主体部に百済系の瓦質土器を供献した城山六号墳など北部の城山地区や出戸地区に分布している。また、六世紀第1四半期に築造された帆立貝式の前方後円墳である七ノ坪古墳の内部主体は百済系の片袖式の横穴式石室であり、次いで六世紀第2四半期に築かれた南口古墳も帆立貝式の前方後円墳で、前方部側の周溝内から頭を切り落とした犠牲馬や生駒西麓産の韓式系土器が出土している。これらのことから七ノ坪古墳と南口古墳の被葬者は、渡来系集団との関わりのある在地首長の可能性が高い。したがって、長原東集落が形成された頃の渡来系集団の墓域は古墳群の北部に営まれたようであるが、六世紀第1四半期以降になると在地首長以外の渡来系集団の墓域は長原古墳群の地を離れて東方の生駒西麓地域に移動したものと思われる。

南河内遺跡群

本遺跡群は羽曳野丘陵の東縁部を北流する石川の流域および石川と大和川の合流点の近くにあり、船橋遺跡、本郷遺跡、国府遺跡、土師ノ里遺跡、挟山遺跡、高屋遺跡、高屋城遺跡、中野遺跡、別井遺跡、岸之本南遺跡、神山遺跡、三日市遺跡などの集落遺跡のほか、神山丑神遺跡、一須賀古墳群、飛鳥千塚古墳群、宝献塔山古墳群など、五世紀後葉から七世紀にかけての群集墳が点在している。五世紀代に属する韓式系土器は各集落遺跡から出土しているが、中でも岸之本南遺跡や神山遺跡の遺物相は注意する必要がある。前者の井戸ではＴＫ216型式の初期須恵器に甑・平底鉢が共伴しているほか、土壙から土製当て具が、包含層でも縄蓆文タタキが施された陶質土器広口壺が出土している。[37] 後者でも韓式系土器鉢や小型の壺類が出土したほか、溝内から近隣に初期須恵器窯跡の存在を示唆する大きく歪んだ初期須が出土している。両遺跡の南方にある一須賀古墳群内では一須賀二号窯や五号窯など複数の初期須恵器窯跡が確認されており、岸之本南遺遺跡や神山遺跡の集落に居住した渡来系集団は須恵器生産に関与した可能性が高い。なお、神山丑神遺跡では一辺約一一mの方墳の横穴式石室内からTK47型式～MT15型式の須恵器とともに百済系須恵器平底瓶が出土しており、渡来人の系譜を考察する上で注目される。ところで、五世紀第4四半期から七世紀にかけて営まれた一須賀古墳群をはじめ、六世紀第2四半期から七世紀第2四半期にかけて営まれた飛鳥千塚古墳群や宝献塔山古墳群では副葬品にミニチュア炊飯具をはじめ、金銅製の箸・沓・釵子、銅や銀製の釧・指輪・釵子、銅鋺・銀象嵌刀装具・金銅装単龍環頭柄頭・鉄地金銅製および鉄地銀装馬具、金製垂飾付耳飾、金環、銀環など、百済との関係の深い遺物を含むことは注目に値する。また、飛鳥千塚古墳群や宝献塔山古墳群の被葬者の系譜を考察する上で、近隣に鎮座する百済王族の昆岐王を祭神とする飛鳥戸神社の存在も大きい。ここは奈良時代に「安宿郡」と呼ばれており、百済系の渡来人集団が居住した地域の一つとして指摘されている。以上のように南河内地域には五世紀第2四半期以来、百済系渡来人集団を中心とする人々が長期に渡って居住していたことを物語っている。

上町台地と北方砂堆遺跡群

本遺跡群は崇禅寺遺跡、難波宮下層遺跡、大坂城下層遺跡、法円坂遺跡、天満本願寺遺跡、宰相山遺跡、細工谷遺などからなり、『日本書紀』の仁徳天皇一一年の条に記載された「難波堀江」とみる大川に近い大阪市中央区にある大坂城および難波宮跡下層遺跡、法円坂遺跡では五世紀第2四半期から第3四半期に属する韓式系土器が出土している。これらは当地域に渡来人が居住したことを示すものといえるが、既述した河内地域に比べて出土量は多くない。それでも韓式系土器は南方に位地する細工谷遺跡は別として、大川を北に望む上町台地の北端に近い地点に分布する事実は注意すべきであろう。記紀には難波の堀江が開削された結果、東方の排水が可能になるとともに低湿地（葦原）の耕地化が着手されたことが記載されており、上町台地上に集住した渡来人も開発に参加したことが窺われる。上町台地の東側に当る宰相山遺跡や細工谷遺跡ではTK73型式あるいはTK216型式に属する初期須恵器や韓式系土器がまとまって出土しているほか、細工谷遺跡では七世紀後半の土師器に「百済尼」・「百尼」と墨書された渡来人の系譜に関る土器が出土している。これは五世紀に百済からこの地に移住し居を構えた渡来人集団が七世紀後半頃には氏寺を建立するほどの力を保持し、時の支配者層に組み込まれていたことを物語っている。

一方、五・六世紀の韓式系土器や百済・伽耶系の土器類は、五世紀第3四半期頃の倭王権の国庫と想定される一六棟の倉庫群が発見された法円坂遺跡の周辺部、上町台地北端の大川の近くに集中する傾向にある。当地域の五・六世紀における具体的な状況については不明瞭な部分も多いが、当該期の韓式系土器が分布する背景には大川つまり「難波堀江」の流域には大陸・半島方面を結ぶルートの一大拠点であった難波津が存在し、ここには六世紀以降に倭王権のもとで交易や交渉に従事した渡来系氏族の難波吉士につながる渡来人集団が居住していたものとみられている。

おわりに

これまで五・六世紀の河内湖周辺地域における韓式系土器やこれを伴う遺跡群ごとの集落の渡来人集団の有様などについて検討を加えてみた。その結果、平安時代に編纂された『新撰姓氏録』に記載された渡来系氏族の先祖と目される渡来人集団が在住した集落の数は決して少なくないことが明らかとなった。

河内地域では長原遺跡の東集落と西集落の動きに代表されるように、東集落に最初の渡来人が集住した時期は五世紀の第1四半期（四〇〇〜四二五年）頃で、この時期に河内台地北縁部から河内低地縁辺部の開発が着手された可能性が高い。その後、東集落がピークを迎える五世紀第2四半期（四二五〜四五〇年）を迎えた頃、河内低地中央部の開発が推進されたのであろう。しかし、河内低地〜河内台地北縁遺跡群に第二の画期が起きるのは西集落がピークを迎える五世紀第4四半期（四七五〜五〇〇年）頃と考えられる。つまり、摂津・河内地域に半島から流入した渡来人のピークは①紀元四〇〇〜四二五年、②紀元四七五〜五〇〇年の二度あるということである。また、二回の画期は後述するように倭五王の中国王朝への朝貢記事が示唆するように朝鮮半島で起きた動乱とも関わりがある。それは高句麗好太王碑に刻まれた高句麗が三九一年、三九九年、四〇〇年に三度倭や百済の軍勢と戦い、四〇四年には倭を半島から敗走させたという興味深い碑文である。

高句麗勢力の南下によって倭王権が目指した朝鮮半島南部での鉄資源の獲得が困難となった時期、つまり四七五年に漢江流域にあった百済漢城が陥落する頃である。この時期にも百済地域を中心とする人々が渡来したとみられるが、百済や伽耶地域を故地とする人々の列島に向けた波状的な流出が最初に起こったのは高句麗勢力の南下が始まった四世紀末頃と考えられる。

以上のように大陸や朝鮮半島で起こった動乱は五・六世紀の倭王権にも動揺を与え、早急なる国力の増強を図る必要があった。この時期に技術革新や政治改革が倭王権主導の下で実施されたものと思われる。

『日本書紀』仁徳天皇一一年の条に見られる「難波堀江」・「茨田堤」をはじめとする地溝開発や屯倉の設置記事は倭王権が河内湖周辺の沖積低地の開発に着手したことを物語っている。排水路の開削や流路の固定には既述したような「敷葉工法」・「井桁状の土留工法」・「シガラミ」など新来の土木技術が用いられ、加えて多量の新式のU字形鋤・鍬先などの鉄製農耕具の供給も「韓鍛」の技術指導による鍛冶生産の増強によって可能となった。

一方、河内湖周辺でも五世紀第2四半期頃には朝鮮半島から牛馬が導入され、後に有力な渡来系氏族として頭角を表す「河内の馬飼」によって牧で飼育と増産をはかり、軍事面のみならず土木工事や流通面でも活用されたものと思われる。

以上のような国家的なプロジェクトを推進する上で倭王権は在住の倭人集団と渡来系集団の融合を図ったことが韓式系土器の器形や製作技法が土師器に取り入れられたことによっても窺えるのである。また、当時の倭王権は渡来人が伝えた新来の諸技術や政治制度をおおいに吸収して、列島内外に対する権威や支配権の強化に努めたことも確かであろう。[38] しかし、渡来系氏族も後に倭王権の権力構造の中で確固たる地位を得たこと、『新撰性氏録』に見られるように後世まで渡来人の出自を保持したことを考慮すれば政治的な関係の強化は別として倭人との血縁的な融合はゆるやかに進んだものと思われる。

本稿では淀川低地遺跡群や摂津遺跡群の韓式系土器や渡来人の動向については資料的な制約もあって検討しえなかった。今後とも関係資料の蓄積を行って本稿で論じたらなかったことも含めて再考したい。

註

①田中清美「五世紀における摂津・河内の開発と渡来人」(『ヒストリア』第一二五号　大阪歴史学会　一九八九)

②今井啓一『帰化人』綜芸舎　一九七四

③吉田晶「船氏の氏族伝承について」(『羽曳野市史編纂紀要羽曳野史』第二号　一九七七)

④田中清美「鳥足文タタキと百済系土器」(『韓式系土器研究』Ⅴ　韓式系土器研究会　一九九四)

⑤田中清美「加美遺跡一号方形周溝墓出土の陶質土器」(『韓式系土器研究』Ⅵ　韓式系土器研究会　一九九六)

⑥坪田真一「久宝寺遺跡出土の韓式系土器について」(『韓式系土器研究』Ⅵ　韓系土器研究会　一九九六)

⑦原田昌則「中田遺跡出土の陶質土器について」(『韓式系土器研究』Ⅳ　韓式系土器研究会　一九九三)

⑧神戸市西区に所在する出合遺跡は原三国時代の硬質土器や瓦質土器に酷似した土器を焼成したとみられる窯跡が検出されたほか、近くに位地する第一次および三二次調査地区から注目すべき土器類が出土している。それは長頸壺や体部上半に螺旋状沈線を巡らせた直口壺、直立する頸部から口縁部が短く外反する広口壺、口縁部が直立する甑などで、器面に炭素を吸着させた瓦質土器と認定しうるものである。出合窯跡の出土資料は硬質土器が多いようであるが、一部に瓦質土器を含むこと、軟質焼成された平底鉢をはじめ、甑・壺類の口縁部の形態、器面整形に格子タタキが多用されていることを考慮すると、四世紀の第４四半期頃の百済の瓦質土器や硬質土器の系譜を引くものといえる。

田中清美「播磨出合遺跡と瓦質土器」(『韓式系土器研究』Ⅶ　韓式系土器研究会　二〇〇一)

⑨原三国時代は別名三韓時代とも呼ばれており、武末純一氏は列島内で出土する当該期の土器類を三韓土器、三国時代の土器類を三国土器あるいは三国系土器と呼び分けている。

⑩八尾南遺跡調査会『八尾南遺跡』一九八一

⑪中西克宏「把手付甑形土器について」(『東大阪市文化財協会ニュース』Vol.１・３、№３　㈶東大阪市文化財協会　一九八八)

大阪府教育委員会・㈶東大阪市文化財協会『鬼虎川遺跡第二二次調査概要報告』―東大阪市西石切町所在―　二〇〇二

大阪府教育委員会『部屋北遺跡発掘調査概要・Ⅰ』二〇〇四

⑫東亜大学校博物館『金海府院洞遺跡』一九八一

釜山大学校博物館『金海礼安里古墳群』Ⅱ　一九九三

⑬大阪市の長原遺跡出土例は㈶大阪市文化財協会から報告書を近刊予定。
㈶大阪府文化財センター『溝咋遺跡』(その三・四) 二〇〇〇
大阪府教育委員会・㈶大阪府埋蔵文化財協会『陶邑・大庭寺遺跡』Ⅳ 一九九五
大阪府教育委員会・㈶大阪府文化財調査研究センター『陶邑・大庭寺遺跡』Ⅴ 一九九六
岡戸哲紀「陶邑・伏尾遺跡の検討」(『韓式系土器研究』Ⅲ 韓式系土器研究会 一九九一)
⑭福岡澄男「一須賀古墳群の外来系土器」(『摂河泉文化資料』第一〇号 一九七八)
原田修「高安郡川第一六号墳」(『韓式系土器研究』Ⅰ 一九八七)
⑮関山洋「上町台地西縁出土の外来系土器二例」(『韓式系土器研究』Ⅴ 韓式系土器研究会 一九九四)
⑯田中清美「造付け竈の付属具」(『続文化財学論集』 二〇〇三)
徐賢珠「三国時代の竈の炊口枠についての考察」(『韓式系土器研究』Ⅷ 韓式系土器研究会 二〇〇四)
⑰名神高速道路内遺跡調査会『大田遺跡発掘調査報告書』 一九九八
⑱寝屋川市教育委員会『楠遺跡』Ⅱ 二〇〇一
⑲大阪府教育委員会『讃良郡条里遺跡(蔀屋北遺跡)発掘調査概要』Ⅳ 二〇〇二
⑳四條畷市立歴史民俗資料館で実見した。
㉑中逵健一「大東市メノコ遺跡出土の韓式系土器」(『韓式系土器研究』Ⅳ韓式系土器研究会 一九九三)
㉒㈶東大阪市文化財協会の金村浩一氏の配慮で実見させていただいた。鳥足文タタキは筆者分類のA類で、二個体分の破片があった。器形は大型の甕もしくは壷で、内一個体の内面にはハケメが残る。
㉓㈶大阪府文化財センター『久宝寺遺跡・竜華地区(その一)発掘調査報告書』 一九九六
㉔田中清美「鳥足文タタキと百済系土器」(『韓式系土器研究』Ⅴ 韓式系土器研究会 一九九四)
㉕註㉔と同じ
㉖鎌田博子「瓜破」(『韓式系土器研究』Ⅰ韓式系土器研究会 一九八七)
㉗韓式系土器研究会では一九八四年の会発足以来二一年間に渡り、大阪府下を中心に韓式系土器の資料収集と検討(渡来人の住所作り)を行っている。
韓式系土器研究会『韓式系土器研究』Ⅰ 韓式系土器研究会 一九八七
㉘交野市教育委員会『古代交野と鉄』Ⅰ 一九九八
㉙野島稔「河内の馬飼」(『万葉集の考古学』筑摩書房 一九八四)
野島稔「埋もれた馬文化」(『馬の文化叢書』1古代㈶馬事文化財団)
四條畷市立歴史民俗資料館『開館二〇周年記念特別展馬と生きる』 二〇〇四

㉚丸山竜平「河内の開発における二つの画期—溝渠の築造と県、屯倉の成立をめぐって—」（『日本史論叢第五輯』一九七五）
㉛花田勝広「第一章畿内とその周辺の工房」（『古代の鉄生産と渡来人—倭政権の形成と生産組織—』雄山閣　二〇〇二）
北野重「柏原市所在の製鉄関連遺跡」（『古代を考える五三　河内・大県遺跡周辺の鉄・鉄器生産の検討』古代を考える会　一九九一）
㉜大阪府教育委員会・㈶東大阪市文化財協会（『鬼虎川遺跡第二二次調査概要報告』—東大阪市西石切町所在—　二〇〇二
㉝㈶大阪市文化財協会『長原遺跡東部地区発掘調査報告』Ⅱ　一九九九
㉞本工法は粗朶や枝葉、草本科植物等を敷きながら土砂を積み上げる土木技術で、「敷粗朶工法」・「枝葉敷設圧密浸下排水工法」とも呼ばれている。朝鮮半島では四世紀代と推定されている碧骨堤をはじめ、ソウル市にある風納土城、扶余の羅城（東羅城東門付近）など、百済地域で確認されている。また、年代が七世紀とやや新しくなるが大阪狭山市の狭山池の堤防、大宰府市の水城の堤防、岡山県津寺遺跡の堤防も同工法で築造されたことが判明している。
大阪府教育委員会『一九九二・一九九三年度亀井遺跡発掘調査概要—八尾市南亀井町所在—』　一九九四
㈶大阪文化財センター『亀井・城山』　一九八〇
㈶大阪文化財センター『久宝寺北』その一〜三　一九八七
国立公州博物館「敷葉工法」（『日本所在百済文化財調査報告書』Ⅲ—近畿地方—　二〇〇二）
小山田宏一「古代河内の開発と渡来人—碧骨堤・茨田堤・狭山池—」（『検証古代の河内と百済』枚方歴史フォーラム実行委員会　二〇〇一）
㉟㈶大阪文化財センター『久宝寺北』その一〜三　一九八七
㊱佐伯有清「馬の伝承と馬飼の成立」（『日本文化の探求馬』社会思想社　一九七四）
田中清美「井戸から出土する馬歯・骨と祭祀」（『大阪市文化財協会研究紀要』第四号（財）大阪市文化財協会　二〇〇一）
㊲大阪府教育委員会『岸之本南遺跡発掘調査概要』　一九九九
㊳加藤謙吉『大和の豪族と渡来人』吉川弘文館　二〇〇二

六・七世紀における近江の渡来文化

——大津北郊の横穴式石室・副葬品・建物を中心として——

吉水眞彦

はじめに

近江は、遣隋使や遣唐使などの対外交渉に任じられた小野臣妹子や犬上君御田鍬をはじめとする小野氏や犬上氏一族のような氏族が存在したことが文献史料から知られる地域であり、またそれらの氏族の周辺には渡来人の存在もうかがうことができるようである。大橋信弥氏の見解によると、①近江全域に倭漢氏系渡来氏族である大友村主・穴太村主・錦織村主などの氏族が分布し、秦氏系渡来氏族である依知秦公・簀秦画師などが琵琶湖周辺の東部地域（愛知・犬上・蒲生郡など）に所住していたと述べられている。

一方、考古資料からは琵琶湖周辺の東部地域と南西部にあたる大津北郊（大津市坂本・穴太・滋賀里・南滋賀・錦織地区）に所在する遺跡において数多くの特異な遺構や遺物が集中的に分布していることが確認され、それらは渡来文化の影響を色濃く受けた遺跡として注目されている。

それらのうち、大津北郊における後期古墳や建物遺構については、水野正好②、花田勝広③、大橋信弥④、林博通⑤、田中勝弘⑥氏等の先学諸氏の論究によって、次に掲げるような特徴を有していたことが判明している。

㈠横穴式石室は正方形プランで、立面形は天井石が一〜二枚の穹窿状持送りのドーム型を呈する玄室を構築していること。

㈡ミニチュア炊飯具を副葬する風習をもっていること。

㈢副葬品に青銅製や銀製の釵子、青銅製の釧など装身具に特殊なものが認められること。

㈣鉄の入手が困難ではなかったはずなのに、武器・武具・馬具が副葬品中にほとんど含まれず、とくに馬具は調査件数の多さの割には三例と少数であること。

㈤木棺に多量の鉄釘や鎹を使用していること。

㈥六世紀以降、寺院以外にはみられない礎石建物や大壁建物・掘立柱建物に石列を伴うもの・床暖房施設である特殊カマド遺構（オンドル状遺構）を備えた建物などを構築して集落を営み、特異な集落構造を有していたこと。

(七)大津北郊は山系と琵琶湖までが非常に狭いため、可耕地を拡大する余裕がないので、渡来系氏族の一般的なイメージである先進的な開発技術を導入するといった土木技術等で活躍したものではないこと。

以上、七点の特徴をあげた。そしてこれらのことから、武器・武具を持たない非武人的な、むしろ文人的な渡来人が集住していたものと想定されているのである。また大津北郊における渡来人関係遺跡については、横穴式石室の導入時期と大壁建物など新たな建築様式の導入時期とが異なっていることから、それらを渡来人の伝播が一時期に集中するのではなく、渡来の波が幾度か押し寄せた結果による異なる画期の存在を示すものとして理解されている。

しかし、横穴式石室の型式分類やその築造年代、副葬品の配置状況の特徴、大壁建物など特異な建物の性格や集落の変遷など十分に論究されたものとはいえないと思われる。

そこで本稿では、最近の考古学的調査の成果に基づき、六・七世紀における大津北郊遺跡群の渡来的要素やその特質について検討する。しかし、上記に掲げたすべての特徴について述べることは紙幅上からも筆者の力量からも困難であるので、横穴式石室・副葬品・建物遺構を中心に据え、大津北郊の渡来文化の一端を描いてみたい。

横穴式石室の型式分類とその築造年代

近江における横穴式石室の導入・受容の時期は、五世紀末から六世紀初頭頃と推定され、後期群集墳が普及するにつれて概ね三種の石室形態が営まれるようになる。①は大津北郊に分布する大小二三古墳群（約六五〇基）の石室で、玄室平面が横長長方形・正方形・縦長長方形で、穹窿状持送りのドーム型天井構造のもの（図1―1）、②は湖東の愛知・犬上・蒲生郡等に点在する上蚊野古墳群（約三〇〇基）、竜石山古墳群（五基）などの石室（図1―2）で、玄室平面長方形、平天井構造で玄室と羨道との境に段差がある階段式石室のもの、③は湖西南部

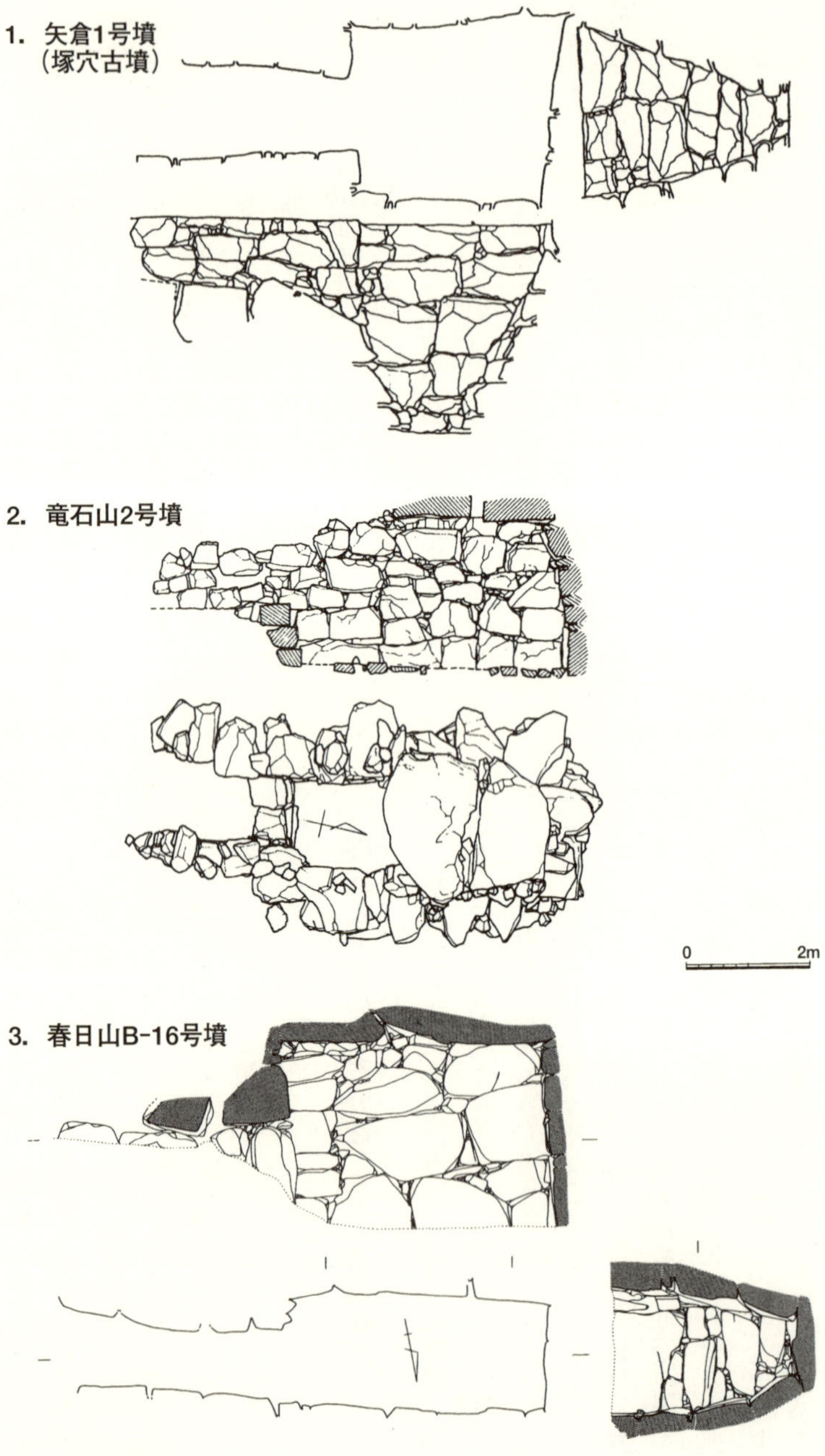
1. 矢倉1号墳
（塚穴古墳）
2. 竜石山2号墳
0
2m
3. 春日山B-16号墳

図1　近江の横穴式石室

表1　大津北郊の横穴式石室形態一覧

番号	古墳名称	玄室平面形	玄室比	床面積	袖形態	築造時期	追葬時期	備考
1	嶽	II	1.000	9.9	A－ア	TK43	TK209	
2	袋 1	III	1.565	8.3	B			
3	袋 2	III	1.705	4.9	B			
4	日吉16	III	1.304	6.9	A－ア	TK43		
5	眞葛原	III	1.450	5.8	B			
6	塚穴	II	1.153	7.8	A－ア			
7	野添 6	III			C	TK209		
8	野添 7	III			C	TK209		
9	野添 8	II	1.000	10.9	A－ア			
10	野添20	III	1.650	6.6	B			
11	野添32	III	1.450	7.1	A－ア			
12	飼込15	III	1.774	7.3	B	TK43	TK209	
13	飼込16	III			B	MT15		
14	飼込17	III	1.517	12.8	B	TK43	TK209	
15	飼込18	III	1.636	7.9	B	TK10	TK209	
16	大谷 1	III	1.650	6.6	B	MT85		
17	大谷 2	III	1.500	4.9	A－ア			
18	大谷 3	III	1.600	6.4	B	MT85		
19	大谷 4	III	1.571	6.9	B	MT85		
20	大谷南	III			C	TK209		
21	小山 3	III	1.558	4.5	B			
22	小山 4	II	1.000	6.2	A－ア	TK43		
23	大通寺 3	I	0.843	21.9	A－ア	MT15	TK10まで2度追葬	石棺
24	大通寺16	I	0.885	10.9	A			
25	大通寺18	I	0.876	9.3	A－ア	MT85		
26	大通寺27	III	1.347	7.1	B			
27	大通寺30	III	1.455	3.6	B	TK209		
28	大通寺31	III			C	TK217		
29	大通寺32	III	1.900	7.6	B	TK217		
30	大通寺33	III	1.350	5.1	A－ア	TK209		
31	大通寺34	III	1.435	3.5	B			
32	大通寺35	III	1.781	7.6	A－ア	TK217		
33	大通寺36	I	0.815	11.8	A－イ	MT85	TK209	
34	大通寺37	III	1.623	8.9	B	MT85		
35	大通寺38	III	1.664	5.1	B	MT15	単次葬	石棺
36	大通寺39	III	1.425	6.5	B	MT85		
37	大通寺41	III	1.635	7.5	B	TK47		
38	大通寺42	III			C	TK10		
39	北山田1	III	1.500	8.6	B			
40	熊ヶ谷1	III	1.611	15.8	A－ア			
41	熊ヶ谷2	III	1.409	6.8	A－ア			
42	熊ヶ谷5	III	1.711	3.4	B			
43	熊ヶ谷10－1	III	1.261	4.6	A－ア			
44	百穴 8	II	1.121	7.1	A－ア			
45	百穴 9	III	1.347	7.1	A－ア			石棺
46	百穴12	II	0.961	7.1	A－ア			
47	百穴13	III	1.291	7.4	A－ア			
48	百穴42－A	III	1.866	4.2	B			
49	百穴42－B	III	1.751	4.5	B			
50	太鼓塚 1	II	1.157	4.2	B		TK209	
51	太鼓塚 2	III	1.214	9.5	B	TK43		
52	太鼓塚 3	III	2.045	9.9	B	TK43		
53	太鼓塚 4	III	1.625	4.2	B		TK209	
54	太鼓塚 5	III	1.451	13.9	A－イ	TK85		
55	太鼓塚 6	II	1.136	5.5	A－ア	TK43		
56	太鼓塚 7	III	1.471	4.3	A－ア	TK43		
57	太鼓塚 8	III	1.555	5.1	B	TK43		
58	太鼓塚 9	I	0.738	13.1	A	TK10		
59	太鼓塚11	II	1.151	4.6	A－ア		TK209	
60	太鼓塚12	II	1.148	8.4	A－ア			
61	太鼓塚13	III	2.000	5.1	B			
62	太鼓塚15	III	1.591	7.7	B		TK209	
63	太鼓塚16	III	1.363	6.6	B		TK209	
64	太鼓塚17	III	2.000	2.9	B			
65	太鼓塚18	III	2.100	2.5	B		TK209	
66	太鼓塚20	III	1.333	5.9	B		TK209	
67	太鼓塚22	III	1.625	4.3	B		TK209	
68	太鼓塚23	III	1.421	5.1	B		TK209	
69	太鼓塚24	III	1.285	10.1	B	TK43	TK209	
70	太鼓塚25	III	1.714	3.4	A－ア		TK217	
71	太鼓塚26	II	1.017	8.3	A－ア	MT85	TK209	
72	太鼓塚27	III	1.465	6.8	B			
73	太鼓塚28	III	1.282	4.9	A－ア		TK209	
74	太鼓塚29	III	1.500	7.3	B	MT85		
75	太鼓塚30	I	0.891	12.2	A			
76	太鼓塚32	I	0.800	12.8	A－ア		TK217	
77	太鼓塚33	III	1.600	6.4	B	TK43		
78	福王子 1	III	1.777	5.8	B	TK43		
79	福王子 2	III	1.200	7.5	B	MT15		
80	福王子 6	III	1.360	8.5	B	TK43	TK209	
81	福王子 8	II	1.160	7.3	A－ア	TK43	TK209	
82	福王子15	III	?	?	A－ア			
83	福王子16	III	1.234	6.8	B	MT85		
84	福王子17	III	1.744	9.6	B	TK43	TK209	

（註）

1）玄室平面形
　I：横長長方形
　II：正方形
　III：縦長長方形

2）玄室比
　玄室の長さ／奥壁幅

3）床面積
　玄室床面積

4）袖形態
　A：両袖式
　　ア：右片袖傾向
　　イ：左片袖傾向
　B：右片袖式
　C：無袖式

にあたる大津市堅田の春日山古墳群（約一七〇基）等の石室で、玄室平面長方形、平天井構造のもの（図1―3）である。このような特徴をもつ三種の石室のうち③は畿内型石室とみられ、①・②の特異な形態の石室は水野氏によって中国・朝鮮半島の石室の系譜をうけた構造のものとみなされ、①が高句麗・百済地域、②が半島の伽耶地域の影響をそれぞれ受けたものと理解されている。[7]

一九一四年の梅原末治氏[8]よる大津北郊に所在する百穴古墳群の分布調査によって、①「石槨玄室の構造が家形埴輪式なる事」、②「玄室が大概正方形に近き事」、③「槨に比して玄室の天井の高き事」と横穴式石室の構造について三点が指摘された。約半世紀後の一九六九年には水野氏[9]が野添古墳群や福王子古墳群の調査成果をもとに当該地域の横穴式石室墳の被葬者について、『新撰姓氏録』等の文献史料の分析から「漢人系帰化氏族の居住」を想定し、梅原氏指摘の石室構造は先述したように高句麗・百済地域に故地を求めることができるとした。

また大津北郊の横穴式石室を発掘・分布調査の成果等から石室の型式分類が行われ、森下浩行氏はⅠ～Ⅲ類に三分類[10]し、花田勝広氏はＡ～Ｄ類に四分類[11]している。筆者もそれらの分類に導かれながら遺存状態の良好な石室八四基を抽出し、とくに玄室平面形態と袖の構造に焦点を当てて示したのが表1・図2である。それによると、玄室平面形と袖形態によって次のような三つのタイプに分類できるようである。

Ⅰ類　玄室が横長長方形プランで玄室比（玄室長さ／奥壁幅）〇・九〇以下の石室

奥壁・側壁・前壁ともに急激な持送りがみられ、天井石を一～二枚で構成するドーム型石室である。七基（全体の八％）が該当し、すべて両袖式石室である。事例の玄室比は〇・七三八～〇・八九一を示す。

左右袖幅の差が〇・一ｍ以内で、羨道が玄室のほぼ中央に取り付く両袖式石室（Ａ類）は大通寺一六号墳・太鼓塚九号墳・同三〇号墳の三基が該当し、床面積は一〇・九～一三・一㎡を測る。築造時期はＴＫ10型式～ＭＴ85型式段階である。左右の袖幅の差が〇・二～〇・八ｍを測る右片袖傾向（右片袖式石室に近い形態）両袖式石室（Ａ―ア類）は大通寺三号墳・同一八号墳・太鼓塚三二号墳の三基が該当し、床面積は九・三～二一・九㎡

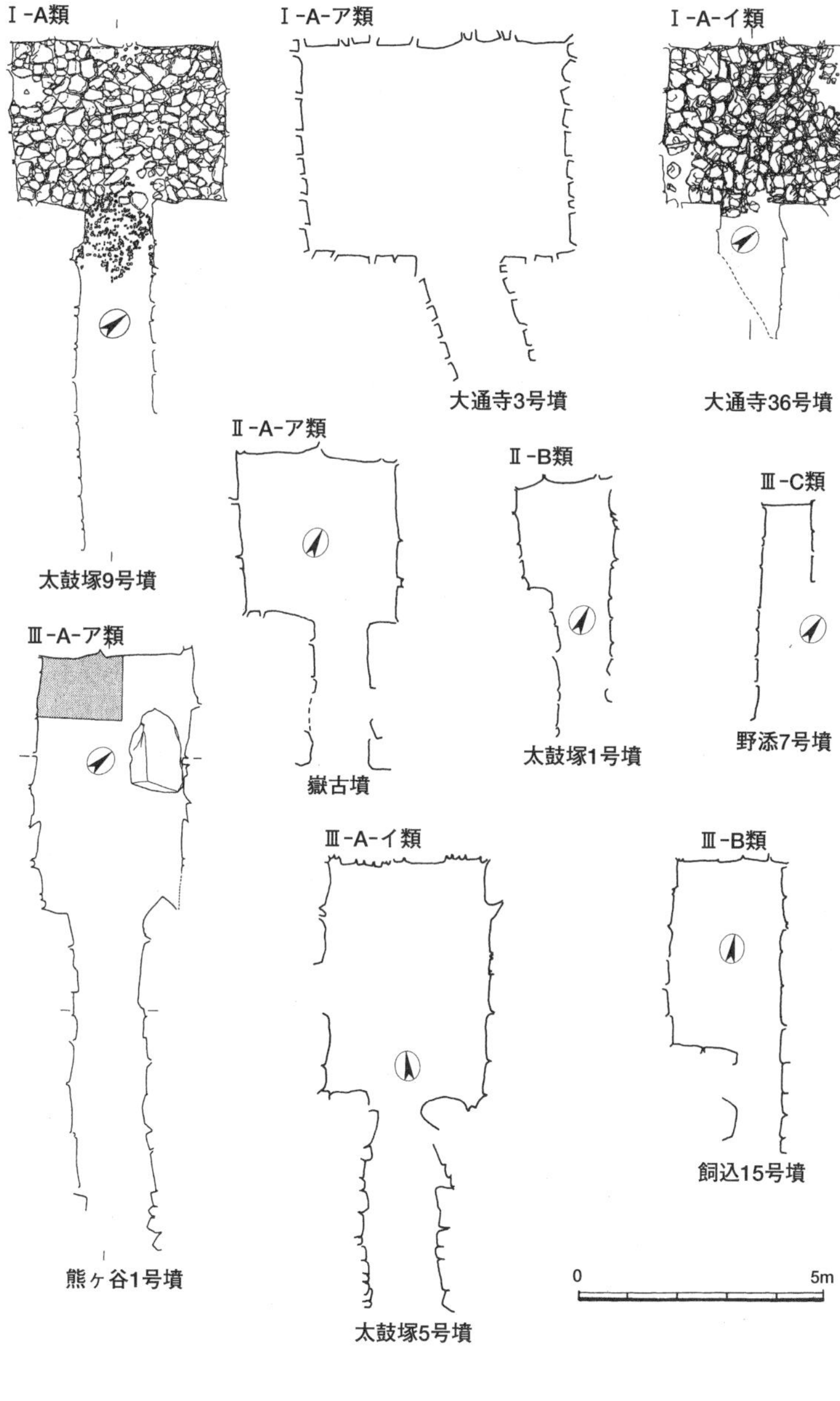

図2　大津北郊の横穴式石室の各形態図

を測る。その構築時期はMT15～MT85型式段階である。左右の袖幅の差が〇・三mを測る左片袖傾向（左片袖式石室に近い形態）両袖式石室（A―イ類）は大通寺三六号墳の一例のみが該当する。石室の規模は玄室長三・一m、同幅三・八mで、右袖幅一・一m、左袖幅一・四mを測る。築造時期はMT85型式段階である。この石室の類例としては、滋賀県東浅井郡湖北町の四郷崎古墳があり、石室の規模は玄室長二・三m、同幅三・〇mで、右袖幅〇・五m・左袖幅二・〇mを測り、構築時期はMT15型式段階である。四郷崎古墳の床面積は六・九㎡、大通寺三六号墳のそれは一一・七八㎡で、前者が後者よりも床面積は小さいものの、玄室の横長傾向が強く（前者の玄室比〇・七六六、後者の玄室比〇・八一五）、袖幅の数値の差も大きく、しかも築造時期も先行するものとなっている。

すなわち、I類が築造された時期はMT15型式からMT85型式段階までとみられる。大津北郊では右片袖傾向の両袖式（A―ア類）が、湖北では左片袖傾向の両袖式がそれぞれ出現し、その後大津北郊では左右袖の数値にほとんど差が認められない両袖式（A類）が加わり、次いで四郷崎古墳の石室の影響を受けたかどうかはともかくとして左片袖傾向両袖式（A―イ類）が各々加わりMT85型式段階にいたってI類すべてのタイプの両袖式石室が出揃うようである。そしてTK209型式段階にいたって追葬がみられるものもある。玄室床面積は約一〇㎡以上のものが大半を占め、大津北郊の横穴式石室では最大規模を誇る二一・九㎡を測る大通寺三号墳もこのタイプに属するのである。

Ⅱ類　玄室が正方形プランで玄室比〇・九一～一・一九の石室

玄室平面形が正方形を意図したものと理解し、I類とは区別した。[12]事例の玄室比は〇・九六一～一・一六一を示す。奥壁・側壁・前壁ともに急激な持送りがみられ、天井石を一～二枚で構成するドーム型石室である。一二基（全体の一四％）が該当し、玄室に羨道が付く位置によって二分類できる。右片袖式（B類）の太鼓塚一号墳が一基と、右片袖傾向の両袖式（A―ア類）が一一基である。なお太鼓塚一号墳石室の玄室平面形は正方形プランを示し右片袖式であるとみられているが、奥壁幅が玄門に向かうにしたがって幅狭となる傾向がみられ、それに羨道が取りつくことから、右片袖傾向両袖式の範疇とすることも考えられないこともないが、それはともかくとして玄室床面積は右片袖傾向の両袖式（A―ア類）は四・六～一〇・九㎡の範囲、右片袖式（B類）は四・二㎡を測る。

　すなわち、Ⅱ類の築造時期はMT85型式に出現し、TK43型式に盛行してTK209型式段階で追葬が行われ、消滅にいたるようである。

Ⅲ類　玄室が縦長長方形プランで玄室比一・二〇以上の石室

　事例の玄室比が一・二〇〇～二・〇四五を示す玄室平面形が縦長長方形プランの石室である。

　奥壁・側壁ともに基底石を立てて用い、その上部からは横積みとし、やや垂直気味の持ち送りが認められ、天井石は一～二枚で構成するドーム型石室である。袖の有無によって両袖式（A類）・右片袖式（B類）・無袖式（C類）の三種に分けられ、さらに両袖式（A類）は玄室に羨道のつく位置によって二種（ア・イ類）に分けられる。両袖式・右片袖式・無袖式を合わせて六五基が該当し、全体の七七・三％を示す。そのうち無袖式を除いた縦長長方形プランの石室は飼込一六号墳[13]も含めて六〇基（全体の七二％）が該当する。それらのうち右片袖式のもの（B類）が四五基（当類全体の七五％）、両袖式のもの（A類）が一五基（当類全体の二五％）である。さらに右片袖傾向両袖式（A―ア類）が一四基あり、左片袖傾向両袖式（A―イ類）は太鼓塚五号墳[14]の一基のみである。

　床面積は、右片袖式のもの（B類）が二・五～一二・八㎡の範囲、右片袖傾向両袖式（A―ア類）が三・四～一五・八㎡の範囲、左片袖傾向両袖式（A―イ類）が一三・九㎡を測る。

　ここでは玄室平面形を上述の玄室比によって縦長長方形プランとして扱っているが、仮に玄室比の一・二～一・七九を略方形、一・八〇以上を長方形としてみると、前者が六〇基のうち五四基が該当し、Ⅲ類全体の九〇％を示し、その内訳はⅢ―A―ア類石室が一四基、Ⅲ―A―イ類石室が一基、Ⅲ―B類石室が三九基となり、後者は六〇基のうちわずかに六基が該当するだけでⅢ類全体の一〇％を示し、しかもⅢ―B類の石室形態だけが認められるのである。このことから大津北郊の横穴式石室プランは全体的には横長長方形・正方形・略方形が大半を占め、長方形が少数しか存在しない傾向が認められるのも事実であり、このことはかつて梅原氏が指摘した「玄室が大概正方形に近き事」とはこのような事実を説明しているのではないかと思われる。

築造時期は、右片袖式のもの（B類）はTK47型式末からMT15型式に出現し、TK43型式に盛行し、TK209型式頃には衰退して消滅する。右片袖傾向両袖式（A─ア類）はTK43型式に出現し、TK209型式段階まで継続し、以後消滅する。左片袖傾向両袖式（A─イ類）の一基はTK43型式に出現するが、その後続は不詳である。また縦長長方形プランの無袖式石室（C類）は奥壁・側壁ともに垂直で、平天井構造をなす。玄室と羨道の区別はなく、石室規模は小型で床面積も小さい数値を示し、石材も小型のものを使用している。五基（全体の六％）が該当する。築造時期は、TK10型式に大通寺四二号墳が出現するが、MT85・TK43型式段階のものは確認されておらず、それ以外の石室はTK209型式段階のものでいずれも単次葬のものである。

以上のように、新たに横穴式石室の型式分類を試みてみたが、事例として掲げた石室および分布調査等[15]で確認された石室は玄室平面形が整美な四角形を呈するものはほとんどみられず、奥壁の幅が広い羽子板形プラン、逆に奥壁の幅が狭い台形（逆羽子板形）プラン・奥壁が右肩上がりや左肩上がりで奥壁と袖辺、両側壁が平行する平行四辺形となるものなど、石組みが歪んだ石室構造のものとなっているのである。

Ⅰ類の石室は、Ⅱ・Ⅲ類のそれよりも玄室床面積が大規模なもので占められ、大通寺・太鼓塚古墳群で確認されている。これらの古墳群は大崎哲人氏のB類型に属し[16]、扇状地上や丘陵の傾斜が比較的緩やかな地点に墓域を設定し、古墳分布も余裕をもって分散しているものと説明され、眺望が広く望める地点にあたっていることから他の古墳群よりも優位な条件を備えているのである。Ⅱ類は、Ⅰ類よりも石室規模はやや小型化し、玄室床面積も減少しており、全体的にはⅠ・Ⅲ類よりも石室は小規模である。百穴古墳群[17]を例にすると、それは先述の大崎氏の解く立地上A類型に属し、比較的急な丘陵斜面の狭小な範囲に墓域を設定し、各古墳が近接する密集度が高いものと説明されるものや、Ⅰ類と同属の古墳群であっても I 類よりも立地的には低位にあるものなどが存在するようである。Ⅲ類のうち、石室規模が一〇㎡以上を測るものは、右片袖傾向両袖式石室（A―ア類）・左片袖傾向両袖式石室（A―イ類）・右片袖式石室（B類）で各々一基ずつ確認されている。それらのうち右片袖傾向両袖式石室（A―ア類）である熊ヶ谷一号墳は眺望の効く地点に位置し、左片袖傾向両袖式石室（A―イ類）である太鼓塚五号墳と右片袖式石室（B類）である飼込一七号墳はそれぞれ古墳群中の中央部で余裕をもって築造されている。他のものは小規模なもので占め、まさしく群れをなして築かれているのである。

墳丘の直径は一〇～一七mの円墳が一般的であるが、石室規模が近江の大型円墳のそれに匹敵するとみられるものに、I―A類の大通寺三号墳（玄室床面積二一・九㎡。以下、「面積」と略記）・同一六号墳（面積一〇・九㎡）、Ⅲ―A―ア類の熊ヶ谷一号墳（面積一五・八㎡）、Ⅲ―A―イ類の太鼓塚五号墳（面積一三・九㎡）、Ⅲ―B類の飼込一七号墳（面積一二・八㎡）がある。

石室形態の玄室プランは、横長長方形、正方形、縦長長方形でも略方形の各プランが意図して構築されており、袖部に注目してみると、右片袖式は正方形・縦長長方形プランが四七基みられ、各石室プランの右片袖傾向の石室二八基を加えると七五基となり、事例として掲げた石室全体の約八八%を占める。このことは大津北郊の石室は玄室プランが異なるものの、全体的には右片袖を意図して構築していたことが読み取れるのである。

つぎに、大津北郊における各タイプ石室の築造年代の推移を示したものが表2である。TK47～MT15型式段階の六世紀初頭～前半にI類の右片袖傾向両袖式石室（A―ア類）とⅢ類の右片袖式石室（B類）が出現し、TK10型式段階の六世紀中葉にI類の両袖式石室（A類）とⅢ類の無袖式の石室（C類）が出現して加わり、MT85型式段階の六世紀後半前葉にはI類の左片袖傾向両袖石室（A―イ類）とⅡ類の右片袖傾向両袖式石室（A―ア類）・Ⅲ類の左片袖傾向両袖式石室（A―イ類）も出現して加わる。TK43型式段階の六世紀後半後葉にはI類の築造は消滅するものの、右片袖傾向両袖式石室（A―ア類）はTK217型式まで追葬される。またTK43型式段階にはⅢ類の右片袖傾向両袖式石室（A―ア類）が出現して加わる。さらにTK209型式段階では追葬が盛行期

表2　大津北郊の横穴式石室の型式分類と各型式の年代表

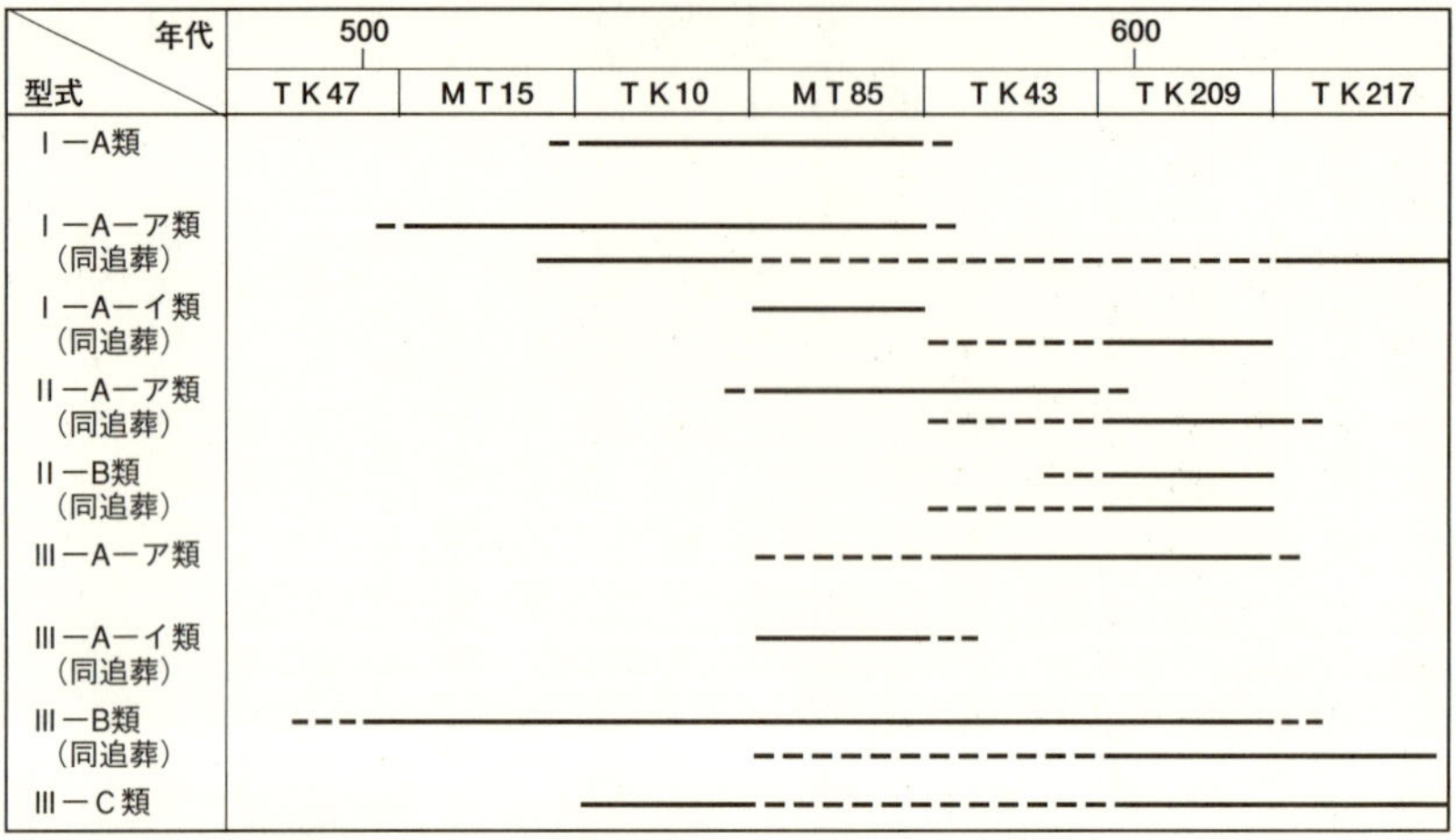

（註）1）玄室平面形
I：横長長方形
II：正方形
III：縦長長方形

2）袖形態
A：両袖式
ア：右片袖傾向
イ：左片袖傾向
B：右片袖式
C：無袖式

をむかえ、それはI類の左片袖傾向両袖式石室（A―イ類）・II類の右片袖傾向両袖式石室（A―ア類）と右片袖式石室（B類）に認められ、TK217型式ではIII類の右片袖傾向両袖式石室（A―ア類）と無袖式の石室（C類）が築造され、I類の右片袖傾向両袖式石室（A―ア類）では追葬があり、、それ以降には当該地においては横穴式石室は築かれることなく終焉をむかえるのである。

すなわち、大津北郊の横穴式石室については、三つの画期を想定することができる。

第一次画期は、TK47・MT15型式段階の六世紀初頭～前半頃である。最初に縦長長方形プラン（III―B類）が出現し、そして時期を僅かに遅らせながらも大通寺三号墳などの横長長方形プラン（I―A―ア類）が出現する。これらはいずれも百済から当地域の首長層もしくは有力者層の墳墓として最初に横穴式石室が採用された段階である。第二次画期は、MT85型式段階の六世紀後半前葉頃である。MT85型式段階では、正方形プラン（II―A―ア類）が新たに百済から伝播して加わり、この時点でほとんどのタイプの石室が出揃い、TK43型式段階までこの地域の古墳築造が盛行する。また、II―A―ア類やⅢ―A―ア類の右片袖傾向石室は増加傾向を示しているとから、この時期に畿内からの影響を受け始めたようである。第三次画期はTK209型式段階でおよそ六世紀末頃である。縦長長方形プランの無袖式石室（Ⅲ―C類）が一般的に築かれるようになり、また石室の小型化が目立ちはじめ、従来の石室を利用した追葬も盛んになっていることから、さらに畿内化が進んだ時期でもあり、その後終焉をむかえるようである。

副葬品の配置状況とその時期的変遷

副葬品の配置状況の変遷（図3）　玄室が縦長長方形プランの右片袖式石室（Ⅲ―B類）のうち、TK47型式段階末からMT15型式段階に築造された飼込一六号墳と、MT85型式段階に築かれた太鼓塚三三号墳の副葬品の配置状況について比較してみよう。玄室内における木棺の安置状況は、木棺に使用された鉄釘・鎹や金環・銅釧などの装飾品の出土状況からいずれの古墳も石室の開口部からみて最奥の左側に先葬棺が置かれるケースが多い。つまり「左棺先葬の原理」が採用され、開口部から奥壁に向かって右方に当たる位置に土師器や須恵器等の土器類が副葬されているケースが多く、この地域の大多数の石室についても追認される現象であり、大津北郊の石室の玄室内空間の利用の特質とでもいえよう。

つぎにその副葬品の位置について詳細にみてみると、玄室内右奥にあたる奥壁と左側壁（奥壁から羨道に向かって左側の側壁）のコーナー部に須恵器壺・瓶類が、左側壁沿いの中央部に須恵器の蓋杯・杯身を配置することは飼込一六号墳と太鼓塚三三号墳の両石室に共通していることであるが、土師器の場合は奥壁と左側壁のコーナー部に配置されるものの、飼込一六号墳では長頸壺（8）が、太鼓塚三三号墳では小型甕（2）が置かれている。ちなみに土師器長頸壺を副葬する古墳は、ほかに大通寺三二号墳（六世紀中葉）、同四二号墳（六世紀前半～中葉）、太鼓塚一九号墳（六世紀中葉）の三基があり、合計四基の石室にみられる現象である。副葬時期は六世紀前葉から中葉までである。一方、土師器小型甕が出土する古墳は抽出古墳五六基のうち、一四基で全体の約四三％に当たり、太鼓塚二〇号墳では四個、大谷三号墳では二個と複数個体を納めるものもみられる。副葬時期は

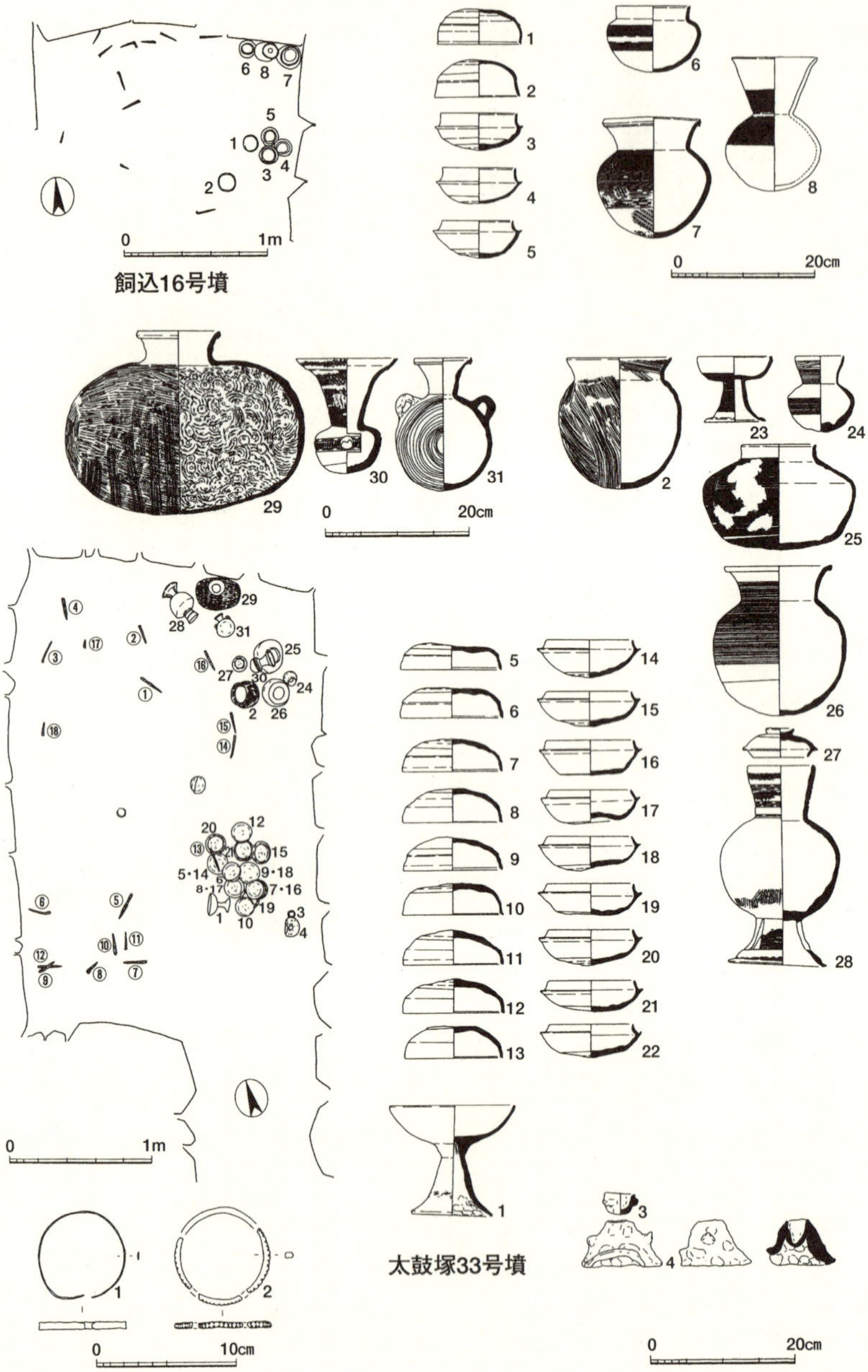

図 3　副葬品配置状況図

ＴＫ43型式からＴＫ209型式段階までである。すなわち、六世紀後半前葉頃を画期として土師器長頸壺から小型甕へと変遷していたようである[18]。また、太鼓塚三三号墳のミニチュア炊飯具は左側壁沿いの中央部に置かれた須恵器杯類付近に配置され、しかもカマドの焚口を玄室内内側に向けた状態（安置された木棺に向けた状態）で置かれており、被葬者を意識したものといえよう。また同時に石室に付随したもので、被葬者の他界の生活空間の必需品としてミニチュア炊飯具を備えたものと捉えることができる[19]。

ミニチュア炊飯具と土師器小型甕　これまでに調査された一四八基のうち、ミニチュア炊飯具を副葬するものは五四基を数え、約三分の一を占めている[20]。本稿では四三基の石室から出土したものを表3・図4～7に掲載している。ミニチュア炊飯具はカマド・カマ・コシキ・ナベで一セットを構成しているが、それらは遺存状況にもよるが、四点が一セットとしてまとまって出土した例は飼込六号墳・飼込古墳（穴太廃寺寺域内）・太鼓塚三号墳・同五号墳・同二二号墳とわずかに五例だけである。しかも四品目が組み合わないものも認められる。その他にも四点セットのうち、いずれかの品目が欠落しているものも多数存在する。ここで注目されるのが、ミニチュア炊飯具と土師器小型甕が共伴している例が一三例あり、ミニチュア炊飯具を伴わない土師器小型甕だけが副葬されている例が一〇例にも及ぶことである。副葬時期は、前者の共伴している例がＴＫ43～ＴＫ209型式段階に、後者の共伴しない例はＴＫ43～ＴＫ217型式段階までであるが、ＴＫ209～ＴＫ217型式段階の石室に副葬される傾向が強い。すなわち、ＴＫ209型式以降の縦長長方形プラン無袖式石室（Ⅲ―Ｃ類）が出現し、従来の石室の追葬が盛行期をむかえた頃に一致し、畿内化傾向が強まった時期にミニチュア炊飯具の副葬が終焉をむかえたとしても土師器小型甕は七世紀前半まで副葬されているようであり、ミニチュア炊飯具と土師器小型甕の副葬行為にはある程度類似した性格を備えていたものと考えられ、「煮炊具を明器として用いる習俗は、（略）形を変えながらも継続されていく」とみられている[21]。

また大津北郊のミニチュア炊飯具の副葬時期の初現は、ＭＴ15型式段階で大通寺三号墳例がある。その後のＴＫ10型式に飼込一五号墳に、ＭＴ85型式に太鼓塚五・三三号墳に、ＴＫ43型式に太鼓塚一・六号墳・福王子二号墳において副葬され、およそ六世紀前半から後半までみられるが、その後半には副葬の盛行期をむかえるものの、六世紀末頃には衰退する。ミニチュアカマドは大型品から小型品へとか、あるいは丁寧なつくりのものから粗雑なつくりのものへという時期的変遷は認められない。

なお、ミニチュア炊飯具の副葬時期については、大和では五世紀末から六世紀初頭頃に開始され、河内・近江では六世紀前半からみられることから、大和から河内へと展開し、とくに近江ではカマドの形態的特徴等から河内方面から伝播し、石室のⅠ類・Ⅱ類・Ⅲ—Ａ類・Ⅲ—Ｂ類にそれぞれ受容され展開したものと理解される。

釵子・馬具　釵子は金銅製のものが大谷三号墳・大通寺三七号墳、銀製のものが太鼓塚一二号墳・太鼓塚Ｄ四号墳・太鼓塚Ｄ一一号墳、銅製のものが大谷一号墳・大通寺四一号墳・太鼓塚Ｄ一号墳・太鼓塚Ｄ五号墳の計九基から出土し、その時期はＭＴ15～ＴＫ209型式段階となっている。

馬具は、大通寺三号墳から杏葉・鏡板が、大通寺一六号墳から鏡板付轡・雲珠が、大通寺三七号墳から杏葉・鉸具などそれぞれ出土しているが、その例としてはこの三例に限られており、調査件数の割りには極めて少ない。

以上の副葬品は各種石室のタイプうち、Ⅲ—Ｃ類を除くⅠ類・Ⅱ類・Ⅲ—Ａ類・Ⅲ—Ｂ類のタイプの古墳から出土し、大津北郊ではある程度普遍的にみられるものでひとつの特質として認められるものである。

木棺に使用された鉄釘・鎹　六世紀前半に大津北郊に導入された初現期の石室であるⅠ—Ａ類の大通寺三号墳（ＭＴ15型式）やⅢ—Ｂ類の飼込一六号墳・大通寺四一号墳において当初から木棺に鉄釘は使用されており、この地域の古墳築造が盛行する六世紀後半段階には鉄釘は長さ・厚さともにその規模は長大化し、六世紀末段階にいたって鉄釘・鎹は長さ・厚さともにその規模は小型化する。[22]

以上のように、副葬品の配置状況や各種副葬品の特質やその時期的変遷について述べてみた。ここでみられた副葬品に関する画期をみてみると次のとおり三つの画期を設定することができる。

第一次画期は、六世紀初頭から前半までの時期にあたる。ミニチュア炊飯具の副葬が開始され、木棺には鉄釘・鎹が使用され始めるようになる。第二次画期は、六

表3　大津北郊の横穴式石室出土ミニチュア炊飯具および土師器一覧

番号	古墳名称	カマド	カマ	コシキ	ナベ	長頸壺	小型甕	時　　期	伴出遺物	備　考
1	嶽	1			1			6 世紀中葉～後半	ミニ高杯	
2	袋 2	1		2			1	TK43		未報告
3	飼込 1	1	1							
4	飼込 3	1	1							
5	飼込 4	1			1					
6	飼込 5	1	1	1	1					
7	飼込10	1	1							
8	飼込13	1								
9	飼込15	1	1	1			1	TK43～TK209		
10	飼込16					1		TK47		
11	飼込18						1	TK10～ TK43		
12	飼込（大道口）	1		1	1		1	TK209		未報告
13	飼込（穴太廃寺）	1	1	1	1		1	TK209		未報告
14	大谷 3	1			1		2	6 世紀後半		
15	大谷 4						1	6 世紀後半		
16	小山 4	1		1				6 世紀後半		
17	小山 8	1						TK43～TK209		未報告
18	大通寺 3	1	1	1				MT15～TK10		未報告
19	大通寺 5	1	1							未報告
20	大通寺12			1						未報告
21	大通寺15	1								未報告
22	大通寺16			1						未報告
23	大通寺30						1	6 世紀末		
24	大通寺31						1	7 世紀前半		
25	大通寺32						1	7 世紀前半		
26	大通寺36				1			6 世紀中葉	ミニ高杯 1	
27	大通寺38					1		6 世紀前半	ミニ壷 1	
28	大通寺39						1	6 世紀末		
29	大通寺42			1		1		6 世紀前半～中頃	ミニ壺・甕	
30	熊ヶ谷 1	1						6 世紀		
31	太鼓塚 1	1	1	1			1	6 世紀末		
32	太鼓塚 2		1					6 世紀末		
33	太鼓塚 3	1	1	1	1			6 世紀後半	ミニ高杯	
34	太鼓塚 5	1	1	2	1			6 世紀後半		
35	太鼓塚 6	1	1	1				6 世紀後半～末		
36	太鼓塚 7	1		1				6 世紀後半～末		
37	太鼓塚 8						1	6 世紀末		
38	太鼓塚10	1					1	6 世紀末		
39	太鼓塚12	1		1				6 世紀末	釵子	
40	太鼓塚15	1						6 世紀末		
41	太鼓塚16	1		1	2			6 世紀末	釵子	
42	太鼓塚18						1	7 世紀前半		
43	太鼓塚19						1	6 世紀末		
44	太鼓塚20	1	1	1			4	6 世紀末	紡錘車	
45	太鼓塚22	1	1	1	2			6 世紀末		
46	太鼓塚23	1	1					6 世紀後半～末		
47	太鼓塚24	1	1	1			1	6 世紀後半		
48	太鼓塚25						1	6 世紀末		
49	太鼓塚26	1		1	1			6 世紀後半～末		
50	太鼓塚27						1	6 世紀後半～末		
51	太鼓塚29	1	1			1	1	6 世紀中葉～後半	百済壺	
52	太鼓塚30				1		1	6 世紀中葉～後半		
53	太鼓塚32	1		1				6 世紀末		
53	太鼓塚33	1	1		1		1	6 世紀後半	銅釧	
54	福王子 2	1		1				6 世紀後半		
55	福王子 6	1	2					6 世紀中葉～後半		
56	福王子16			1			1	6 世紀後半		

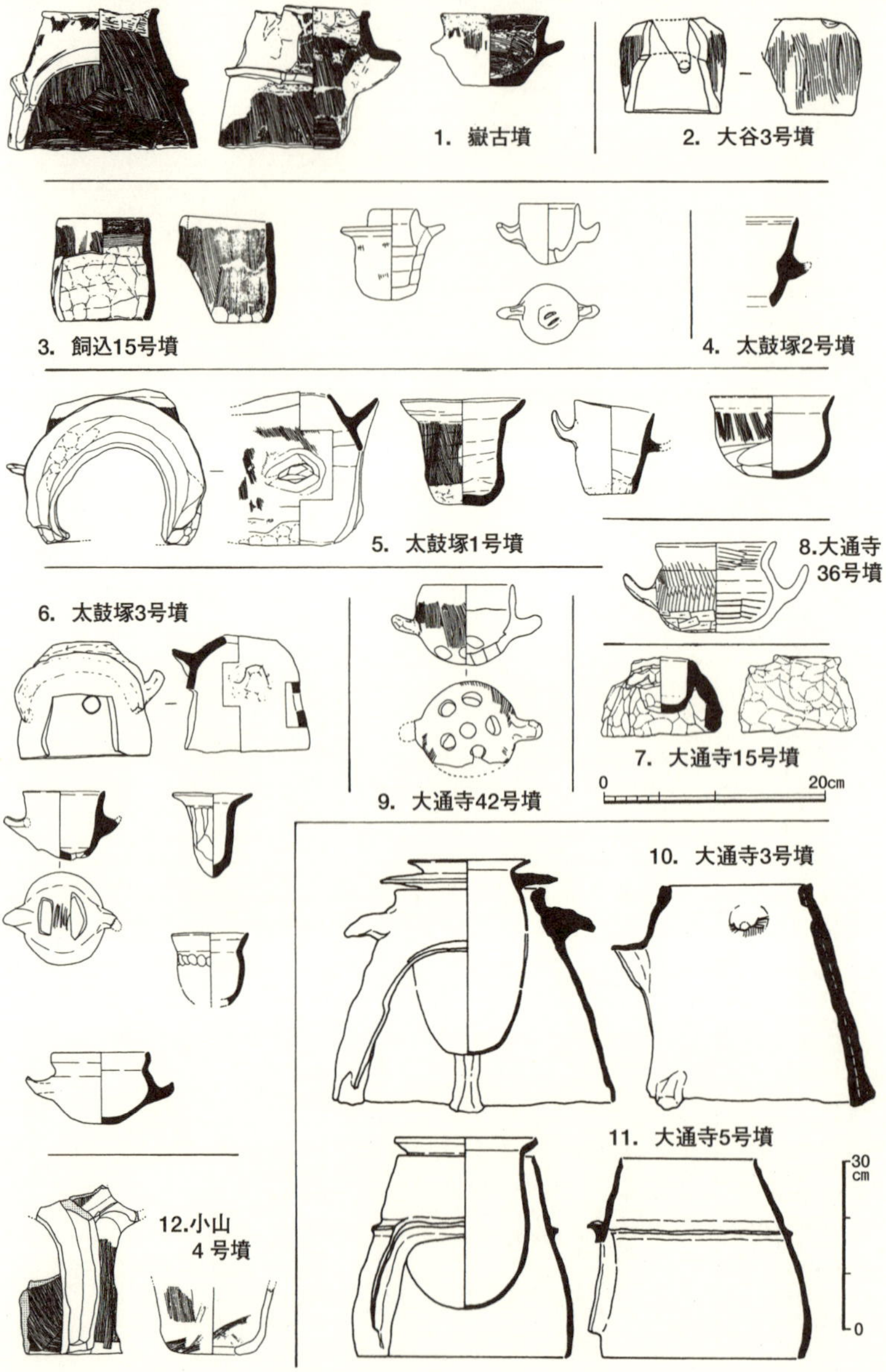

図4　ミニチュア炊飯具(1)

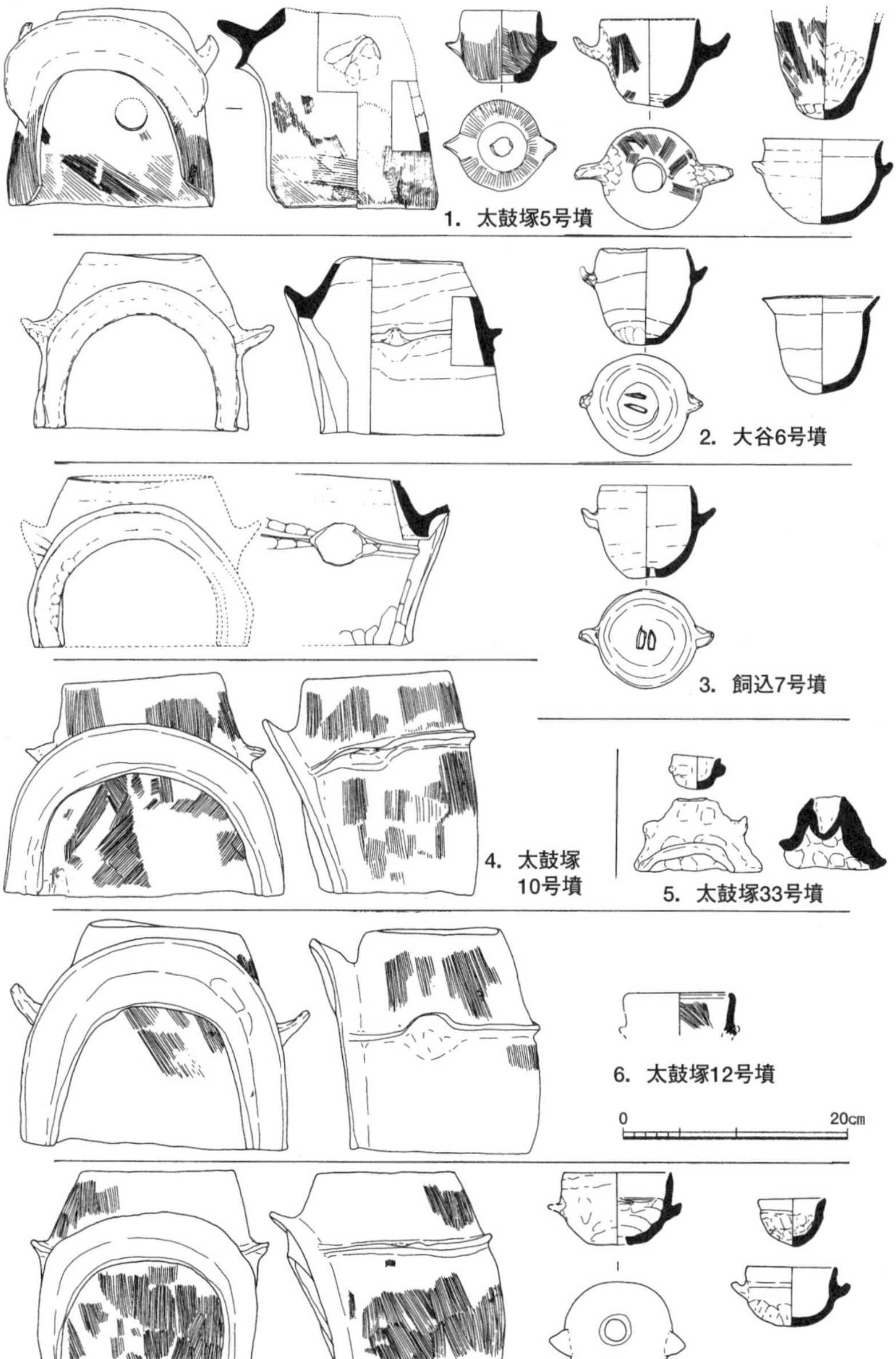

図5 ミニチュア炊飯具(2)

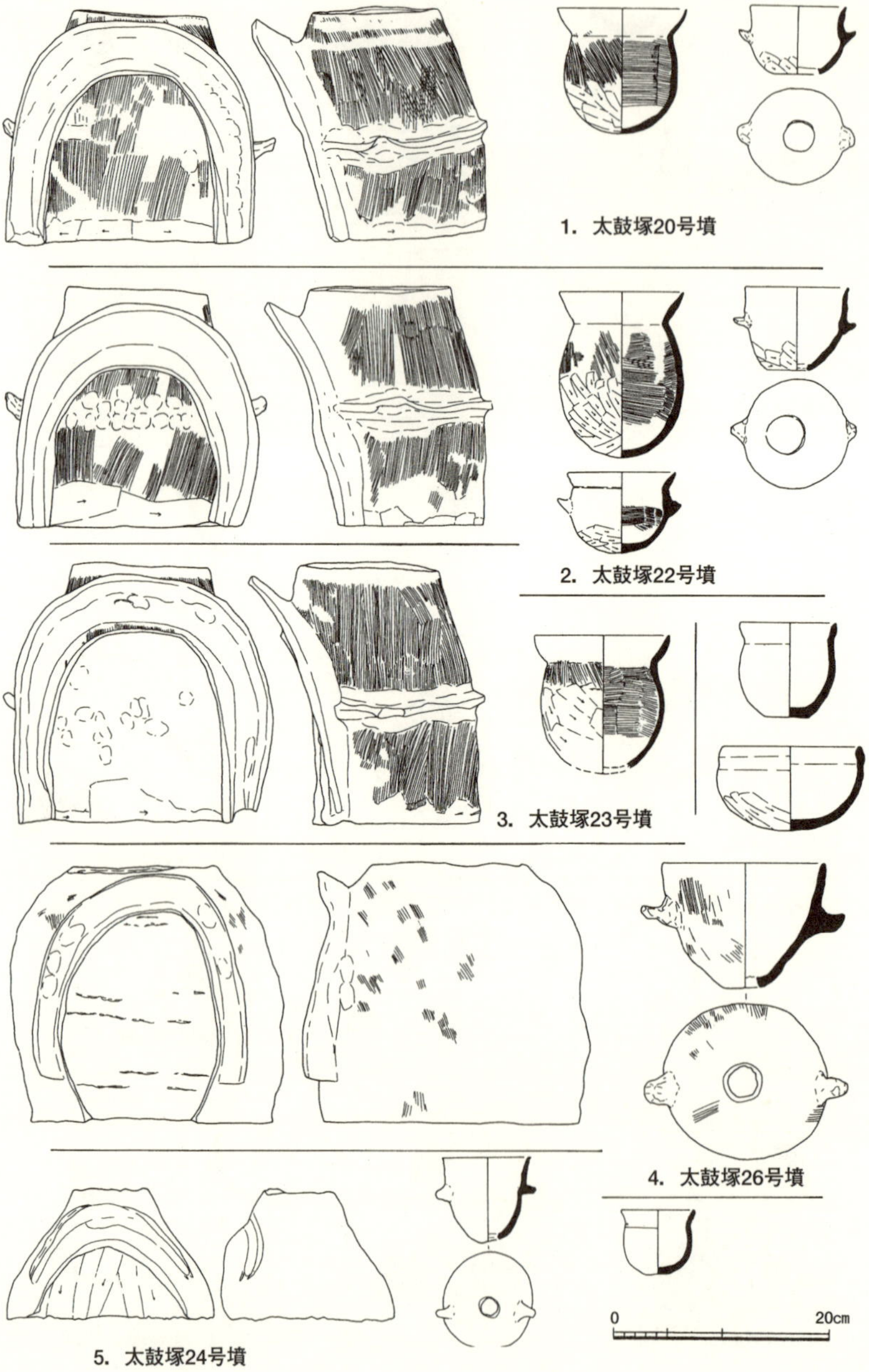

図6　ミニチュア炊飯具(3)

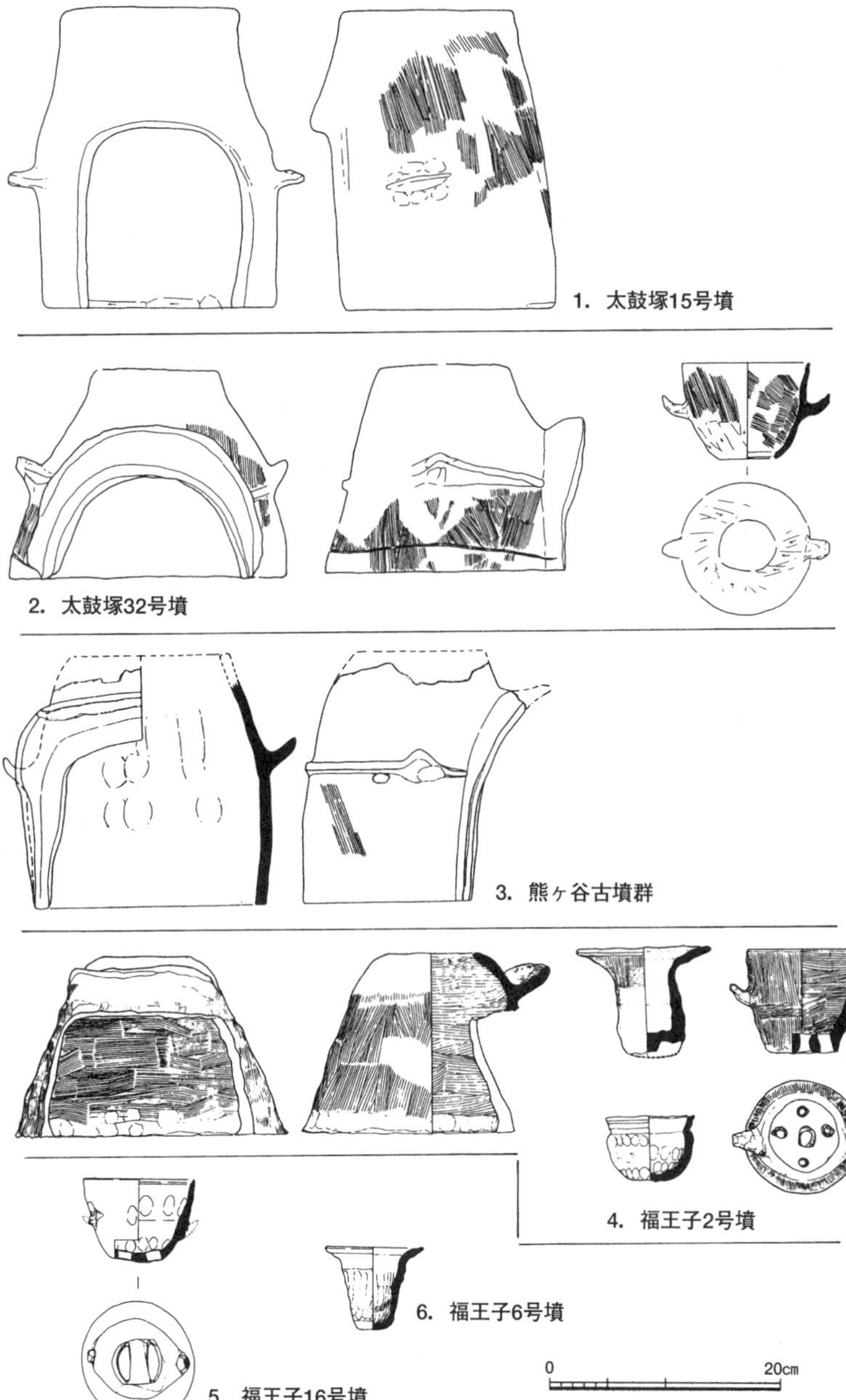

図7　ミニチュア炊飯具(4)

世紀後半前葉頃がその時期にあたる。副葬品の土師器がこの期を境に長頸壺から小型甕へと変遷し、木棺の鉄釘・鎹が長大化する。第三次画期は、六世紀末頃に該当する。ミニチュア炊飯具の副葬は終焉をむかえるが、土師器小型甕の副葬は七世紀前半まで継続する。木棺に使用された鉄釘・鎹は小型化する。

大壁・礎石建物の性格と集落の変遷

大壁建物（図8・表4）　大壁建物は、四壁がスサ入りの土壁で造られ、屋根は草葺きで切妻造り構造のもの、または寄棟・宝形造りのものと想定され、事例から推察すると、鉄釘・鎹などを使用しない建物構造を有していたと考えられる。この建物は一九八一年の調査で確認されたことを契機に「切妻大壁造り住居」と名付けられ[23]、特殊構造の建物の存在が提唱された。この種の遺構は一九七二年の湖西線建設に伴う調査[24]ですでに検出されており、「方形周溝状遺構[25]」として近年まで注目されていたものである。近江では大津北郊の穴太遺跡など六遺跡四二棟、その他の地域では犬上郡多賀町木曽遺跡など四遺跡七棟の合計一〇遺跡四九棟が確認されている。

つぎに、この建物がみられた滋賀里遺跡南生水地区[26]の二例を紹介してみたい。

ＳＢ６は建物平面形が東西一〇ｍ、南北八ｍの長方形で、方位は北で東に二度三〇分振る。柱掘形は幅〇・三五〜〇・五五ｍの溝と溝底で長径〇・四〇ｍ前後の楕円形を呈し、溝の深さは〇・一八〜〇・三〇ｍ、楕円形掘形の深さは溝底から〇・一一〜〇・三六ｍである。溝はコの字形を呈し、東辺で途切れることからここが出入口とみなされ、この部分に関係する柱穴が二カ所ある。柱の直径は八〜一〇㎝で、この柱を〇・二〜一・二ｍ間隔で溝の中央あるいはやや内側に寄せて立てられ、柱は下部先端を一面ないしは二面を斜めに削りとられているために、これを突き立ててから埋め戻したものとみられている。埋土中から土師器・須恵器の細片や種実が出土し、その構築年代は六世紀末頃と推定されている。ＳＢ7は建物平面形が一辺一〇ｍのほぼ正方形で、北・南辺の中央部が外側へ張り出す。方位は北で東に一七度三〇分振る。柱掘形は幅〇・六〇〜一・四ｍの溝で、ＳＢ６のように溝底に達しての掘形は有さない。溝は四周をほ

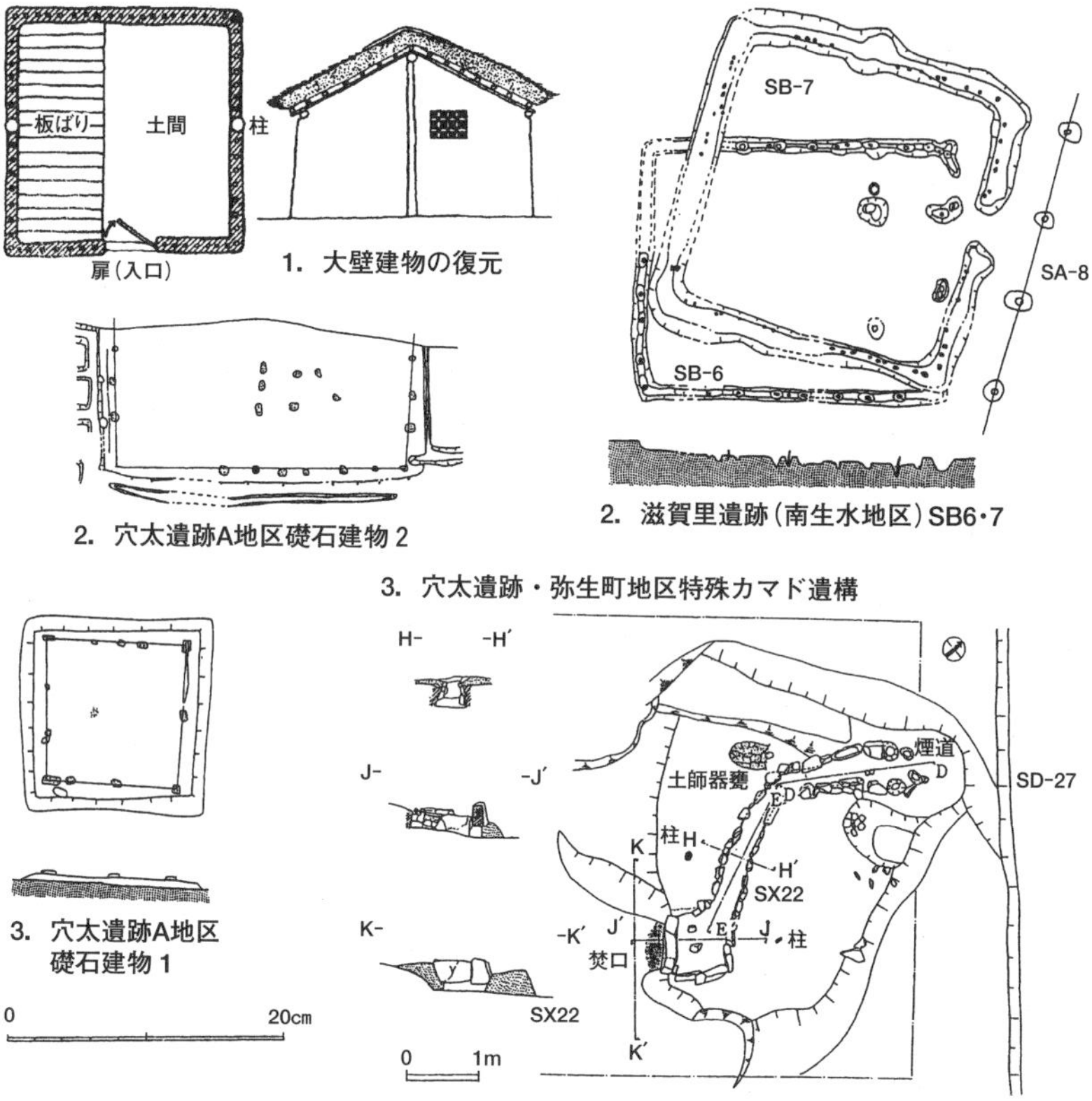

図 8　大壁・礎石建物・特殊カマド遺構図

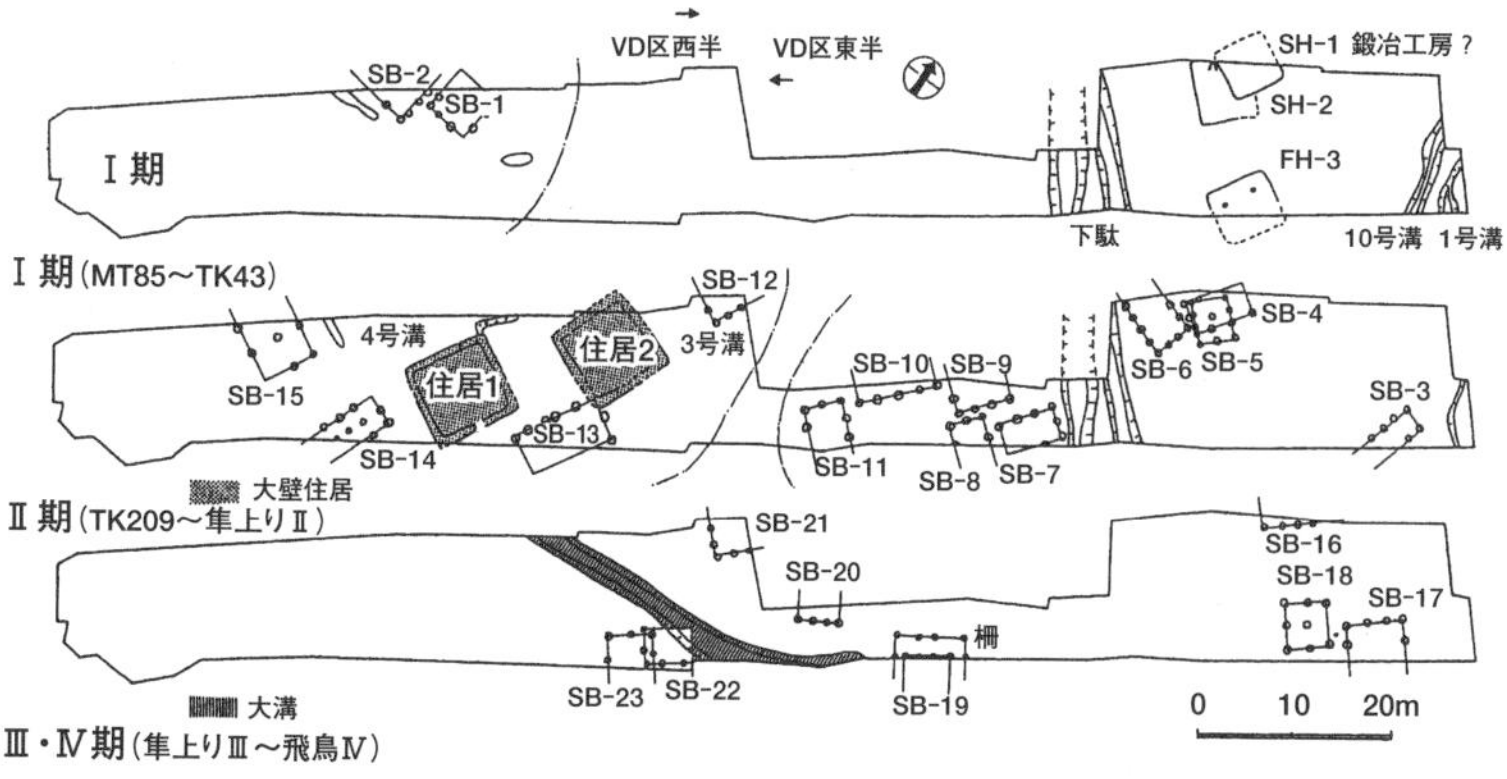

図 9　穴太南遺跡の集落配置

とんどめぐるが、東辺中央部だけ途切れ、ここが出入り口と思われる。柱直径は一〇cm程で溝の内側に寄せて立て、柱の間隔は〇・一五〜〇・八五mを測るが、〇・三m前後と〇・五m前後が多いようである。柱はSB6同様、下部先端を一面ないし二面を斜めに削り取り、溝底に突き立てて埋め戻しているようである。溝の深さは〇・三〜〇・六mを測り、埋土中から土師器・須恵器の細片や種実が出土し、その構築年代は七世紀初頭頃と推定される。なおこの建物から東へ一mのところでは南北三間分の柵が検出されている。

大壁建物を型式分類された林博通氏[27]によると、SB7は棟持柱を有するA―1タイプに、SB6は棟持柱を有さないA―2タイプにそれぞれ分類され、他にBタイプとして掘立柱型式ではあるが、柱筋に浅い布掘り溝を巡らすタイプがあると述べられている。また林氏は次に紹介する礎石建物も合わせて、「集落内の祭祀ないし儀式用の建物、あるいは集落内の司祭者または長老などの居住する特別な建物」とその性格を解く。

大津北郊の大壁建物は、その形態が知れるものによると、正方形のものが二二棟、略正方形のものが八棟とほぼ正方形を意図して構築されたものと推定される。構築年代としては、六世紀後半から末頃までのものが九棟、六世紀末から七世紀前半までのものが三三棟となり、現時点では増加する傾向が読み取れるのである。また、憶測ではあるが、先述した玄室平面形が正方形プラン(Ⅱ類)の横穴式石室は六世紀中葉を境に後半頃に導入されていることと大壁建物は同時期に構築され、正方形を意図して構築されていること、石室の開口部から玄室の奥壁に向かって左側の床面に石敷を設けること(左棺先葬の原理)と大壁建物のころばし根太の残存状況等から入り口を入った左側に板張り床を設けていることなど、Ⅱ類の横穴式石室・大壁建物の構築が導入された年代、正方形の平面形態の意図の類似性、床面のあり方などに共通性が認められるとすれば、大壁建物は居住用と葬送儀礼の性格の一端をも併せ持つ祭祀用の性格が考えられ、横穴式石室は大壁建物の平面形態や内部空間の状況などが反映されたものとも理解される。

礎石建物(図8)　穴太遺跡バイパス調査A地区で二棟の礎石建物が確認されている[28]。いずれも扁平な板石を礎石とするもので、SB1は一辺五mの正方形、礎石は二〇㎝前後の土盛した基壇の上に配列されていた。建物は土壁で囲まれたもので、屋根は草葺きの宝形造りと推定され、建物の焼失後元の礎石を利用して礎石の上に土居桁を渡して、その上に柱を立てるという土台建ち建物である。SB2は大壁建物を礎石建物に建て替えたもので、一辺一一mの大型の正方形建物である。厚さ二〇㎝の土盛した基壇上に礎石を配列したもので、基壇の側面には板を横方向に張り、木杭を打って固定している。四壁は大壁造りで、屋根は草葺きの宝形造りのものと推定されており、建物内部の一隅で移動式カマドの実用品が置かれ、その下部には炭も検出されたようである。SB1・2建物の構築年代は六世紀末から七世紀前半頃とみられている。この建物の性格については、林氏は先述した大壁建物と同様の性格のものと解き、小笠原好彦氏は、「方形の宝形造りの外観を呈したもので、居住用の建物とは区別したもの」として「穴太廃寺の前身的な仏堂」と見解している。[29]

特殊カマド遺構（オンドル状遺構）（図8） 穴太遺跡弥生町地区で三例が検出された。そのうちSX22は遺存状態が良好なものである。東西八m、南北六mの範囲に三〇㎝以上の盛土の基壇上に構築されていた。カマドの全長は四mで、焚き口・燃焼室（カマド本体）・煙道に分かれる。焚き口の幅〇・五m、高さ一五㎝を測る。燃焼室は縦約〇・七m、横〇・八m、高さ〇・三mを測り、床面には粘土が貼られ、二個の支脚石を据える。煙道は焚き口に向かって左側に取り付き、約二m延びたところで北東へ折れ曲がっていた。石組の幅は〇・二〜〇・三m、高さ〇・三mで、一段目は内側に傾き、二・三段目は内側に持ち送る。床面は、焚き口が先端部よりも〇・四m低く、なだらかに傾斜していた。内側は火を受け赤色に変色し、煤の付着が認められた。この遺構の年代は、構築している際に埋め込んだとみられる土師器長胴甕から七世紀前半と推定され、炊事と暖房を兼ねた発達段階のオンドルで礎石建物に伴う施設と理解されており、調査者は「七世紀に日本でオンドルを使用するという習慣がなかったことから、これはまさに渡来人が造ったもの」と述べている。[30]その他の二例はわずかに遺構が残存していたものであるが、SX22と同様の性格を有していたものと思われる。

集落の変遷（図9） このように大津北郊では特異な建

物が近年の考古学的調査によって確認され、その検出例はさらに増加する傾向がみられる。

つぎにこのような建物遺構を中心にこの地域の建物および集落の変遷について穴太遺跡を例としてみてみたい。

穴太南遺跡湖西線ＶＤ区[31]では、Ⅰ期の六世紀前半から後半にかけては竪穴住居三棟と掘立柱建物二棟で集落が構成されており、つづくⅡ期の六世紀末から七世紀前半にかけては掘立柱建物一二棟に大壁建物二棟が出現して集落に加わる。Ⅲ期の七世紀中葉頃には掘立柱建物のみの七棟前後で集落は構成されるようになる。穴太遺跡バイパスＡ区[32]のＧＡ～ＦＢ区第三遺構面のＴＫ43型式段階を中心とする六世紀中葉から後半にかけては掘立柱建物のみで集落は構成される。掘立柱建物一七棟・柵四列・溝三条が検出されているが、大型建物三棟に二～三×三間程度の総柱建物（倉庫）が七棟がみられ、建物の建替えがうかがえるものの倉庫群の多さが目立つ。第二遺構面の六世紀末から七世紀前半には大壁建物四棟・礎石建物二棟・掘立柱建物一〇棟が検出され、複数回の建替えがうかがえる。第一遺構面の七世紀前半から大津宮遷都前後の後半にかけては、溝を境に北と南側にそれぞれ大壁建物一棟と掘立柱建物数棟で一単位となる建物群からなる集落構成がみてとれる。穴太遺跡弥生町地区[33]では、六世紀後半には大壁建物と掘立柱建物で構成される集落が現れ、その後一旦集落は廃絶したのち、七世紀前半頃にオンドルを使用する礎石建物がある集落が営まれ、七～八世紀のある時期に土石流がおしよせ、八世紀になって再び集落は掘立柱建物のみの集落が造営される。滋賀里遺跡南生水地区[34]では、六世紀後半から七世紀前半にかけて、掘立柱建物三棟、石列・柵を伴う掘立柱建物一棟、大壁建物二棟、竪穴遺構一基の四種の建築様式で構成された集落が営まれ、遺構の方位や切り合い関係からこの期間中に少なくとも一回の建替えがあったようである。

さて近江における集落遺跡から掘立柱建物が出現するのは、南半域では六世紀後半に守山市赤野井遺跡で出現し、それらは「葦浦屯倉」と関係するものと想定され、七世紀前半頃には普及していた。一方、北半域では八世紀後半以降普及したものとみられている。穴太遺跡バイパスＡ区第三遺構面の六世紀中葉から後半にかけて掘立柱建物が出現した例は、近江ではもっとも早い段階のものとして知られる。さらに大崎氏によると[35]、大津北郊の拠点

表4　大壁建物一覧

番号	遺 跡 名	所在地	遺構名	平面形	規　模	時　　期	備考
1	穴太・BP A地区	大津市穴太	大壁101	方形？	8.6×7.2m以上	6世紀後半～末	
2	穴太・BP A地区	大津市穴太	大壁102	方形？	8.6×7.2m以上	6世紀後半～末	
3	穴太・BP A地区	大津市穴太	大壁103	方形	8.0×8.0m以上	6世紀後半～末	
4	穴太・BP A地区	大津市穴太	大壁104	方形	7.0×7.0m	6世紀後半～末	
5	穴太・BP A地区	大津市穴太	大壁201	方形	6.0×6.4m	6世紀末～7世紀前半	
6	穴太・BP A地区	大津市穴太	大壁202	長方形	7.5×6.4m	6世紀末～7世紀前半	
7	穴太・BP A地区	大津市穴太	大壁203		7.4×7.0m		
8	穴太・BP A地区	大津市穴太	大壁204				
9	穴太・BP C地区	大津市穴太	大壁1	長方形	8.0×5.0m	6世紀末～7世紀前半	
10	穴太・BP C地区	大津市穴太	大壁2	長方形	8.0×6.0m	6世紀末～7世紀前半	
11	穴太・寺田	大津市唐崎	大壁1	方形	11.0×10.5m	6世紀末～7世紀前半	
12	穴太・赤田	大津市唐崎	大壁1	方形	8.0×7.5m以上	6世紀後半	
13	穴太・赤田	大津市唐崎	大壁2	方形	9.2×6.5m以上	6世紀後半	
14	穴太・赤田	大津市唐崎	大壁3		6.0×3.0m以上	6世紀後半	
15	穴太・下大門	大津市穴太	大壁1	方形	8.2×8.2m	6世紀末～7世紀前半	
16	穴太・BP9・10次	大津市穴太	大壁1		8.5×3.0m以上	6世紀末	
17	穴太・BP9・10次	大津市穴太	大壁2	方形	9.0×8.5m以上	6世紀末	
18	穴太・BP9・10次	大津市穴太	大壁3	方形	8.5×9.0m以上	6世紀末	
19	穴太	大津市穴太	大壁1			6世紀末～7世紀前半	
20	穴太・弥生町	大津市弥生町	SB1	方形	7.5×7.5m	6世紀末	
21	穴太南・VD	大津市穴太	2号囲溝	方形	9.0×9.0m	6世紀後半～7世紀前半	
22	穴太南・VD	大津市穴太	4号囲溝	方形	9.0×8.4m	6世紀後半～7世紀前半	
23	滋賀里・VA	大津市滋賀里	18号囲溝	方形	8.0×7.5m以上	6世紀末～7世紀初頭	
24	滋賀里・見世A	大津市滋賀里	大壁	方形？	9.4×4.0m以上	6世紀末～7世紀前半	
25	滋賀里・見世B	大津市滋賀里	大壁(4棟)			6世紀末	
26	滋賀里・見世C	大津市滋賀里	大壁1				
27	滋賀里・見世D	大津市滋賀里	大壁1	方形	8.5×8.5m		
28	滋賀里・南生水	大津市滋賀里	SB6	方形	10.0×10.0m	6世紀末	
29	滋賀里・南生水	大津市滋賀里	SB7	長方形	10.0×8.0m	7世紀初頭	
30	大谷南	大津市滋賀里	大壁1	方形	7.5×7.1m	6世紀末～7世紀前半？	
31	南滋賀・畑尻	大津市南志賀	大壁1	方形	7.0×7.0m	6世紀末～7世紀前半	
32	上高砂・BP	大津市滋賀里	大壁1	方形	10.0×8.0m以上	6世紀末～7世紀前半	
33	上高砂・BP	大津市滋賀里	大壁2		7.3×3.0m以上	6世紀末～7世紀前半	
34	上高砂・BP	大津市滋賀里	大壁3		5.7×2.0m以上	6世紀末～7世紀前半	
35	上高砂・市道	大津市滋賀里	大壁(3棟)			6世紀前半～7世紀初頭	
36	北大津	大津市錦織	大壁1				
37	苗鹿	大津市苗鹿	大壁1	方形	8.0×8.0m	6世紀末～7世紀前半	
38	光相寺	野洲郡中主町	大壁1	長方形	8.1×6.7m	8世紀前半	
39	高月南	伊香郡高月町	大壁(2棟)	長方形		5世紀～7世紀前半	
40	なまず	愛知郡愛知川町	大壁1	方形	5.5×5.6m	6世紀末～7世紀初頭	
41	木曽	犬上郡多賀町	1号	長方形	7.6×6.0m	6世紀末～7世紀初頭	
42	木曽	犬上郡多賀町	2号	長方形	7.0×5.4m	6世紀末～7世紀初頭	

集落である穴太・滋賀里遺跡では、六世紀初頭には竪穴住居から掘立柱建物を主流とする集落構成に転換するようである。その後の六世紀後半には大壁建物が、六世紀末には礎石建物が、七世紀前半にはオンドルを備えた礎石建物がそれぞれ外来的要素をもった新たな建築様式の建物が出現する。

また大壁建物が出現した六世紀後半から七世紀前半には、文献史料によると、志賀漢人が近江各地に出現した時期で、とりわけ大津北郊ではこれらの新建築様式の建物の出現と関わりがあるものとして注目される。穴太遺跡A地区の大壁建物が出現する以前には小規模な掘立柱の総柱建物の倉庫が存在したが、六世紀後半にいたって拠点集落では大壁建物が爆発的に構築されるようになるが、このことと「志賀漢人が港湾施設に出現するものが多く、その配置の主要目的が大和政権の指示によって近江はもちろん、北陸・東山道諸国からの物資を、志賀津を中核とする湖上交易ルートにより集積・管理するところにあった」と大橋氏が見解する[36]ことと一致するのではないかと考えられる。大壁建物は大壁造りという特性を有し、またこの頃掘立柱の総柱建物（倉庫）が減少する傾向がみられ、穴太遺跡A地区からは木簡が出土している（荷札として使用されたか）ことから貴重な財産を収蔵・保管し、火災や盗難から守った土蔵的倉庫とも考えられ、恒温恒湿という特性からもこのことは理解されるものであり、礎石建物とはその性格が異なるものと思われる。大壁建物は志賀漢人が関わった流通によって志賀津付近の穴太遺跡などの拠点集落に誕生し、土蔵的性格として一時的ではあるが集落内に爆発的に構築されたものではないかという考えをも提示し、今後の検討課題としたい。

おわりに

以上、六・七世紀における大津北郊遺跡群のうち、横穴式石室・副葬品・大壁建物等特異な建物を素材として、近江とりわけ大津北郊の渡来的要素や特質について検討してきた。これらの渡来的要素・特質については、すでに先学諸氏の論究によって朝鮮半島・中国大陸の影響を受けていることが確認されている。すなわち、横穴式石室については、水野[37]・森下[38]の両氏によって、石室構造の検討から半島の百済からの影響が論じられ、副葬品のミニチュア炊飯具については関川尚功氏[39]が銀・金銅・銅製の釵子が伴出する例が多いことから渡来人集団に関わるものと理解されている。大壁建物については林氏[40]によって韓国公山城跡での類似例を示して考察され、特殊カマド遺構（オンドル状遺構）は青山均氏[41]が朝鮮半島の類似例を紹介し、穴太遺跡弥生町地区のそれは外来的・先進的要素が確認されている。また花田氏は考古学的成果を総合的に分析され、大津北郊の渡来系遺跡については渡来文化研究のひとつのモデル地域となりうる地域であることが述べられている。[42]さらに大橋氏はこれらの考古学的成果に加えて、文献史料からも分析され、「滋賀郡南部には在来の有力氏族近江臣氏の存在を想定し、近江臣氏が中央の蘇我氏との密接な関係を有していたことから、この地に東漢氏と関係の強い漢人系渡来氏族を配した」と見解され、渡来文化の伝播については大きく二度の画期を想定し、六世紀初頭と六世紀中葉にそれらは認められるとされた。[43]

大津北郊の渡来人の存在、渡来文化の伝播・影響の画期については、上述した横穴式石室・副葬品・大壁建物等建物の性格や集落の変遷を検討した結果、大きく三つの画期が存在したことが確認された。最後に、それぞれの画期において明らかにできた事項を掲げて本稿のまとめとしたい。

㈠第一次画期（ＭＴ15型式段階の六世紀初頭から前半頃の時期）

①玄室がⅠ類の横長長方形プラン・Ⅲ―Ｂ類の縦長長方形プランの横穴式石室が出現する。

②居住形態として竪穴建物から掘立柱建物に転換すること。

③ミニチュア炊飯具の副葬を開始すること。

④鉄釘・鎹を使用した木棺が出現すること。

㈡　第二次画期（ＭＴ85型式段階の六世紀後半前葉頃の時期）

①玄室がⅡ―Ａ―ア類の正方形プランの横穴式石室が新しく加わってすべての石室が出揃い古墳築造の盛行期をむかえること。

②玄室がⅡ―Ａ―ア類の正方形プラン・Ⅲ―Ａ―ア類の縦長長方形プランの右片袖傾向両袖式石室を有する古墳が増加すること。

③副葬土師器が長頸壺から小型甕へと変遷すること。
④木棺に使用された鉄釘が長大化すること。
⑤新しい建物様式である大壁建物が出現すること。
⑥畿内の影響を受け始めること。

㈢第三次画期（ＴＫ209型式段階の六世紀末頃）
①Ⅲ—C類の縦長長方形プラン無袖式石室を有する古墳の築造が一般化し、古墳が小型化する。従来の石室プランの古墳における追葬が激増すること。
②新たな居住様式である礎石建ち建物が出現すること。
③ミニチュア炊飯具の副葬が終焉を迎えて消滅すること。
④土師器小型甕だけを副葬する古墳が増加すること。
⑤木棺に使用された鉄釘・鎹が小型化すること。

以上のように、六・七世紀の大津北郊では三つの画期をもって渡来文化が展開されたことが知られ、このことは大陸・朝鮮半島からの渡来の波が一度に集中するのではなく複数回にわたっておよんできたものと想定される。ただし、筆者は各画期に掲げたすべての事項が即渡来人が直接的に関与したものとは認めていない。先行時期の五世紀に築かれた木の岡古墳群（前方後円墳二基・帆立貝式古墳一基・円墳三基で構成）の存在の経緯等から、この地域には在来系集団と渡来系集団が混在していたものと理解している。したがって、各類の横穴式石室や大壁建物ほか建物の構築技術やミニチュア炊飯具等煮炊具副葬の習俗などが、渡来系・外来系のものであるという判断は可能ではあるものの、横穴式石室墳の被葬者がすべて渡来人であるという考え方にはなお慎重に解釈しなくてはならないと考えている。今後の課題としたい。つづく七世紀中葉から後半には近江大津宮や白鳳寺院が造営されるようになるが、そこでも豊かな瓦や鉄生産などに渡来人が直接的に関与したかはともかく、重要な役割を果たしていったものと想定されるのである。

［付記］　本稿校正中に次の文献が発刊された。
滋賀県教育委員会・財団法人滋賀県文化財保護協会『滋賀県緊急雇用創出特別対策事業に伴う出土文化財資料化収納業務報告書Ⅱ—2　大通寺古墳群』二〇〇五
当文献によると、大通寺古墳群中の旧三号古墳はC—一号古墳として報告されているが、本稿では、既刊の二文献（大津市教育委員会『埋蔵文化財包蔵地分布報告書』一九八〇・滋賀県教育委員会『大通寺古墳群―一般国道一六一号（西大津バイパス）建設に伴う発掘調査報告書』一九九五）によって整理された古墳番号を踏襲して旧三号古墳（C―一号古墳）を第三号墳として記述した。

註

①大橋信弥「近江における渡来氏族の研究―志賀漢人を中心として―」（『青丘学術論集』第六集　一九九五）
②水野正好「滋賀郡所住の漢人系帰化氏族とその墓制」（『滋賀県文化財調査報告』第四冊　滋賀県教育委員会　一九六九）
③a．花田勝広「渡来人の集落と墓域」（『考古学研究』第一五六号　一九九三）
　b．花田勝広『古代の鉄生産と渡来人』　二〇〇二
④大橋前掲文献（註①）
⑤林博通「『大壁造り建物』の発見・経緯・問題点」（『穴太遺跡発掘調査報告書』Ⅱ　滋賀県教育委員会　一九九七）
⑥田中勝弘「古墳の話99」（『歴史への招待席』二八七　サンケイ新聞　二〇〇三）
⑦水野正好「後期群集墳と渡来系氏族」（『古代を考える近江』一九九二）
⑧梅原末治「近江滋賀里百塚」（『歴史地理』第二三巻第三号　一九一四）
⑨水野前掲文献（註②）
⑩森下浩行・坂靖・細川康晴「湖西地域南部における群集墳の構造と系譜」（『古代学研究』第一一三・一一四号　一九八七）
⑪花田前掲文献（註③）
⑫花田氏は、Ⅰ・Ⅱ類を「平面形こそ異なるが、玄室構造そのものは共通性が高く、畿内はおろか近江においても類例のない独自なもの」と理解してB類として一括して扱っている。
⑬吉水眞彦・細川修平「穴太飼込古墳群発掘調査報告」（『滋賀里・穴太地区遺跡群発掘調査報告書Ⅱ』大津市教育委員会　一九八二）
⑭太鼓塚五号墳については、花田氏はC類として設定し畿内型石室の特徴を有するものとしてこのタイプをその他の縦長長方形プランとは区別している。しかし、この石室は腰石を据え、基本的にその上部から石材を横積みする特徴がみられ、導入期からほぼみられる特徴を備えている。袖部形態は右袖と右側壁のコーナー部が直角を示しているのに対して左袖と左側壁のコーナーは曖昧となっており、これは石室が築造された地点が左側壁側が右側壁側よりも地形的に低くなっている状況からこのような石室が構築されたとも考えられる。
⑮吉水眞彦ほか『埋蔵文化財包蔵地分布調査報告書』（大津市教育委員会　一九八一）
⑯a．大崎哲人「大津市北郊の後期古墳再考」（『紀要』滋賀県埋蔵文化財センター　一九八八）
　b．島田秀俊「大津北郊の後期古墳群について」（『陵』三・四合併号　一九七九）

c．坂前掲文献（註⑩）
d．吉水眞彦「群集墳の群構成のあり方について――近江湖西地域南部の群集墳を事例として――」（『滋賀考古学論叢』第五集　一九九二）
⑰京都教育大学考古学研究会「大津市滋賀里百穴古墳群について」（『史想』第一九号　一九八一）
⑱田中勝弘「後期古墳における副葬土師器変化」（『滋賀考古学論叢』第四集　一九八八）
⑲畑中英二「犬上川左岸扇状地の古墳にみられる習俗の研究」（『紀要』第一〇号　㈶滋賀県文化財保護協会　一九九七）
⑳花田前掲文献（註③）
㉑畑中前掲論文（註⑲）
㉒吉水眞彦「古墳時代後期の鉄釘使用木棺に関する一考察」（『近江の考古と歴史』　二〇〇一）
㉓林博通・吉谷芳幸「渡来系集団の集落跡」（『滋賀文化財だより』№73　一九八三）
㉔滋賀県教育委員会『湖西線関係遺跡発掘調査報告書』一九七三
㉕西田弘『大津市文化財調査報告書⑴　畑尻遺跡』（大津市教育委員会　一九七四）
㉖栗本政志『滋賀里遺跡発掘調査報告書』（大津市教育委員会　一九九四）
㉗林前掲文献（註⑤）
㉘仲川靖ほか『穴太遺跡発掘調査調査報告書』Ⅱ　滋賀県教育委員会　一九九七
㉙小笠原好彦「近江穴太廃寺の性格と造営氏族」（『かにかくに』二〇〇四）
㉚青山均『穴太遺跡（弥生町地区）発掘調査報告』（大津市教育委員会　一九八四）
㉛滋賀県前掲文献（註㉔）
㉜仲川前掲文献（註㉘）
㉝青山前掲文献（註㉚）
㉞栗本前掲文献（註㉖）
㉟大崎哲人「滋賀県下における掘立柱建物集落の成立契機について」（『紀要』第二号、㈶滋賀県文化財保護協会　一九八九）
㊱大橋前掲文献（註①）
㊲水野前掲文献（註⑦）
㊳森下浩行「畿内およびその周辺の横穴式石室雑考」（『考古学と生活文化』同志社大学考古学シリーズⅤ　一九九二）
㊴関川尚功「古墳時代の渡来人」（『橿原考古学研究所論集』第九　一九八八）
㊵林前掲文献（註⑤）
㊶青山前掲文献（註㉚）
㊷花田前掲文献（註③）
㊸大橋前掲文献（註①）

山城の渡来人
―秦氏の場合を中心に―

丸川義広

はじめに

北山城に蟠踞した古代氏族の中で最大の氏族が秦氏である。『日本書記』応神天皇一四年条に渡来伝承をもついわゆる渡来系氏族であるが、秦氏という族名は中国秦王朝に由来するというものの、東漢氏などと同じく渡来伝承に付加価値をつけるための自称であると評価される。その秦氏が北山城では紀伊郡から葛野郡に居住したことは、前述した『日本書紀』の記載に加えて、秦氏を統括する立場である「太秦《うづまさ》」が地名として現存すること、秦氏が建立した広隆寺やその前身寺院とされる北野廃寺があること、秦氏の奉祀による松尾神社や伏見稲荷神社の存在、前方後円墳を含む後期古墳群の存在、古墳時代後期の集落遺跡の多さ、墨書土器「秦」の出土、などからみても、確かなこととされる。ただし、これらの地域からは渡来系の遺構・遺物が出土することは稀であり、考古学的な立場からは秦氏が渡来人であったことを証明することはできない。そうすると、渡来人伝承が確実な地域で考古学的に相反する状況をどのように理解すればよいのか、新たな疑問が湧いてくる。ここでは、山城の渡来人伝承と渡来系の遺構・遺物を検討することで、山城の渡来人、特に秦氏の性格について考えてみたい。

『日本書紀』にみえる秦氏関連の史料

『日本書紀』に掲載された秦氏関連の史料は、応神紀（史料一）、雄略紀（史料二）、欽明紀（史料三）、推古紀・皇極紀（史料四）の大枠で理解することができる。①

史料一―一　応神一四年条「弓月君が百済よりの来帰」

史料一―二　応神一六年八月条「弓月の人夫を率いて襲津彦と共に来る」

史料一は渡来伝承の記事である。この中では葛城氏が渡来に関与したことが注目される。ただし「多くの人民

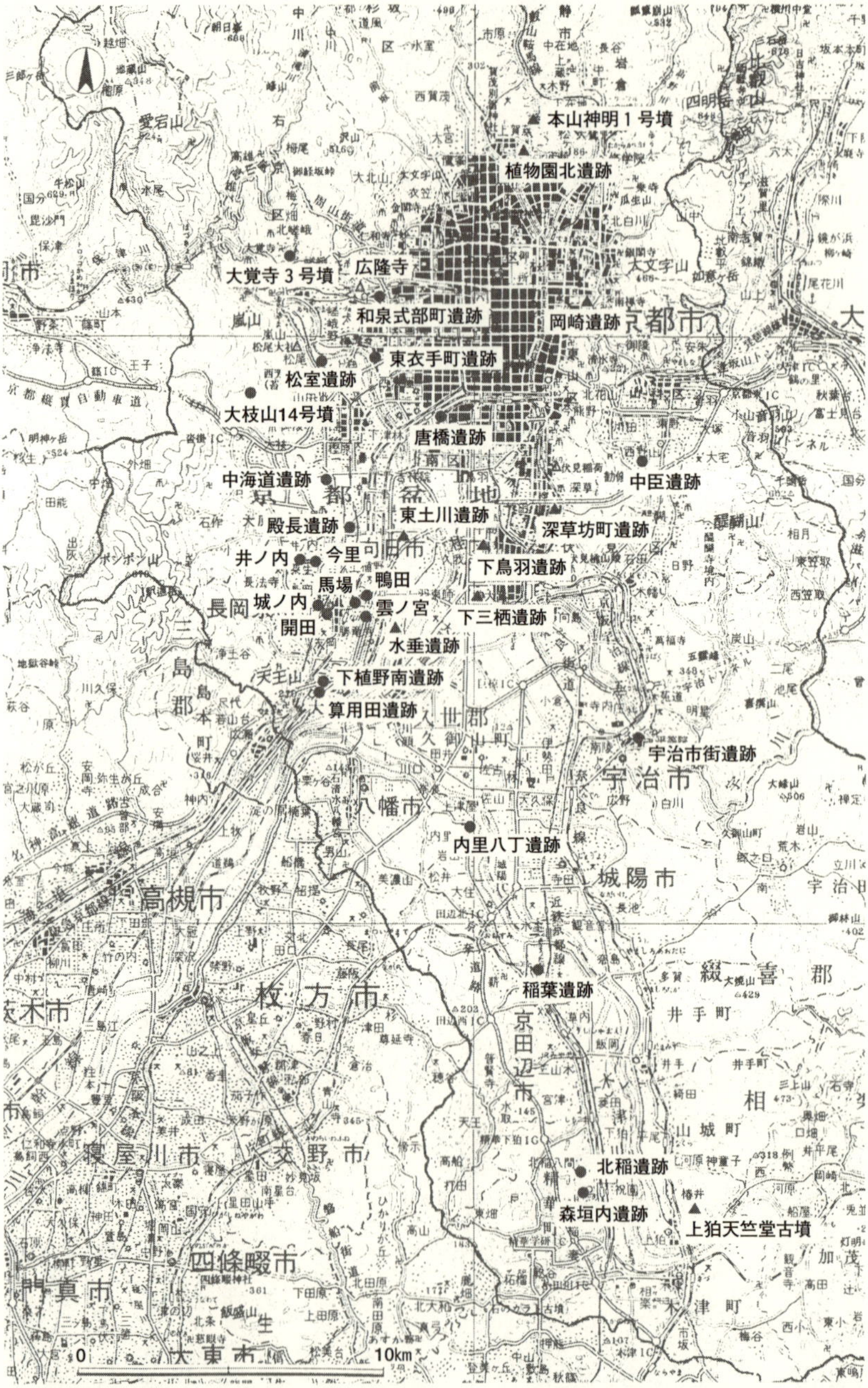

図1　関係位置図（●＝渡来系出土遺跡、▲△＝関係遺跡、1：200,000地勢図「京都及び大阪」「和歌山」を調製）

を従えてきたというのは多数の部民（秦部）を持つようになった後世の状態からの構作か」との評価もあり、留意すべきであろう。[2]

史料二―一　雄略一二年一〇月条「秦酒公が天皇に侍り琴で天皇を悟らす」

史料二―二　雄略一五年条「秦の民を聚め秦酒公に賜う。庸調を奉納し禹豆麻佐という」

史料二―三　雄略一六年七月条「詔して、桑に宜き国県にして桑を殖えしむ。又秦民を散ちて遷して、庸調を献らしむ」

史料二からは、秦酒公が雄略朝の政権中枢にいたこと、禹豆麻佐（太秦）の称号が創作されたことなど、部民の編成が進みつつあったことがわかる。

史料三―一　欽明即位前紀「秦大津父を山背国紀郡深草里より探し出す」

史料三―二　欽明元年八月条「秦人の戸数、総て七千五十三戸、大蔵掾を以て秦伴造としたまふ」

史料三では秦大津父が紀伊郡深草里に居住したこと、大津父は伴造となり、財務（大蔵）に関与したことがわかる。深草里については、皇極二年（六四四）一一月条にも「深草屯倉にゆきてここより馬に乗りて、東国へ」とあり、深草の地が上宮王家（聖徳太子）と深い関係にあったこと、東国への要衝であったことがわかる。

史料四―一　推古一一年（六〇三）一一月条「秦造河勝が仏像を受け蜂岡寺を造る」

史料四―二　推古一八年（六一〇）一〇月九日条「秦造河勝が新羅の使いの導者となる」

史料四―三　推古三一年（六二三）七月条「葛野の秦寺に新羅の仏像を入れる」

史料四―四　皇極三年（六四五）七月条「葛野の秦造河勝が常世の神事件で大生部多を打つ」

史料四では秦河勝が聖徳太子（厩戸皇子）に近侍したこと、太子より仏像を賜わったこと、葛野を拠点として寺院（蜂岡寺・葛野秦寺）を造営したことがわかる。

山城の渡来人関連遺跡

紀伊郡（京都市東山区・伏見区）　まず史料三にある紀伊郡の様相を見ておこう。史料三―一、三―二より、欽明朝には秦大津父という人物が深草里に居住したことがわかるが、[3]その深草里は、皇極二年条にも「深草屯倉」とあり、ここに官の貢納物を管理する屯宅が設置されていたことは、ほぼ確実であろう。そうすると、秦大津父に関する史料は、欽明朝の段階で早くも秦氏が政権の財政部門に関わっていたことを示す史料となる。この点で注意されるのは、欽明朝における政権内での蘇我氏の台頭である。蘇我氏は配下に秦氏などの有力な渡来系氏族を擁していたとされており、『書紀』における秦氏の登場は、蘇我氏の台頭と表裏の関係をなすものであろう。

次ぎに、紀伊郡における考古学的な知見を検討する。この地域の古墳群は「深草グループ」として把握されるが、欽明朝に該当するとされる六世紀前半代の有力な古墳は見られない[4]（図2参照）。この点は、後述する葛野郡とは著しく異なる。集落遺跡では、鳥羽遺跡（古墳時代前期・後期）や下鳥羽遺跡（中期・後期）が知られる。下鳥羽遺跡では初期須恵器が出土しているものの、渡来系の資料は知られていない。稲荷山の一ノ峯、二ノ峯、三ノ峯には前期古墳が築かれる。稲荷神社は秦氏が和銅年間に創建したもので、代々秦氏が奉祀した神社である。深草屯宅については、該当する遺跡が近年確認されている。深草坊町遺跡であり、溝跡から七世紀の土師器と須恵器が出土しているが、渡来系の遺物は出土していない。[5]深草屯宅に該当する遺跡が判明しつつあることで、七世紀段階における『日本書紀』の記述は蓋然性が高まりつつあるが、欽明朝に該当する六世紀段階は依然として不明な点が多い。

葛野郡（京都市右京区・西京区）　右京区太秦は葛野秦氏の拠点とされる地域である。太秦は「禹豆麻佐」とも表記し、史料二―二には、財宝をうず高く積み上げたことに由来するとある。太秦はその当て字であり、一族の統括者をさす称号でもある。右京区に太秦の地名があることは、太秦の称号を与えられた人物が居住したことを意味するのであろう。

葛野郡における秦氏の進出経過を、現状で判明している考古学的な資料を用いて考えてみる。集落遺跡は、弥生時代後期から古墳時代前期へと連続するものが知られる。これは地形分類上の低地に営まれた集落遺跡で、市域でも通有のものである。ただし遺跡数は少なく、淀川流域（向日市・長岡京市、京都市の伏見区）の氾濫原低地に集落遺跡が集中することとは好対照をなしている。

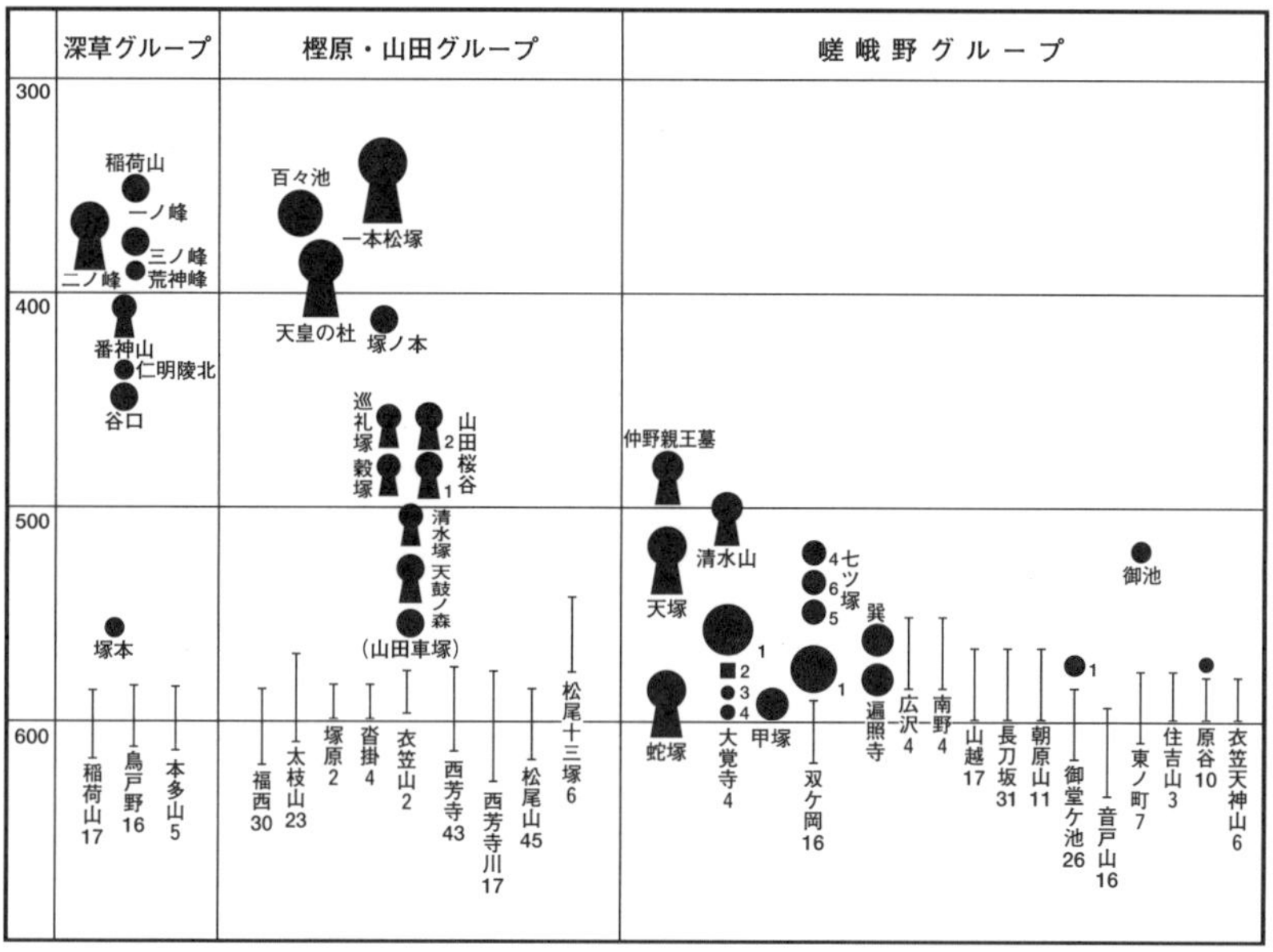

図2　北山城での古墳群の編年（④を調製）

右京区嵯峨野の一帯は地形が高燥であるため、初期の水田開発には不適切な土地であった。このことが遺跡数の少なさとなって現れているのであろう。これらの遺跡では渡来系の遺構、遺物は知られていない。

古墳時代中期には和泉式部町遺跡が形成される[6]（図3）。一九八七年に調査された遺跡で、中期の住居跡が七戸以上検出された。このうち、一七号住居にはL形に折れるカマドがつく。一号住居からは縄蓆文タタキのある甕、格子目タタキのある破片、三号住居、四号住居からは甑、一七号住居からは初期須恵器が出土しており、渡来系の遺構・遺物が出土した嵯峨野で唯一の集落遺跡として、秦氏の葛野進出を考える上での重要な遺跡となっている。ただしこの遺跡は後期には継続しない。後期では常盤仲ノ町遺跡や西野町遺跡、上ノ段町遺跡などの集落遺跡があり、竪穴住居跡が多数知られる。これらの遺跡は飛鳥時代まで継続しており、この段階が嵯峨野での集落遺跡の盛行期であることは、考古学的な所見から確かなこととといえる。

ただし、和泉式部町遺跡と平行期の古墳は、この嵯峨野には知られておらず、対岸にあたる桂川右岸の山田に

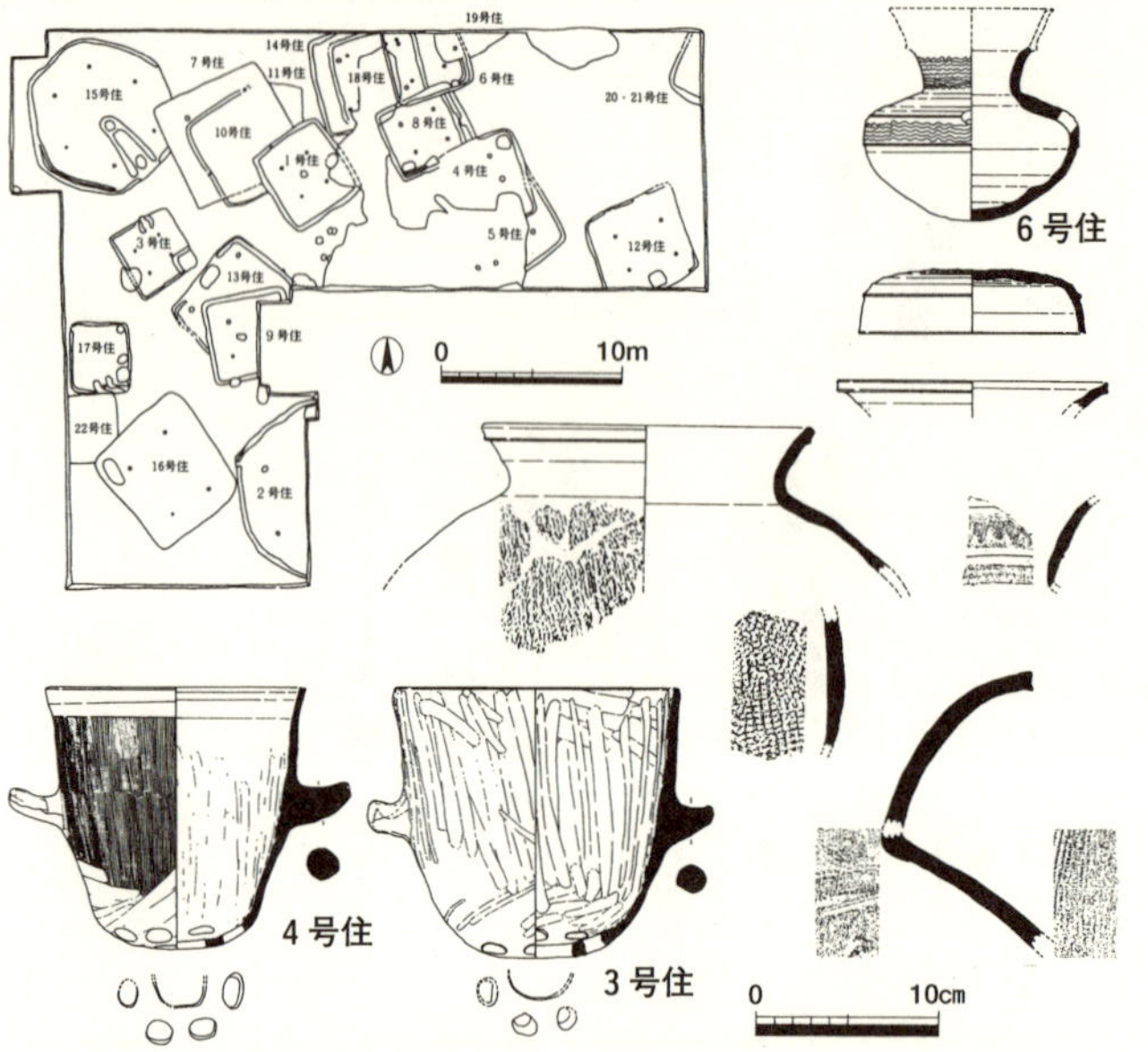

図3　和泉式部町遺跡の平面図と出土遺物（⑥を調製、数字以外は1号住出土）

築かれた五世紀中葉の山田桜谷二号墳、巡礼塚古墳、五世紀末葉の山田桜谷一号墳、穀塚古墳がこれに該当する（図2「樫原・山田グループ」）。このうち、穀塚古墳では後円部に二つの主体部があり、竪穴式石室の主体部から竜文透彫り帯金具や象嵌大刀が出土している。[7] 複数の主体部が層位的にも重複して形成された状態は、姫路市宮山古墳との類似性が指摘できる。[8] 宮山古墳では初期須恵器や朝鮮式の垂飾付耳飾が出土しており、複数主体部そのものも渡来系の要素とみてよいものである。穀塚古墳出土の帯金具や象嵌鉄刀も、中央政権からの分与されたとみられるため、被葬者は中央政権と密接な関係を有した人物であることは確実である。このように、和泉式部町遺跡と同時期に属する新たな古墳群の形成は、北山城が雄略朝になって政権中枢部と新たな関係を構築したことを示すものであり、この点と秦氏の山城進出を重ね合わせることが、現状では最も該然性の高い解釈といえる。こうして形成された首長墓系譜は、六世紀に入ると墓域を対岸の嵯峨野に移動させ、さらに強大な前方後円墳を継続して築いていく、それが嵯峨野グループとして評価されてきた古墳群の実態であると考えると、北山城の首長墓の動向は非常に合理的に解釈できるのである。このように嵯峨野では、集落遺跡、古墳群の分布から、文献史料と考古学的所見の整合がみられることを指摘しておきたい。

次に、葛野秦氏の動向を記した史料四の内容を、再度検討しておこう。史料四―一〜四―四では秦河勝が聖徳太子に近侍していたこと、葛野に寺院を建立したこと、秦河勝が七世紀中葉まで存命したことなどが知られる。そこで時期的に重複する嵯峨野における古墳群の実態を検討しておくことにする。この地域の古墳は、従来から嵯峨野グループと位置づけられてきた[9]。嵯峨野グループの特徴は、一．後期古墳群であること、二．前方後円墳や大型円墳が含まれること、三．群集墳の規模と内容が卓越すること、四．終末期古墳群が知られること、などが指摘でき、古墳時代後期における北山城最大の古墳分布地域となっている。また嵯峨野では集落遺跡も数多く確認されており、人口密集地であったことは確実である。しかし渡来系の遺構・遺物はきわめて少なく、この点では渡来系氏族とされる秦氏の特徴を抽出することはできない。大和・河内における渡来系氏族の分布と出土遺物が鮮やかに対比できる地域とは好対照をなすもので、逆説的にいうなら、渡来系要素が抽出できない点にこそ山城秦氏の特徴があるといえるのである。

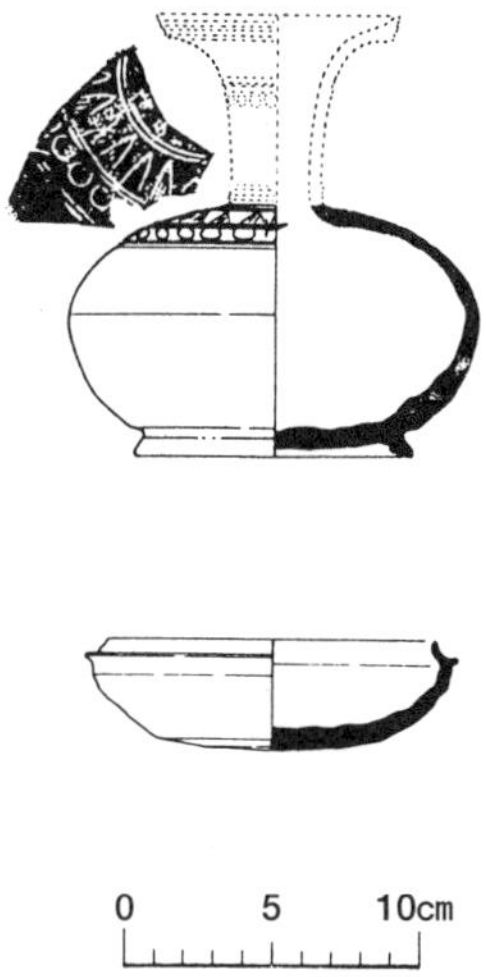

図4　大覚寺３号墳（上、⑩を調製）
大枝山14号墳出土土器（下、⑫を調製）

次に、葛野郡内で出土した渡来系の遺構・遺物を紹介しておきたい。古墳出土遺物としては、大覚寺三号墳から出土した新羅土器がある[10]（図４の上）。古墳の築造年代は六世紀後半であるが、新羅土器の年代は七世紀初頭とされ、横穴式石室での追葬時に埋納されたと考えられている[11]。秦氏を新羅系の渡来氏族とみて、新羅土器の出土に格別の意味を見い出そうとする見解もみられるが、秦氏を後述する広域にわたる擬制的な集団とみるなら、それほど単純ではなかろう。

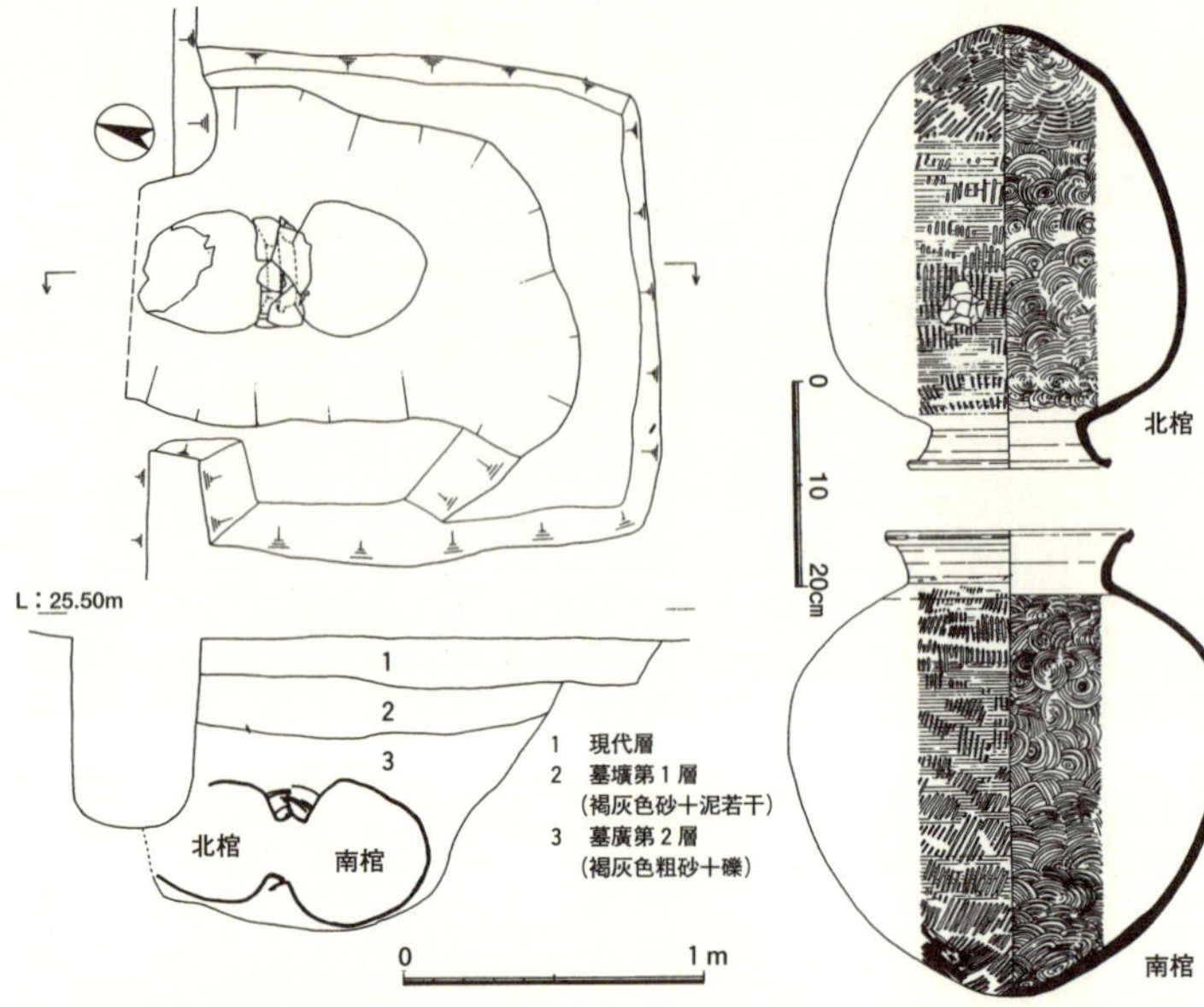

図５　東衣手町遺跡の合口甕棺（⑬を調製）

西京区の大枝山一四号墳からは、朝鮮製の陶質土器とみられる杯身が一点出土している[12]（図４の下）。古墳の築造築造は六世紀末葉である。細部の調整は非常に丁寧で、底部もヘラケズリ調整を残している。副葬された他の須恵器とは一見して区別できる優品であるが、その故地は明示しえない。

七世紀初めに属する甕棺の資料としては、東衣手町遺跡から出土した合口甕棺がある[13]（図５）。これは須恵器甕を合口にして墓壙内に直接埋葬したものである。須恵器自体は国内で生産された製品であるが、合口状態で埋葬する方法は朝鮮半島で流行する方法である。新たに渡来した人達が、故地の風習に則って埋葬した事例と思われる[14]。

桂川右岸に立地する松室遺跡では水路を検出している[15]（図６）。この水路は、開削が六世紀代に遡る可能性があり、渡月橋の北側に取水口がある現在の洛西幹線水路の前身水路とみられる。現存する水路は、秦氏が造作したことで有名な「葛野大堰」の遺構とされるため、前身にあたるこの水路はその具体的な遺構でもある。渡月橋が架かる一帯は、洛西地域の水利慣行上、最も重要な地点

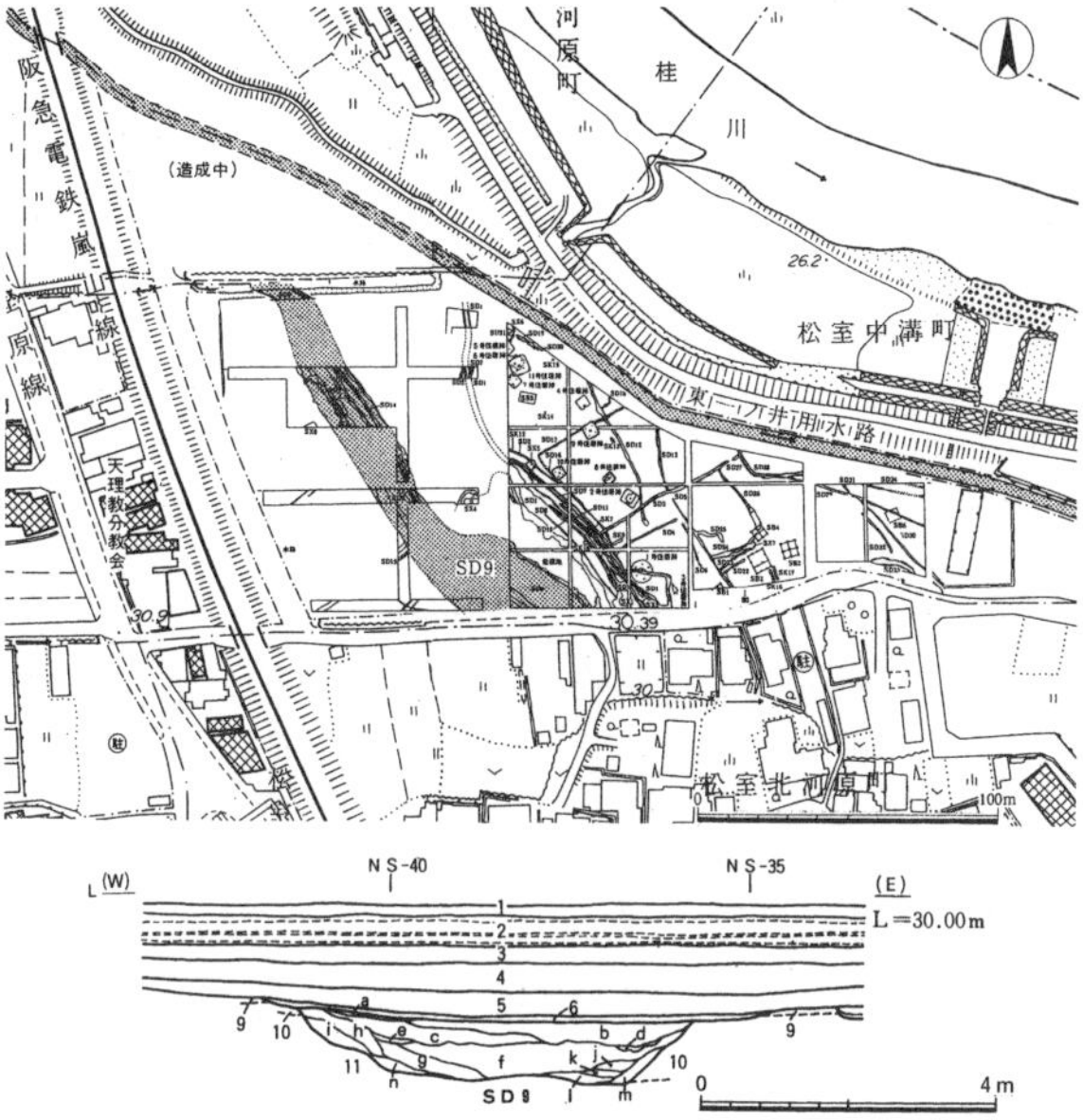

図6　松室遺跡の遺構配置と水路SD9の断面図（配置図は⑮の2をもとに調製、断面図は⑮の1を引用）

である。ここに堰を築き、左岸、右岸に用水路を配備したなら、比較的容易に下流域の灌漑ができることは、地形を観察することで容易に判断できたはずである。本水路の出土によって、古墳時代後期には土木・灌漑工事が実施されていた可能性は高いものとなった。それが古墳時代後期に増加する集落遺跡、前方後円墳を含む後期古墳群の展開の背後にあったことは、十分想定してよいであろう。またこの点に、土木工事を得意とした秦氏の面目が示されているのである。

以外の京都市域の渡来系遺物　山科区中臣遺跡の第七九次調査では、六世紀前半の土壙墓から、鳥足文タタキを施した百済産とみられる陶質土器甕が一点出土している⑯（図7）。墓二は長さ三m程の墓壙内に木棺を直葬したものである。墓壙内には完形土器数点が埋納され、陶質土器はTK10型式の須恵器とともに出土した。単独出土である点を考慮すると、渡来人が持ち込んだものとみるより、国内を移動してここにもたらされたと考えた方が、中臣遺跡の展開からみても妥当であろう⑰。

山科区日ノ岡堤谷窯跡では、頸部にコンパス文を施した須恵器壺が一点出土している⑱（図8左）。体部以下を

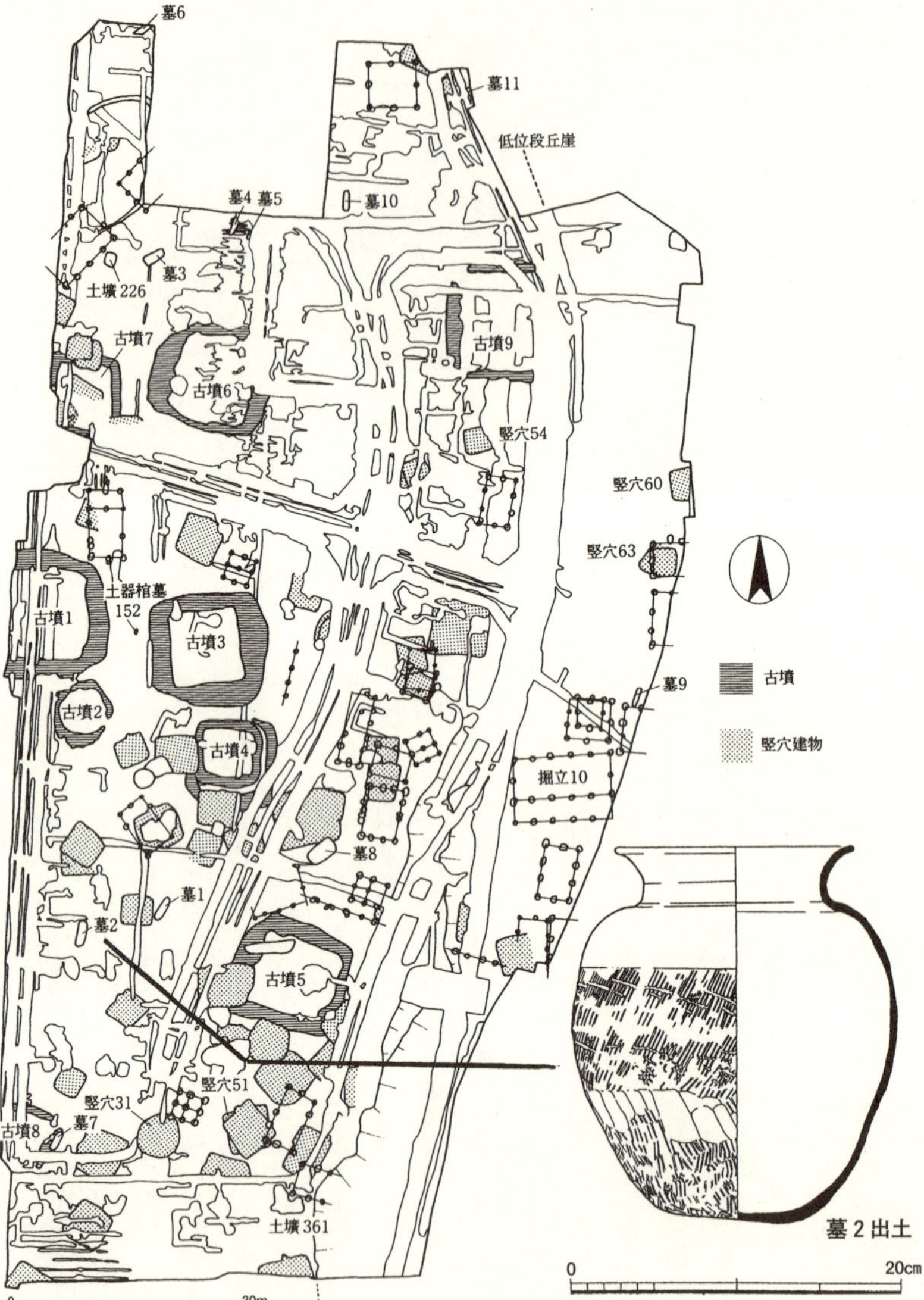

図7　中臣遺跡79次調査の遺構配置図と陶質土器　（配置図は⑯の2、土器実測図は⑯の1から引用・調製）

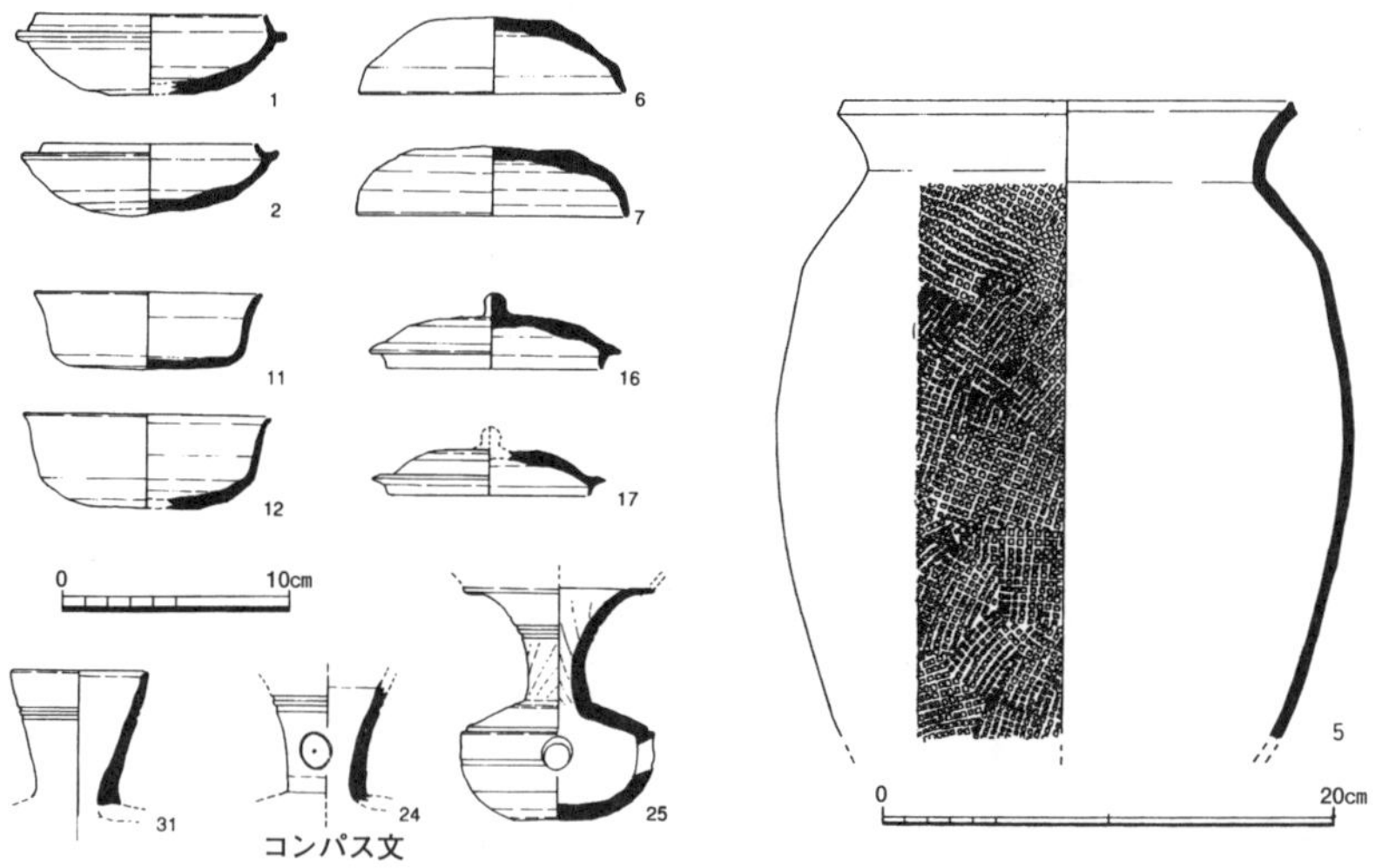

図８　日ノ岡堤谷窯跡出土の須恵器（左、⑱を調製）、**唐橋遺跡出土の韓式系土器**（右、⑳を調製）

欠損するため、全体の形状は不明であるが、大覚寺三号墳出土の新羅土器（図４の上）に類似した長頸壺の可能性がある[19]。日ノ岡堤谷窯跡は七世紀中葉に属する須恵器窯跡であるが、周囲には製鉄遺跡も知られており、製鉄と須恵器生産が一体的に経営されたこと、それらの展開には渡来人が関与したとを想定させる資料といえる。

南区唐橋遺跡でも韓式系土器（軟質で格子目タタキをもつ甕）が出土している[20]（図８の右）。唐橋遺跡は古墳時代中期から後期の集落遺跡で、竪穴住居跡や溝などの遺構が検出されている。韓式系土器が出土した遺構は、六世紀後半に属する溝である。唐橋《からはし》の唐は、韓人《からびと》に由来するとされる。その韓人は、平安京が造営され、付近に鴻臚館などができたことで外国人（主として唐人）が往来・居住したことに由来すると理解されてきた[21]。しかし韓式系土器が出土したことで、由来はさらに遡る可能性が出てきた。

この他、京都市域では初期須恵器が数カ所から出土している。これらの遺跡では韓式系土器の出土は知られていないが、今後注視すべき遺跡といえる。

一・伏見区下鳥羽遺跡　蓋、脚付把手付鉢、甕[22]。

二、伏見区下三栖遺跡　直口壺、甕、𤭯《はそう》。[23]

三、伏見区水垂遺跡　蓋、高杯、把手付椀、甕、𤭯。[24]

四、南区東土川遺跡 杯、蓋、椀、甕、𤭯。[25]

五、左京区植物園北遺跡　把手付椀。[26]

六、左京区岡崎遺跡　甕。[27]

乙訓（向日市・長岡京市・大山崎町）の渡来系遺物　乙訓地域では以前から韓式系土器の出土が知られており、それらを集成し、検討する作業も行なわれている。[28]それによれば、韓式系土器は軟質、硬質に区別され、別に甑やカマド形煮沸具も検討の対象としている。出土例は二三地点を数え、所属時期は須恵器型式でいうところのＴＫ73～ＴＫ208型式、ＴＫ23～ＴＫ47型式、ＴＫ43～ＴＫ209型式であるという。既往の出土地点と遺物内容を整理すると、以下となる（図９）。

一、向日市中海道遺跡　軟質の平底鉢、甑、把手付鍋

二、向日市鴨田遺跡　軟質の格子目タタキ片、硬質の縄蓆文タタキ壺

三、向日市殿長遺跡　硬質の縄蓆文タタキ片、甑

四、長岡京市今里遺跡　軟質の把手付甕、硬質の縄蓆文タタキ片、甑、土馬、算盤形紡錘車

五、長岡京市雲宮遺跡　軟質の縄蓆文タタキ片

六、長岡京市開田城ノ内遺跡　硬質の縄蓆文タタキ片

七、長岡京市馬場遺跡　軟質の縄蓆文タタキ片口鍋

八、長岡京市井ノ内遺跡　硬質の格子目タタキ片、縄蓆文タタキ甕

九、大山崎町下植野南遺跡　軟質の格子目タタキ甕、甑把手、硬質の壺、土馬

十、大山崎町算用田遺跡　硬質の縄蓆文タタキ片、硬質の鳥形𤭯

向日市中海道遺跡出土の平底鉢など、比較的良好な個体があるものの、大半は小破片として出土する程度である。搬入先としては、河内地方から淀川水系を遡ってもたらされた可能性が高い。渡来人の住居痕跡はまだ見つかっていないが、上流部における和泉式部町遺跡の存在を考慮するなら、今後検出される可能性は高いといえるだろう。

南山城の渡来人集落　一九九七年から二〇〇〇年にかけて調査された精華町森垣内遺跡では、渡来系の遺構・遺物が豊富に出土している[29]（図10）。遺構としては、大壁住居跡三棟、張り出し部のある竪穴住居跡、掘立柱建

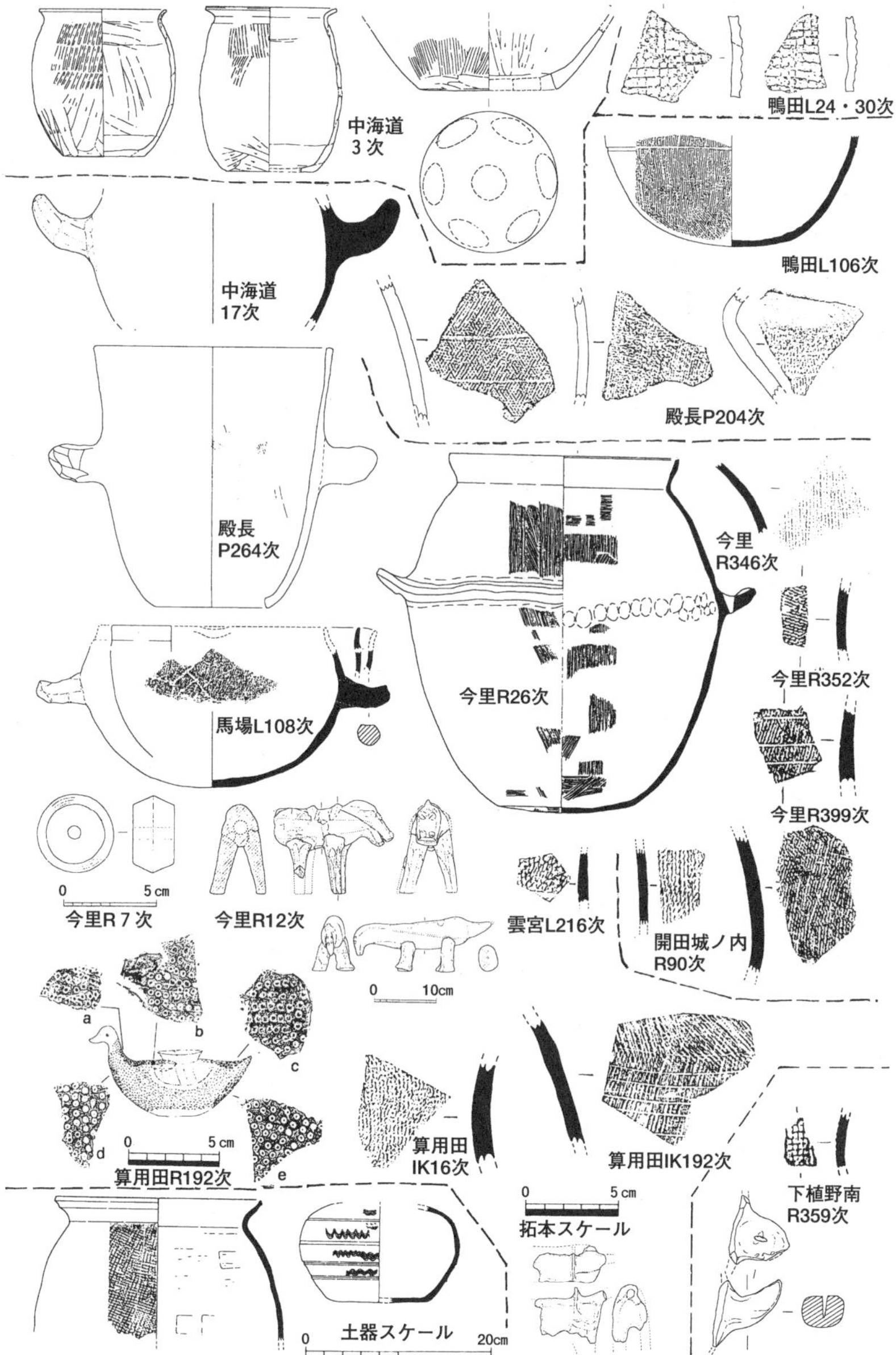

図9　乙訓出土の韓式系土器・カマド形煮沸具・他（㉘から作成）

物と柱穴多数が検出されている。大壁住居跡は、山城では初の出土で、ＴＫ23〜ＴＫ47型式の範囲内とされる。掘立柱建物はＴＫ23〜47型式に属するが、竪穴住居跡はＭＴ15〜ＴＫ10型式であり、通常の集落とは反対の経過をとる。柱穴内に須恵器を埋納し、地鎮のような祭祀が想定される遺構もある。馬歯を埋納した土坑は、馬の飼育を想定させる遺構である。出土遺物では、縄蓆文タタキや格子目タタキをもつ韓式系土器、無文の陶質土器、初期須恵器、ミニチュア土器などとともに、吹子や鉄滓、鍛冶工具、携帯用の砥石、滑石製の石製品と素材、玉造関連の製品、製塩土器などが出土している。この集落は、五世紀中葉に形成が始まり、五世紀後半には鍛冶工房、石製品生産、馬の飼育などの拠点として展開したこと、その際には渡来人が関与したことを示す具体的な遺跡となった。また遺跡内には方形区画の施設があり、管理者側の住居が作業者側と分離していたことも確認できた。森垣内遺跡の北側にある北稲遺跡でも、軟質の格子目タタキをもつ韓式系土器が出土している。両遺跡の周辺には下狛（高麗）の地名があり、『倭名類聚抄』や『新撰姓氏録』には狛造の存在が記されているため、関連性が注目される地域である。

この他、京田辺市の稲葉遺跡からは甑の把手[30]と縄蓆文タタキのある破片[31]が出土している。また八幡市内里八丁遺跡でも硬質に焼成された甑が出土している。[32]甑は切り込みのある角状把手をもち、体部は平行タタキ、底部は平底で、蒸気孔は円孔の周囲に四孔が配置される韓式系土器である。いずれも、渡来系遺物の広がりを知る上で注目される土器資料である。

なお、本稿作成中の二〇〇四年一一月には、宇治市街遺跡より韓式系土器の出土が報じられた。[33]遺跡は南東から北西に下る扇状地上にあり、東西方向に延びる幅三ｍ、深さ〇・四ｍの溝が検出された。溝の北肩には小礫が汀状に敷かれ、湧水点祭祀の遺構の可能性がある。溝内からは八〇個体ほどの土器が出土し、硬質の陶質土器（初期須恵器の可能性あり）が一五％、軟質の韓式系土器が八〇％、倭系の土器（土師器）が一五％を占める。韓式系土器は軟質の平底鉢と甑があり、外面には縄蓆文タタキ、平行タタキが施される。陶質土器とされるものは、堺市大庭寺遺跡などで生産された最古の須恵器の可能性が高い。空白であった木津川右岸地域で、渡来系要素の

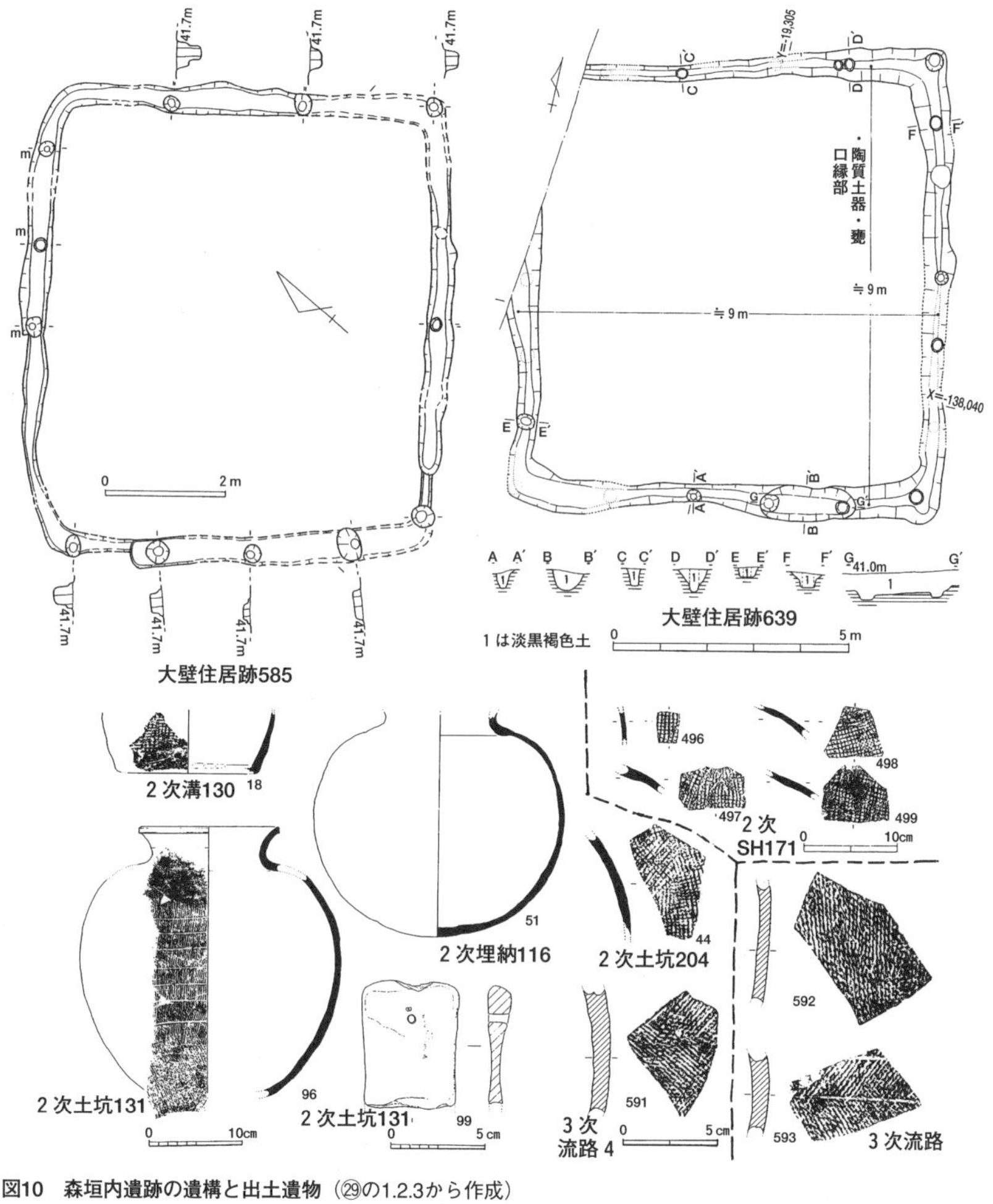

図10　森垣内遺跡の遺構と出土遺物（㉙の1.2.3から作成）

強い遺跡が確認されたことは、古墳時代中期にこの地域に渡来第一世代が定着したことを示す明確な根拠であり、その意味するところは大きいであろう。

まとめ

大壁住居の検出　大壁住居は建物周囲に溝をめぐらせ、溝内に柱穴をもつ建物遺構である。朝鮮半島に起源があり、渡来人の存在を示す指標となる遺構といえる。[34]近年各地から出土例が報告されつつあるが、山城では精華町森垣内遺跡の出土例が唯一である。森垣内遺跡では三棟が検出されている。大壁住居跡五八五・六三九は一辺九m前後の規模をもち、各辺に三〜四基の柱穴がある。六世紀初頭頃と推定される。奈良盆地の渡来系資料を整理した青柳泰介氏によれば、大壁建物は五世紀前半から八世紀まであり、溝内に掘られた棟持柱、主柱、間柱などの柱穴が次第に区別しにくくなる。[35]森垣内遺跡の場合は、主柱、間柱の区別が明確でなく、六世紀代初め頃の特徴に合致するようである。

森垣内遺跡の立地については、南山城の地域内で考えるよりも河内地方との関係を考えた方が理解しやすい。西側の低丘陵を超えると四条畷市に達するが、この付近は牧の推定地でもある。森垣内遺跡でも馬歯を埋納した土坑が検出されており、馬の飼育を通じて結び付いた一連の遺跡群として考えるべきであろう。

韓式系土器の出土　韓式系土器は山城全般から出土しているが、特に出土が多いのが乙訓を中心とする地域である。しかし近年、南山城でも資料が増加しつつある。時期別にみると、初期須恵器と共存する時期のもの（京都市和泉式部町遺跡、向日市中海道遺跡・殿長遺跡、長岡京市馬場遺跡、宇治市街遺跡）、六世紀初めに属するもの（向日市鴨田遺跡、精華町森垣内遺跡）、六世紀後葉に属するもの（京都市唐橋遺跡、大山崎町下植野南遺跡、長岡京市今里遺跡）に区別できるようである。焼成は硬質と軟質があり、体部を格子目タタキや縄蓆文タタキで成形する。軟質のものでは、平底鉢、甑を中心として、甕、把手付きの鍋や甕がある。硬質のものでは壺、甕の体部破片が大半である。甑については、普及期以後の国産品との判別は難しい。また甑の出現は住居の構造にも変化をもたらした。甑出現以後の竪穴住居には竈が付設されるからである。山城地方における竈の出現期は、初期須恵器の時期と合致することは確かであるが、普及するのは六世紀以後のことである。[36]

韓式系土器は、出土が多いとされる乙訓でさえ、量は微量にとどまっている。またその特徴も抽出しにくい。こうしたところに、山城での渡来系遺物検出の困難さがある。

なお、京都市内で出土する新羅土器（大覚寺三号墳）、陶質土器（大枝山一四号墳）は、六世紀末から七世紀初頭に横穴式石室をもつ古墳に埋納されたものである。両者はほぼ同時に埋納されたとみられるため、この時期に新たに渡来系遺物が伝来し、既往の横穴式石室墳に埋納されたとも解釈できる。東衣手町遺跡で合口甕棺墓が形成された時期とも一致するため、七世紀初め頃にも渡来系要素が強まる時期があった点は留意すべきである。

集落の開始と手工業生産　精華町の森垣内遺跡では韓式系土器とともに鉄滓、製塩土器、滑石製模造品などが出土しており、五世紀末葉に作業拠点として集落が形成された際、渡来第一世代が技術者集団として生産に関わったことが想定できた。コンパス文を付した須恵器が出土した山科区日ノ岡堤谷窯跡の場合も、七世紀中葉に須恵器・鉄生産に渡来人が関与したことを示す資料と理解できる。ただし、二〇〇四年に韓式系土器が多量出土した宇治市街遺跡の場合は、生産に関する形跡は明瞭でない。

最大の渡来系氏族である秦氏の場合、本拠地である紀伊郡、葛野郡においては渡来系の要素は非常に少ない。秦氏の山城進出は、奈良県葛城地方から移住するかたちで進められたとされている。[37]そう考えるなら、秦氏の山城進出は渡来第一世代の移動でなく、渡来伝承を有する氏族の国内間の移動であったことになる。当然、渡来系要素は薄まっていたはずである。秦氏の分布範囲に渡来系要素が見られない背景には、こうした要因が介在していたのであろう。

横穴式石室の形態　山城地方の横穴式石室は、細長い玄室をもつ畿内型である。ＴＫ10型式前後に左片袖の石室が出現し、以後は両袖石室が盛行する。六世紀末には袖の出が減少し、さらに新しくなると無袖化する。七世紀中葉には無袖石室がさらに小型化し、やがて小石室となって終焉を向かえる。終末期古墳特有の横口式石槨をもつ古墳はほとんど知られていない。

山城地方では横穴式石室による地域差は看取できない。[38]このことは、横穴式石室から氏族分布を追跡する作業が有効でないことを意味する。その中で特異な石室が二、三例ある。左京区岩倉に築かれた本山神明一号墳の石室は、玄室幅が奥行きより広い「T字形石室」であり、MT15型式に属する。岩倉という地域が比叡山を挟んで湖西地方の裏側に当たることと、湖西地方に分布する方形プランの横穴式石室との類似性が注目される。南山城では、山城町で調査された上狛天竺堂古墳の主体部が、初期横穴式石室である点で注意される。山城町には「下狛」の地名があり、南山城では最古の寺院、高麗寺も存在する。これらも考慮すべきであろう。

「秦氏」についての理解　遺構・遺物の検討とは別に、秦氏自身の性格についても吟味しておく必要がある。その場合、加藤謙吉氏の見解が参考になる。[39]加藤氏によれば、秦氏を始めとする代表的な渡来系氏族は、職能に基づいた擬制的・同族的な集団であり、大和政権による職能分掌の結果として編成された。秦氏の場合、六世紀中葉以後にミツキの貢納を管理する集団として王権側に編成され、配下には、秦人、秦人部、秦部があり、大部分は列島人であったが、職掌に基づき「ハタ」称を共有した。このため、大蔵の管理者として史料二―二・二―三・三―二などに登場するとされる。

また加藤氏によれば、秦氏の分布は三三カ国で確認できるという。それを裏付けるように、平城京を初めとした都城遺跡から出土する木簡、墨書土器、線刻土器には、「秦」の姓を記した史料が実に多い。[40]加藤氏が指摘するように、都へ運ばれる貢納物の管理集団の総称が秦氏であるなら、これは当然のことである。追記するなら、「秦」の地名があることを根拠に、そこが渡来人の居住地であったような想定がなされる場合が多い。しかし、こうした場合も渡来系の遺構・遺物が見出せないことが常である。秦氏の性格を、職能のために編成された列島人集団と理解するなら、渡来的な要素がみられない点も容易に理解できるのである。

遺跡の性格　渡来人の移動の形跡については、第一に渡来第一世代が実際に移動しその足跡を残した場合、第二に単に土器などの製品が移動した場合、第三に渡来伝承をもつ集団が移動した場合、の三通りが考えられる。

重要なのは第一の場合であり、山城においては精華町森垣内遺跡、宇治市街遺跡、京都市和泉式部町遺跡が該当することが指摘できた。第二の場合は、乙訓などで韓式系土器が散発的に出土する事例が該当するのであろうが、この場合も山城は、摂津・河内から近江を経て北陸、東海地方に達する交通路の中で常に通過地点であったために、散発的な出土に限定されることになったのであろう。最大の渡来系氏族、秦氏の場合は、五世紀後半に葛城地方から二次的に山城地方に移住してきたと考えた。そう考えることで、渡来的な要素が抽出しにくい背景は一応理解できたが、それにしても北山城における渡来的な要素は周囲に比べて著しく少ない。南山城では、精華町森垣内遺跡、宇治市街遺跡の存在が明らかになっていることを考慮すると、当時としては北河内から南山城を経て近江に至る道筋が、渡来系要素の主な伝播経路として存在したものと思われる。

おわりに

山城における渡来系の遺構・遺物を検討することで、北山城に蟠踞した渡来系氏族、秦氏を中心に、その進出過程を考えた。そして、五世紀後半における集落と古墳群の形成が考古学的な一解釈であること、秦氏の山城進出は二次的な国内移動であったため渡来色が相当に薄まっていたこと、そのことが渡来的要素の表出しない要因ではないかと推定した。最後に、南山城においては渡来第一世代が定着した遺跡が存在すること、北河内から南山城を経て近江に至る道筋が重視されていたことも推定した。

本稿は、二〇〇三年一〇月二六日に開催された日本考古学協会二〇〇三年度滋賀大会での発表要旨「山城の渡来人」を基に、二〇〇三年一一月三〇日に滋賀県愛知郡秦荘町の歴史文化資料館での講演「山城での調査の現状—京都太秦の秦氏—」の内容を加えて文章化したものである。資料作成については、筆者の同僚である内田好昭氏と、財団法人京都府埋蔵文化財調査研究センターの小池寛氏よりご教示をいただいた。また最初に述べたように、本稿は北山城最大の古代氏族秦氏が渡来系氏族とされながらも渡来的要素が少ないのはなぜか、という疑問から始めたものであるため、渡来系遺物の考古学的な分析は十分に果たせていない。そのことについては、ご寛容願うものである。

註、並びに参考文献

①『日本書紀』については、『日本書紀』上巻・下巻　日本古典文学大系六八　岩波書店　一九六五　を引用した。
②『日本書紀』①　下巻　P370参照。
③秦大津父という人物名からは、近江の「大津」を想定させる。また史料三―一では伊勢地方で交易したことが掲載される。皇極二年条の内容も合わせると、深草の地は東国との関係で重要な位置を占めたことが想定される。
④丸川義広「京都盆地における古墳群の動向」『田辺昭三先生古稀記念論文集』　田辺昭三先生古稀記念の会編　二〇〇二
⑤梅川光隆「深草坊町遺跡」『昭和六〇年度　京都市埋蔵文化財調査概要』　財団法人京都市埋蔵文化財研究所　一九八八
⑥辻裕司ほか「和泉式部町遺跡」『昭和六二年度　京都市埋蔵文化財調査概要』　財団法人京都市埋蔵文化財研究所　一九九一
⑦丸川義広「洛西山田の古墳分布について」『京都考古』第五一号　京都考古刊行会　一九八九
⑧一．松本正信・加藤史郎『宮山古墳発掘調査概報』姫路市文化財調査報告Ⅰ　姫路市文化財保護協会　一九七〇
二．松本正信・加藤史郎『宮山古墳第二次発掘調査概報』姫路市文化財調査報告Ⅳ　姫路市教育委員会　一九七二
⑨嵯峨野グループを初めとして、北山城の古墳分布を「群」として把握したのは、田辺昭三氏である（『京都の歴史』一　学芸書林　一九七〇）。個々の古墳を群として把握することで、古墳時代の政治的・社会的な動態を考察した優れた業績である。拙稿（丸川義広④）はそれに依拠しながらも、最近の資料を追加し再構築したものである。
⑩安藤信策「大覚寺古墳群発掘調査概要」『埋蔵文化財発掘調査概報』　京都府教育委員会　一九七六
⑪江浦洋「日本出土の統一新羅系土器とその背景」『考古学雑誌』第七四巻　第二号　日本考古学会　一九八八　ここでも秦氏と新羅の関係が考察されている。
⑫上村和直・丸川義広ほか『大枝山古墳群』京都市埋蔵文化財調査報告第八冊　財団法人京都市埋蔵文化財研究所　一九八九
⑬梅川光隆「東衣手町遺跡（ＵＺ20）」『京都市内遺跡試掘立会調査概報　昭和六〇年度』　京都市文化観光局・財団法人京都市埋蔵文化財研究所　一九八六
⑭東衣手町遺跡は桂川左岸の低地帯にあり、墓地には不向きな土地である。今来の渡来人が旧渡来人（秦氏など）を頼って葛野に住み着いたとして、今来であったがゆえに良好な土地は与えられず、河川沿いの二等地に埋葬されることとなった。憶測めいた内容であるが、渡来系集団内部の階層差が反映された事例とみれないだろうか。

⑮一．平安京調査会「松室遺跡」『昭和五八年度　京都市埋蔵文化財調査概要』　財団法人京都市埋蔵文化財研究所　一九八五
二．小森俊寛・原山充志　平安京調査会「松室遺跡」『昭和五九年度　京都市埋蔵文化財調査概要』　財団法人京都市埋蔵文化財研究所　一九八七

⑯一．内田好昭「中臣遺跡（七九次）の調査」『第一二九回京都市考古資料館文化財講座資料』　京都市考古資料館　二〇〇〇
二．内田好昭　他「中臣遺跡七九次調査」『平成一一年度　京都市埋蔵文化財調査概要』　財団法人京都市埋蔵文化財研究所　二〇〇二

⑰中臣遺跡は古墳時代前期と後期に集落の中心があり、中期には空白期間があったとみられる。遺跡が再開されるのは後期始めであり、このことと百済土器の出土は関連するものであろう。つまりこの土器は、大和・河内から持ち込まれた可能性が高いと思われるのである。

⑱丸川義広・内田好昭「日ノ岡堤谷須恵器窯跡」『平成七年度　京都市埋蔵文化財調査概要』　財団法人京都市埋蔵文化財研究所　一九九七

⑲大坂城跡の調査で類似した製品が出土している。「新羅土器と考えられる施釉された長頸壺の頸部で、同心円のスタンプ文と凹線を巡らせる。」辻美紀「OS九九―七二次調査」『大阪市埋蔵文化財発掘調査報告―一九九九・二〇〇〇年度―』　財団法人大阪市文化財協会　二〇〇二　P99を引用。資料については同協会の田中清美氏からご教示いただいた。

⑳鈴木広司「西寺跡発掘調査」『平安京跡発掘調査報告　昭和五五年度』　京都市埋蔵文化財調査センター・財団法人京都市埋蔵文化財研究所　一九八一

㉑朴鐘鳴著『京都のなかの朝鮮　―歩いて知る朝鮮と日本の歴史―』　明石書店　一九九九　P143「唐橋の地名」を参照。

㉒辻裕司『下鳥羽遺跡発掘調査概報　昭和六二年度』　京都市文化観光局・財団法人京都市埋蔵文化財研究所　一九八八

㉓尾藤徳行ほか「下三栖遺跡」『京都市内遺跡立会調査概報　平成八年度』　京都市文化観光局　一九九七

㉔木下保明・上村和直ほか『水垂遺跡　長岡京左京六条三坊・七条三坊』京都市埋蔵文化財調査報告第一七冊　財団法人京都市埋蔵文化財研究所　一九九八

㉕永田宗秀「長岡京左京一条三坊・東土川遺跡」『平成六年度　京都市埋蔵文化財調査概要』　財団法人京都市埋蔵文化財研究所　一九九六

㉖近藤章子ほか「植物園北遺跡」『平成一二年度　京都市埋蔵文化財調査概要』　財団法人京都市埋蔵文化財研究所　二〇〇三

㉗辻裕司ほか「岡崎遺跡（法勝寺跡）」『韓式系土器研究』Ⅱ　韓式系土器研究会　一九八九

㉘古閑正浩「京都府乙訓地域の韓式系土器・カマド形煮沸具の様相」『韓式系土器研究』Ⅵ　韓式系土器研究会　一九九六

㉙一．小池寛ほか「森垣内遺跡第二次発掘調査概要」『京都府遺跡調査概報』第八六冊　財団法人京都府埋蔵文化財調査研究センター　一九九九

二　小池寛ほか「森垣内遺跡第三次発掘調査概要」『京都府遺跡調査概報』第九一冊　財団法人京都府埋蔵文化財調査研究センター　二〇〇〇
三　小池寛ほか「森垣内遺跡第四・五次発掘調査概要」『京都府遺跡調査概報』第九六冊　財団法人京都府埋蔵文化財調査研究センター　二〇〇一
㉚鷹野一太郎『稲葉遺跡第四次発掘調査概報』京田辺市埋蔵文化財調査報告書　第二四集　京田辺市教育委員会　一九九八
㉛中川和哉「稲葉遺跡第七次発掘調査概要」『京都府遺跡調査概報』第一〇二冊　財団法人京都府埋蔵文化財調査研究センター　二〇〇二
㉜森下衛『内里八丁遺跡Ⅱ　京都府遺跡調査報告書』第三〇冊　財団法人京都府埋蔵文化財調査研究センター　二〇〇一
㉝『宇治市街遺跡発掘調査成果について（南ブロックの調査と下層遺跡について）』宇治市歴史資料館　二〇〇四　配布資料による
㉞花田勝広「大壁建物集落と渡来人（上）・（下）」『古代文化』第五二巻　第五・七号　財団法人古代学協会　二〇〇〇
㉟青柳泰介「大和」『日本考古学協会二〇〇三年度滋賀大会資料集』日本考古学協会二〇〇三年度滋賀大会実行委員会　二〇〇三
㊱古閑正浩㉘を参照。これによれば、京都盆地における造り付けカマドの出現期はＴＫ208型式とされる。
㊲加藤謙吉著『秦氏とその民　―渡来氏族の実像―』白水社　一九九八　Ｐ165「葛城地方の秦氏と山背移住の経緯」参照
㊳丸川義広「横穴式石室平面形態の検討　補稿」『研究紀要』第五号　財団法人京都市埋蔵文化財研究所　一九九九
㊴加藤謙吉㊲に同じ
㊵奈良文化財研究所が公開する木簡データベースから「秦」を検索すると、全体三七〇七八点のうち五〇六点（約一・三六％）が該当した。氏族名を記した付札木簡としての割合は未定であるが、藤原京、平城京、その他遺跡から出土する木簡には相当数の秦姓が記されていたことがわかる。

播磨における大陸との交流

富山直人

はじめに

播磨における海外からの文物の痕跡は多岐にわたっている。それらは、大陸からの流通品や、大陸間往来者の携行品、または外来のものにいち早く反応し、模倣し始めたものなど様々である。また、時期も庄内期をはじめとして、本論で取り扱う七世紀初頭まで、一時期ではなく、数度となく訪れたことを示している。特に五世紀中頃には、愛知県市場南組窯産の土器[1]が神戸市の西岡本遺跡[2]で確認されている例からみても、単に威信財が中央から地方へといった単純な流通ではなく、当然のごとく土器を含めた文物が様々な地域間において交易されていたと考えられるのである。そういった交流の中に大陸からの文物も含まれるのであり、それらの動きの中には、大陸からの移住者が少なからず関わっていたものと考えられる。しかしながら、大陸からの人々の動きには必ずしも移住が目的とは限らない部分もあり、ここでいう「大陸からの移住者」という用語の中には、大陸からの交易者または移動者も含まれているものと理解されたい。

これまでの韓式系土器研究を中心とした外来系遺物の研究は、ともすれば土器の破片一点をもって渡来人の存在を肯定的に考える傾向にあった。[3]しかし、その研究の進展と共に、資料が増加し、粗密が明らかになるにつれ、セット関係が出土資料の中に存在するのか、単なる溝出土なのか、住居址内なのかといった、資料の属性に基づいた仕分けが必要な段階に入ってきたものと考えられる。大陸からの人々の動きにはそれぞれ違った目的があったはずであり、遺構や、遺物に現れる現象も当然異なって当然であり、げんに各地域での出土状況や遺物の組成など各地で一致しない部分が多く含まれていることからも、遺物の出土イコール大陸からの移住者による定住で豪族や畿内王権の管理下におかれたとするのはあまりにも単純であろう。

大陸からの交易によるモノの動きには、モノだけの動きの場合や人を伴う動きなど様々であるが、本論では、大和や河内などの遺物の出土状況との対比から、播磨における大陸からの移住者の定住について考えてみたい。また、土器などの変化やその他の遺構・遺物を含めて各時期における大陸系文物を明らかにし、大陸からの移住者の時期別の動向についても考えてみたい。そして、それらの人々の動向に対して、在地の人々がどのような反応を示したのかについてもふれておきたい。

まずはじめに、明石川流域を事例として考えたい。

明石川流域

明石川流域の古墳時代の資料としては、吉田南遺跡から庄内並行期の土器が出土している。この土器は体部外面に格子目タタキを施したもので、神戸市立博物館に展示されているものである。また、出合遺跡や上脇遺跡では、四世紀末から五世紀初頭の瓦質土器が出土しており、これは、亀田氏が調査された出合窯の存在から、制作地が特定できるものと考えられる資料であり、よって移住者の存在が窺われる。ただし、上脇遺跡で確認されている軟質土器は、セットでは出土しておらず急速な在地化の傾向にある。このような状況は、出合遺跡など例を加味しても、女性等を伴った集団での移動というよりは、男性を中心とした少人数による一時的な滞在であった可能性を考慮しておきたい。軟質土器の制作についても、在地の集団内部における非主流派による一時的な模倣である可能性もあることを指摘しておく。上脇遺跡や出合遺跡で、瓦質土器が使用され初めてからややして、玉津・田中遺跡でもＴＫ73～208型式並行期に韓式系土器が使用されはじめるが、土器の状況からして、必ずしも出合遺跡等からの二次的なものというよりは、また新たな波があったことによるものと考えられる。

明石川流域における朝鮮系資料の中でも土器については早い時期からその出土が認められ、幾度となく交流があったことが窺われる。しかしながら、遺跡の調査において出土する土器の全体量に占める割合は、非常に少なく、到底その遺跡が移住者によって築かれた集落とは考えられない。おそらく在地集落内部に男性を中心とした少人数の集団が客人待遇として在地のしきたりに基づいて持てなされていたような状況がこのような土器の出土状況となって現れているのではないかと考えられる。

この他、毘沙門一号墳は、T字型の玄室をもつ横穴式石室であり、石室内からトンボ玉の出土が認められることから大陸からの移住者の墓である可能性がある。毘沙門一号墳の石室の系譜を引く高塚山一号墳や、退化形態ではあるもののトンボ玉が出土している西石ヶ谷四号墳が存在するなど、わずかではあるがこの地域が引き続き何らかの関連があったことが窺われる。また、赤根川金ヶ崎窯から角杯が出土しており、六世紀初頭にも窯業に関わる技術者がこの地にやってきたことが窺われる。大陸から様々な文物と共に多くの人々が五世紀以降、移動を繰り返しており、初期の段階では土器等様々な遺物にその痕跡が認められるが、六世紀に入るとその痕跡は不明瞭となる。しかしながら、それを以て、人的な交流が途絶えたというわけではなく、注意深くその地域を観察してゆけば、何らかの痕跡は確認可能である。おおよその状況が理解された上で、播磨の状況について、流域毎に述べる。

千種川流域

千種川流域では、原田中遺跡で軟質の甑が出土しており、時期はTK73～TK208型式並行期とされている。この原田中遺跡に隣接して、蟻無山古墳があり、この古墳からは初期須恵器が出土している。また、堂山遺跡で陶質土器が出土している他、竹万宮ノ前遺跡では、包含層からの出土ではあるが、コンパス文の須恵器が出土している。これらのことから、この地域には窯業に関わりのある大陸からの移住者が存在していた可能性が窺われる。そのほか、表には載せていないが、赤穂市史四巻に掲載されている高取山積石塚は、何らかの関わりがある遺跡である可能性がある。

揖保川流域

揖保川流域では、尾崎遺跡で流路内の出土であるが、平底鉢の韓式系土器が出土しており、弥生時代後期から古墳時代前期の時期とされている。北山遺跡では溝から韓式系土器が出土しており、共伴遺物からTK47～MT

15型式並行期と考えられる。大陸からの移住者との関わりは考慮可能であるが出土遺物の量からみて、集団で単独の集落を営んだかは疑問が残る。なお、この流域には正方形プランをとる左片袖の横穴式石室である馬立一号墳や西宮山古墳が築かれているほか、両古墳と時期的に近い長尾タイ山一号墳から馬鐸が出土している。西宮山古墳の被葬者に関しては、大陸からの移住者である可能性は低いと考えられるが、馬立一号古墳や小丸山二号墳の石室築造に、大陸からの移住者が何らかの形で関わった可能性は高いものと考えられる。なお、袋尻浅谷三号墳の石室内からミニチュア竈が出土している。これに関しては、北山遺跡などで出土している韓式系土器の時期からみて、早い段階に来た氏族が故地の葬制を想起したというよりも、あらたに移住した人の墓と考えられ、MT15型式並行期以降この地に横穴式石室をもたらした人のひとりである可能性がある。

夢前川流域

夢前川流域には、丁古墳群が存在している。この古墳群はMT15型式以降築造を開始する古墳群であり、この古墳群内には丁一号墳をはじめとするT字型石室を含むもので、大陸からの移住者の奥津城である可能性がある。これまで、丁山頂一号墳を六世紀初頭前後からの早い時期の大陸からの移住者からの流れで考えていたが、実際には六世紀後半から末の間にもしかしたらもう一度移住の波があり、それに伴う石室である可能性がある。おそらく丁古墳群は後で述べる白毛古墳群と共にかなり新しい段階まで、大陸からの移住者の奥津城として使用されてきたと考えられる。そして、これらは古い段階の移住者に基づく伝統的な墓域と言うよりも、幾度となく訪れた移住の波の中で、その都度移住者によって伝統的に使用されてきたものと考えたい。なお、丁古墳群の北には白毛古墳群がある。この古墳群内の白毛一三号墳は横長の平面プランをとる玄室を持つもので、この地域としては例外的に古い伝統を新しい時期までとどめている石室である。こういった玄室プランに固執するには何らかの理由があるものと考えられ、丁古墳群同様何らかの関わりがあるものと考えられる。なお、白毛古墳群に関しては中浜氏によって、詳細に検討がなされているところであり、大陸からの移住氏族が関わっていたとされている太田里に近いことから関連性が指摘されているものである。

市川流域

市川流域でも韓式系土器の出土が認められるが、今後の調査の進展によって事例が増加する地域である。

小山遺跡では韓式系土器の出土が認められ、時期が不確定ながら古墳時代とされる馬鍬が出土しており、農耕技術に関わりのある大陸からの移住者が存在していた可能性がある。この他に初期須恵器などの出土で著名な宮山古墳がある。この古墳は、内部主体に土器を埋納しており、播磨において土器を棺内に埋納する早い事例のひとつといえよう。埋葬の風習からみて、すでに先学の研究にあるとおり、伽耶などに多くその類例が認められ、それに関するものと考えられる。

加古川流域

加古川流域においても、岸遺跡などにおいて韓式系土器の出土が認められる。隣接する砂部遺跡や印南野2号墳の竪穴式石室内から初期須恵器の出土が認められ、市川流域の宮山古墳同様伽耶地域に関連するものと考えられる。そのほかカンス塚古墳においてTK216型式並行期の須恵器が出土している他、鉗子・鉄鎚・鏨が出土しておりこの地域に大陸からの移住集団が何らかの関わりを持っていたものと考えられる。しかし、印南野古墳群内にはほとんど痕跡が認められないことから、急速に在地化したか、または他の地へ転出したものと考えられる。

加西市のタンダ山二号墳から鉄製の鍛冶工具が出土しており、鍛冶に関わる工人が存在していた可能性が高い。周辺に初期須恵器を出土する遺跡が多く存在していることからも、この地に窯業もしくは鍛冶に関わる大陸からの移住者の存在が窺われる。

この他、神戸市北区の淡河中村遺跡の住居址内から平底鉢が出土しており、大陸からの移住者との関わりが指摘されている。この事例の場合、鉢一点だけの出土であり、在地化が進行した後の状況と考えられるが、周辺でも確認されていない状況からみて、集団での移住であった可能性は低いものと思われる。

神戸市域

神戸市域で韓式系土器が出土しているのは、表のとおりであるが、郡家遺跡を例にとってもＴＫ73型式以前の時期からＴＫ47型式に至る時期まで、在地化が進む傾向の中での二・三次的な資料というよりは、頻繁な交流に伴う痕跡である可能性が高いものと思われる。それは、流路であるため、時期的な問題が残るが、ＴＫ23～ＴＫ47型式並行期の遺構から伽耶地域で生産されたと思われる陶質土器が出土していることもひとつの傍証となろう。また、森北町遺跡や中山手遺跡・日暮遺跡においてＴＫ73型式以前の時期と考えられる韓式系土器が出土しており、この地域でも早い段階から大陸との交流が窺われるのである。なお、上沢遺跡や神楽遺跡で竪穴住居址から韓式系土器の出土が認められ、郡家遺跡では、Ｌ字状に曲がるオンドル状の竪穴住居址が確認されていることから、この地に一時的にしろ居住していたのは確実と考えられる。また、隣接する住吉宮町遺跡二四次調査一号墳の周溝には馬の首が埋納されており、葬制においてもその痕跡が窺えるのもたしかである。

なお、小路大町遺跡では、奈良時代の馬鍬が出土しており、農耕に関わる技術者も存在していたようである。六甲山南麓における韓式土器の大半の出土例が流路に伴うもので、この地にどの程度の大陸からの移住者が居たかは不明な点が多く、その数は意外に少なかった可能性もある。これは、各遺跡における遺物の全体数に占める割合からすれば、ごくわずかであり、それからすると、各遺跡とも単独で集落を形成していたとは考えにくい。

播磨における大陸との交流

各遺跡における韓式系土器等の占める割合が少ないという状況は播磨全体で認められるのであり、すべての遺跡においてその出土量は少なく、しかもセットでの出土は皆無という状況である。これらのことから、播磨においては、移住者は少人数での移動であり、一時的な滞在または、永住のいずれかのケースであったと考えられる。しかし、明石川流域の五世紀の墓制を見る限り、伝統的な木棺直葬墳が一貫して築かれている地域であり、在地の墓制に直接的な影響ないしは変化を与えているような状況は認められず、永住したケースは全体からすればわずかであった可能性がある。

さて、各遺跡からの遺物の出土状況から移住者は男性を中心とした少人数での移動であり、一時的な滞在であったケースが多いとの可能性を指摘したが、彼らが播磨にもたらしたものは何だったのか少し考えてみたい。

明石川流域では、出合遺跡や玉津田中遺跡において馬鍬が出土しており、農耕に関連する技術者が存在していたことが窺える他、出合窯や赤根川金ヶ崎窯の存在から四世紀末から五世紀初頭と六世紀初頭の二度にわたって窯業に関わる技術者がこの地に来たことが窺われる。この他、タンダ山古墳やカンス塚古墳などの事例から鍛冶に関わる技術ももたらされた可能性があるが、大半は農業ないしは窯業に関するものであった可能性が高いと考えらる。では、こういった技術を保有していた移住者たちが畿内政権や在地の豪族の管理対象となったのであろうか。この問題について、朝鮮系資料の出土する古墳から考えてみたい。

古墳から韓式系土器が直接出土した事例が播磨ではほとんど無いため、何らかの関わりが窺われる初期須恵器の出土例から考えてみたい。

まず、千種川流域では、蟻無山古墳の存在があげられるが、韓式土器が出土した原・田中遺跡に隣接している。揖保川流域では、宿禰塚古墳があり、この古墳は初期須恵器を豊富に保有しており、尾崎遺跡とも比較的近い位置にある。市川流域では内部主体から多量の須恵器が出土した宮山古墳がある。この宮山古墳に比較的近い位置に国分寺台遺跡が存在しており、この遺跡からも韓式系土器の出土が伝えられている。加古川流域では、印南野二号墳やカンス塚古墳があり、これらの古墳に隣接して、東神吉遺跡や岸遺跡など韓式系土器が出土した遺跡が存在している。加古川中流域の加西市周辺では韓式系土器は出土していないものの、初期須恵器は、小谷遺跡で出土しているほか黒福古墳群などでも多数の出土が認められる。以上の出土状況から考えると、韓式系土器や初期須恵器が出土する遺跡とそれらが出土する古墳とは比較的近い位置関係にあり、それらが出土する古墳は前方後円墳ではなく、在地の地域首長墓であるという点である。市川流域や夢前川流域の調査の進展によっては変更を余儀なくされる可能性が残るが、少数で在地の集落に帰属する形で居を構えた大陸からの移住者は、播磨において は、決して前方後円墳築造層に直接掌握されていたので はなく、帰属した集落に関わる在地の地域首長との関係 を重視していたものと考えられるのである。前方後円墳 築造層と何らかの関係があったとしてもそれは在地の首 長を通した間接的な関係であったと考えられる。加古川 流域のカンス塚古墳と行者塚古墳を例にとってみても、 大陸からの移住者は在地の小地域首長との関係を持った のであり、行者塚古墳において出土している金銅製帯金 具など朝鮮半島と関わりの深い遺物は、カンス塚古墳な どの被葬者から献上されたかまたは彼らから簒奪したも のである可能性が高いと考えられるのである。姫路市の 宮山古墳やカンス塚古墳出土の耳飾りなどは、献上した 残りとも考えられるのである。少なくとも行者塚古墳出 土の金銅製品は、優品であるだけに流通しやすいもので あり、そこに身近な大陸からの往来者の姿を想定するの は困難であろう。また、行者塚古墳の時期は五世紀初頭 と考えられるのに対して、カンス塚古墳の時期は一型式 程度は差がある点も気になるところである。

以上のことから、播磨においては、各集落毎に客人待遇などの形で移住者は存在しており、彼らの技術上の役 割は、農業技術の伝達や窯業に関するものが主なもので あった可能性が高いのである。それとともに、大陸との 間を行き来し舶来品の搬入に従事した、様々な文物の招 来者であった可能性もある。つまり、物を通した交流・ 交易を中心としながら農耕や窯業の技術を伝えた人々で ある可能性もある。そして、彼らが築いた住居は、いわ ば、居留のためのすみかであって、皆が皆、そこを終の 棲家としたのではなく、彼らの墓は大陸を含めた他地域 である可能性もあると考えられる。一時的な居住に使用 した土器は、持ち去ったか、不要なものは川などに破棄 したことによって、播磨ではセットでの土器等の出土が 認められない原因のひとつと考えられる。また、急速な 土器の在地化への傾向に関しては、二世・三世との見解 もあるが、在地集落において少数派が積極的な模倣を行 ったものの主流とならなかった結果とも考えられるので ある。このことは、周辺地域で土器様相の変化が確実に 起きていることからみても、彼らの土器が製作技法は別 にしても器種構成や器形などに少なからず影響を与えて いることからも、「小数派の模倣と衰退」といったことはあながち的はずれな見解とは言い難いのではないかと考えられる。

以前から、朝鮮半島の情勢により、多くの人々が日本にやってきたとの考え方がある。しかしながら、多量の朝鮮半島系資料の出土する長原遺跡においても、それに関わる人物の墓と特定できるものはわずかであり、そこに出土している資料も朝鮮半島において源流となる地域がバラエティーに富むことからみても、居住目的で多くの人々がやってきたというよりも大陸間交流の拠点的な場所としての中での居住であった可能性が考えられる。また、窯業の開始時期における窯の数は、全国的にみても、一カ所に数十基とまとまって操業を開始している例は少なく、それに関わった人々も、各地域とも比較的少ない可能性もある。そういった少数の技術者を管理することが初源段階からあったとは考えにくいのであり、その段階において政治的な意図や方向性を読みとることは困難であると考えられる。それよりも大阪湾岸において朝鮮系資料が多量に出土することから、大陸との交流拠点が何カ所か存在し、維持されていたことのほうが重要であろう。こういった傾向は五世紀段階に核となる古墳の築造が維持されているか否かと深い関わりがあり、そこには流通を維持するべく力を尽くしたかまたは流通拠点を掌握することによって自らの地位を維持した人物の存在が窺われるのである。

大陸からの移住者はあくまでもその移動は集団の意志に基づくものであり、彼らの動向に対して当初から畿内王権の意図を含んだものとすることはある種思い上がりであり、危険といえよう。

まとめ

播磨においては、大陸からの移住者は、少数で、在地集落に帰属する形で居を構えたのであり、彼らは窯業や農業に従事する傍ら、大陸からの舶来品の流通にも関わっていた可能性を示した。そして、彼らは、前方後円墳築造層ではなく、在地の首長と関係を強めていたと考えられる。また、土器の年代からみると交流は四世紀末以降七世紀前半に至るまで綿々と継続していた可能性が高いことを示している。

こういったことは、播磨にどのような影響を与えたのであろうか。

彼らが関係を持ったのは、地域の首長であり、その地域の首長に対して様々な知識や文物をもたらしたものと考えられ、それが定期的に行われたとするならば、地域の再分配経済に少なからず影響を与えたであろうことは想像に難くないのである。

播磨においては、五世紀の前方後円墳は空白の時期と考えられ、これは、ある一定の地域的まとまりが、崩壊した結果と考えられる。これに関しては、様々な要因が考えられており、そのひとつに、威信財経済の崩壊（河野一隆二〇〇一）とか、再分配経済の衰退（新納泉二〇〇二）とかがあげられている。こういった要因に何らかの形で大陸からの移住者たちも結果的に関わっていた可能性が播磨では認められるのではないか。


本稿は滋賀大会二〇〇三年の後に行われた、『渡来系文物からみた古墳時代の播磨』（二〇〇三　播磨考古学研究集会）を基に資料の訂正を行い、書き改めたものである。

註

①愛媛県外にて複数の地域からの出土が認められる。作田一耕ほか『新池遺跡・市場南組窯跡』㈶愛媛県埋蔵文化財調査センター　二〇〇〇

②表7番号113参照

③韓式系土器研究会発足時には、韓式系土器の出土を基に「渡来人」の住所づくりを合い言葉に資料の収集を開始した。その時点では、土器のセット関係や、土器の出土量を基にした移住の実態や居住形態について、議論の中心とはなっていなかった。

参考文献

・河野一隆「刺激伝播と国際秩序—倭王権形成過　程の二つの画期—」『考古学研究』第四八巻第二号　二〇〇一
・新納　泉「古墳時代の社会統合」『倭国と東アジア』日本の時代史(二)　吉川弘文館　二〇〇二

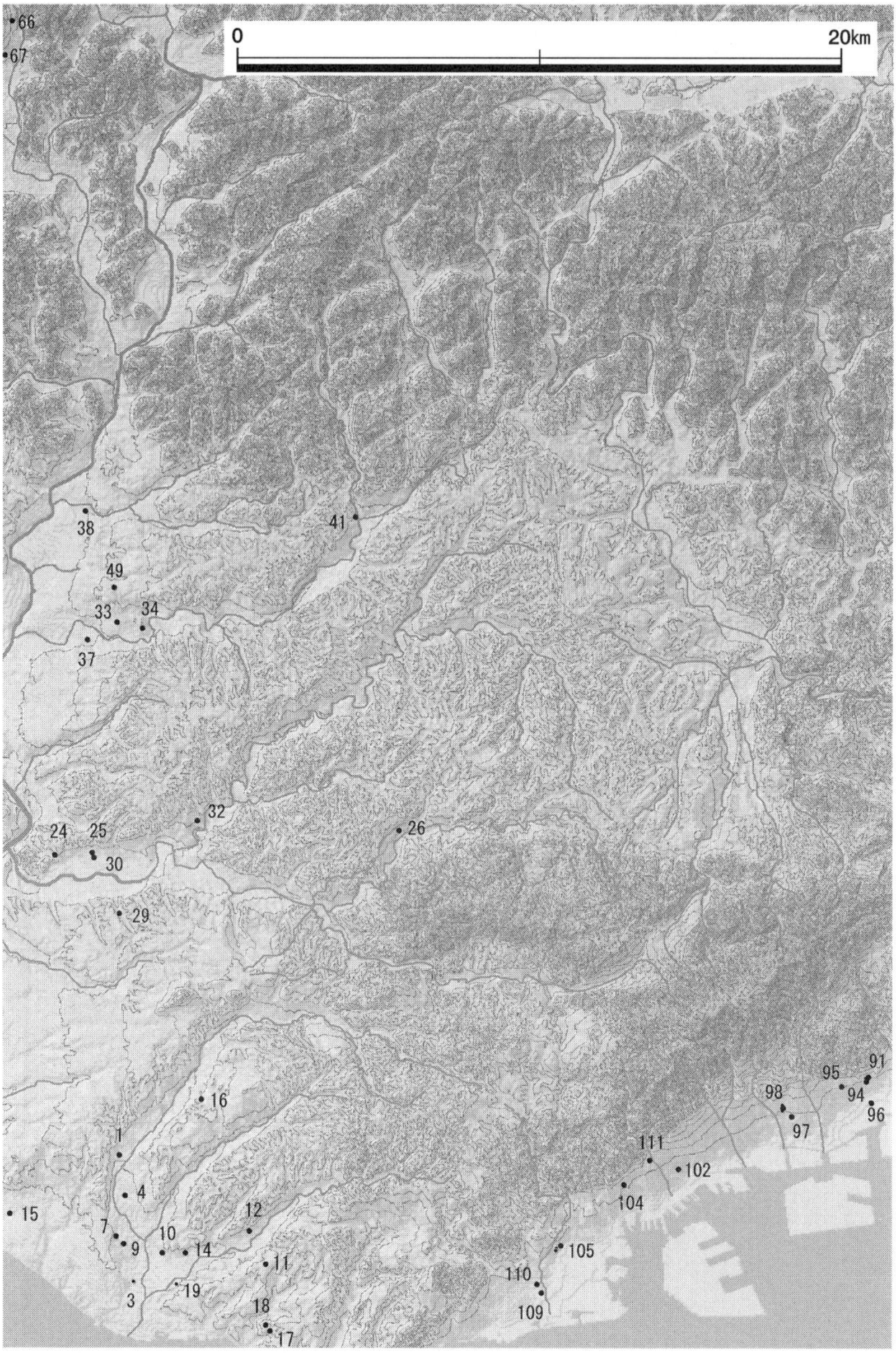

図1　大陸系資料出土遺跡位置図（1）

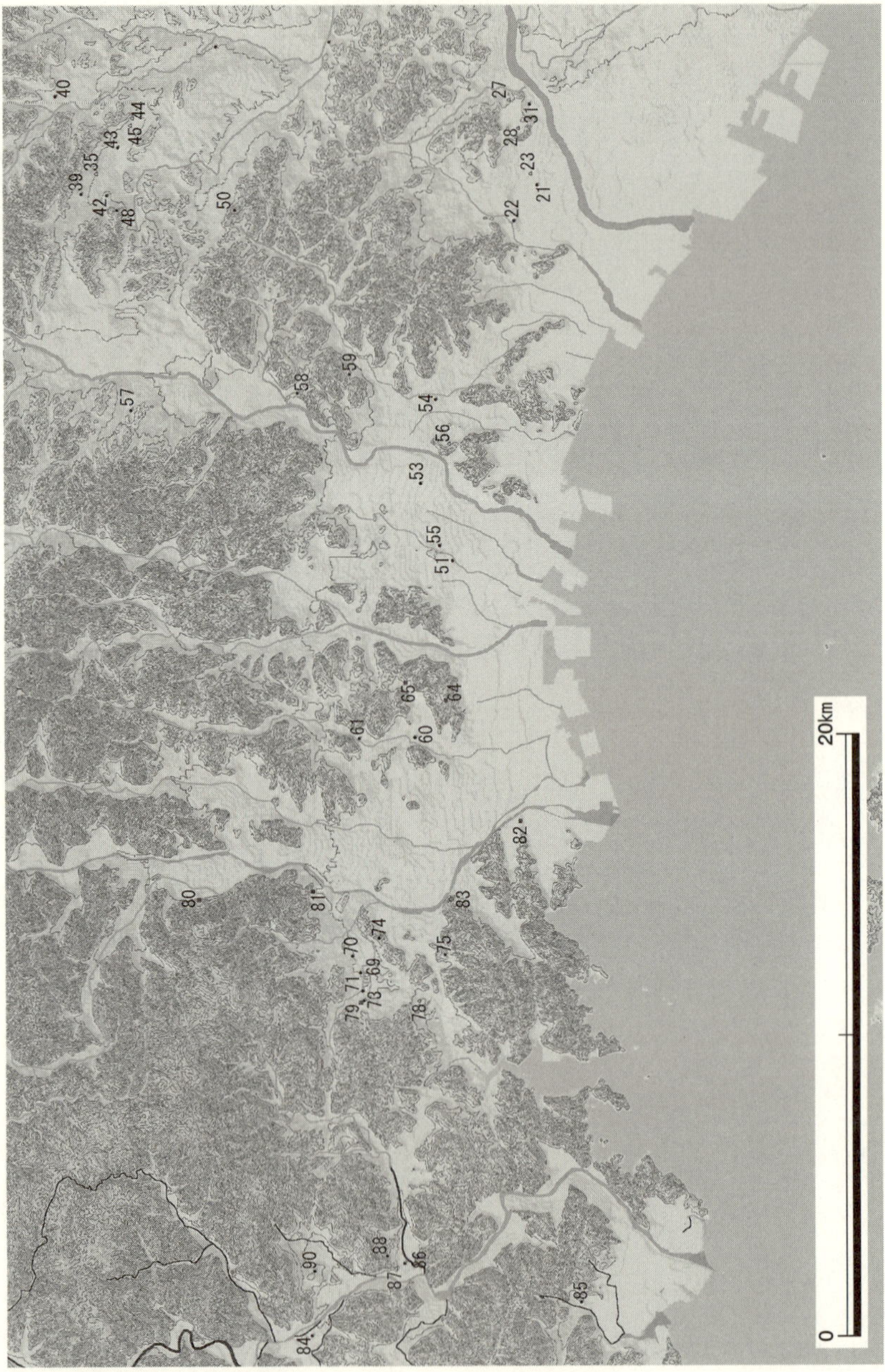

図２　大陸系資料出土遺跡位置図（2）

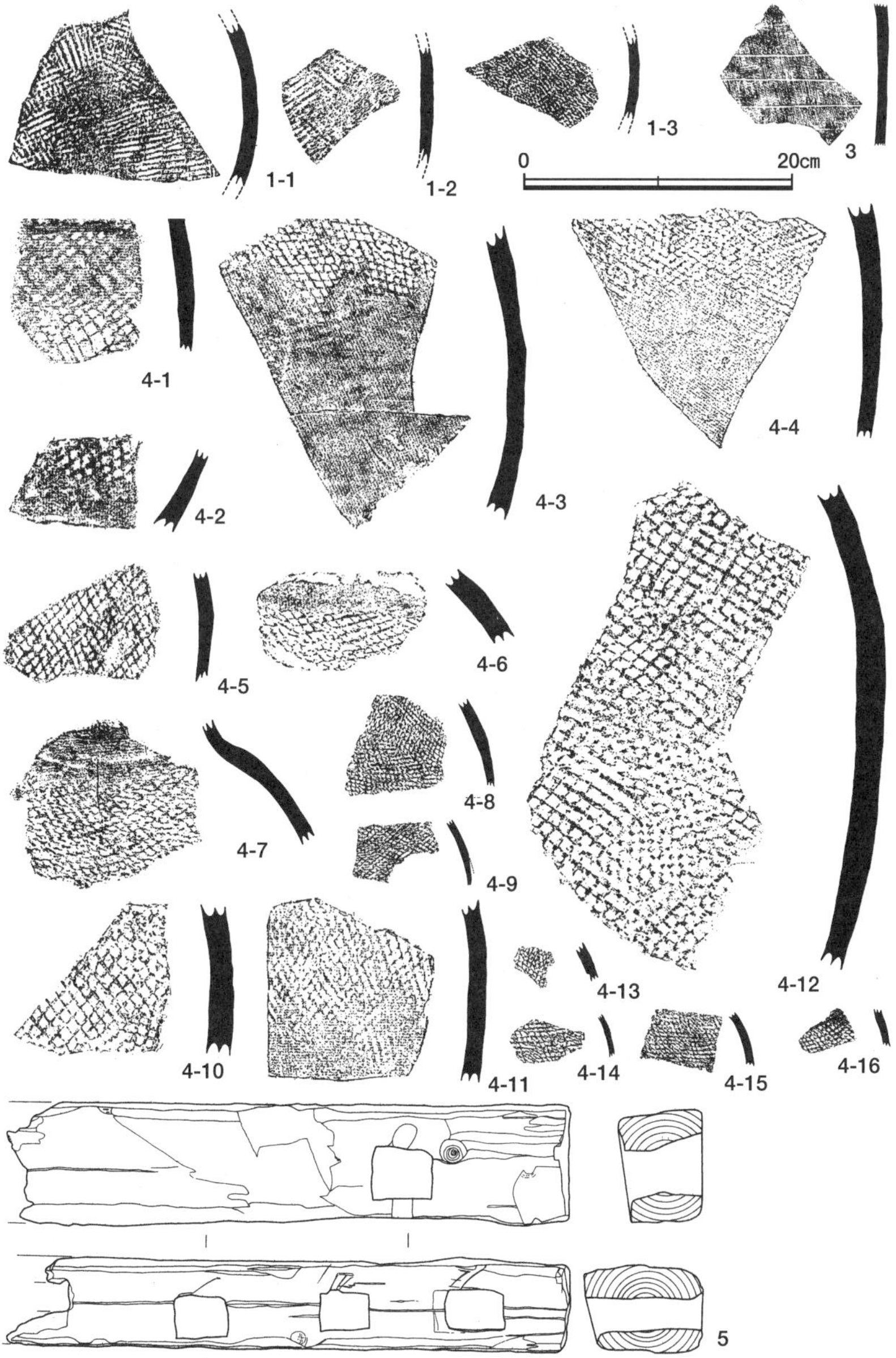

図3　播磨出土の大陸系資料（1）

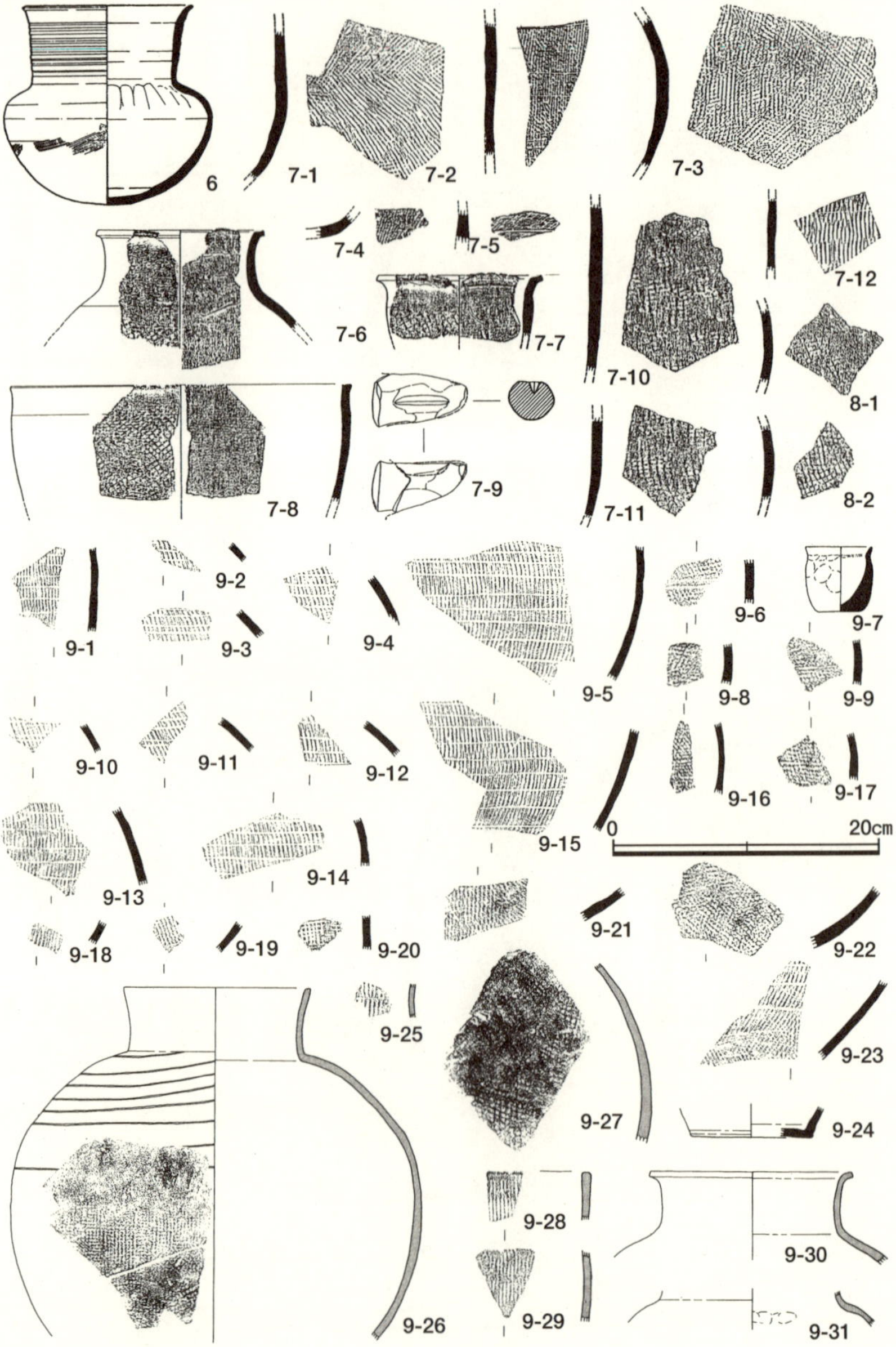

図4　播磨出土の大陸系資料(2)

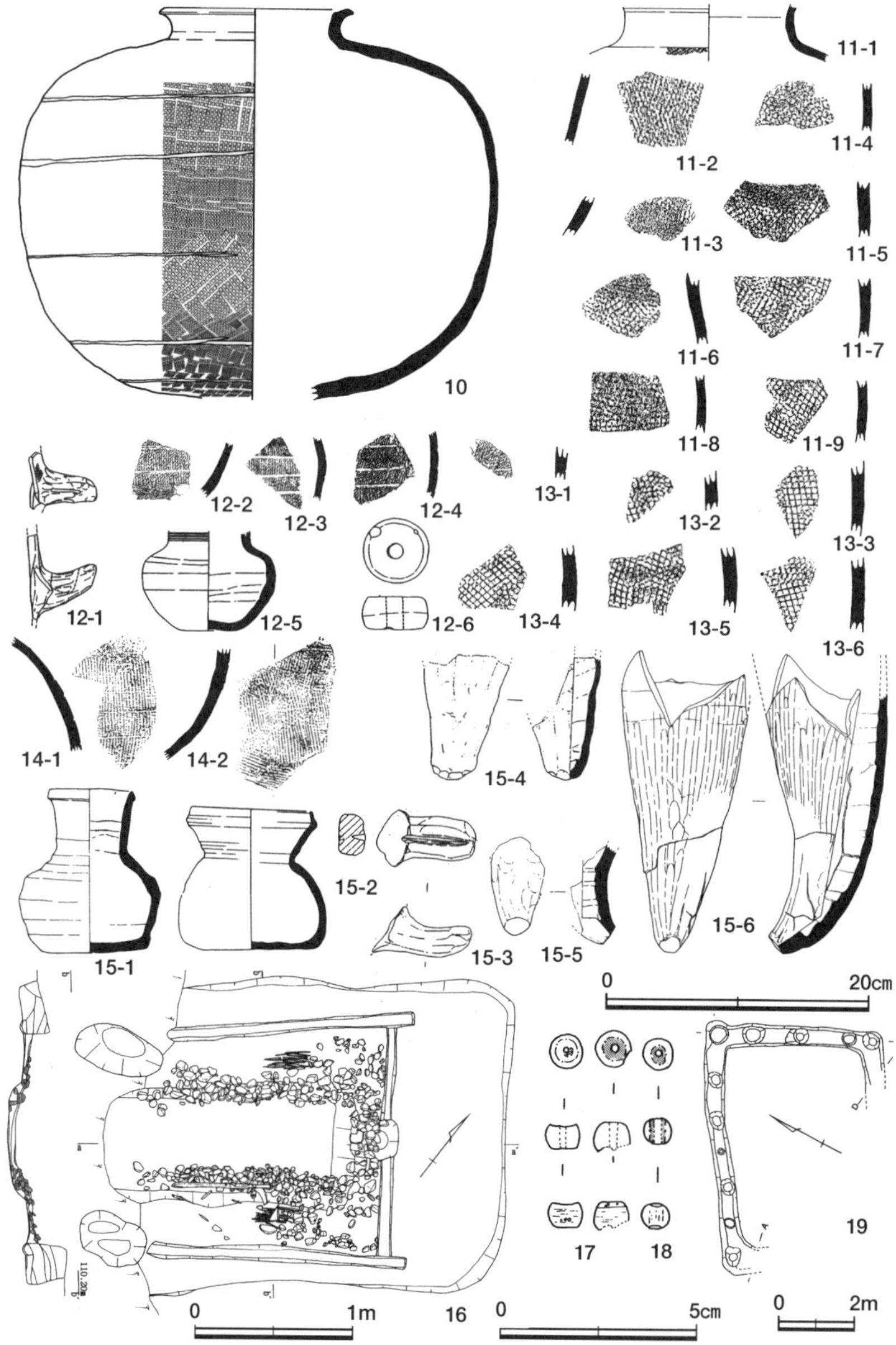

図5　播磨出土の大陸系資料 (3)

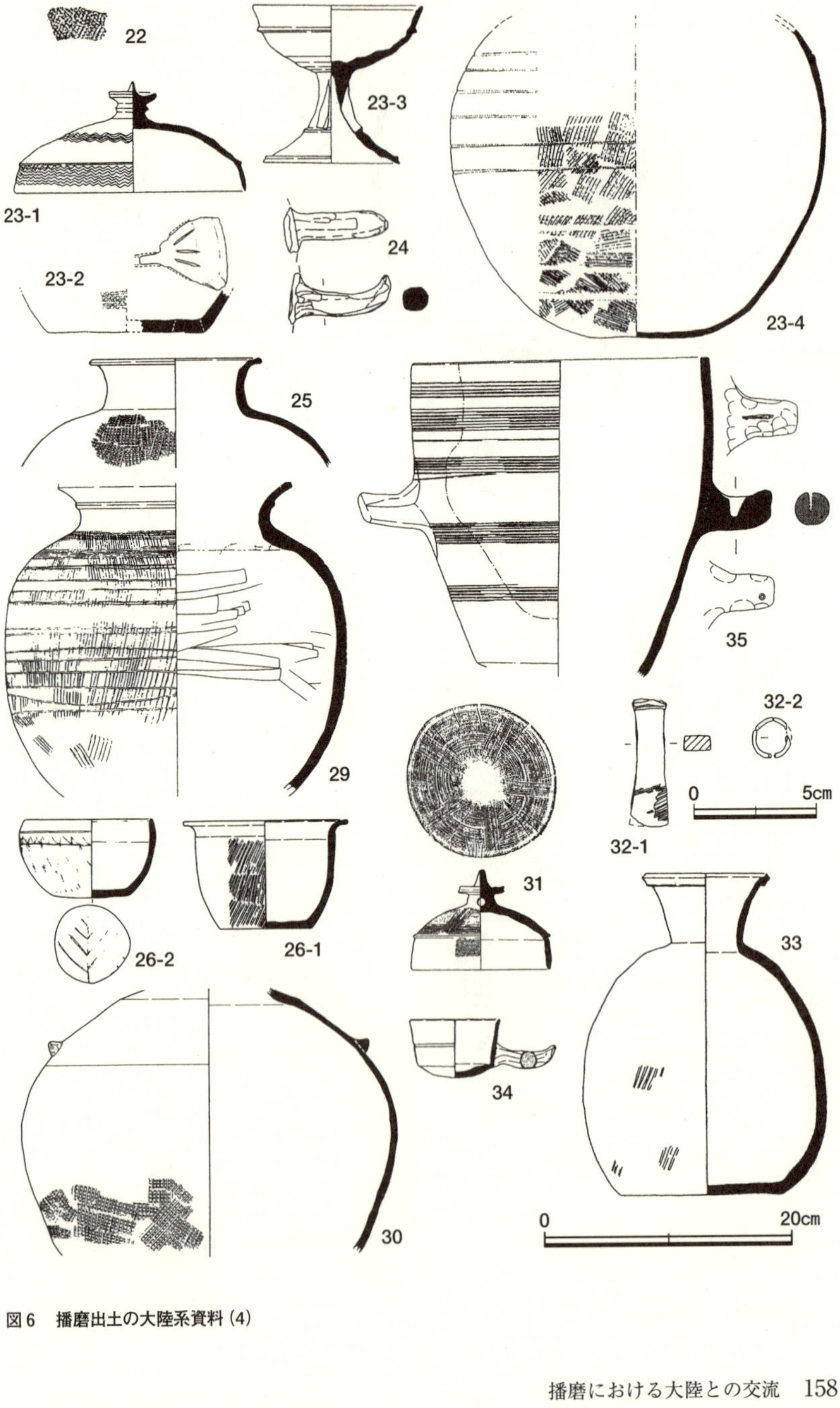

図６　播磨出土の大陸系資料（4）

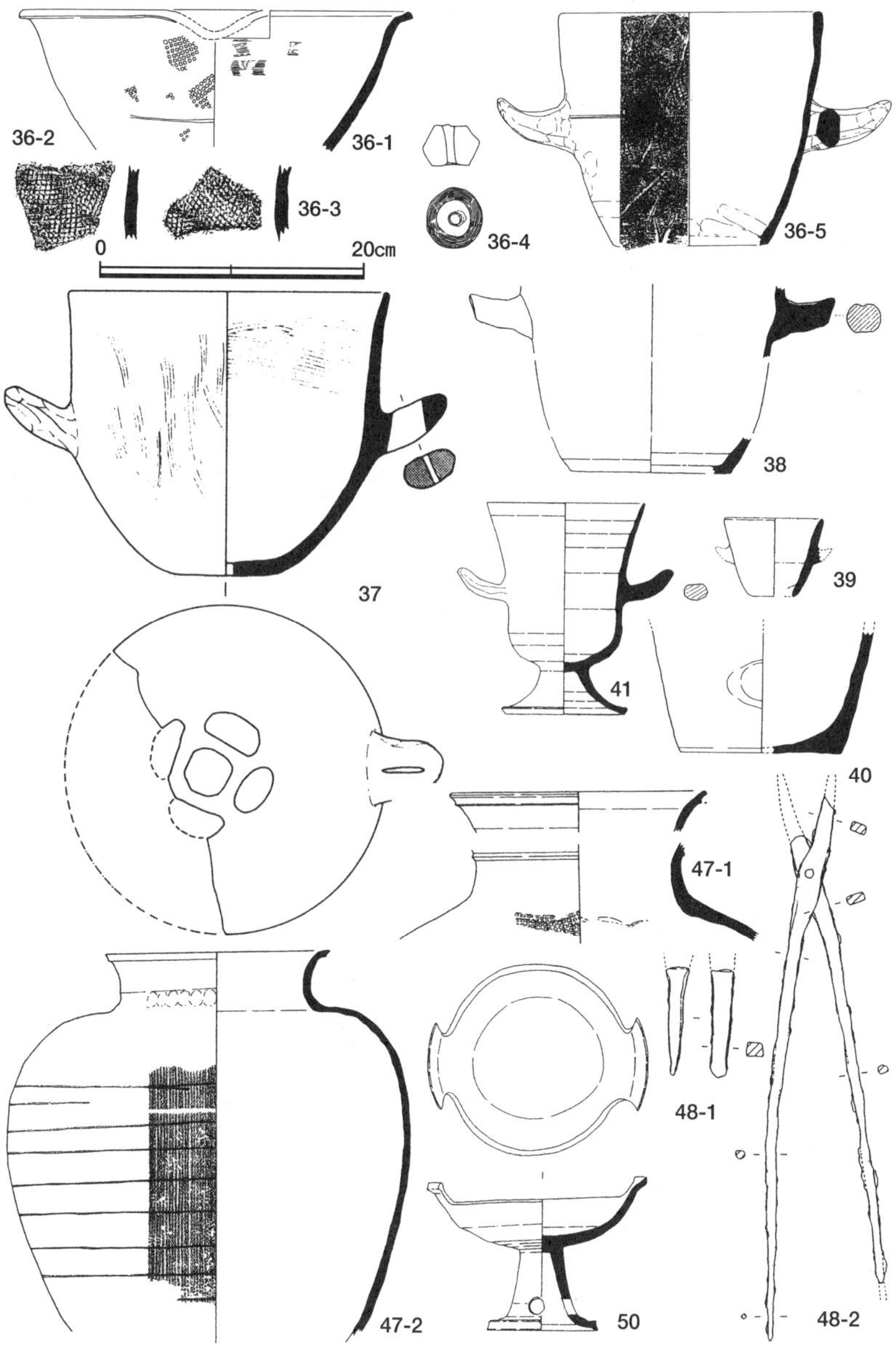

図7　播磨出土の大陸系資料（5）

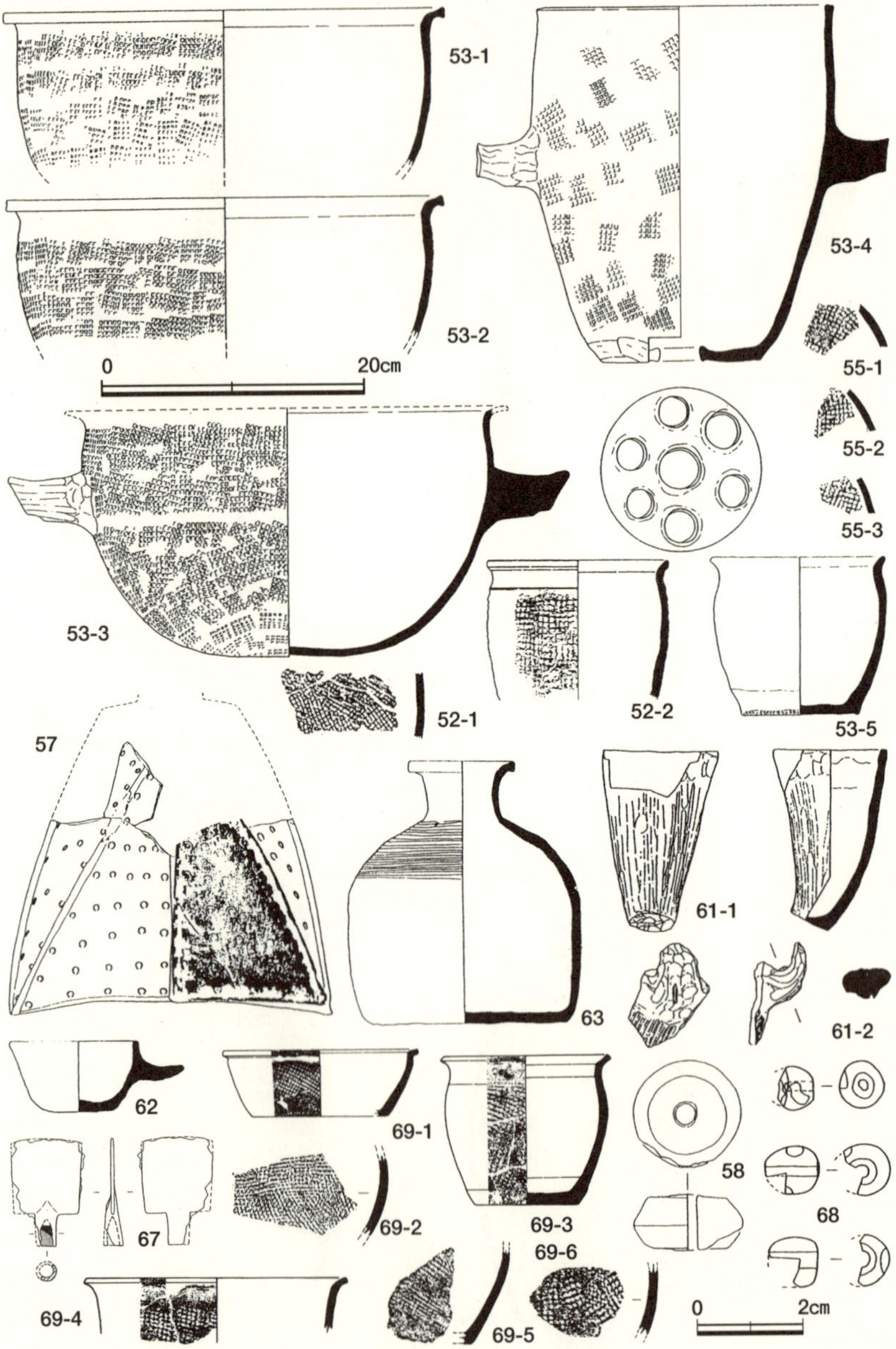

図 8　播磨出土の大陸系資料 (6)

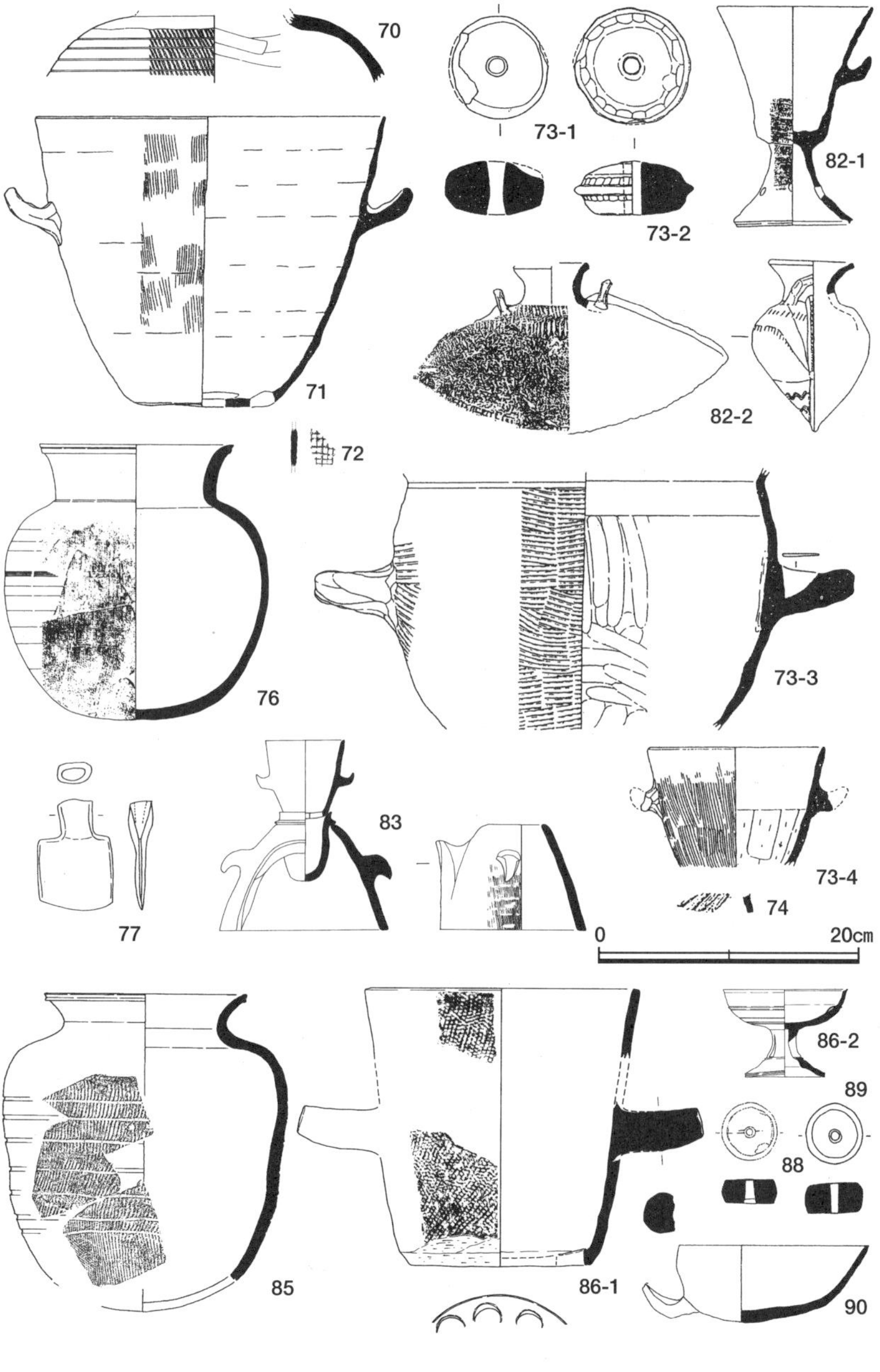

図9　播磨出土の大陸系資料（7）

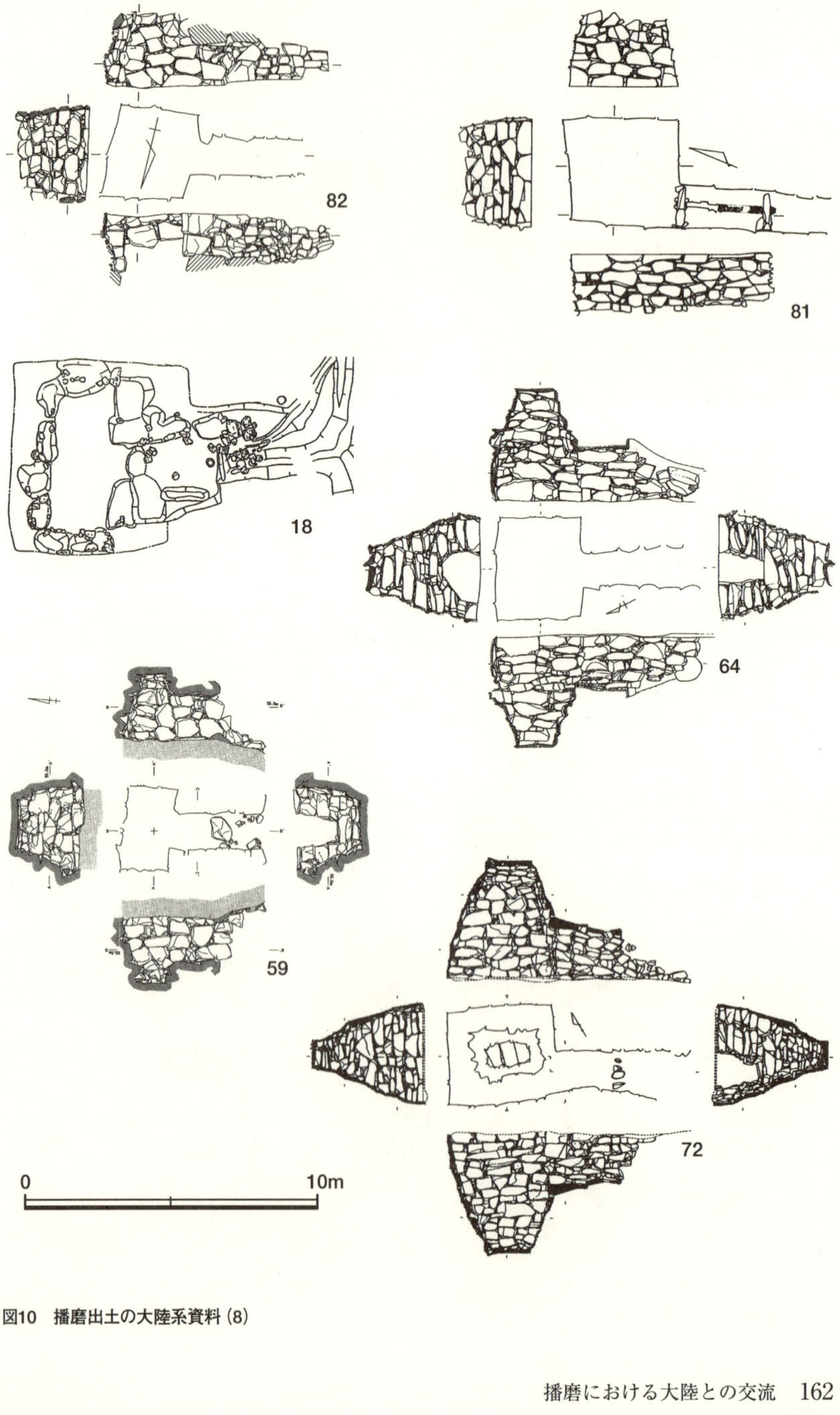

図10　播磨出土の大陸系資料（8）

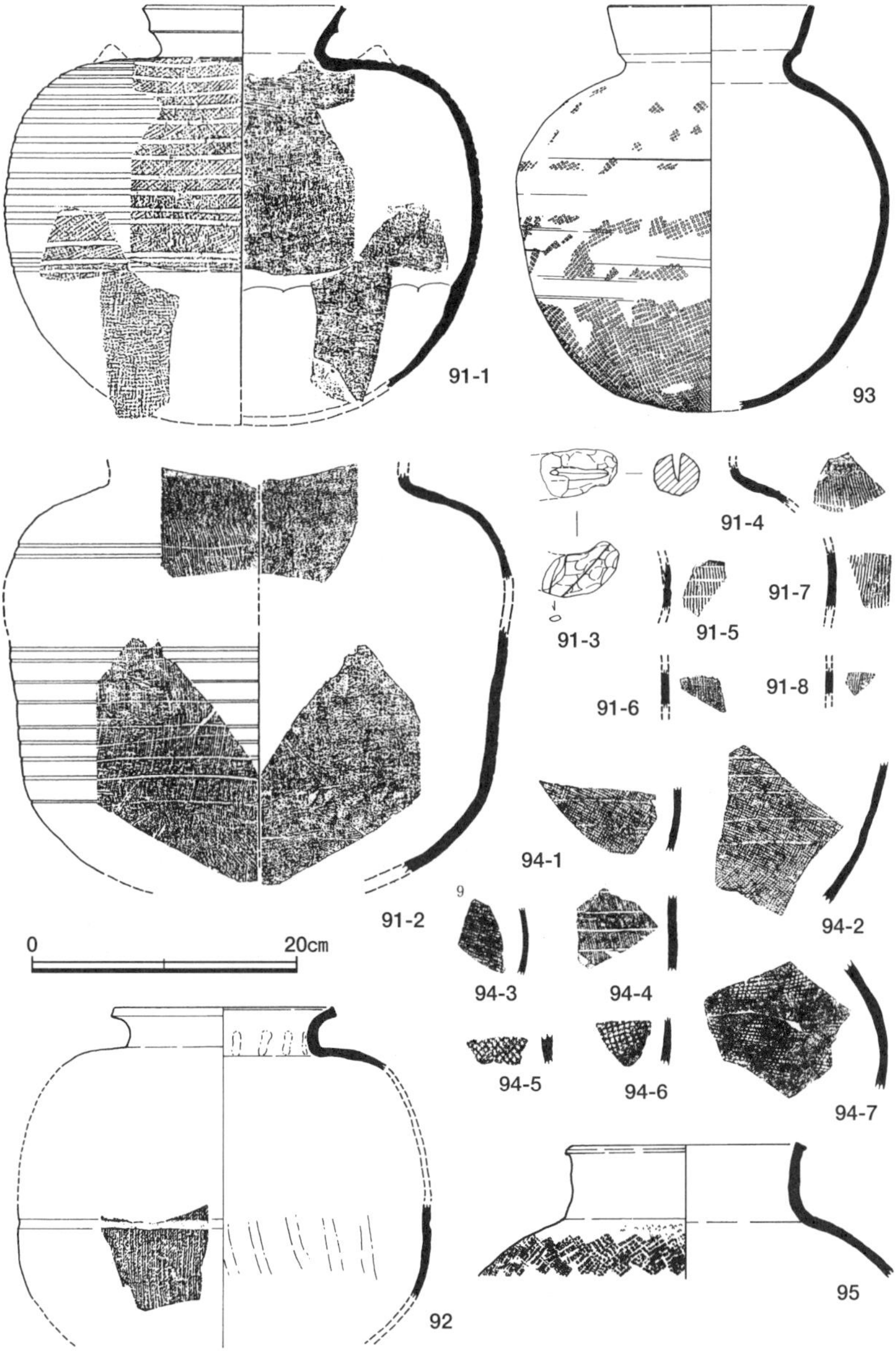

図11　神戸市域出土の大陸系資料（1）

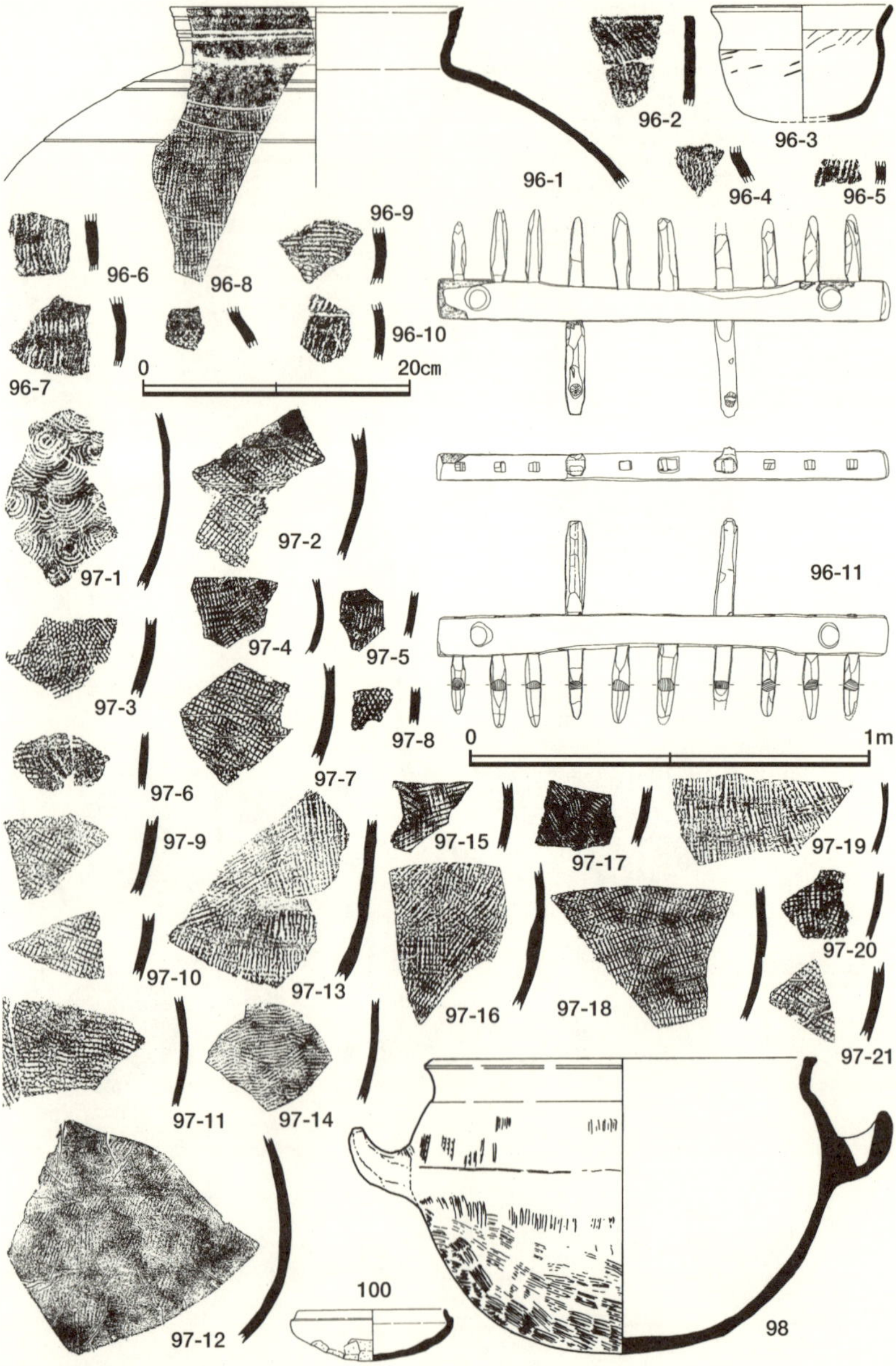

図12　神戸市域出土の大陸系資料（2）

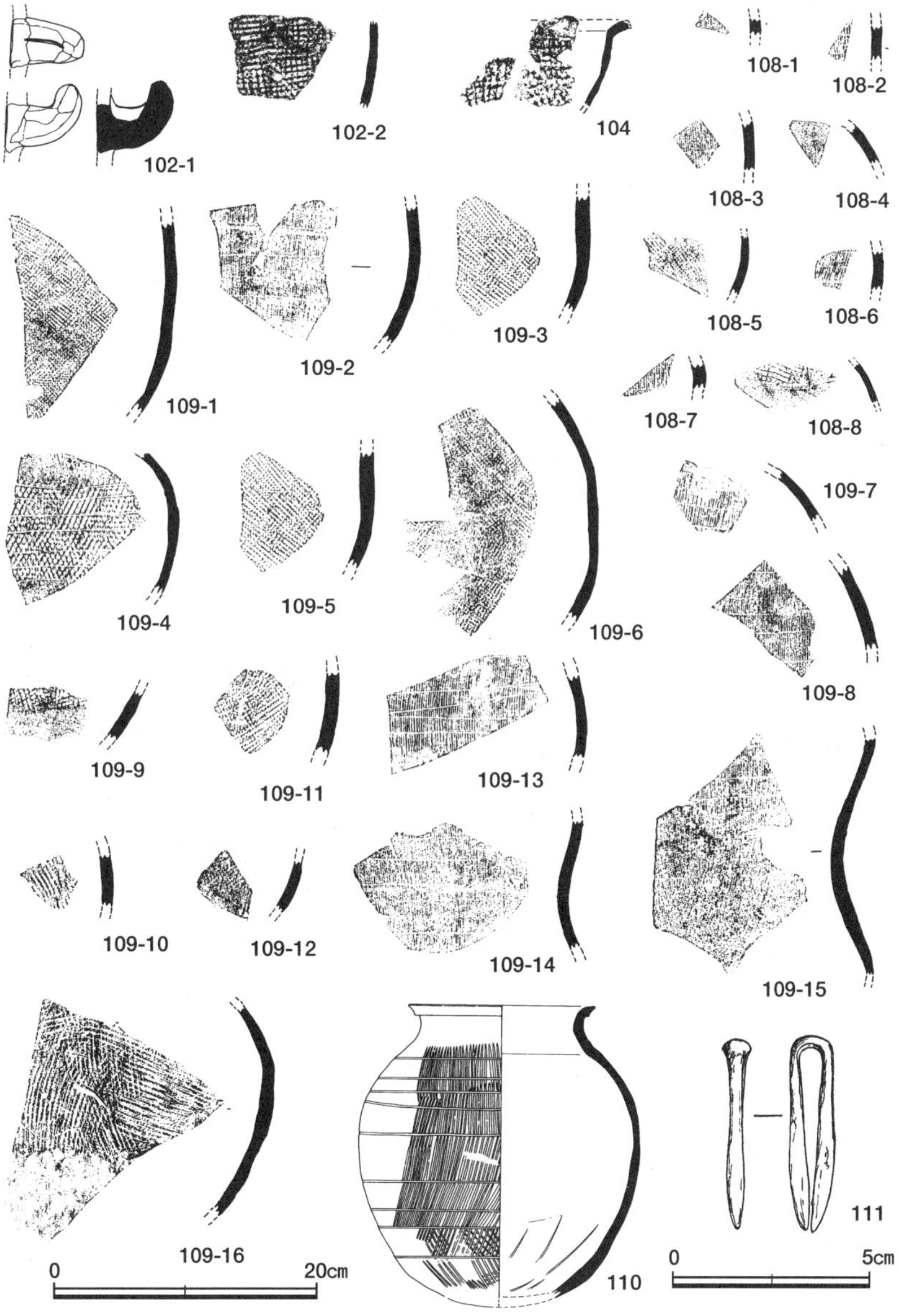

図13　神戸市域出土の大陸系資料（3）

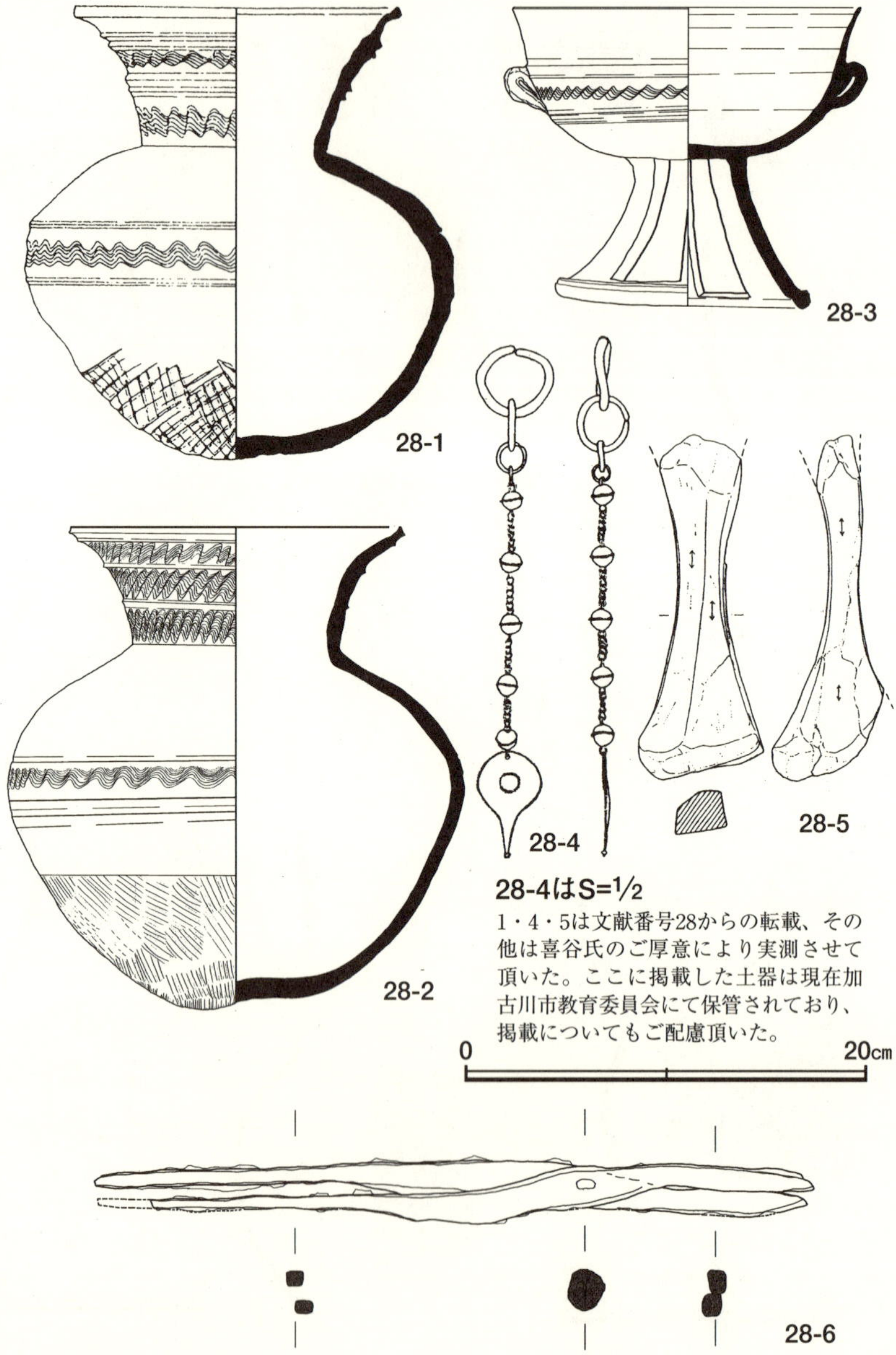
28-3
28-1
28-5
28-4
28-4はS=1/2
1・4・5は文献番号28からの転載、その他は喜谷氏のご厚意により実測させて頂いた。ここに掲載した土器は現在加古川市教育委員会にて保管されており、掲載についてもご配慮頂いた。
28-2
0
20㎝
28-6

図14　カンス塚古墳出土遺物実測図

カンス塚古墳出土壺（28-2）

カンス塚古墳出土高坏（28-3）

カンス塚古墳出土鉗子（28-6）

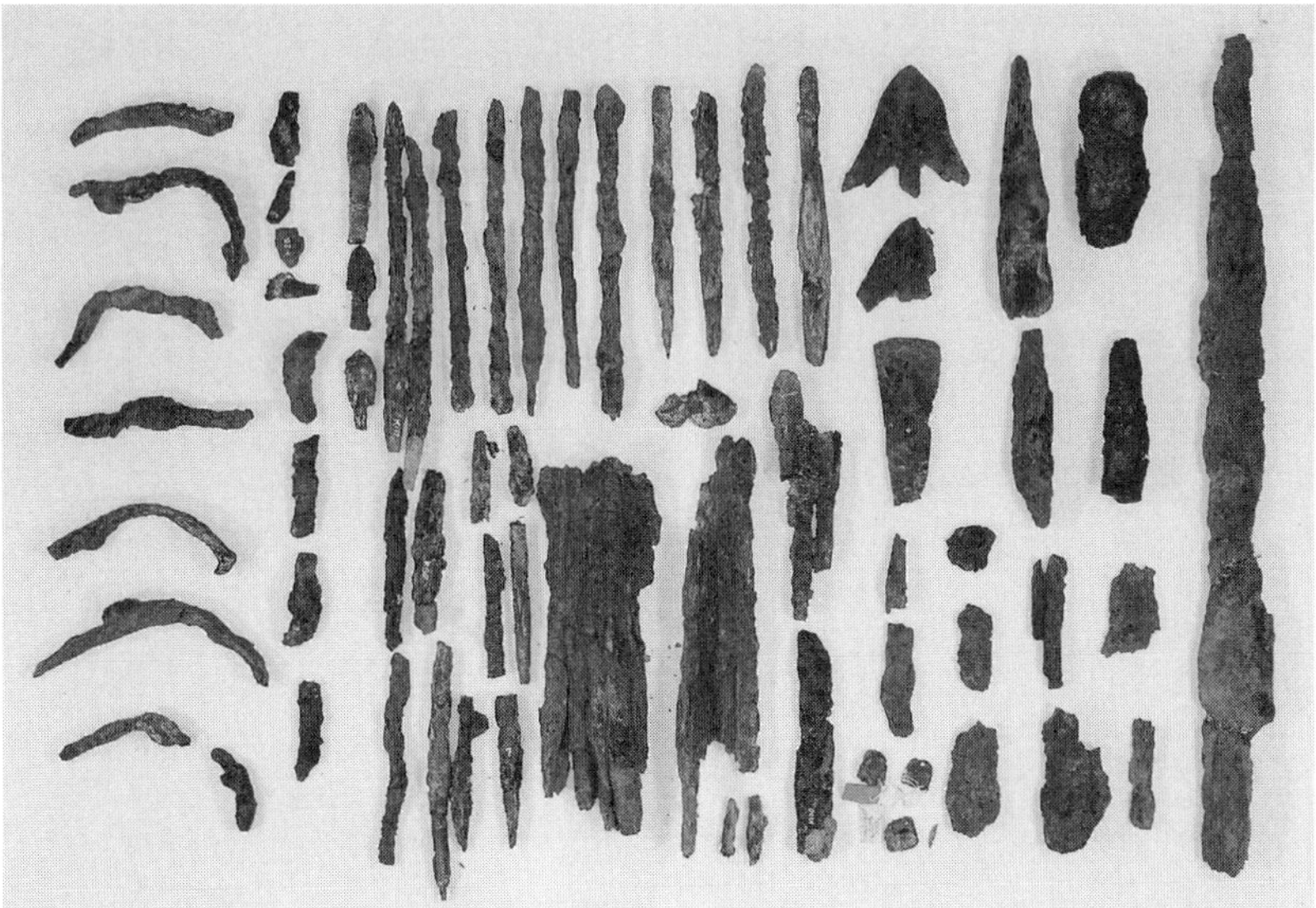

カンス塚出土鉄器

図15　カンス塚古墳出土遺物写真

表1　播磨における大陸系資料出土遺跡一覧（1）　　番号は図中番号並びに文献番号に一致

番号	遺跡名	時　　期	備　考	出土遺構
1	印路		軟質	
2	吉田南	庄内期		
3	吉田南		硬質	
4	玉津・田中	TK73～TK208型式	硬質・軟質	流路
5	玉津・田中	5世紀後半？	馬鍬	
6	出合1次	TG231・232型式	硬質・瓦質	流路
7	出合	TG231・232型式	瓦質	窯址
8	出合	5世紀	馬鍬	
9	出合32次	TG231・232型式	硬質・瓦質	流路
10	高津橋・岡7次	TK10型式	硬質	土坑
11	長坂	5世紀前半	軟質	土坑
12	上脇	TG231・232型式～TK23型式	硬質・軟質	流路
13	上脇	TK23～MT85型式	硬質・瓦質	流路
14	白水3次	TK208～TK23型式	硬質・軟質	流路
15	赤根川金ヶ崎窯	MT15～TK10型式	角杯	窯址
16	西神30−1地点	MT15型式	木槨墓	古墳
17	西石ヶ谷4号墳	6世紀後半	トンボ玉	古墳
18	毘沙門1号墳	TK10型式	トンボ玉	古墳
19	寒風2次	7世紀	大壁建物	
20	寒風7次	7世紀	大壁建物	
21	東神吉		軟質	
22	岸		軟質	
23	砂部	TK73型式	初期須恵器	祭祀遺構
24	和田神社		角形杷手	溝
25	大二		軟質	流路
26	淡河中村		軟質	竪穴住居址
27	池尻2号墳	TK73～TK208型式	初期須恵器	古墳
28	カンス塚古墳	TK216～TK208型式	初期須恵器	古墳
29	高木7号墳	TK73～TK23型式	初期須恵器	古墳
30	年ノ神6号墳	5世紀前半	初期須恵器	古墳
31	平山古墳群	5世紀	陶質土器	古墳
32	大池7号墳	TK10型式	甕	古墳
33	船木中番古墳群	6世紀	平底瓶形須恵器	古墳
34	船木中番18号墳	7世紀前半	角形杷手付椀	古墳
35	小谷6次	5世紀前半～	軟質	住居跡
36	土井ノ内	5世紀	軟質	住居跡
37	久保木	5世紀	軟質	土坑
38	家原・堂の元	TK73～TK208型式	初期須恵器	祭祀土坑
39	岡田	TK23～47型式	ミニチュア甑	溝
40	朝垣遺跡9地区	5～6世紀	軟質	住居跡
41	黒谷・岡ノ上	6世紀	角形杷手付深椀	古墳
42	女鹿山古墳群	TK73～TK208型式	初期須恵器	古墳
43	ジヤマ古墳	TK73～TK208型式	初期須恵器	古墳
44	黒福古墳群	TK73～TK208型式	初期須恵器	古墳
45	小山古墳	TK73～TK208型式	初期須恵器	古墳
46	小谷	TK73～TK208型式	初期須恵器	土坑・溝
47	堀山6号墳	TK73～TK208型式	初期須恵器	古墳
48	タンダ山2号墳		鍛冶道具	古墳
49	山国・南山1号墳		須恵質算盤玉紡錘車	古墳

表2　播磨における大陸系資料出土遺跡一覧 (2)

番号	遺跡名	時　　期	備　考	出土遺構
50	剣坂古墳	TK10型式	耳杯形高坏	古墳
51	船場川東第6地点1・2区		須恵質算盤玉紡錘車	土坑
52	姫路駅周辺第3地点		軟質	
53	市之郷	5世紀	軟質	住居跡
54	国分寺台地		軟質	
55	小山		軟質	
56	宮山古墳	TK73型式	初期須恵器	古墳
57	片山西古墳	6世紀	皮袋形土器	古墳
58	三方古墳	6世紀後半	須恵質算盤玉紡錘	古墳
59	飾東1号墳	TK43	横穴式石室	古墳
60	川島	5世紀前半？	鉄滓・フイゴ羽口	住居跡
61	亀田		角杯・須恵杷手	包含層
62	丁3次1号墳	MT15型式	角形杷手付椀	古墳
63	丁3次2号墳	TK10型式	瓶形土器	古墳
64	丁山頂古墳	6世紀後半	横穴式石室	古墳
65	白毛古墳群	6世紀～7世紀前半	横穴式石室	古墳
66	入角古墳群	6世紀	角形杷手付椀	古墳
67	東山10号墳	7世紀前半	鏟	古墳
68	東山12号墳	6世紀末～7世紀前半	トンボ玉	古墳
69	尾崎	古墳時代中期	軟質	流路
70	北山	TK47～MT15型式	硬質・軟質	溝
71	小畑十郎殿谷		軟質	包含層
72	馬立		軟質	包含層
73	長尾谷	6世紀	紡錘車	住居跡
74	養久山1号墳	古墳時代前期	軟質	古墳
75	黍田C号墳	5世紀前半	陶質土器	古墳
76	黍田E号墳	5世紀前半	陶質土器	古墳
77	黍田F号墳	5世紀前半	鏟	古墳
78	宿禰塚古墳	TK73型式	初期須恵器	古墳
79	長尾タイ山1号墳	MT15型式	横穴式石室	古墳
80	馬立1号墳	MT15型式	横穴式石室	古墳
81	西宮山古墳	MT15型式	横穴式石室	古墳
82	小丸山古墳	6世紀	横穴式石室	古墳
83	袋尻浅谷3号墳	TK43型式	ミニュチュア竈セット	古墳
84	竹万宮ノ前	5世紀前半	コンパス文須恵器	包含層
85	堂山		硬質	流路
86	有年原田中	TK73～208形式	硬質・軟質	流路
87	蟻無山古墳	TG231・232型式～TK73型式	初期須恵器	古墳
88	惣計谷古墳群		算盤玉紡錘車	古墳
89	中山12号墳		土師質算盤玉紡錘車	古墳
90	中山9号墳		角形杷手付椀	古墳
91	森北町		硬質	流路
92	森北町4次	TK73型式	硬質	流路
93	森北町8次	TK73型式	軟質	SX
94	出口5次	TK208～23型式	硬質・軟質	流路
95	本山北2次	TK73型式	軟質	土坑
96	小路大町	6世紀・奈良時代	韓式土器・馬鍬	土坑
97	郡家御影中町地区4次		硬質・軟質	流路
98	郡家篠ノ坪地区11次		軟質	溝

表3　播磨における大陸系資料出土遺跡一覧（3）

番号	遺跡名	時　期	備　考	出土遺構
99	郡家城の前地区23次	TK47型式	オンドル状住居跡	住居跡
100	郡家城の前地区24次	TK23～47型式	硬質	流路
101	郡家城の前地区35次	TK208型式	軟質	流路
102	日暮17次	TK73型式以前	軟質	SX
103	赤松町		軟質	
104	中山手２次	TK73型式以前	軟質	溝
105	上沢27次	布留式期	硬質・軟質	竪穴住居址
106	上沢28次		硬質・軟質	土坑
107	上沢９次		硬質・軟質	
108	神楽	TK208～TK23型式	硬質	住居跡
109	神楽	TK208～TK23型式	硬質	土坑・溝
110	神楽４次	TK208～TK23型式	硬質	井戸
111	生田古墳群	６世紀	釵子・銀環	古墳

表4　播磨における大陸系資料出土遺跡文献一覧（1）　　番号は図中番号並びに遺跡番号に一致

番号	執筆者	発行年	題目	出　典	発　行
1	池田毅	1992	印路遺跡	平成元年度神戸市埋蔵文化財年報	神戸市教育委員会
2		2004	吉田南遺跡	大和王権と渡来人	大阪府立弥生文化博物館
3		1980	吉田南遺跡	地下に眠る神戸の歴史展	神戸市立考古館
3		1980		吉田南遺跡現地説明会資料Ⅳ	神戸市教育委員会
4	菱田淳子	1996	第３章６節古墳時代中期～古墳時代後期	玉津田中遺跡第５分冊	兵庫県教育委員会
4	菱田淳子	1994	第Ⅳ部第５節古墳時代中期	玉津・田中遺跡第２冊	兵庫県教育委員会
5	篠宮　正	1994	第Ⅳ部第４章　木器	玉津・田中遺跡第１冊	兵庫県教育委員会
6	田中清美	2001	播磨出合遺跡と瓦質土器	韓式土器研究Ⅶ	韓式土器研究会
7	亀田修一	1987	播磨出合遺跡出土の「陶質土器」朝鮮三国系軟質土器・初期須恵器	古代文化談叢18号	九州古文化研究会
8	亀田修一	1993	「考古学から見た渡来人」	古代文化談叢　第30集（2）	九州古文化研究会
9	浅谷誠吾	1996	出合遺跡32次	平成５年度神戸市埋蔵文化財年報	神戸市教育委員会
10	東喜代秀	2004	高津橋・岡遺跡７次調査	平成13年度神戸市埋蔵文化財調査年報	神戸市教育委員会
11		2001	長坂	長坂	兵庫県教育委員会
12	岸本一宏	2002	まとめ	上脇遺跡Ⅰ	兵庫県教育委員会
13	菱田淳子・中川　渉	2002	第３部第１章第４節	上脇遺跡Ⅱ	兵庫県教育委員会
14	安田滋	2000	白水遺跡３次	白水遺跡第３・６・７次発掘調査報告書	神戸市教育委員会
15	山下俊郎他	1990	遺構・遺物	赤根川・金ヶ崎窯跡	明石市立教育委員会
16	富山直人	2004	明石川所在の木槨墓	神戸市立博物館紀要20号	神戸市立博物館
17	渡辺伸行	1984	西石ヶ谷４号墳	昭和56年度神戸市埋蔵文化財年報	神戸市教育委員会
18	山本雅和	1989	毘沙門１号墳	昭和61年度神戸市埋蔵文化財年報	神戸市教育委員会
19	黒田恭正	1999	寒風遺跡２次	平成８年度神戸市埋蔵文化財年報	神戸市教育委員会

表5　播磨における大陸系資料出土遺跡文献一覧（2）

番号	執筆者	発行年	題目	出　典	発　行
20	西岡誠司	2002	寒風遺跡7次	平成11年度神戸市埋蔵文化財年報	神戸市教育委員会
21	種定淳介	1987	一覧表	弥生・古墳時代の大陸系土器の諸問題　第Ⅱ分冊	埋蔵文化財研究会
22	今里幾次	1969	播磨弥生式土器の動態㈡	考古学研究16巻1号	考古学研究会
23	砂部遺跡調査団	1978	砂部遺跡	加古川市砂部遺跡	加古川市教育委員会
24		2002	和田神社	和田神社	兵庫県教育委員会
25	長瀬誠司	2002	大二遺跡	年ノ神遺跡	兵庫県教育委員会
26	村尾政人	1992	淡河中村遺跡	淡河中村遺跡	淡河中村遺跡調査団
26	村尾政人	1992	淡河中村遺跡出土の韓式系土器について	のじぎく文化財だより	淡神文化財協会
27	上田哲也	1965	池尻2号墳	印南野―その考古学的研究―1	加古川市教育委員会
28	喜谷美宣	1985	カンス塚古墳	加古川市カンス塚古墳調査概要	加古川市教育委員会
29		2000	高木古墳群	高木古墳群・高木多重土塁2	三木市教育委員会
30	長瀬誠司	2002	6号墳	年ノ神古墳群	兵庫県教育委員会
31	竹谷俊夫	1996	平山古墳群	加古川市史4	加古川市
32		1995	大池7号墳	大池7号墳	兵庫県教育委員会
33		1969	船木中番古墳群	小野市中番地区群集墳調査概報	小野市教育委員会
34		1997	船木中番18号墳	小野市史4史料編1	小野市
35	永井信弘	1995	小谷6次	小谷遺跡（第6次）	加西市教育委員会
36	中村浩編	1993	2次調査の成果（遺物）	土井ノ内遺跡	大谷女子大学資料館
37	岸本直文	1997	久保木遺跡	小野市史4史料編1	小野市
38	森下大輔・前原節子・吉識雅仁	1984	家原・堂の元遺跡	加東郡埋蔵文化財報告5	加東郡教育委員会
39	中村弘	2003	岡田遺跡	渡来人からみた古墳時代の播磨	第5回　播磨考古学研究集会実行委員会
40	森幸三他	1993	朝垣遺跡	西在田地区遺跡群	加西市教育委員会
41	森下大輔	2003	黒谷・岡ノ上遺跡	埋蔵文化財調査年報―2001年度―	加東郡教育委員会
42	立花聡	1993	女鹿山群集墳3・6・7・17号	兵庫県埋蔵文化財年報 昭和57年度	兵庫県教育委員会
43	立花聡	1992	玉丘遺跡群Ⅰ	加西市埋蔵文化財調査報告10	加西市教育委員会
44	立花聡	1993	玉丘遺跡群Ⅱ	加西市埋蔵文化財調査報告15	加西市教育委員会
45	立花聡	1992	玉丘遺跡群Ⅰ	加西市埋蔵文化財調査報告10	加西市教育委員会
46	中村浩	1994	小谷遺跡	加西市埋蔵文化財報告27	加西市教育委員会
47		1994		堀山古墳群説明会資料	兵庫県教育委員会
48	立花聡	1998	歴史的環境	江ノ下・西ノ側	加西市教育委員会
49	森下大輔	1982	歴史的環境	狐塚古墳	加東邪教育委員会
50	宮川禎一	1999	兵庫県加西市剣坂古墳調査報告	考古学紀要3	辰馬考古資料館
51	福井優	2003	播船場川東土地区画整理事業地内遺跡第6地点1・2区	渡来人からみた古墳時代の播磨	第5回　播磨考古学研究集会実行委員会
52	秋枝芳	1999	姫路駅周辺遺跡（第2次調査）	TUBOHPRI平成6年度（1994）姫路市埋蔵文化財化財調査略報	姫路市教育委員会
53	山田清朝	2003	市之郷遺跡	渡来人からみた古墳時代の播磨	第5回　播磨考古学研究集会実行委員会
54	種定淳介	1987	一覧表	弥生・古墳時代の大陸系土器の諸問題　第Ⅱ分冊	埋蔵文化財研究会
55	今里幾次	1969	播磨弥生式土器の動態㈡	考古学研究16巻1号	考古学研究会
56	松本正信	1973	宮山古墳	宮山古墳第二次発掘調査概報	姫路市文化財保護協会

表6　播磨における大陸系資料出土遺跡文献一覧 (3)

番号	執筆者	発行年	題目	出　典	発　行
56	松本正信	1970	宮山古墳	宮山古墳発掘調査概報	姫路市文化財保護協会
57	鎌谷藤代治	1996		兵庫県指定史蹟　片山古墳の今昔	鎌谷藤代治
58	岸本道昭	1980	Ⅳ　三方古墳調査報告	播但連絡有料自動車道建設にかわる埋蔵文化財調査報告書 II	兵庫県教育委員会
59	大村敬通他	1996	付載　飾東１号墳	飾東２号墳	兵庫県教育委員会
60	阿久津久	1971	落久保Ｂ地区の遺構	川島・立岡遺跡	太子町教育委負会
61	井守徳男	2000	亀田遺跡	亀田遺跡（第２分冊）	兵庫県教育委員会
62	上田哲也	1966	丁古墳群	姫路丁古墳群	東洋大学付属姫路高等学校
63	上田哲也	1966	丁古墳群	姫路丁古墳群	東洋大学付属姫路高等学校
64	上田哲也	1966	丁古墳群	姫路丁古墳群	東洋大学付属姫路高等学校
65	中浜久喜	1990	白毛９号墳・13号墳をめぐる２・３の問題	今里幾次先生古希記念播磨考古学論叢	
66	神崎勝	1989	入角古墳群	加古川流域の古代史（上・中流篇）	妙見山麓遺跡調査会
67	山本圭二	2001	武器	東山古墳群 II	中町教育委員会
68	冨永里菜・市川真理・小暮律子	2001	装身具	東山古墳群 II	中町教育委員会
69	岸本道昭	1995	韓式土器	尾崎遺跡 II	龍野市教育委員会
70	岸本道昭	2001	古墳時代後期の遺構と遺物	北山遺跡	龍野市教育委員会
71	岸本道昭	1999	小畑十郎殿谷遺跡	長尾・小畑遺跡群	龍野市教育委員会
72	中川猛	2003	馬立遺跡	渡来人からみた古墳時代の播磨	第５回　播磨考古学研究集会実行委員会
73	岸本道昭	1999	長尾谷遺跡	長尾・小畑遺跡群	龍野市教育委員会
74	近藤義郎	1985	養久山１号墳	養久山墳墓群	揖保川町教育委員会
75	松本正信	2000	黍田Ｃ号墳	山津屋・黍田・原	揖保川町教育委員会
76	松本正信	2000	黍田Ｅ号墳	山津屋・黍田・原	揖保川町教育委員会
77	加藤史郎	2000	黍田Ｆ号墳	山津屋・黍田・原	揖保川町教育委員会
78	松本正信	1984	宿禰塚古墳と周辺の古墳	龍野市史第四巻資料編 I	龍野市
79	上田哲也	1982	C地区A群（１号墳）	長尾タイ山古墳群	龍野市教育委員会
80	中浜久喜	2002	第１章第５節横穴式石室	姥塚古墳	新宮町教育委員会
81	八賀普	1982	西宮山古墳	富雄丸山古墳・西宮山古墳出土遺物	京都国立博物館
82	松本正信	1997	小丸山２古墳	御津町史第３巻	御津町
83	松本正信・加藤史郎	1979	袋尻浅谷３号墳	袋尻浅谷	揖保川町教育委員会
84	種定淳介	2002	竹万宮ノ前遺跡	兵庫県埋蔵文化財年報 平成13年度	兵庫県教育委員会
85	山本三郎	1984	堂山遺跡の遺構と遺物	赤穂市史第４巻	赤穂市
85	山本雅和	1995	韓式土器	堂山遺跡	兵庫県教育委員会
86	藤田忠彦他	1994	有年原・田中遺跡出土の初期須恵器と軟質土器	韓式系土器研究Ｖ	韓式土器研究会
87	西播流域史研究会	1991	蟻無山古墳	有年考古館館蔵品図録	財団法人有年考古館

表７　播磨における大陸系資料出土遺跡文献一覧 (4)

番号	執筆者	発行年	題目	出　典	発　行
88	西播流域史研究会	1991	惣計谷古墳群	有年考古館館蔵品図録	財団法人有年考古館
89	西播流域史研究会	1991	中山12号墳	有年考古館館蔵品図録	財団法人有年考古館
90	松岡秀夫	1973	中山９号墳	中山古墳群発掘調査報告	西野山古墳発掘調査研究会
91	亀田修一	1989	森北町遺跡出土陶質土器・軟質土器	古代文化談叢　第20集（下）	九州古文化研究会
92	黒田恭正	1988	森北町遺跡	昭和60年度神戸市埋蔵文化財年報	神戸市教育委員会
93	丹治康明・須藤　宏	1992	森北町遺跡８次	平成元年度神戸市埋蔵文化財年報	神戸市教育委員会
94	須藤宏	2002	出口遺跡５次	平成11年度神戸市埋蔵文化財年報	神戸市教育委員会
95	内藤俊哉	1996	本山北遺跡２次	平成５年度神戸市埋蔵文化財年報	神戸市教育委員会
96	井尻格	2004	第４次調査の成果	小路大町遺跡第4次発掘調査報告書	神戸市教育委員会
97	藤本史子	1992	遺物	郡家遺跡	大手前女子大学史学研究所
98	浅谷誠吾	1996	郡家遺跡篠ノ坪11次	平成５年度神戸市埋蔵文化財年報	神戸市教育委員会
99	丸山繁	1989	郡家遺跡城の前地区23次	昭和61年度神戸市埋蔵文化財年報	神戸市教育委員会
100	丸山繁	1990	郡家遺跡城の前地区24次	昭和62年度埋蔵文化財年報	神戸市教育委員会
101	岡山真知子	2000	郡家遺跡城の前地区35次	平成９年度神戸市埋蔵文化財年報	神戸市教育委員会
102	須藤宏	2002	日暮遺跡17次	平成11年度神戸市埋蔵文化財年報	神戸市教育委員会
103	村尾政人	1990	赤松町遺跡発掘調査報告	淡神文化財協会ニュース８号	淡神文化財協会
104	木戸雅寿	2000	中山手遺跡２次	平成９年度神戸市埋蔵文化財年報	神戸市教育委員会
105	斎木巌	2001	上沢遺跡27次	平成10年度神戸市埋蔵文化財年報	神戸市教育委員会
106	斎木巌	2001	上沢遺跡28次	平成10年度神戸市埋蔵文化財年報	神戸市教育委員会
107	池田毅	2000	上沢遺跡９次	平成９年度神戸市埋蔵文化財年報	神戸市教育委員会
108	西岡誠司	1987	神楽遺跡	弥生・古墳時代の大陸系土器の諸問題　第II分冊	埋蔵文化財研究会
109	西岡誠司	1987	神楽遺跡	昭和59年度神戸市埋蔵文化財年報	神戸市教育委員会
110	前田佳久	1989	神楽遺跡４次	昭和61年度神戸市埋蔵文化財年報	神戸市教育委員会
111	木村次雄・小林行雄	1930	釵子発見の神戸市生田町古墳	考古学雑誌20巻６号	日本考古学会
112	岸本一宏	1994	播磨国風土記と渡来文化	風土記の考古学２	同成社
113	山本雅和	1999	資料紹介　西岡本遺跡３次調査出土の非陶邑系須恵器	神戸考古百選	神戸市教育委員会
114	安永周平	2001	二色重ねガラス玉	花園大学考古学研究論叢	
115	紅野芳雄	1940		考古小録	
116	立花聡	1994	播磨・玉丘遺跡群出土の初期須恵器	韓式系土器研究Ｖ	韓式土器研究会
117	植野浩三	1994	兵庫県千種川中・下流域の初期須恵器	韓式系土器研究Ｖ	韓式土器研究会

紀伊の渡来人

―横穴式石室からみた渡来人の動向―

黒石哲夫

はじめに

和歌山県では古墳時代中期から後期において、紀ノ川下流域を中心として多数の朝鮮系の渡来文物がもたらされている。いくつかの例を挙げると、和歌山市西庄遺跡や音浦遺跡などの韓式系土器・陶質土器、楠見遺跡の初期須恵器などの土器類、大谷古墳出土の馬冑・馬甲、車駕之古址古墳の金製勾玉などがある。和歌山市田屋遺跡ではオンドル状に竈の煙道を壁際に造り付けた竪穴住居が確認されており、後期古墳で最大規模の井辺八幡山古墳の埴輪においても、力士埴輪や角杯を背負った武人埴輪が存在し、大陸的習俗が色濃くみられる。五世紀中頃の鳴滝遺跡では七棟の大型倉庫群が確認されており、畿内勢力の半島出兵のための兵糧の一時保管庫ではないかとも言われている。当時は、朝鮮半島から日本列島にかけては一衣帯水のものであり、瀬戸内海ルートの海上交通の終着港が紀ノ川河口であり、同時に大和盆地への表玄関の一つであったものと考えられる。和歌山県は古代においては紀伊国＝木の国と言われるほど木材資源が豊富で、杉・檜・高野槙などの針葉樹、楠・樫・欅などの広葉樹の良材を産出した。紀伊の古代人は、このような木材資源を加工して船を建造し、航海技術にも長けていた。このため、古墳時代には畿内勢力の半島進出に任じられ、紀伊と半島の間を往来した結果、紀ノ川流域を中心として渡来系文物が広まったものと推定される。

文献資料においても、日本書記には紀伊の古代豪族である紀氏一族がたびたび朝鮮半島に派遣されたことが記されている。

「渡来人の受容と生産組織」というテーマについて、後期古墳時代の横穴式石室の分析から渡来系人物の足跡を点描し、紀伊の後期古墳時代の集団関係にもふれてみたい。渡来人には朝鮮半島などから直接来た人々（第一世代）とその子孫（第二世代）がいる。文献資料が残さ

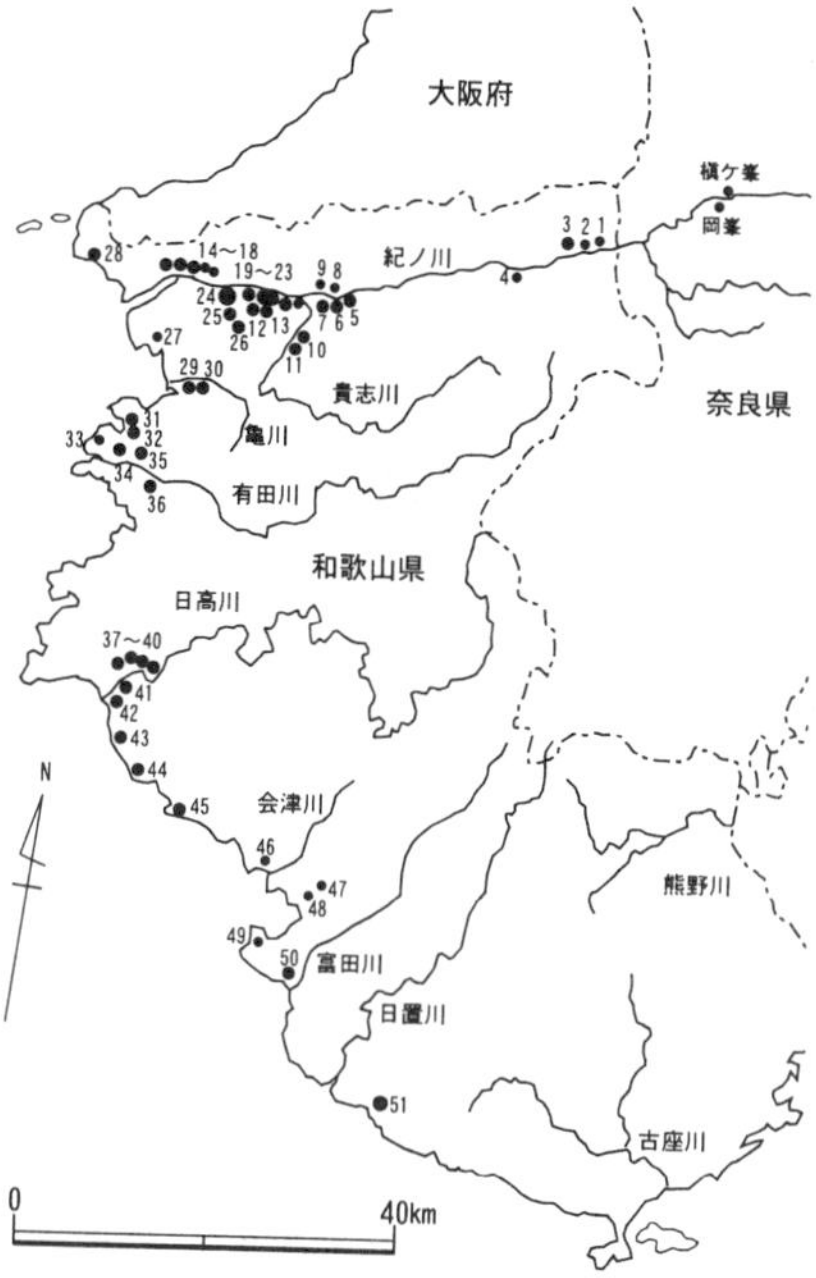

地図1　和歌山県主要横穴式石室古墳分布表

地図2　鳴滝地域周辺の古墳分布図

表1　横穴式石室古墳一覧表

No	地　域	古　墳　名	系　統
1	紀ノ川上　流	*八幡神社古墳*	G I
2		陵山古墳	O R
3		*市脇古墳群*	G I
4		*真田古墳*	G I
5	紀ノ川中流南岸	竹房古墳群	I W
6		百合山古墳群	O R
7		神田古墳群	T O
8	紀ノ川中流北岸	八幡塚古墳	I W
9		じゅあな塚古墳	I W
10	貴志川下　流	北古墳群	I W
11		高尾山古墳群	I W
12		*具束壺古墳群*	G I
13		*七ツ塚古墳群*	G I
14	鳴滝地域	奥出古墳	Y A
15		園部円山古墳	Y A I W
16		晒山古墳群	I W
17		雨が谷古墳群	I W
18		鳴滝古墳群	I W・Y A
19	船戸～小倉地域	船戸箱山古墳	I W
20		船戸山古墳群	I W・G I
21		小倉古墳群	I W・G I
22		明楽古墳群	I W
23		寺山古墳群	T O
24	岩橋～山東地域	岩橋千塚古墳群	I W
25		山東古墳群	I W
26		伊太祈曾神社古墳群	I W
27	紀ノ川河　口	関戸古墳	I W
28		*西庄古墳群*	G I
29	亀　川下　流	山崎山古墳群	I W
30		室山古墳群	I W
31	有田川下　流	*女良古墳*	G I
32		馬瀬古墳群	O R
33		椒古墳	O R
34		*箕島古墳群*	G I
35		*宮原古墳*	G I
36		*天満古墳群*	G I
37	日高川下　流	弁財天山古墳	O R
38		箱谷古墳群	O R
39		吹上古墳群	O R
40		若野古墳群	O R
41		*岩内古墳群*	G I
42		*天田古墳群*	G I
43	印　南沿　岸	*祓井戸古墳群*	G I
44		*秋葉山古墳群*	G I
45		*崎山古墳群*	G I
46	田　辺沿　岸	*葉糸古墳*	G I
47		*三栖後谷古墳群*	G I
48		*五反田古墳*	G I
49		*火雨塚古墳*	G I
50		*安久川古墳*	G I
51		上ミ山古墳	O R

I W：岩橋系石室　　G I：擬似岩橋系石室
Y A：大和系石室　　T O：渡来系石室
O R：在地系石室

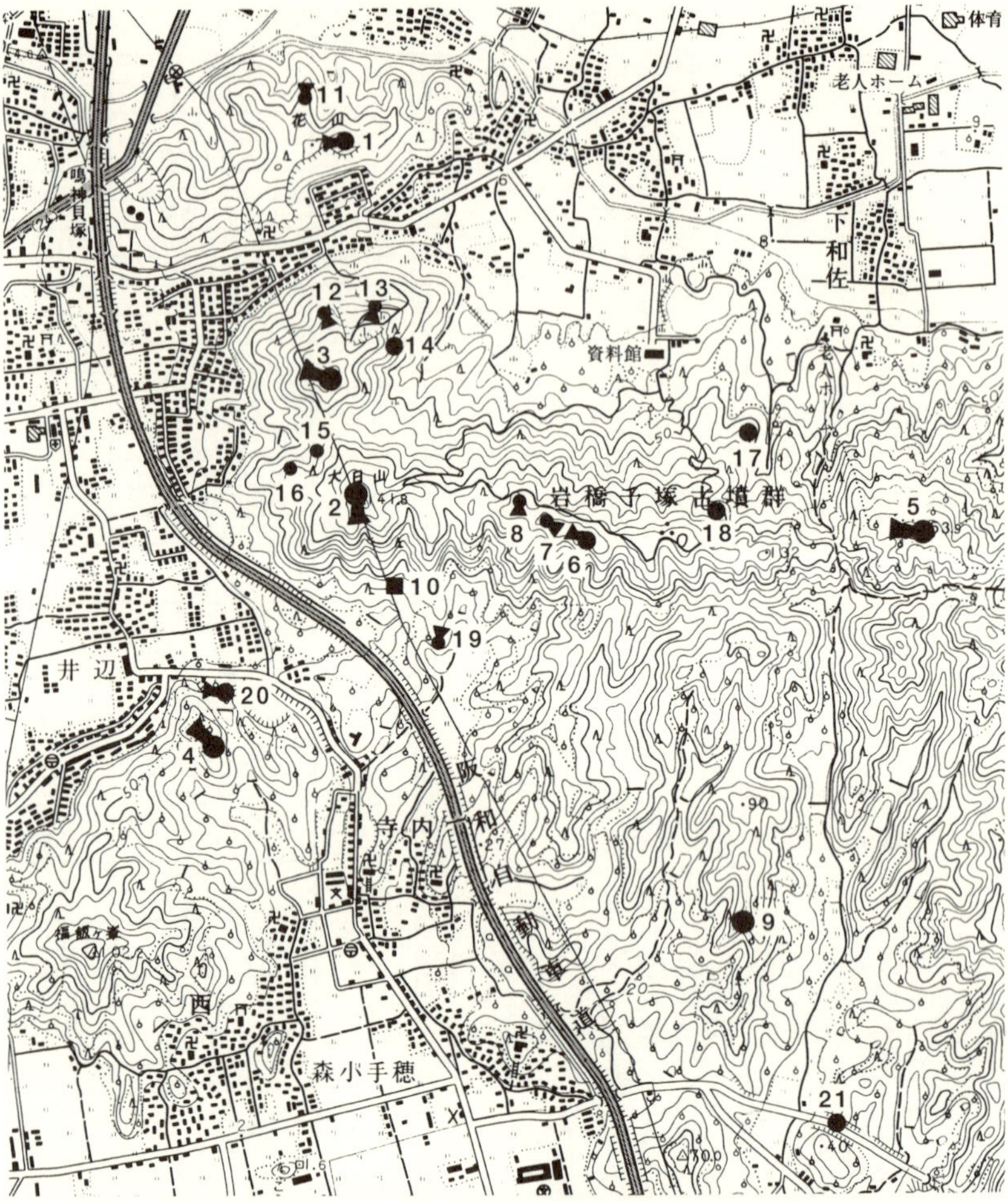

1 花山6号墳　2 大日山35号墳　3 大谷山22号墳　4 井辺八幡山古墳　5 天王塚古墳　6 将軍塚古墳
7 知事塚古墳　8 郡長塚古墳　9 寺内57号墳　10 井辺1号墳　11 花山33号墳　12 大谷山6号墳
13 大谷山28号墳　14 大谷山16号墳　15 大日山16号墳　16 大日山43号墳　17 前山A46号墳
18 前山A67号墳　19 寺内18号墳　20 井辺前山6号墳　21 山東22号墳

地図3　岩橋千塚古墳群分布図

れていないかぎり、渡来人と断定することは困難であるが、遺物や遺構を手掛かりとして推定してみたい。

和歌山県における横穴式石室の諸系統

和歌山県における横穴式石室の諸系統について、概観してみたい。

本県の横穴式石室は、①岩橋系横穴式石室、②擬似岩橋系横穴式石室、③大和系横穴式石室、④渡来系横穴式石室、⑤在地系横穴式石室の五系統に大別できる（表5）。①岩橋系横穴式石室は紀ノ川下流南岸の岩橋千塚古墳群を中心に広範囲に分布しており、圧倒的多数を占める。結晶片岩の石材を使用して、石梁・石棚・玄室前道・扉石などを備える当地固有の横穴式石室である。②擬似岩橋系横穴式石室は岩橋系石室に類似した特徴をもつが、在地の石材を使用して、玄室前道基石や石梁・石棚などを簡略化したものが多い。③大和系横穴式石室は在地の和泉砂岩などの直方体状の大型石材を使用した石室で、奈良県の飛鳥地域の石室と類似点が多い。ただし、石梁や玄門部に仕切石をもつ例が有り、岩橋系石室の影響が一部みられる。④渡来系横穴式石室は在地の蛇紋岩の大型石材を使用して、壁面上部を急角度でもち送り、天井石も一石の例が多い石室である。飛鳥地域南部や兵庫県南部の漢人系渡来氏族が築造したと推定されている石室と類似している。⑤在地系横穴式石室は①〜④の範疇に属さない地域色の強い石室である。紀中から紀南地域にかけて多くみられ、岩橋系石室の影響が窺える例もあるが、九州地方の石室に類似する方形の玄室に石障を造り付けた石室も存在する。

岩橋系横穴式石室の葬法上の特徴は、石室主軸に直交に遺骸を配置する原理である。すべての石室が、この原理を踏襲して築かれていると推定され、玄室平面形態のいわゆるT字形石室・正方形石室・長方形石室は、それぞれ、単葬・二〜三人葬・複数葬といった被葬者の数に起因している（表2）。畿内の横穴式石室では遺骸配置は主軸に平行配置する例が多く、朝鮮半島の横穴式石室でも、原則的に平行配置の葬法である（表6）。

渡来人と渡来系氏族の横穴式石室

岩橋千塚古墳群に築かれた渡来人の古墳（大日山七〇号墳）

第一世代の渡来人だと推定される古墳を岩橋千塚古墳群の大日山地区で発掘調査した。平成八年度の岩橋千塚周辺古墳群緊急確認調査で発掘調査を担当した大日山七〇号墳である（図1）。大日山の谷筋にある円墳で、関西大学の報告書『岩橋千塚』の分布図や県の遺跡地図でも未確認の古墳であった。墳丘約一四mの円墳で上部1／3以上が削平されて、石室上半部と羨道部が破壊されていた。石室は、玄室・通廊・羨道からなる岩橋系横穴式石室で、全長三・五mを計る。玄室長約一・九m・幅一・三mと小型で、羨道が中央から右に寄って造られた左片袖に近い平面プランの古い形態の横穴式石室である。石室内からは特異な遺物が出土した。玄室の右奥壁近くから須恵器の壺一点と朝鮮半島製の陶質土器一点が並んで出土した。右側壁に沿って、直刀一点・鉄鏃一点・小刀一点・ヤリガンナ一点・鑿一点・袋状鋳造鉄斧一点が出土した。左袖部の隅では轡が出土し、中央部からやや左側壁近くで、鉄鎚一点・鉄鉗一点が出土した。奥壁近くで濃青色のガラス玉二点が出土した。羨道部からは須恵器の器台・高杯・杯・短頸壺の破片が出土した。須恵器は陶邑編年のMT15～TK10型式に相当し、横穴式石室の形態からも、築造年代は六世紀第2四半期頃だと推定される。玄室内の遺物の出土状況から、左側壁に沿って木棺等に納められた遺骸が一体石室に平行配置されていた可能性が高く、P1形の石室である。出土遺物から被葬者は鍛冶工人の有力者で、朝鮮半島製の陶質土器と鍛冶具が副葬されていたことから、半島から渡来した人物ではないかと推定される。この古墳の石室形態及び構築技法は一見、岩橋系横穴式石室を踏襲している。しかしながら遺骸配置原理は主軸平行配置であり、羨道の取付け位置も他の岩橋千塚古墳群中の古いタイプに見られる右片袖傾向の横穴式石室とは反対の左片袖タイプである。大日山七〇号墳の被葬者は半島出身の鍛冶工人で、出身地である半島の葬法に則って古墳を築いた可能性が高い。この古墳例から、岩橋千塚古墳群中の主軸平行配置の横穴式石室を築いた中には、半島から渡来して岩橋周辺の集団に新たに帰属した人物がいたものと推定される。半島出身の鍛冶技術を身に付けた人物が鍛

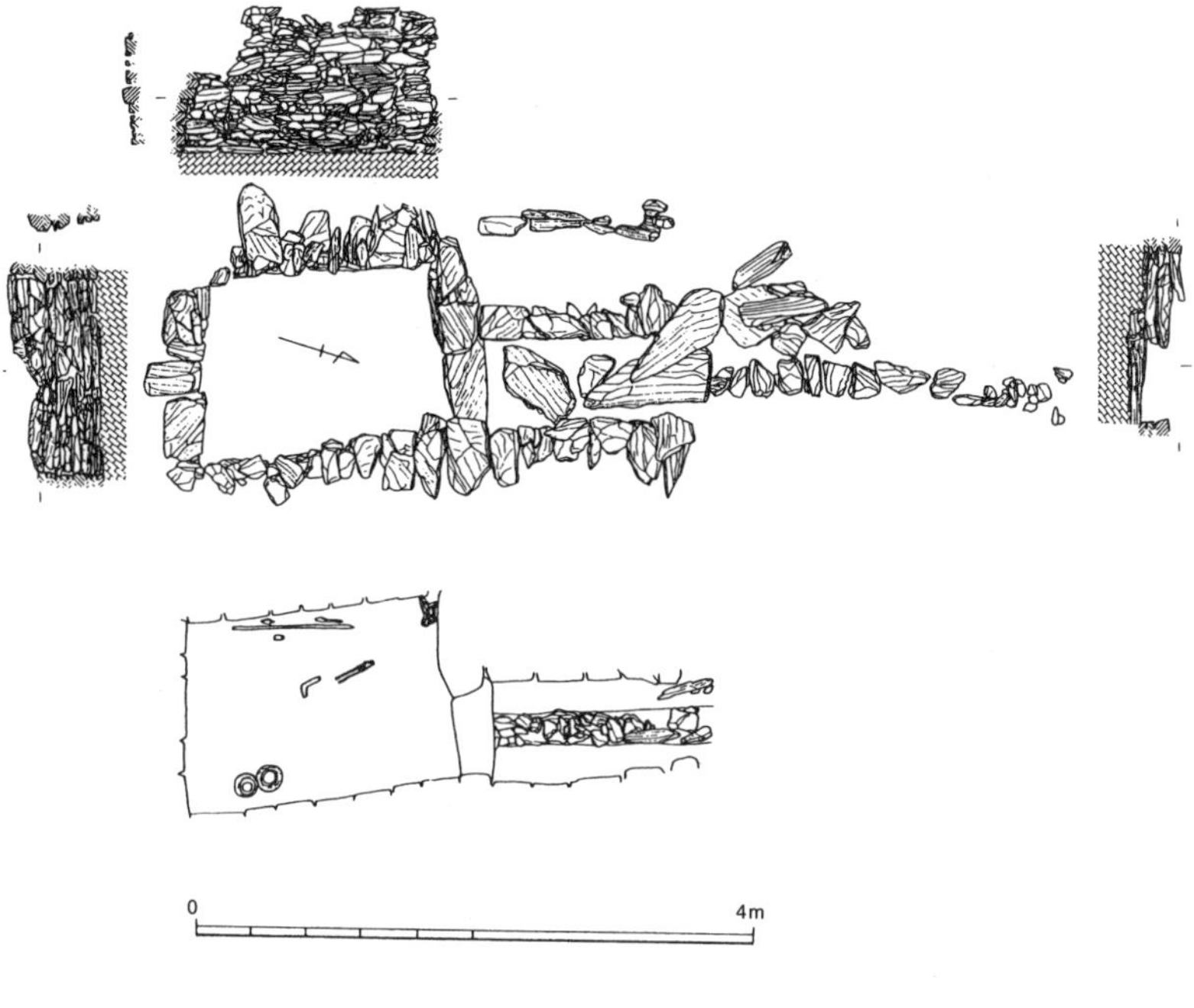

図１　大日山70号墳横穴式石室と出土遺物

冶具類と土器類を携えて渡海して紀ノ川下流にたどり着き、岩橋千塚古墳群を築いた在地集団（紀氏一族）に迎え入れられ、鉄器生産の組織の中で重要な役割を果たしたのではないだろうか。大日山七〇号墳の北側に隣接する大日山七一号墳は直径約一四mの円墳で、二・二m前後の竪穴式石室をもつ古墳であるが、石室内の攪乱された埋土から砥石が出土している。出土した須恵器はほぼ同時期か若干新しいものであり、近辺に他に古墳がみられないことから七一号墳の被葬者も七〇号墳の被葬者の家族か縁者であり、鍛冶工人であった可能性がある。

これに対して、岩橋千塚古墳群中で圧倒的多数を占める主軸直交配置の横穴式石室を築いた集団は当時最大の在地勢力であった紀氏一族だと推定される。

渡来系氏族の築いた古墳（寺山古墳群・神田古墳群）

岩橋千塚古墳群から東方に約五㎞離れた小倉地区に位置する二十数基からなる寺山古墳群は近辺で産出する蛇紋岩の巨石を使用した特異な石室が築かれており、築造集団も岩橋型石室を築いた集団とは異なるグループだと推定できる（図2）。以下では石室の構造の分析を中心として被葬者像に迫ってみたい。

寺山古墳群の石室は封土が流出し破壊が著しいが、特徴を列挙すると、①蛇紋岩の巨石を使用、②片袖式の玄室が多い。③玄室の天井が高い。④玄室前後壁を急勾配でもち送る。⑤天井石が一石のものが多い。⑥東に開口する石室が多い。⑦墳丘に方墳をもつものがみられる（図3）。これら諸点のうち③・④・⑤の点で畿内及びその周辺部で類似する横穴式石室がいくつかみられる。それは①大和の飛鳥地方南西部の与楽鑵子塚古墳・乾城古墳・沼山古墳、②近江の湖西南部の大通寺古墳群・穴太飼込古墳群・塚穴古墳、③播磨西部の姥塚古墳・丁山頂一号墳・飾東一号墳などである（図4）。これらの石室は玄室の四壁の持送りが急角度で一般に穹窿式横穴式石室と呼ばれている。寺山古墳群中の八号墳北石室や一四号墳・一五号墳などもこのタイプの石室であろう。これらの石室は特定氏族と結びつくことが先学により指摘されている。水野正好は近江志賀郡所在の横穴式石室の形態の分析と奈良・平安期の文献から居住氏族の検討を行なった。滋賀郡四郷のうち南部の大友郷には大友村首・三津首・穴太村首・志賀漢人、錦部郷には錦織村首、古市郷には大友但波史の村首姓氏族を中心とした漢人系帰化氏族が極めて高い濃度で集中配置されており、この地域に穹窿式横穴式石室が濃密に分布することから、漢人

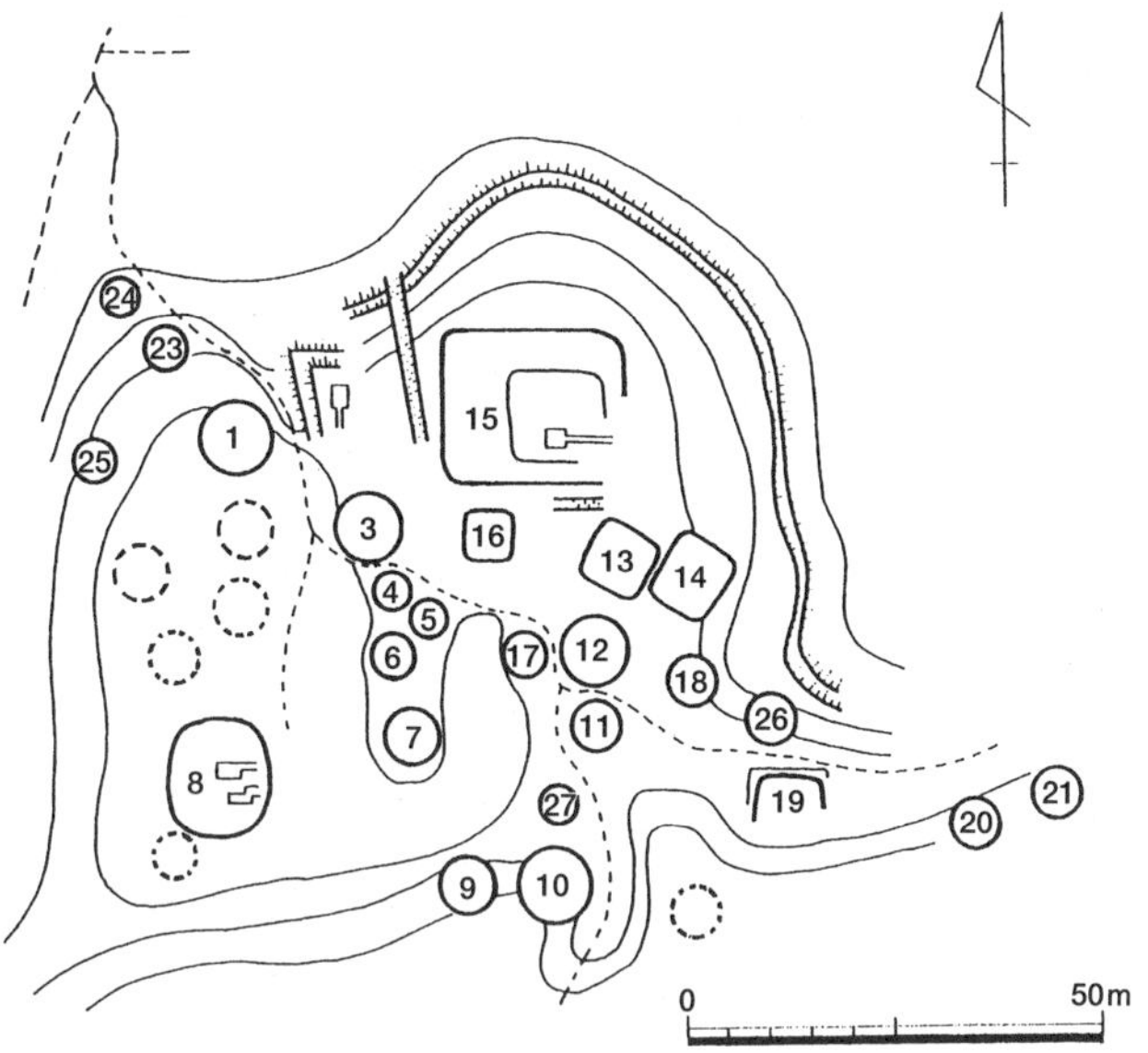

図2　寺山古墳群分布図

系渡来氏族と穹窿式横穴式石室が結びつくことを論証した。[①] 山崎信二は明日香村真弓から高取町与楽にかけての貝吹山南麓が広義での檜隈の地にあたり、同所の真弓鑵子塚古墳、乾城古墳、与楽鑵子塚古墳の穹窿式横穴式石室が同地を本拠地とした倭漢氏の宗家である東漢直氏族の墳墓であると推定している。[②] 近江や播磨の穹窿式横穴式石室には竃・釜・甑のミニチュアの炊飯具を副葬する例が多く、明日香村で近年発掘調査された沼山古墳という穹窿式横穴式石室からも出土しており、このタイプの石室が構造が類似するだけでなく、葬装儀礼においても一つの共通点を持つことから、漢人系渡来氏族という特定氏族と結びつけて考えることは可能であると考えられる。

　以上のことをまとめてみると、寺山古墳群は穹窿式横穴式石室の範疇に入れることができる。穹窿式横穴式石室は近江滋賀郡や飛鳥南部の例から漢人系渡来氏族の墳墓である可能性が高く、寺山古墳群を築いた集団として漢人系渡来氏族を想定できる。

　紀北では寺山古墳群の石室と同タイプ石室が桃山町の神田古墳群に存在する。神田一号墳は石室内にかなりの

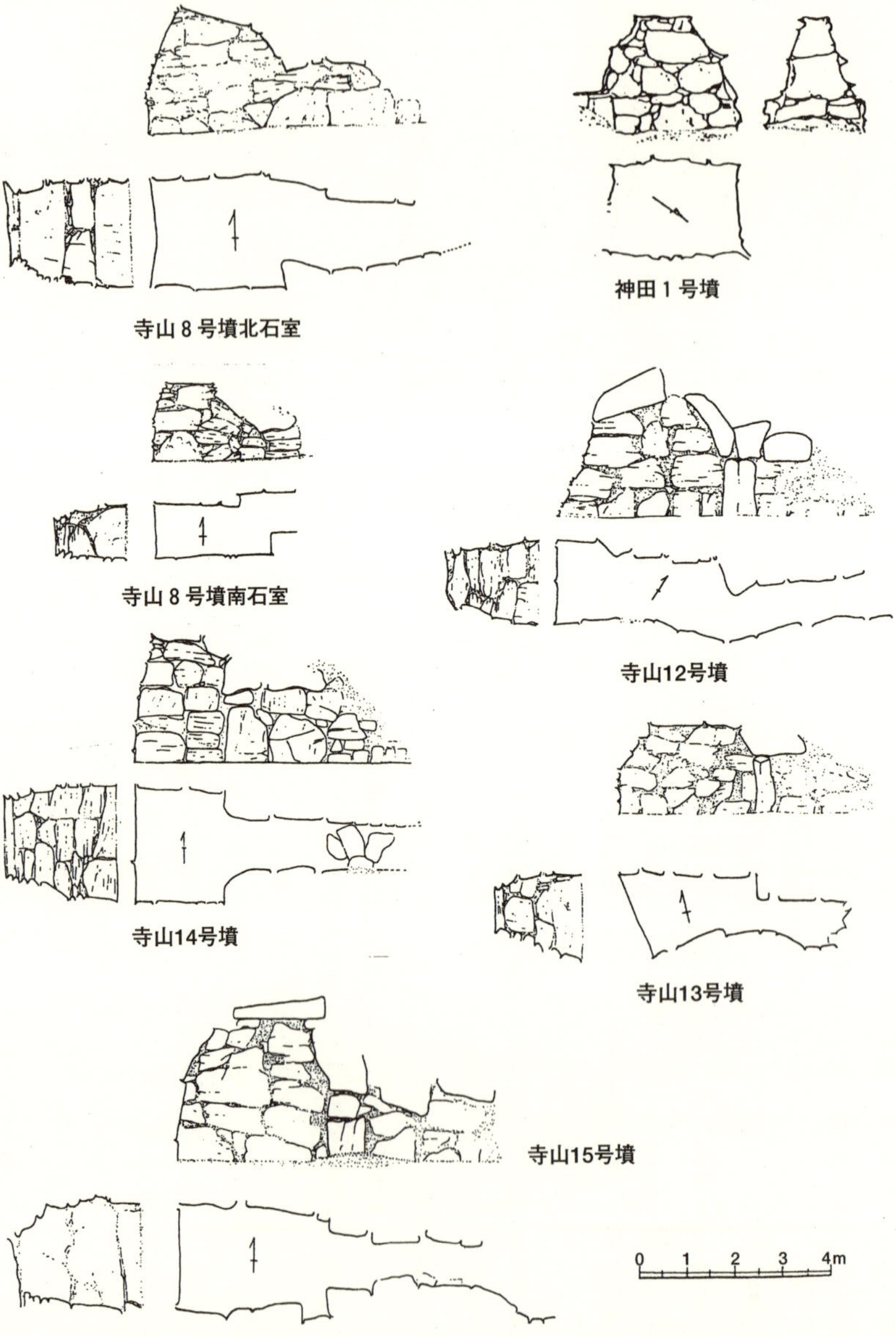

図3　寺山古墳群・神田古墳群横穴式石室

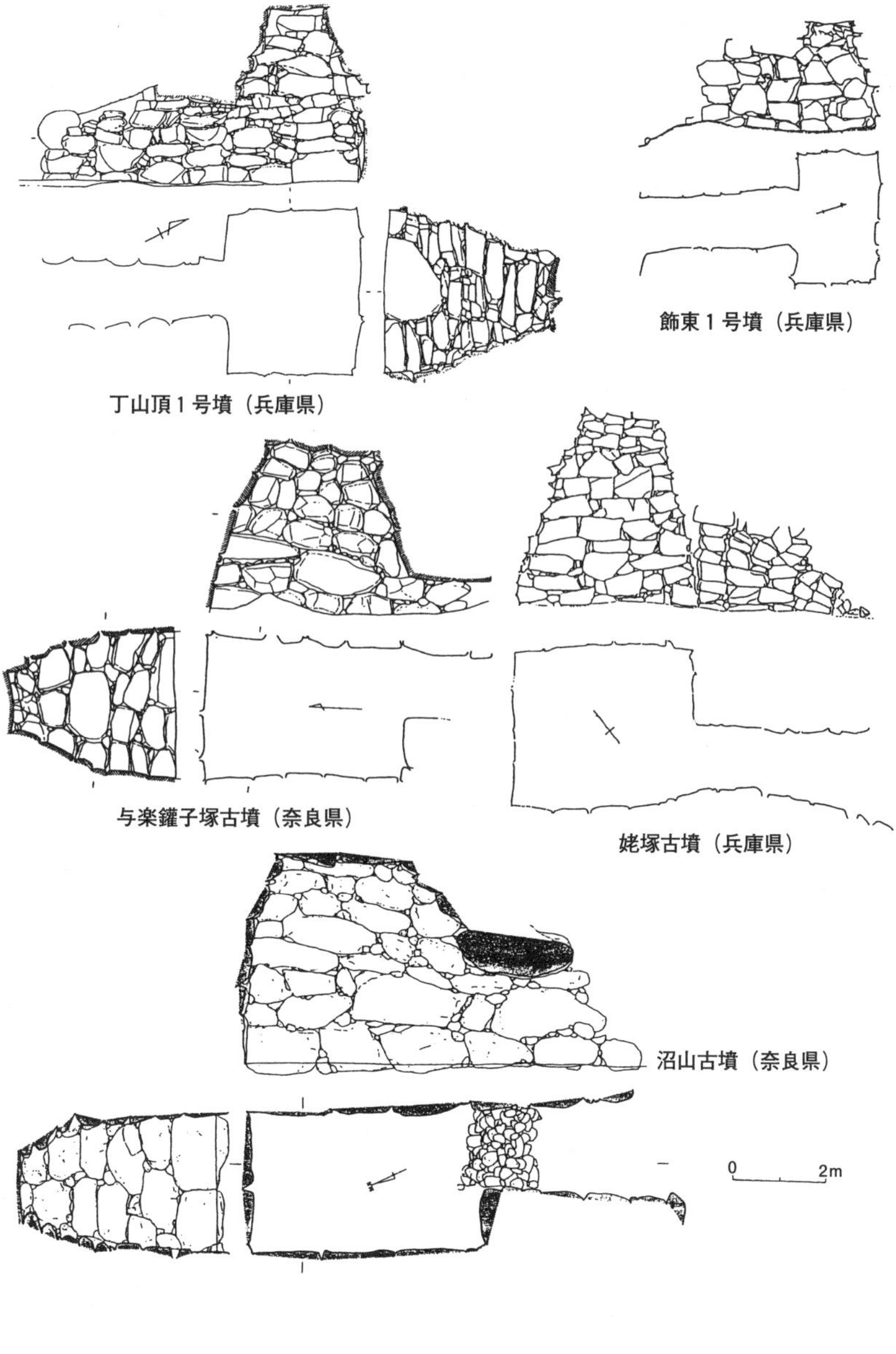

図４　近畿地方の渡来系横穴式石室

土砂が堆積しているが、ほぼ完存し、石室の構造は飛鳥南西部の穹窿式横穴式石室と酷似している。神田古墳群の築造集団も漢人系渡来氏族の一派であろう。

次にこれらの漢人系渡来氏族集団が紀北地域に進出して来た歴史的背景とその影響について考えてみたい。当時、紀ノ川下流南岸には岩橋千塚古墳群が築かれ、その築造集団として古代豪族紀氏が想定されている。③紀氏一族は紀ノ川下流域で繁栄したのみならず、岩橋型横穴式石室の特徴をもつ石室が畿内周辺部から西日本各地にみられることや、日本書記に紀氏一族の将軍が度々朝鮮半島に派遣された記述があることから、優れた航海技術をもった有力氏族であったと考えられる。書紀の安閑二年（五三五）条に「紀国経瑞屯倉（経瑞、此云俯世）・河辺屯倉」を設置した記述があり、高積山の北側に位置する現在の布施屋周辺と紀ノ川を挟んだ対岸の川辺周辺がこれにあたるものと考えられる。布施屋から上流の船戸にかけての小倉地域には現在でも小倉・三毛・満屋・布施屋など当時の屯倉に起因するものと考えられる地名が遺されている。書記の記述を実年代等も含めてそのまま信じることは出来ないが、中央勢力の手によって在地勢力紀氏一族の中心地であった下流の名草郡を避けて、高積山塊によって隔絶された那賀郡の小倉地域に屯倉が六世紀中頃に設置された可能性が高い。屯倉も設置時期や設置事情などによって構造や管理形態にも違いがあるとされるが、屯倉の開発と管理に際して渡来才伎《てひと》の技術が援用されたことが書記には記述されている。こうしたことから寺山古墳群を築いた集団は中央から派遣されて経瑞屯倉の運営管理に当たった漢人系渡来才伎ではないかと推定できる。神田古墳群を築いた集団もその一派であろう。同様の例が播磨においてもみられる。大型の穹窿式横穴式石室をもつ姥塚古墳の立地するところは『播磨国風土記』に言う越部里にあたると考えられており、書記安閑二年条の越部屯倉の設置場所も同地に比定されている。姥塚古墳の被葬者が屯倉の管理者として中央から派遣された可能性が高い。また、寺山古墳群に方墳が多いのも中央勢力から一定の身分を与えられていた証左ではないだろうか。寺山古墳群から二・五㎞東方の船戸に位置する船戸山古墳群の三号墳と六号墳の横穴式石室内から竃・甕・甑のミニチュアの炊飯具のセットが出土しており、小倉から船戸にかけての地域に漢人系渡来氏族が居住していたことが遺物からも窺える。このように寺山古墳群は石室の崩壊が著しく、石積みもやや雑な感じがあり在地系のローカルな石室だと思われがちであるが、石室を比較検討すると漢人系渡来氏族が築いたとされる穹窿式横穴式石室の範疇に属し、書紀の記述や出土遺物などを勘案すればその可能性は高いのではないかと考えられる。松田正昭も船戸山古墳群のミニチュア炊飯具と書記の屯倉設置の記事から渡来系氏族が小倉地域に居住していた可能性を指摘している[④]。

寺山古墳群や神田古墳群の築造集団として、渡来系氏族の中でも飛鳥地方南西部の桧隈地域の石室と類似性が強く、地理的にも近距離であり、同地の集団の一部が六世紀中頃の屯倉の設置を契機として移住してのではないかと考えられる。そして、山崎が説くようにその集団は倭漢氏の一派だと推定されるのである。

紀伊における後期古墳時代の集団関係

岩橋系横穴式石室の遺骸配置原理

岩橋千塚古墳群において多数みられる横穴式石室の遺骸配置原理は大多数が主軸に直交する配置であり、平面形態のいわゆるT字形石室・正方形石室・長方形石室はそれぞれ単葬・二人葬・複数葬に起因している。これに対して約一割の石室では畿内の他地域と同様に、主軸と平行に配置する形態である。前者の石室の被葬者は当時最大の在地勢力であった紀氏一族と推定される。後者の被葬者は畿内の他氏族や渡来系氏族であろう。両者は同一の丘陵上に混在して古墳を築きながらも、遺骸の配置原理を貫徹してそれぞれ別形態の石室を造営している（表2）。

西日本及び朝鮮半島の横穴式石室の遺骸配置原理

西日本各地の大型横穴式石室は在地的な特殊例を除けば、北九州系・肥後系・出雲系・大和系・岩橋系に大別可能で、いずれもその源流は朝鮮半島である。遺骸配置原理は北九州系と肥後系が直交配置で、平行配置は大和系のみである（表6）。半島の石室では平行配置が大多数である。畿内勢力が相対的に弱体化した五世紀後半から六世紀初頭にかけては、西から東へと九州系の石室が西日本の海岸部に飛び地的に出現するが、単独で終わる例が多い。六世紀中頃から七世紀代になると大和系の石室が畿内を中心として西日本および東日本へと放射状に伝播する。同系統の石室が累系的に築かれる場合が多い。

和歌山県における横穴式石室の展開と後期古墳時代の集団関係

和歌山県の横穴式石室は前述したように岩橋系、擬似岩橋系、大和系、渡来系、その他の在地系石室に大別可能である。石室の系統及び分布状況から、古墳を築造した集団の関係と動向をある程度把握することが可能である。紀ノ川下流南岸の和歌山市岩橋山塊周辺を中心に分布する岩橋系統の石室が圧倒的多数を占め、最大勢力である。

和歌山県における初現期の横穴式石室は有田市の椒古墳と橋本市の陵山古墳である。椒古墳は玄室奥壁に石障を造り付けている九州系の石室である。陵山古墳は結晶片岩の割石で、特異な細長い玄室と羨道を築いている。

岩橋千塚古墳群では大谷山地区でいち早く横穴式石室が導入されている。大谷山六号墳が現在のところ最古の石室である。平面形態は奈良県の桜井公園二号墳や大阪府の七ノ坪古墳、高井田山古墳と類似しており、畿内へ広範囲に横穴式石室が伝播した一連の動きの中で、紀ノ川下流の岩橋地区に導入されたと考えられる。また、六世紀初頭頃の築造だと推定されている大谷山二八号墳では、玄室の壁面に沿って梛障状の板石が廻らされており、肥後系横穴式石室との関連が注目される。

六世紀の前葉から中頃にかけて岩橋周辺では、大日山三五号墳・大谷山二二号墳・井辺八幡山・天王塚と七〇号mから九〇m前後の前方後円墳が築かれており、当時の紀伊の首長墓だと考えられる。この頃、首長墓と同型式の横穴式石室をもつ古墳が紀ノ川下流域で出現する。山東の盆地部には伊太祈曾神社一号墳が出現し、亀川下流の室山山頂には室山二号墳、紀ノ川と貴志川の合流地点の船戸山には船戸山二号墳が築かれている。古墳の規模は一四～一六mの小型円墳であるが、石室は石棚や石梁をもつ大型のものである。交通や経済の要衝地にあたるこれらの地域の小首長層が岩橋千塚築造集団の傘下に組み込まれたものと理解できる。また、九州地方の石室と類似点が多い百合山古墳群や上ミ山古墳・弁財天山古墳など独自の形態の石室が出現しているが、短期間で途

表2　遺骸配置原理と横穴式石室平面形態の類型

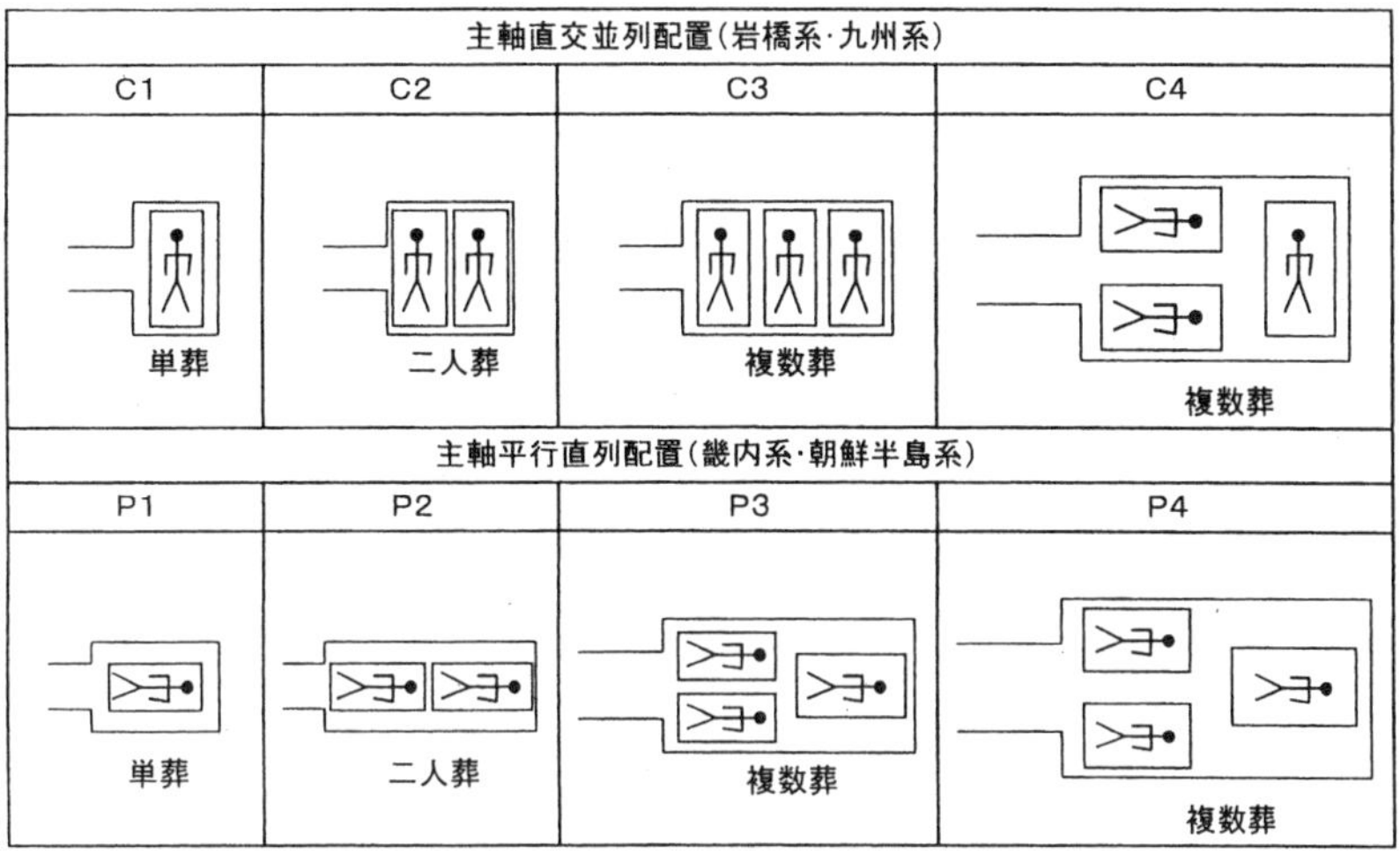

表3　岩橋千塚横穴式石室分類表（玄室規模と平面形）

形	配置原理	石室名称	玄室規模・形態			総数	石棚石梁				墳丘			
			玄室長X	玄室幅Y	指数Y／X		無し	石棚	石梁	棚梁	前後円	方	円	円墳径
C1	主　軸 直交型	T字形石室	0.8～1.8m	1.5～2.3m	125～	13(10.4%)	15	1			1		15	10.3m
C2		正方形石室	1.5～2.3m	1.5～2.3m	75～125	50(32.5%)	44	4	1	1	1		49	14.4m
C3		中型長方形石室	2.2～3.0m	1.5～2.6m	75前後	49(31.8%)	28	12		9	6		43	14.3m
P1	主　軸	小型長方形石室	1.4～2.3m	1.0～1.5m	60前後	12(7.8%)	11			1	1		11	11.7m
P1	平行型	細長長方形石室	3.0m～	1.0～1.5m	～50	1(0.6%)		1					1	10.0m
CL	小児用	小型石室	0.7～1.2m	0.7～1.2m	75～150	5(3.2%)	5						5	11.1m
						154	112	20	1	21	13	2	129	13.8m

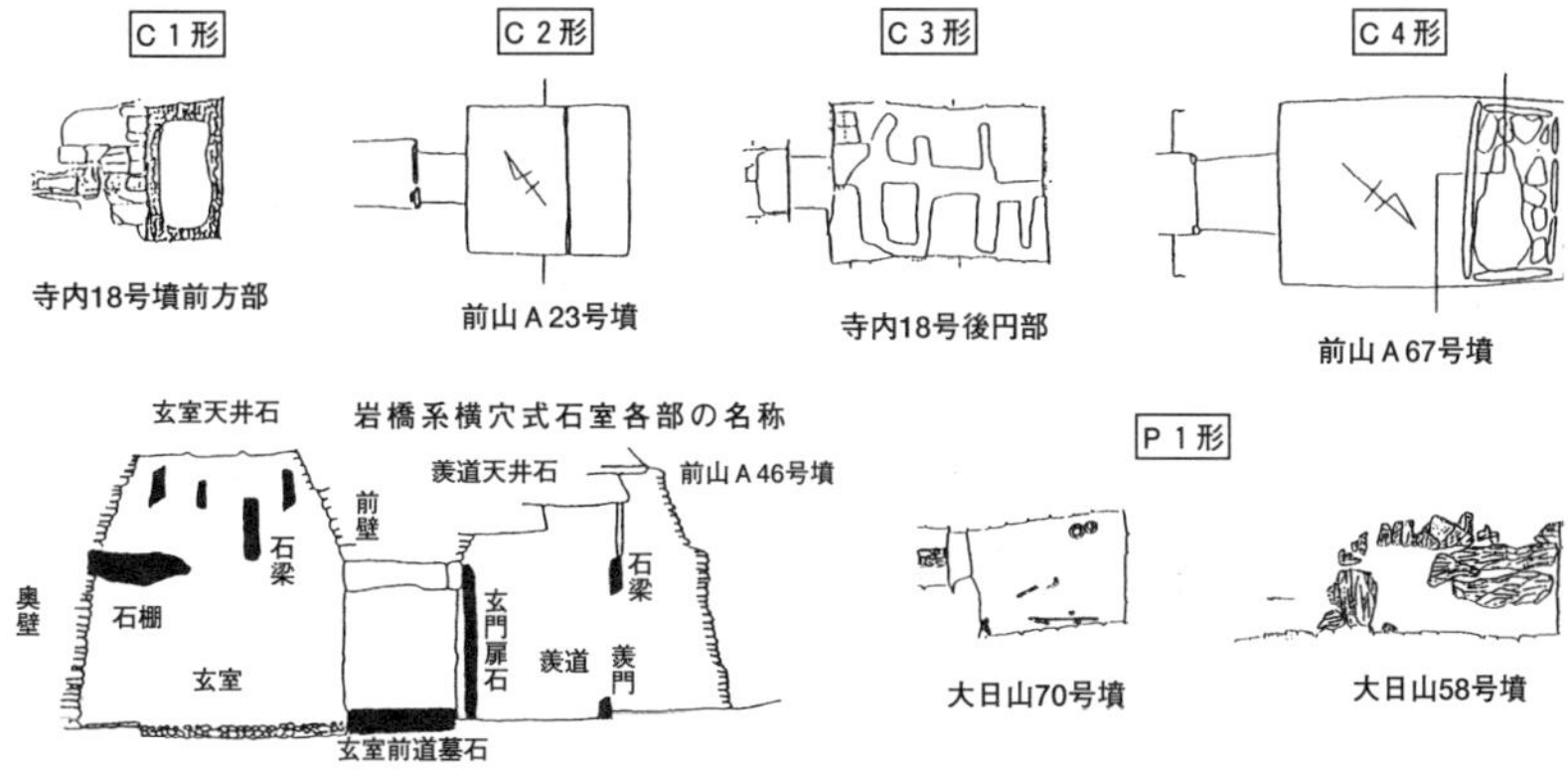

表4　岩橋系横穴式石室・竪穴式石室・箱式石棺平面規模

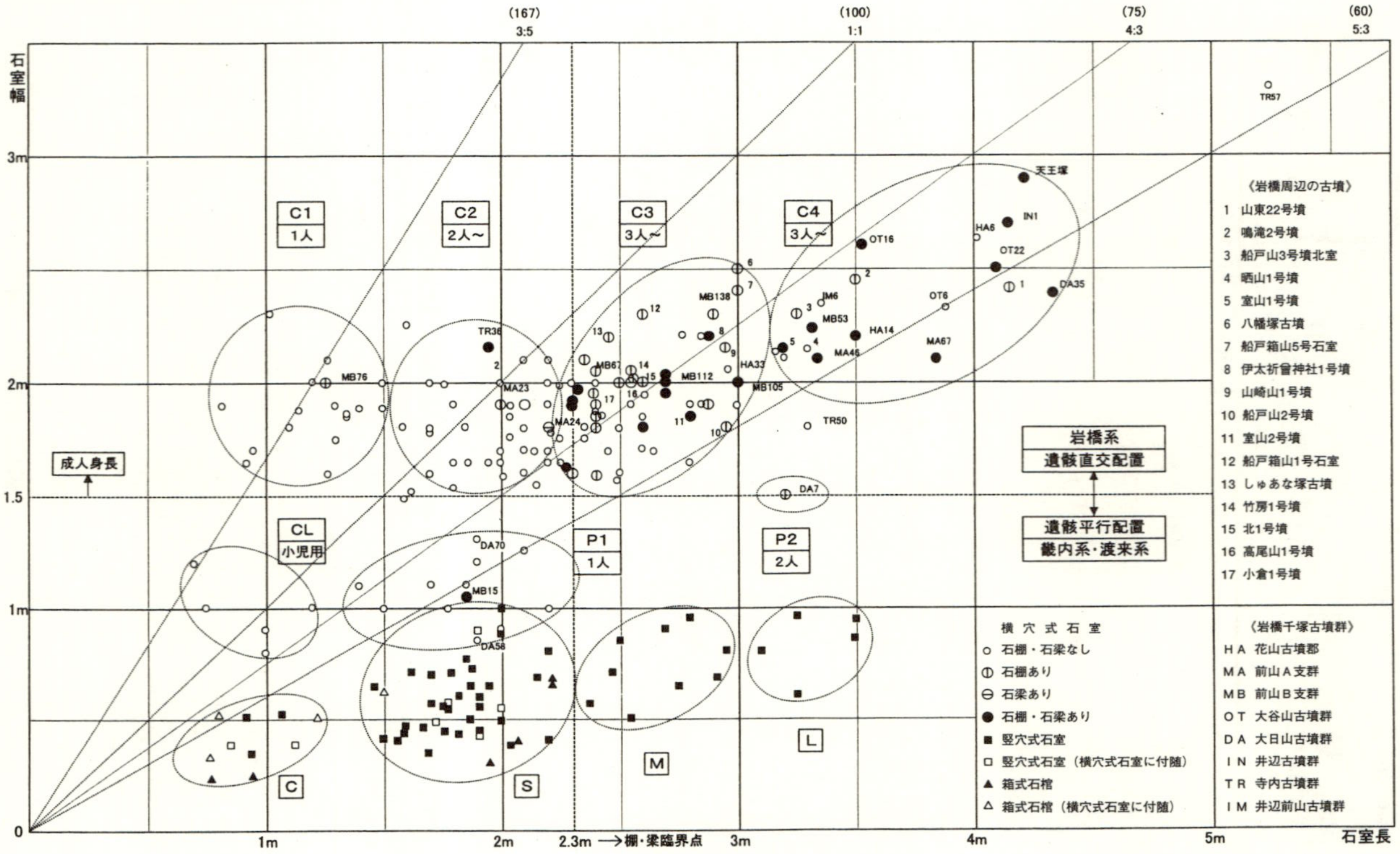

表5

岩橋系石室	岩橋千塚古墳群 竹房古墳群 北古墳群 高尾山古墳群 明楽古墳群 晒山古墳群 雨が谷古墳群 山東古墳群 伊太祈曾神社古墳群 山崎山古墳群 室山古墳群	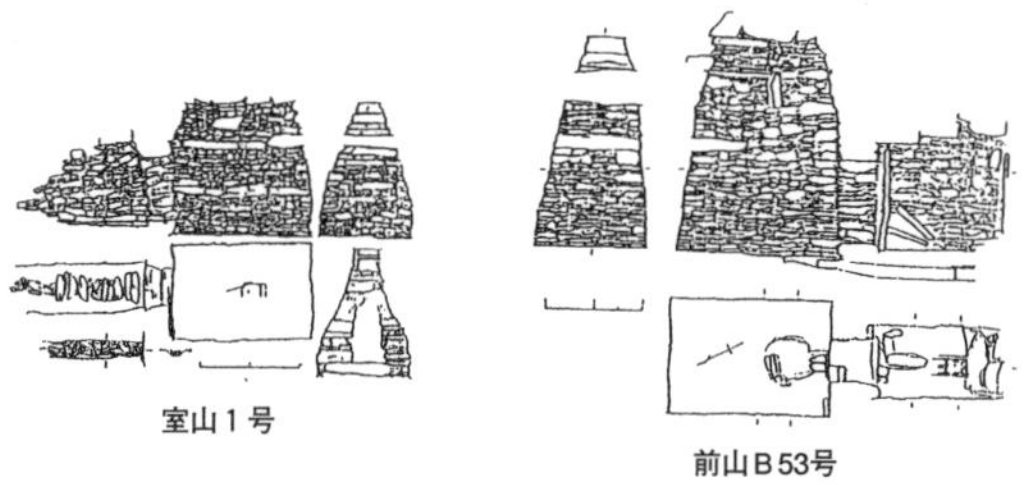 室山1号 前山B53号
疑似岩橋系石室	市脇古墳群 具束壺古墳群 七ツ塚古墳群 西庄古墳群 箕島古墳群 天満古墳群 岩内古墳群 祓井戸古墳群 秋葉山古墳群 崎山古墳群	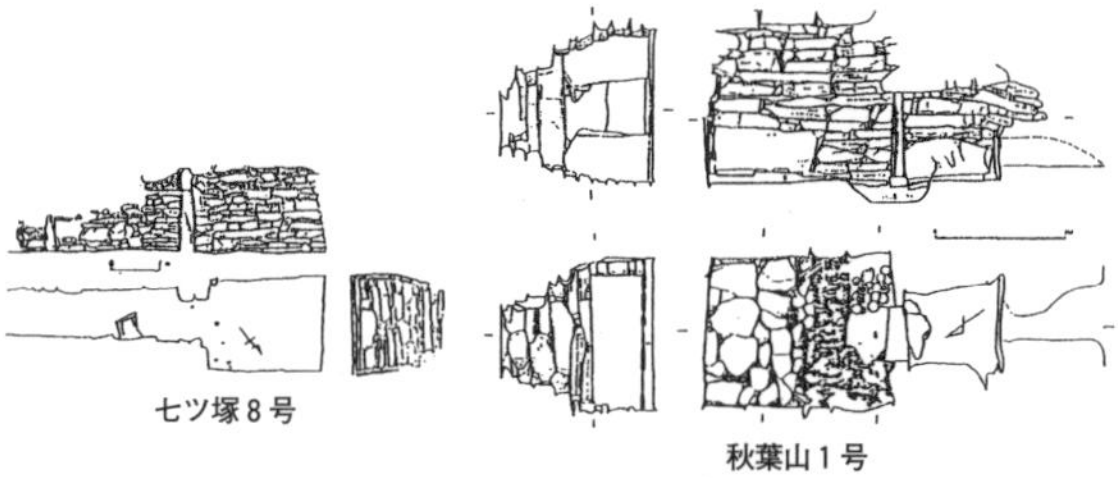 七ツ塚8号 秋葉山1号
大和系石室	奥出古墳 鳴滝2号 鳴滝10号 園部円山	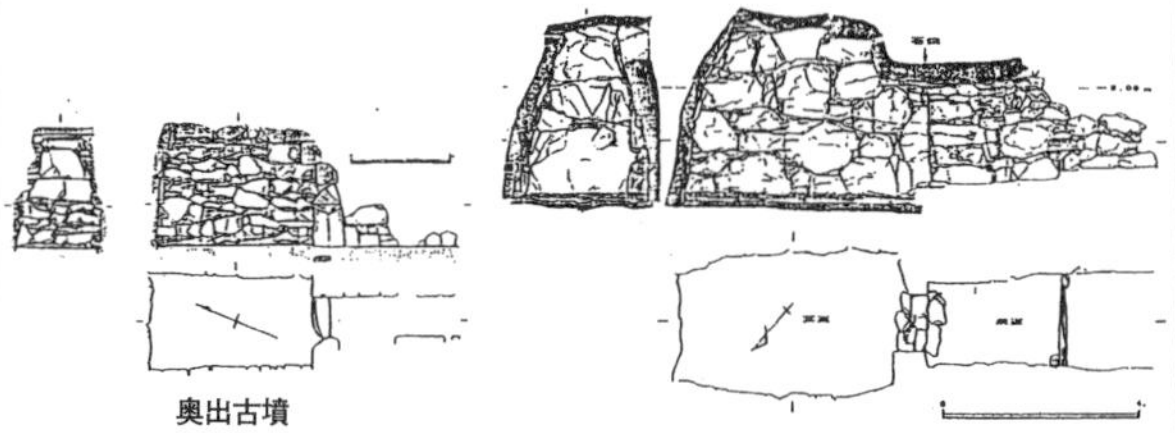 奥出古墳 園部円山
渡来系石室	神田古墳群 寺山古墳群	 神田1号 寺山15号
在地系石室	陵山 百合山古墳群 馬瀬古墳群 椒 弁財天山古墳群 上ミ山 箱谷古墳群 吹上古墳群 若野古墳群	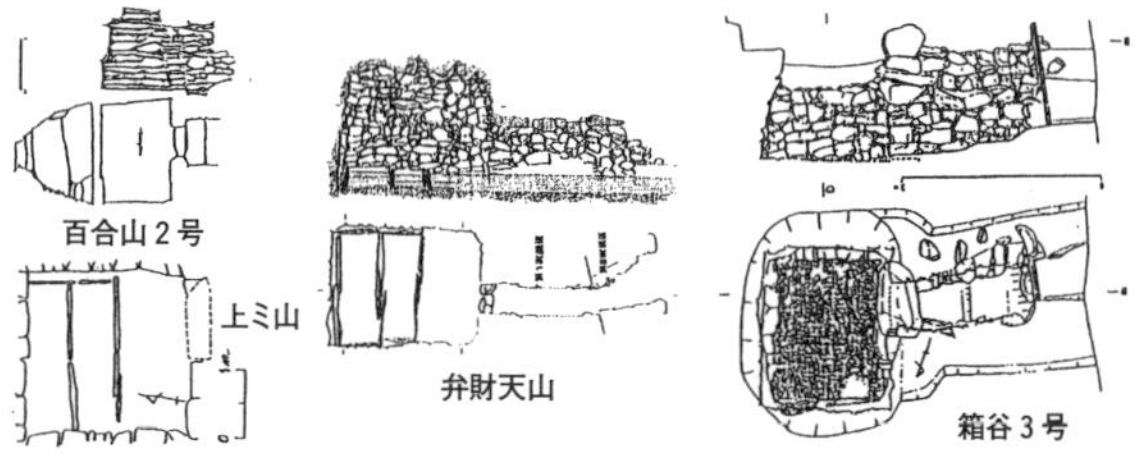 百合山2号 上ミ山 弁財天山 箱谷3号

表6　西日本の主要横穴式石室の諸類型

A 北九州系 1　複室 2　明瞭な袖石 3　石材大 4　北北東～東向き 5　主軸直交型 6　壁画	綾塚　橘塚　重定　宮地嶽 （福岡） 安岳３号　新坡里４号 （高句麗）	綾塚 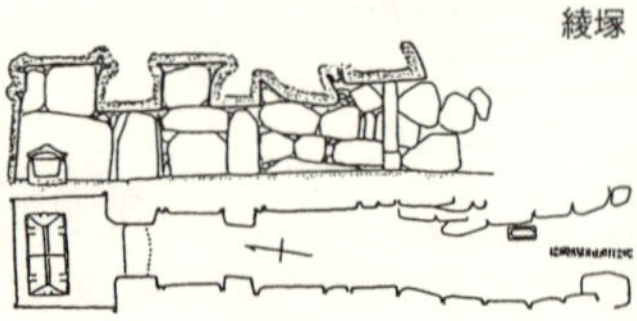
B 肥後系 1　単室 2　石障・石棚 3　石材中 4　ドーム状持ち送り 5　玄室基底石 6　主軸直交型 7　壁画	小坂大塚　井寺　日輪寺 千金甲　大野窟　国越 （熊本） 千足（岡山） 双床塚　忠孝里９・10号 （新羅）	大野窟 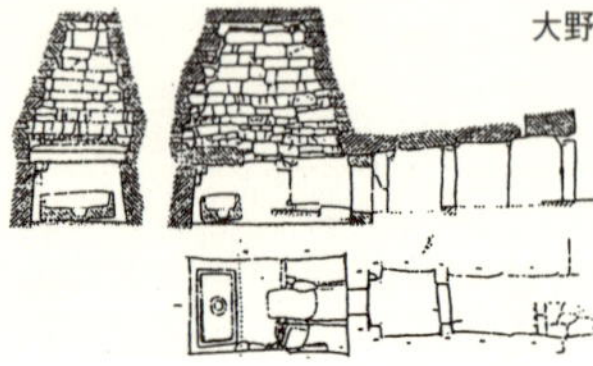
C 出雲系 1　複室 2　明瞭な袖石 3　南西向き 4　石材中 5　主軸直交・平行型 6　横口式石棺	岡田山１号　妙蓮寺 上塩冶築山　大念寺 （島根）	上塩冶築山 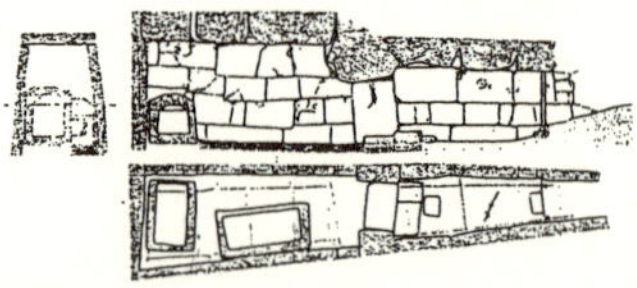
D 大和系 1　単室 2　袖石 3　南向き 4　石材大 5　主軸平行型 6　刳抜式家型石棺	市尾墓山　烏土塚　藤ノ木 天王山　石舞台　岩屋山（奈良） こうもり塚　牟佐大塚（岡山） 晋州水晶峰２・３号（伽耶） 県北里２号　加神里　陵山里 （百済）	石舞台 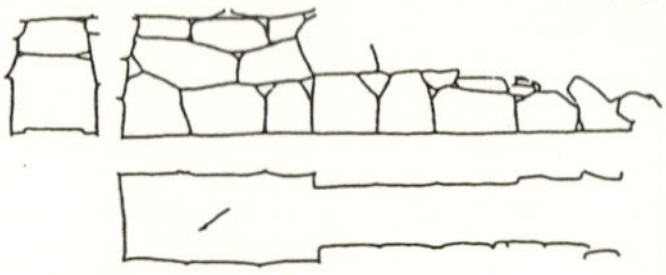
E 岩橋系 1　単室（通廊） 2　石棚・石梁 3　扉石 4　北西～西向き 5　石材小 6　主軸直交型	花山６号　大谷山22号 天王塚　寺内57号　井辺１号 北１号　伊太祈曾神社 （和歌山） 岡峯（奈良）	天王塚 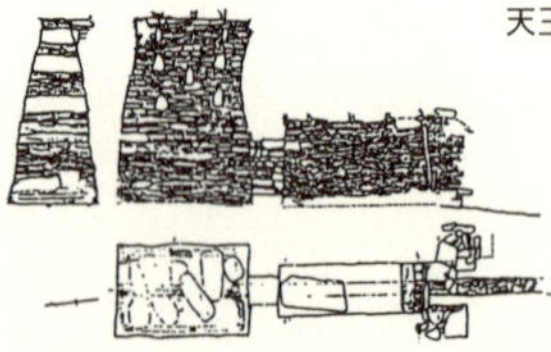
F 渡来系 1　単室 2　ドーム状持ち送り 3　石材やや大 4　南向き 5　主軸直交型 6　石棺無し	真弓鑵子塚　与楽鑵子塚　沼山 （奈良） 百穴12号（滋賀） 丁山頂１号　飾東１号（兵庫） 寺山14・15号（和歌山）	沼山 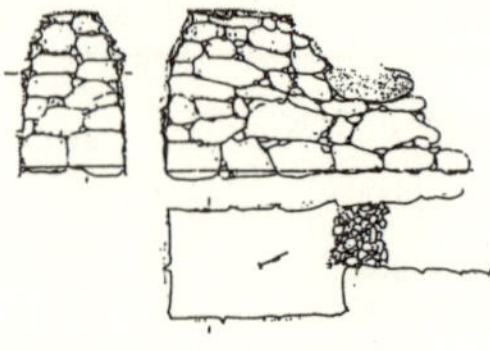

絶している。

六世紀の中頃から後半にかけて、紀伊では天王塚の築造を最後に、古墳の規模は極端に縮小化する。三〇ｍ以上の前方後円墳は三例で、鳴滝地域に三五ｍの前方後円墳である晒山一〇号墳が出現する。同時期に前方後円墳は終焉を迎え、その後、紀伊の首長墓は三〇〜四〇ｍ前後の円墳から方墳へと変化している。この時期には岩橋系統の横穴式石室（竪穴式石室・箱式石棺もセットで含む）が紀ノ川流域から貴志川、亀川流域まで広範囲で築かれるようになり、二〇ｍ前後の円墳が多い。岩橋千塚築造集団を盟主とする集団関係が確立している。

紀ノ川河口部北岸の古墳時代の一大製塩遺跡である西庄遺跡において、最近、主要石材は和泉砂岩を使用しているが、要所の石材に結晶片岩を用い岩橋系石室の構造に準じた六世紀後半の横穴式石室が二基発見されている。西庄の製塩工人集団も岩橋千塚築造集団の配下にあった可能性が高い。また、有田川流域から田辺湾にかけての沿岸部でも石室構造が岩橋系に類似した古墳が多数みられ、岩橋勢力の影響下にあったことが窺える。

この頃、岩橋千塚古墳群の首長をヒエラルヒーの頂点とした集団関係に組み込まれず、独自の墓制を展開していたのが、寺山と鳴滝周辺である。寺山地域では、蛇紋岩の巨石を使用し、玄室形態が正方形から長方形のものや両袖式や片袖式の石室がみられ、壁面上部を急角度でもち送り、天井石も一石のものが多い。墳形も方墳が多い。奈良県飛鳥南部や兵庫県南部の漢人系渡来氏族が築造したと推定されている石室と類似しており、神田古墳群の石室も同様のものである。日本書紀では安閑二年条（五三五年）に小倉地域と川辺地域に屯倉が設置された記述があり、寺山古墳群の築造集団がその経営に係った可能性がある。

鳴滝地域では、六世紀中頃に岩橋千塚の首長墓に匹敵する晒山一〇号墳が出現した後、径二〇ｍから二五ｍの中型円墳が累系的に築かれている。その中で、晒山一〇号墳と鳴滝一号墳が岩橋系石室であるのに対して、奥出古墳・園部円山古墳・鳴滝二号墳は和泉砂岩の巨石で、奈良県飛鳥地方を中心に多く分布する両袖式の横穴式石室に類似した石室を築いている。これらの大和系ともいえる石室が出現した背景には、鳴滝地域の集団と大和勢力との密接な関係が浮かびあがる。大和側からみれば紀ノ川下流域最大の在地勢力である岩橋千塚築造集団を避けて対岸の鳴滝地域に一つの拠点を築いていたと推定される。鳴滝地域には五世紀中頃に大和朝廷による半島出兵に関連した可能性がある大倉庫群が営まれており、六世紀代にも同地は引き続き大和勢力にとっては重要な地域であったことが窺い知れる。

岩橋地域の首長墓の衰退と鳴滝地域の大和系石室をもつ古墳の出現および小倉地域の渡来系石室をもつ寺山古墳群の造営とは表裏一体の現象として理解可能である。

六世紀後半の岩橋千塚古墳群の中では将軍塚古墳の次世代の首長墓が寺内五七号墳で、直径二五mを超える円墳である前山A四六号墳とA六七号墳、大谷山一六号墳、山東二二号墳などの古墳の被葬者が各支群を形成したそれぞれの分派集団の有力者だと考えられる。首長墓が前方後円墳から方墳へと連続的に移行していくのではなく、その間に円墳を首長系列墓とする時期が存在したようである。大和朝廷の勢力が岩橋千塚集団の本拠地まで及んだ六世紀第3四半期頃に首長系列墓は前方後円墳の形をとりながらも規模は極端に縮小化されて、次の段階では墳形も円墳に規制された可能性が高い。六世紀後半代の紀伊の首長は紀ノ川下流域の強大な在地豪族の総帥という性格を次第に弱めながら、中央政府から承認された国造という官僚へと転身して、大型円墳を築き、七世紀前半には大型方墳を築いていったものと推定される。

七世紀後半の状況にも少しふれてみたい。古墳は政治的モニュメントとしての役割を終え、古代寺院がその機能を果たしている。紀北地域の白鳳寺院の分布をみてみると、紀ノ川北岸の河岸段丘上に数多く分布する。付近には大和と紀伊を結ぶ南海道が通っていたと考えられ、この沿道に寺院が築かれている。名草郡内では山口・上野・直川・薬勝寺の四カ寺が建立されたが、薬勝寺を除く三カ寺が紀ノ川北岸の河岸段丘上に位置する。そしてこれらの三寺院のほぼ中間地点に紀伊の国府が置かれる。このように紀ノ川下流の政治的な比重は古墳時代末期以降、日前宮を中心とする南岸から北岸へと移っていき、奈良時代の国府と国分寺の設置によって決定的となる。

県内でも最古の古代寺院は那賀郡内に集中し、西国分廃寺・最上廃寺・北山廃寺があり、坂田寺式軒丸瓦が使用されている。坂田寺は渡来系氏族の鞍作氏によって造

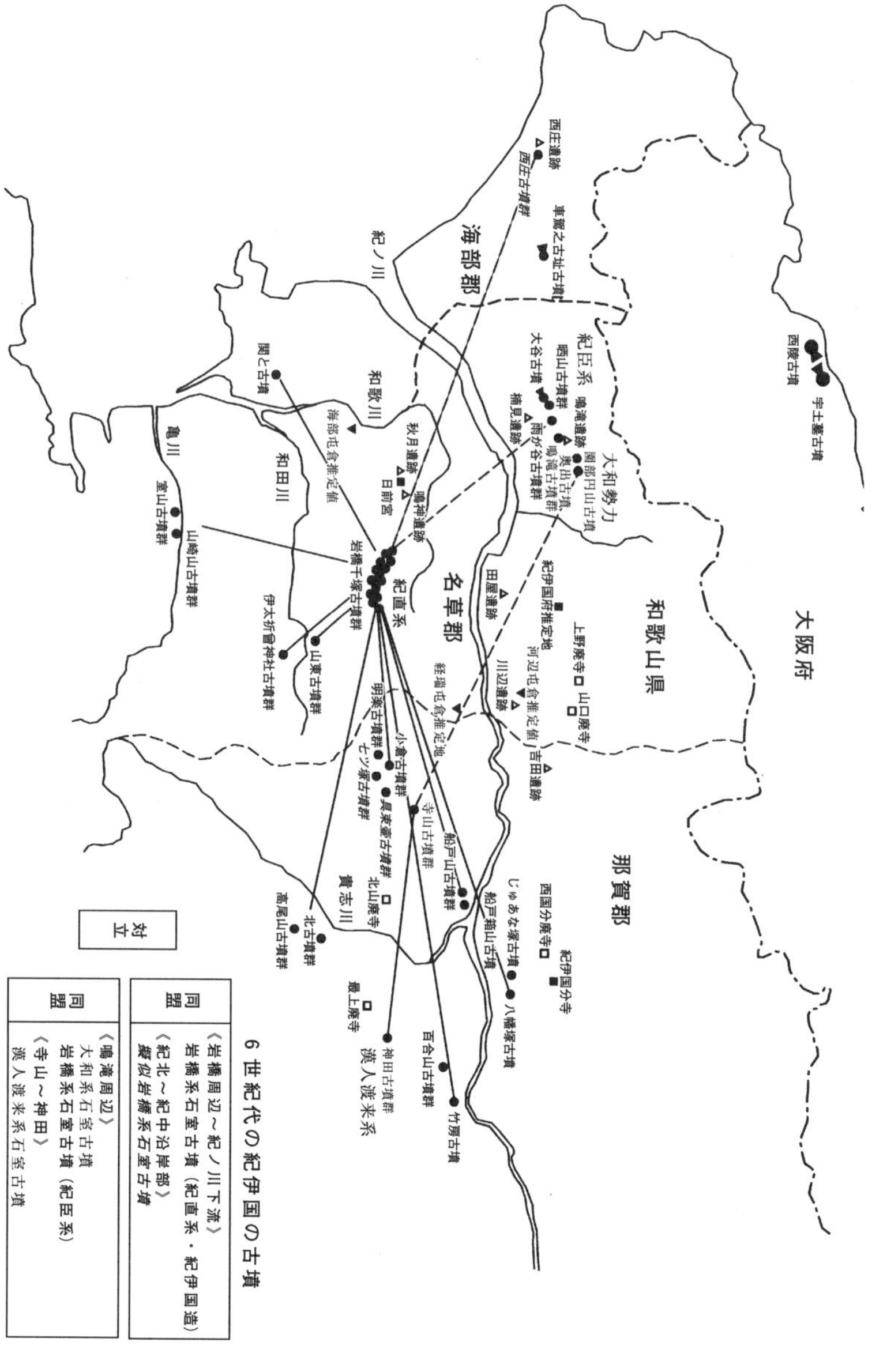

図4　紀ノ川下流域における後期古墳時代の集団関係　5～7世紀代の古墳・寺院・集落・国府・屯倉推定地模式図

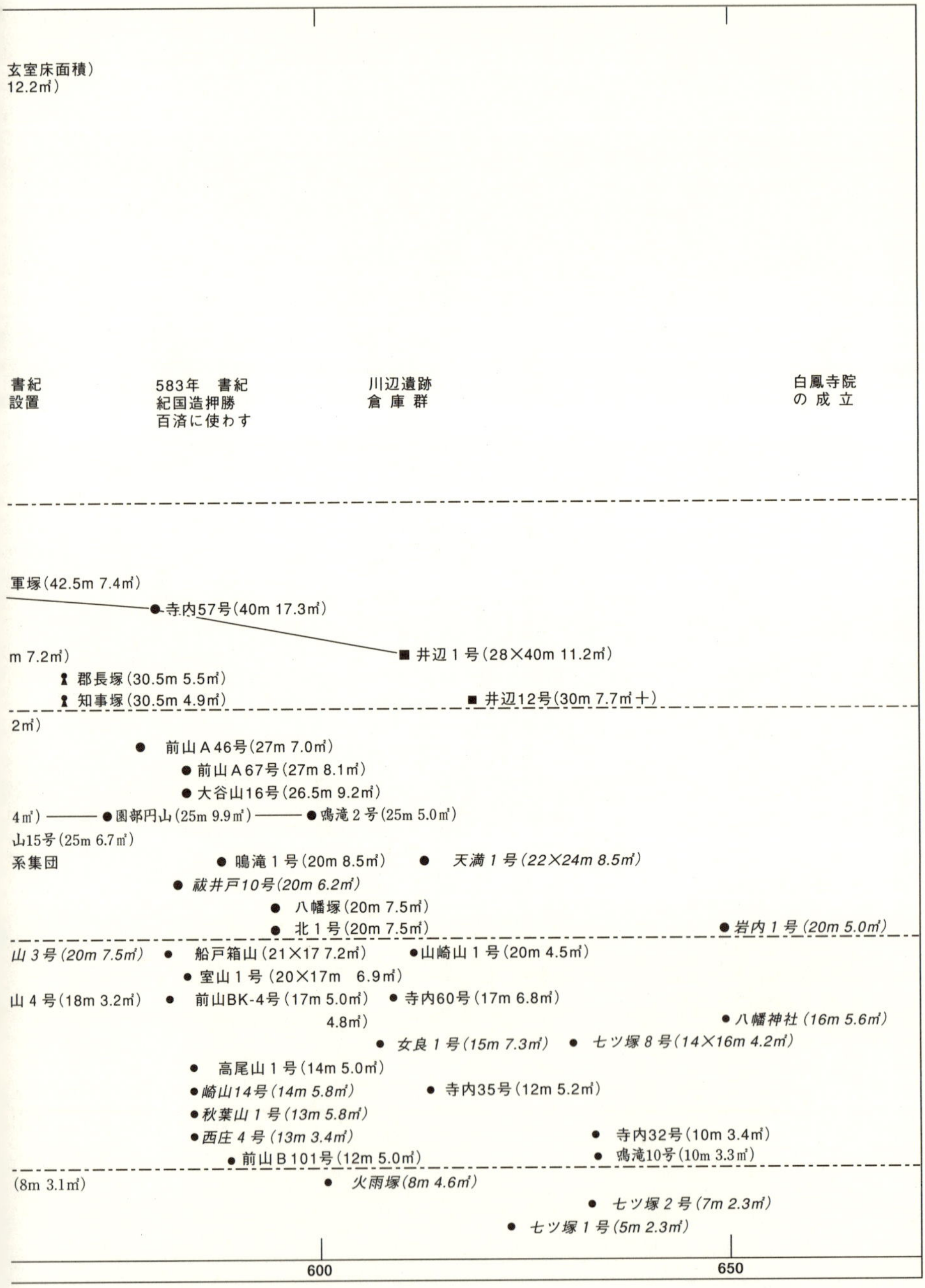
玄室床面積）
12.2㎡）
書紀
設置
583年　書紀
紀国造押勝
百済に使わす
川辺遺跡
倉 庫 群
白鳳寺院
の 成 立
軍塚（42.5m 7.4㎡）
寺内57号（40m 17.3㎡）
井辺１号（28×40m 11.2㎡）
m 7.2㎡）
郡長塚（30.5m 5.5㎡）
知事塚（30.5m 4.9㎡）
井辺12号（30m 7.7㎡＋）
2㎡）
前山Ａ46号（27m 7.0㎡）
前山Ａ67号（27m 8.1㎡）
大谷山16号（26.5m 9.2㎡）
4㎡）
園部円山（25m 9.9㎡）
鳴滝２号（25m 5.0㎡）
山15号（25m 6.7㎡）
系集団
鳴滝１号（20m 8.5㎡）
天満１号（22×24m 8.5㎡）
祓井戸10号（20m 6.2㎡）
八幡塚（20m 7.5㎡）
北１号（20m 7.5㎡）
岩内１号（20m 5.0㎡）
山３号（20m 7.5㎡）
船戸箱山（21×17 7.2㎡）
山崎山１号（20m 4.5㎡）
室山１号（20×17m　6.9㎡）
山４号（18m 3.2㎡）
前山BK-4号（17m 5.0㎡）
寺内60号（17m 6.8㎡）
4.8㎡）
八幡神社（16m 5.6㎡）
女良１号（15m 7.3㎡）
七ツ塚８号（14×16m 4.2㎡）
高尾山１号（14m 5.0㎡）
崎山14号（14m 5.8㎡）
寺内35号（12m 5.2㎡）
秋葉山１号（13m 5.8㎡）
西庄４号（13m 3.4㎡）
寺内32号（10m 3.4㎡）
前山Ｂ101号（12m 5.0㎡）
鳴滝10号（10m 3.3㎡）
(8m 3.1㎡）
火雨塚（8m 4.6㎡）
七ツ塚２号（7m 2.3㎡）
七ツ塚１号（5m 2.3㎡）
600
650

表7　和歌山県における後期古墳の規模の変遷

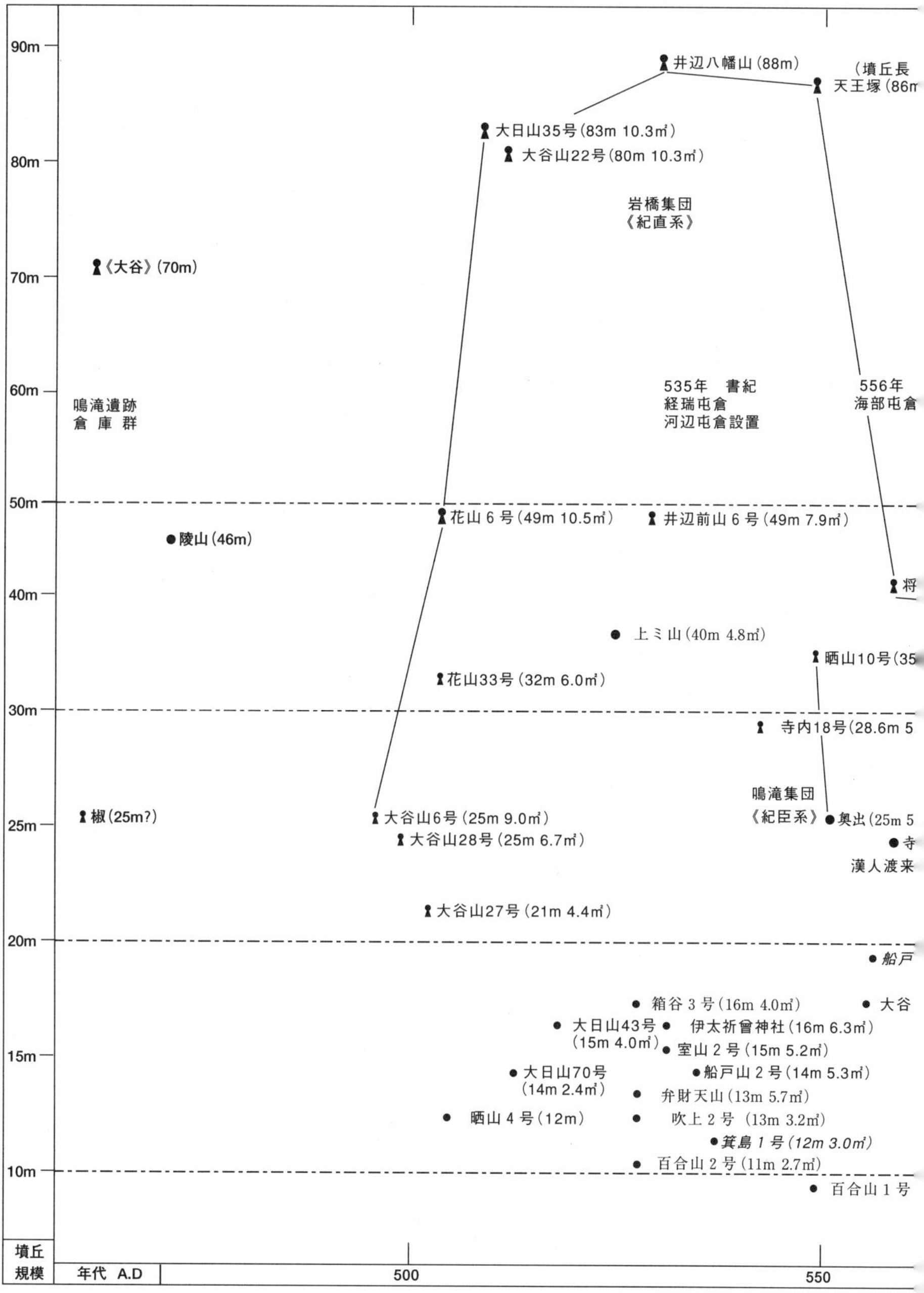

90m
80m
70m
60m
50m
40m
30m
25m
20m
15m
10m
墳丘規模
年代 A.D
500
550
井辺八幡山（88m）
（墳丘長
天王塚（86m
大日山35号（83m 10.3㎡）
大谷山22号（80m 10.3㎡）
岩橋集団
《紀直系》
《大谷》（70m）
535年　書紀
経瑞屯倉
河辺屯倉設置
556年
海部屯倉
鳴滝遺跡
倉 庫 群
花山 6 号（49m 10.5㎡）
井辺前山 6 号（49m 7.9㎡）
陵山（46m）
将
上ミ山（40m 4.8㎡）
晒山10号（35
花山33号（32m 6.0㎡）
寺内18号（28.6m 5
鳴滝集団
《紀臣系》
奥出（25m 5
椒（25m?）
大谷山6号（25m 9.0㎡）
大谷山28号（25m 6.7㎡）
寺
漢人渡来
大谷山27号（21m 4.4㎡）
船戸
箱谷 3 号（16m 4.0㎡）
大谷
大日山43号
（15m 4.0㎡）
伊太祈曾神社（16m 6.3㎡）
室山 2 号（15m 5.2㎡）
大日山70号
（14m 2.4㎡）
船戸山 2 号（14m 5.3㎡）
弁財天山（13m 5.7㎡）
晒山 4 号（12m）
吹上 2 号（13m 3.2㎡）
箕島 1 号（12m 3.0㎡）
百合山 2 号（11m 2.7㎡）
百合山 1 号

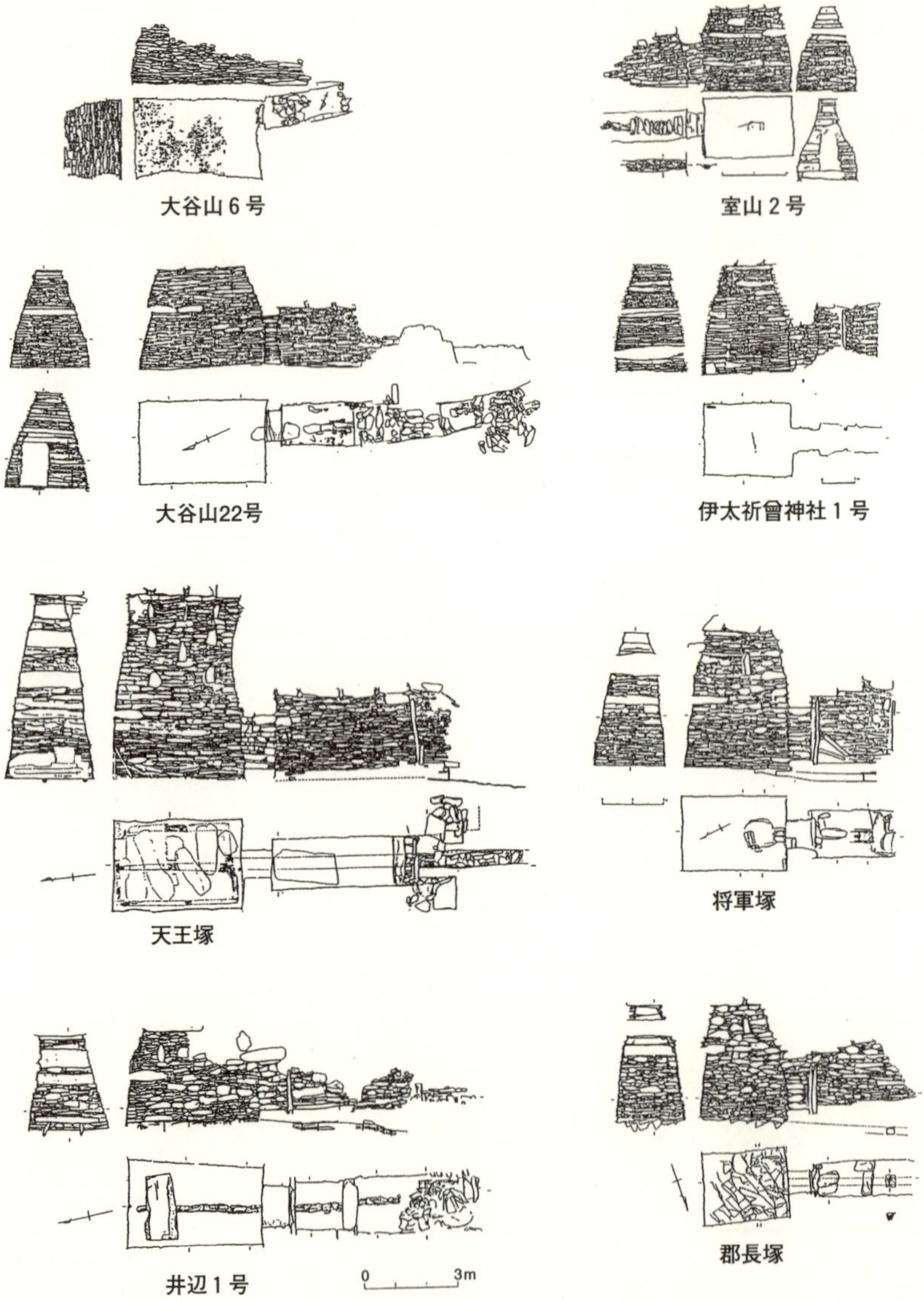

図５　岩橋系横穴式石室

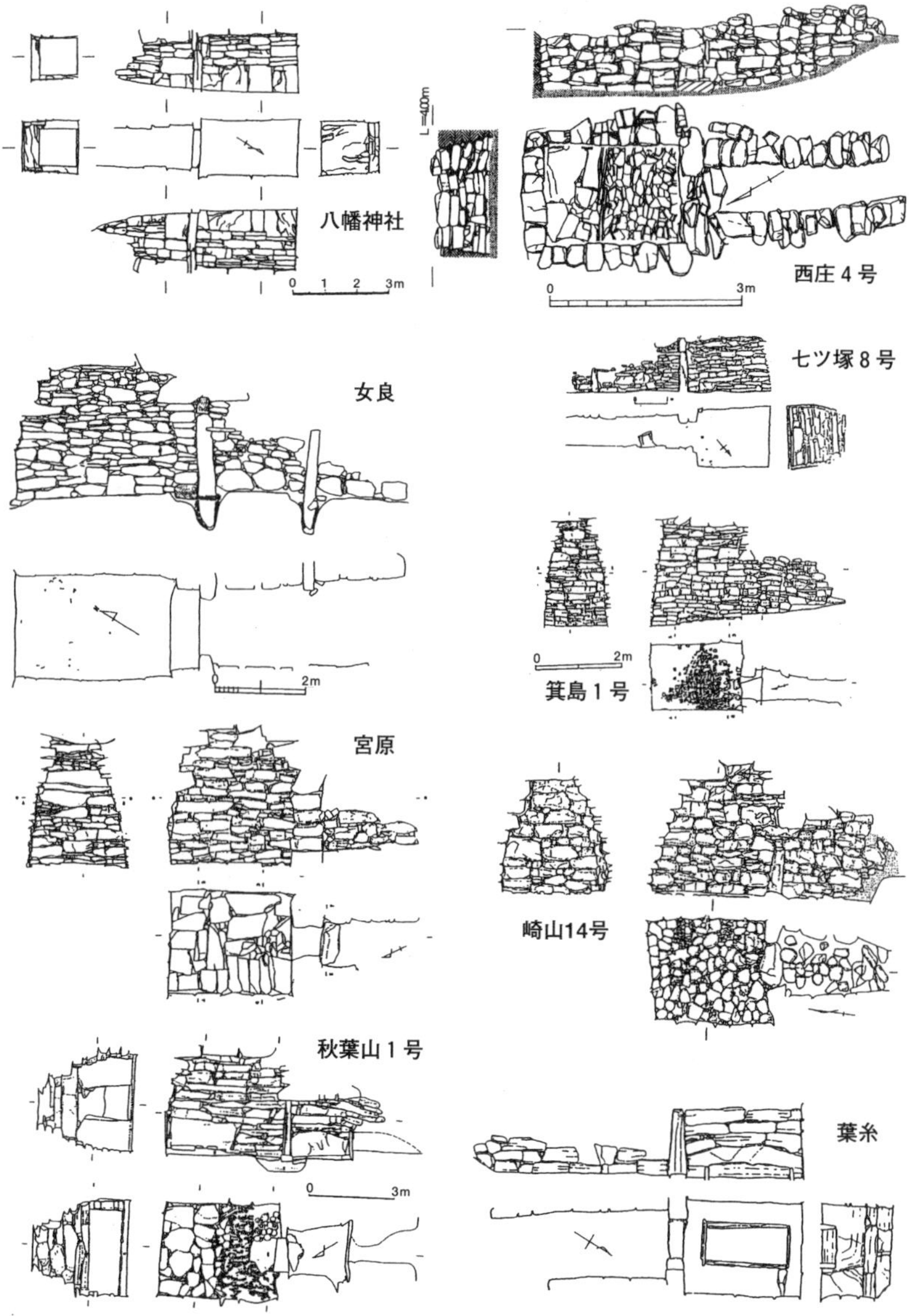

図６　疑似岩橋系横穴式石室

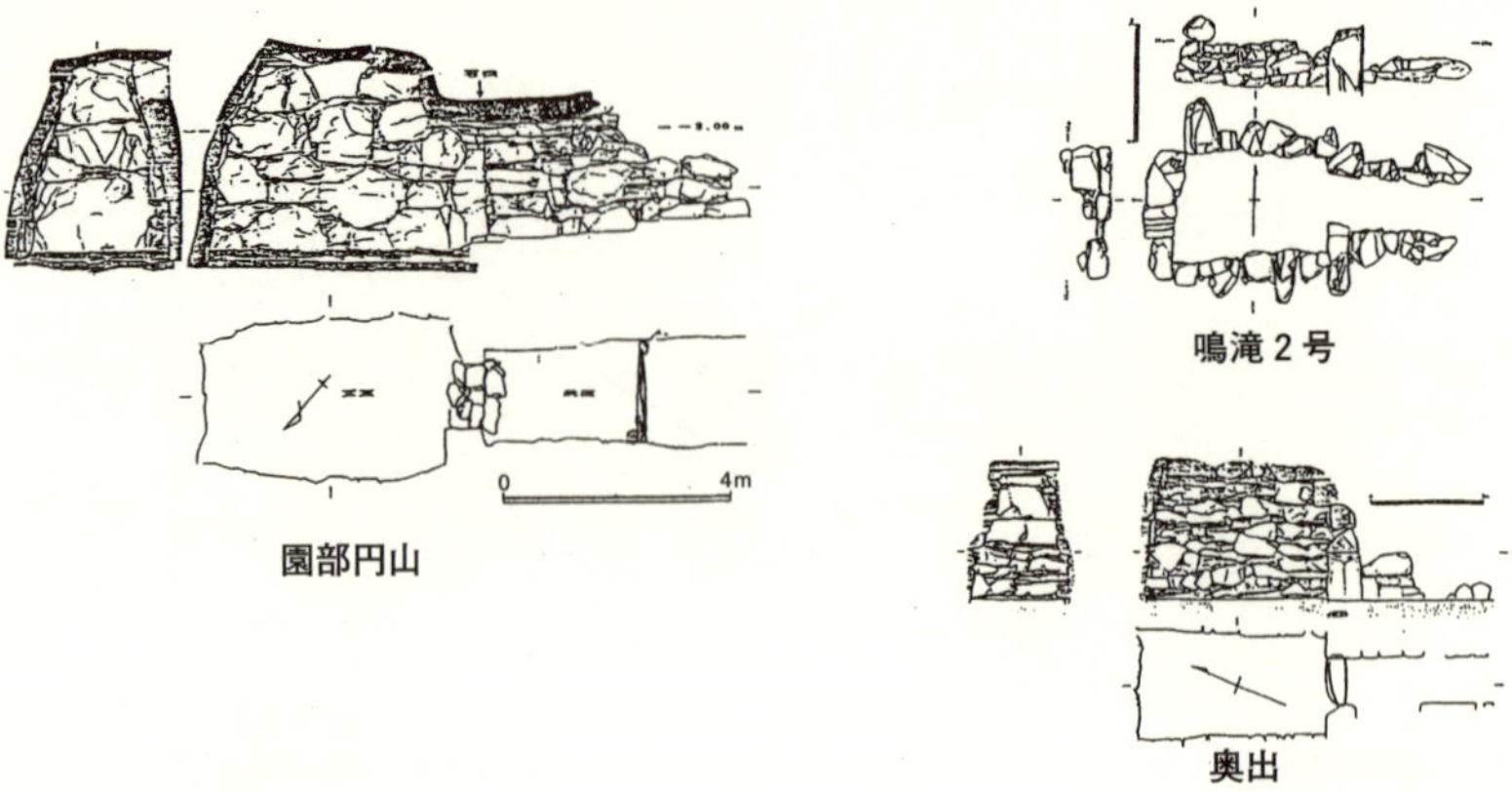

図 7　大和系横穴式石室

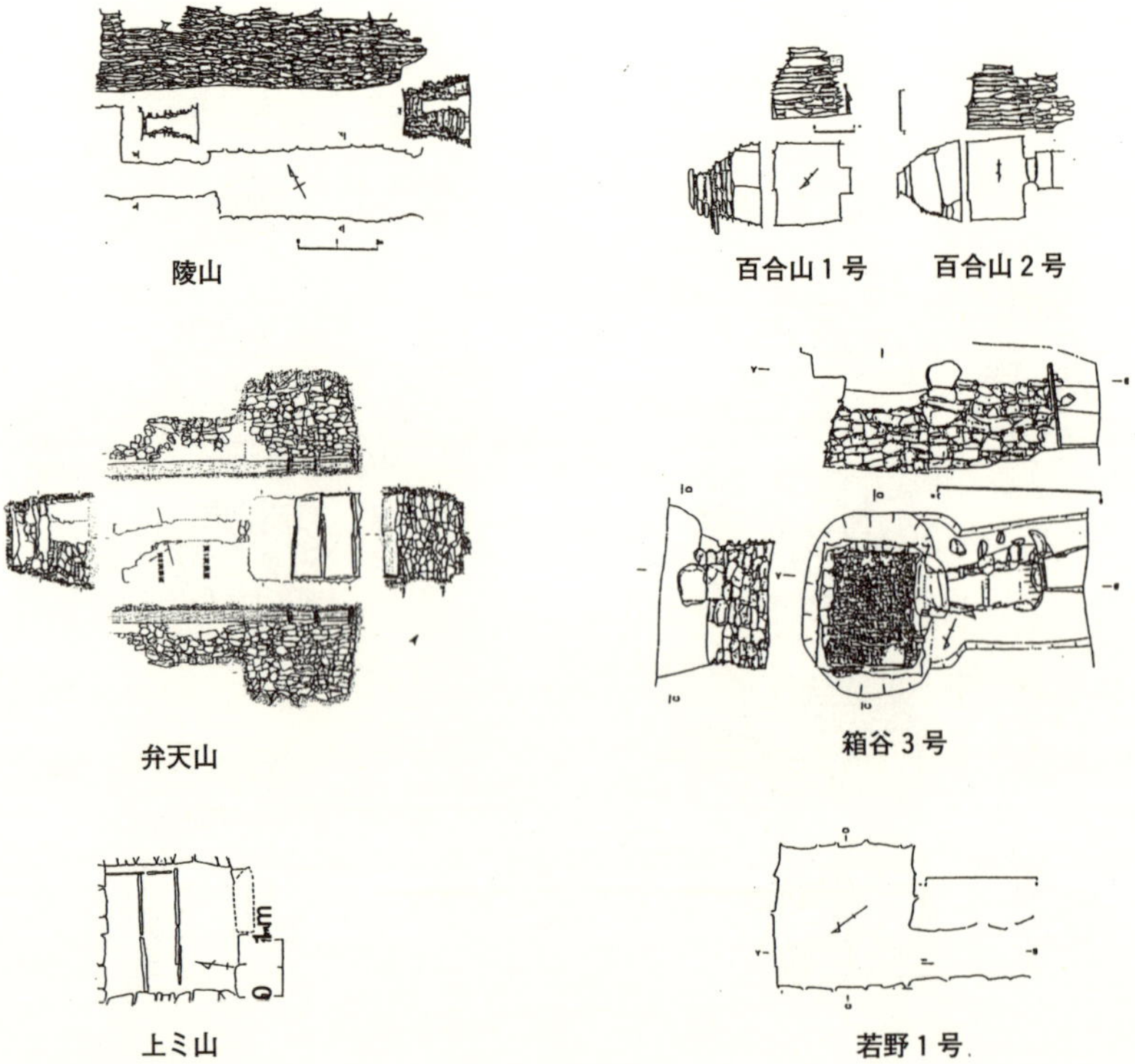

図 8　在地系横穴式石室

営された氏寺であり、これらの三寺の造営にも、深く関与したものと推定される。紀伊の渡来系横穴式石室や初期の古代寺院が築かれた背景には、大和の倭漢氏や鞍作氏などの渡来系氏族、彼らと結び付きが強く屯倉の設置を推進していった蘇我氏、さらには中央官人化していった紀臣氏が強く関わったものと理解される。

参考文献

・関西大学考古学研究室『岩橋千塚』和歌山市教育委員会　一九六七
・大野嶺夫「明楽山山塊の古墳群について」（『古代学研究』第六二号　一九七一）
・和歌山大学考古学研究会『埴輪』第一一～一四号　一九七五～一九七八
・和歌山大学考古学研究会『神田一号墳測量調査報告』一九八一
・白石太一郎「畿内における古墳の終末」（『国立歴史民俗博物館研究報告』第一集　一九八二）
・和歌山県史編纂委員会『和歌山県史』考古資料　一九八三
・山崎信二「後期古墳と飛鳥白鳳寺院」（『文化財論叢』奈良国立文化財研究所三〇周年記念論集　一九八三）
・山崎信二『横穴式石室構造の地域別比較研究—中・四国編—』一九八五
・帝塚山考古学研究所『横穴式石室を考える』一九九〇
・和歌山県史編纂委員会『和歌山県史』原始・古代　一九九四
・河上邦彦『後・終末期古墳の研究』一九九五
・石野博信編『全国古墳編年集成』一九九五
・柏原市教育委員会『高井田山古墳』一九九六
・松下彰「梁棚考」（『立命館大学考古学論集』Ⅰ　一九九七）
・吉井秀夫「百済横穴式石室墳の埋葬方式」（『立命館大学考古学論集』Ⅰ　一九九七）
・和歌山県教育委員会『岩橋千塚周辺古墳群緊急確認調査報告書』二〇〇〇
・小笠原好彦「同范・同形式軒瓦からみた尼寺廃寺の性格と造営氏族—紀氏の造営寺院—」（『日本考古学』第一〇号　二〇〇〇）
・財団法人和歌山県文化財センター『西庄遺跡』二〇〇三
・中司照世「岩橋型横穴式石室について—後期前半の首長墳の編年を中心に—」（『紀伊考古学研究』第六号　二〇〇三）
・和歌山県教育委員会『和歌山県埋蔵文化財調査年報』—平成一四年度—　二〇〇四
・川口修身「紀伊における穹窿式横穴式石室の検討—和歌山市寺山古墳群の分析を通して—」（『紀伊考古学研究』第七号　二〇〇四）

註

①水野正好「滋賀郡所在の漢人系帰化氏族とその墓制」（『滋賀県文化財報告書』第四冊　一九六九）

②山崎信二「後期古墳と飛鳥白鳳寺院」（『文化財論叢』奈良国立文化財研究所三〇周年記念論集　一九八三）

③薗田香融　関西大学考古学研究室「文献班の調査」（『岩橋千塚』和歌山市教育委員会　一九六七）

④松田正昭「和歌山県における古墳時代後期」（『和歌山の研究』一九七九）

第二章

渡来人と生産

渡来人と手工業生産の展開

―陶邑窯を中心として―

植野浩三

はじめに

五世紀代の古墳時代文化の発展は、五世紀前半代に新たにもたらされた渡来文化の影響がきわめて重要な役割を果たしたことは、すでに説かれているところである。それは、各種技術に留まらず、墓制や諸制度、生活様式の一部においても認められ、渡来人の直接的な関与や影響、そして間接的な影響によって展開したもの等、多方面にわたる。

このうち手工業生産においては、須恵器生産と鉄生産を中心とする金属器生産が考古学の分野では明らかになってきており、後で触れるように土木技術や、その他の生業・技術の面においてもその存在が確認されつつある。

須恵器生産の開始が渡来人と密接な関係にあることは、すでに文献史料の側からも推測されている。その代表的なものは、『雄略紀』七年条にある「今来才伎」渡来記事であり、「新漢陶部高貴」の記載から須恵器生産に陶部高貴が関わったことが予測され、古くはこの頃に生産が開始したであろうという年代論も指摘されてきた。また、年代的な信憑性をもつが、『垂仁紀』三年条の天日槍渡来伝説の中にある「近江国鏡村谷陶人、即天日槍之従人也」の記事は、須恵器生産に渡来人が関わりをもったことを伝えた内容として高く評価されてきた。こうした経緯からも、須恵器生産が渡来人によってもたらされたことは暗黙の了解事項として認識されてきた。

須恵器生産の技術は日本で定着して以降、各地で展開していき、六世紀代以降は全国的展開している。初期においては、渡来時の窯跡や須恵器が次第にあるいは急激に変化して日本化が進み、定型化を迎えて行く方向性が示されている。しかしこうした須恵器の変遷が示される一方で、実際に生産に携わった渡来人の様相やその推移については、さほど明らかにされていないのが現状である。須恵器生産自身は渡来人の主導の元に成立して継続するが、それに従事した渡来人の集落の様相や渡来的要素の比較といった総合的な把握は途に着いた状況である。そして、渡来的要素の動向と生産組織の相関関係についても未解明の部分が多いといえる。

したがって本稿は、近年の調査資料を参考にしつつ、窯跡と須恵器、そして集落遺跡について渡来系要素のあり方を再整理してその推移を探り、生産に携わった渡来人の動向やその要因について検討する。加えて、渡来人の動向と生産の展開、生産組織の変化についても関連させて考察していきたい。尚、本稿では、大阪・陶邑窯と周辺の地域について中心的に取り扱い、他地域については適時触れることとし、渡来人の動向が詳細につかめる五世紀代を主にとりあげていくことにする。

窯跡にみられる渡来的要素

日本における須恵器生産の開始と展開は、大阪・陶邑窯の調査や、各地での窯跡調査によってほぼ明らかになっている。筆者もすでに示している（植野一九九三a）ために詳細は記さないが、その開始と変遷は次のようになる。

まず、須恵器生産成立以前に造られた窯として神戸市出合窯跡がある。比較的小規模な窯が一基検出されている。これは、突発的に短期間の生産が行われたものであり、瓦質的な土器を主流に生産している。時期も四世紀以前である。当然、渡来人そのものによる渡来色の強い操業であり、こうした窯が他地域にも存在する可能性は捨てきれないが、本格的な須恵器生産とは性格を異にしているため、本稿では取り扱わない。

本格的な生産の始まりは、ＴＧ232型式段階を初現期として、直接渡来した工人によって近畿（陶邑・千里・一須賀）、九州（朝倉・隈西小田・居屋敷）、中国（奥ヶ谷）、四国（三郎池西岸）の地域において生産が開始しており、その他、東海地方のように同時期に存在した可能性が高い地域も多くある。こうした分散的な状況は、ヤマト政権や朝鮮半島の交渉に直接関与あるいはその役職を担った豪族もしくはその関係者が、自らの本拠地おいて渡来人を直接招聘あるいは受容し、いち早く生産を開始したことを示していると考えられる。各窯の間には、微妙な時期差は存在すると考えられるが、概ねＴＧ232型式段階として捉えて間違いなかろう。

筆者はこの期の窯を、渡来型として位置づけている。言うまでもなく、直接渡来してきた工人よって生産を開始した段階である。陶邑窯の大庭寺遺跡ＴＧ231・232窯跡がその代表であり、この窯では多種多様な須恵器を製作している。朝鮮半島の系譜が未解明のものも多く含まれるが、渡来人の技術を駆使した須恵器作りが最も読みとれる時期である。出土須恵器の中には、稚拙なものや高杯などに土師器的な手法を用いた器形も多く存在するため、渡来人と倭人の協業も一部で看取できるが、大多数の須恵器は精巧なものである点、そして同窯跡の灰原や土器溜まりでは、多量の軟質系土器が出土しており、渡来的な要素が非常に強い段階といえる。

こうした状況は、生産規模の大小はあろうが、渡来型として認識した各地の窯でも同様なあり方が予測される。陶邑周辺部では、一須賀二号窯と吹田三二号窯が当該期にあたり、渡来人による直接的な操業が復元できるのであるが、現段階では大庭寺遺跡は量的に群を抜いているといえる。

こうした遺物の内容と共に、窯の形態においても初現期の渡来型は特色がある。これについては、かつて筆者が整理したことがある（植野一九九九、二〇〇三ａ）。残念ながら大庭寺遺跡では窯体が確認されていないが、図１の１・２で示した吹田三二号窯や居屋敷窯のように、極めて直線的な形態をもち小規模なものが殆どである。幅は二ｍ未満、全長も一〇ｍ未満であり、煙出し部も焼成部から段をもたせて接続するといった共通した特徴をもっている。筆者はこれを「直線型」として初現期の特色として分類した。窯跡調査の例が少ないが、一須賀二号窯や奥ヶ谷窯、三郎池西岸窯もこれに準じる。

一方、後続するＴＫ73型式段階には、幅が二ｍ以上、全長も一〇ｍを越えるものが出現してくる。焼成部平面は膨らみ、床面傾斜も曲線を描いて延び、これに直接煙出しが接続するため、前段階のものとは大きく異なる（図１の３）。全体的に大型化、曲線化が認められるため、前段階の「直線型」とは異なる「曲線型」とした。こうした変化は、少なくとも同段階には窯の改良が進行し、一定の変化を成し遂げた結果と判断できるのである。

以降、窯の形態変化は、このＴＫ73型式段階を基本に

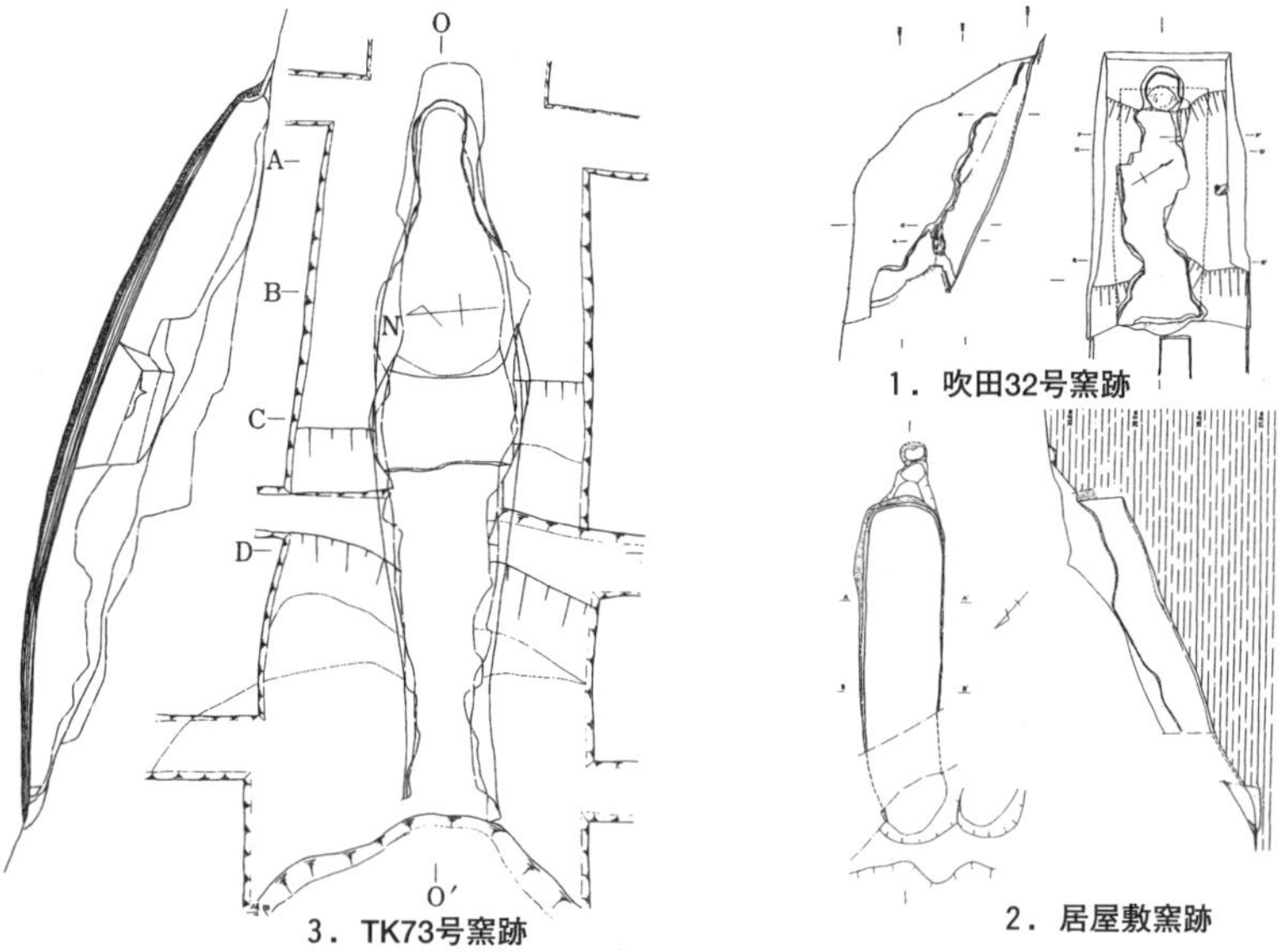

図1　初現期の窯跡
（スケールは約1／180、1．藤原1986、2．副島1996、3．中村・他1978より、一部改変）

して移行するようになることから、後代窯の祖形になる。こうした「直線型」から「曲線型」の変化は、ＴＧ232型式段階の極めて渡来的色彩が強い段階から、さほど時間を経過せずＴＫ73型式段階で変化し、窯構造が改良されたと考えられる。言うならば、渡来人の直接的要素が崩れて、次第に改良へ移行した姿が読みとれるのであり、大きな変化を見い出せるのである。

須恵器にみられる渡来的要素

次に、須恵器から見た渡来的要素の推移を見ていこう。初現期の渡来型の窯は、全ての面で渡来的要素が強いのは当たり前である。この段階の大庭寺遺跡は、器形の面でも多種多様な組成をもっているが、当然のことながら技法的にもかなり限られた特徴が窺えるのである。

製作技法の推移　壺・甕を製作する技法として叩き技法がある。初現期の叩き目文には、平行・格子・斜格子と縄蓆文があるが、さらにこの段階の手法として、叩きの後に施す外面スリ消し技法の存在が特色である。

表1は初現期の技法と文様を整理したものである。大

表1　各須恵器窯の技法と割合〈(　)は比率〉

		大庭寺遺跡		ON231	濁り池窯	TK73	TK85	TK87
		TG231・232	393−OL					
叩き目	平行叩き	◎	(16.5)	(43.5)	○	7033 (97.6)	5110 (84.9)	2364 (93.8)
	細い平行叩き	◎	○			156 (2.2)	391 (6.5)	37 (1.47)
	斜格子叩き	◎	(0.5)	(56.5)	○	0	278 (4.6)	74 (2.9)
	格子叩き	◎	(1.7)			17 (0.2)	222 (3.7)	45 (1.8)
	縄蓆文	◎	(5.0)	0		0	20 (0.3)	1 (0.03)
	小計			(100)		7206 (100)	6021 (100)	2521 (100)
その他	ハケ目	◎	(10.5)	○	△			
	底部絞り	○	○		△			
	外面ナデ	◎	(65.7)	△	△			
	組紐文	◎	○	○				
	篦描文	◎	○	○				
	螺旋文	◎	○		△			

庭寺遺跡三九三—ＯＬの資料は多少新段階の遺物も含まれるが、甕に残る手法として、平行叩き目が一六・五%が、格子叩き目が一・七%、斜格子叩き目〇・五%、縄蓆文が五%のほか、叩きの後に外面スリ消すものがなんと六五・七%も存在している。その他、ハケ目をもつものが一〇・五%、その他は〇・一%存在するという。廃棄された資料であるために、元来の状態を表しているとは言い難いが、外面スリ消し手法が六割近く存在する点は、他の手法と比べて群を抜いており、この時期の特徴として良かろう。また量的には少ないが、底部絞り技法が存在しているのも特徴である。

ＴＧ232型式段階に含めて考えているＯＮ231号窯は、ＴＧ231・232号窯の直後と判断できる資料である。この窯では、外面スリ消しの手法は極端に減少しており、縄蓆文も皆無のようである。逆に、平行叩き目と格子叩き目が主流をなしている。こうした状況は、特に外面スリ消しの手法の減少に注目すれば、極めて省略指向として読みとれる。

これがＴＫ73型式段階になるとさらに変化している。外面スリ消しの手法はほとんど認められず、叩き目は、平行叩き目（細かい平行叩き目を含む）が九割を越え、格子叩き目（斜格子を含む）の割合は微量になる。しかし僅かながら縄蓆文が存在するが、この数は格子叩き目以下の数値である。縄蓆文については、ON231号窯ではたまたま確認されていないが、この段階までかろうじて存続した可能性がある。TK73型式の古段階と考えている濁り池窯では、外面スリ消しの手法と底部絞り技法が僅かに認められており、TG232型式からの過渡期的様相をもっている。

こうした変化は、初現期のTG232型式段階で見られた箆描文や組紐文や螺旋文の減少、あるいはハケ目の消滅でも認められる。特に器台や高杯の蓋等に見られる文様は、ON231号窯ではかなり乱れていき、TK73型式では一部を除いて消滅していく傾向があり、TK73型式段階での杯の登場もその流れである。それは一機にではなく、濁り池窯で見られたように、僅かながら外面スリ消しの手法や底部絞り技法、そしてハケ目等を残しつつ、徐々に移行していったのであり、TK85・87号窯に縄蓆文が残る点も、こうした経緯で解釈できる。

しかし、TK73型式の主要な要素は、表1でその他とした項目や縄蓆文の消滅現象であり、前段階とは大きな違いが認められるのである。筆者は既に別稿でも示しているように（植野一九九五）、こうした違いを時間的な経緯による省略化と考えている。比較的複雑な格子目文や縄蓆文の不採用、全体を整形後に再び外面をナデ消し手法、底部絞り技法の不採用は、簡素化、単純化へ向けての省略化の現象であろう。そして文様の単純化もこれに加わっている。こうした点において、初現期の渡来的要素は徐々に、或いは急激に変化していったことが解るのである。

器形の取捨選択　次に同時期の器形の消長について見てみよう。第二・三図は高杯の消長を示したものである。図2は無蓋高杯の変遷である。無蓋高杯は、TG232型式段階では図示した以外に、さらに一〇類が加わって計一七類存在しており、初現期には多種多様な形態が製作されていた。ところがTK73型式段階になると、六類まで減少していることがわかり、以降さらに減少して、TK208型式段階で存在するものは、B・E類に絞られていくことがわかる。

こうした傾向は有蓋高杯においても認められる（図

3)。無蓋高杯ほど複雑ではないが、有蓋高杯では七類あったものがTK73型式段階になると二類に減少し、後代に続く形態がほぼこの段階で整っていることが分かる。

これは、器台や他の器形でも窺える現象である。TK73型式段階には、依然として前代から引き継かれた異形の須恵器が含まれるのが一つの特徴であるが、逆にこの段階はこうした選択が進行した段階といえるのである。いわば、TK73型式段階には器形の選択が行われ、複雑なものは捨て去って機能的な実用的なものが残されていった、いわば取捨選択が行われた段階と推測できるのである（植野二〇〇二）。これは当然、前述した技法や文様の省略化とも連動しているのである。

従って器形の消長を見ても、渡来的要素はTK73型式段階を境にして大きく減少しているのが分かるのであり、純粋な渡来的様相から変形した様相へと変化していく過程が復元できる。

続く時代についてみてみよう。TK216型式以降では、渡来的な要素は激減し、いわゆる日本化・定型化の方向へと進む。これはいうまでもなく、形態や組成の面、さらには技法的な面においてもうかがえ、TK208型式段階へと続くのである。TK73型式段階まで多少存続していた渡来的要素は、この段階でほぼ消えるのである。

その他の渡来的要素　次に、他の遺物に見られる渡来的要素について見てみよう。前述した須恵器以外にも、部分的にその要素を残すものが存在する。その例として、TK216号窯で認められる両耳壺（図4の11）がある。この須恵器は、現段階において前代で確認されていないものであるために、新来の渡来人の存在や参画が推測される。また、伏尾遺跡出土の蓋（図8の7）は小阪遺跡でも出土しており、同様に前代で確認されていないものである。しかし、量的には多くない。これらの遺物の存在から、TK216あるいはTK208型式段階で、新器形を作り出した多数の渡来人が新たに参入したとする説があるが、これについては筆者は否定的である。ごく限られた外的要素や渡来人の参画によって新たな形態が加わったのであり、須恵器の全体的な変化を大きく左右した痕跡は、今のところ見あたらない。

さらに、窯跡から還元焔焼成された軟質系土器が出土する例（図4）がある。比較的TK73型式段階以前に多

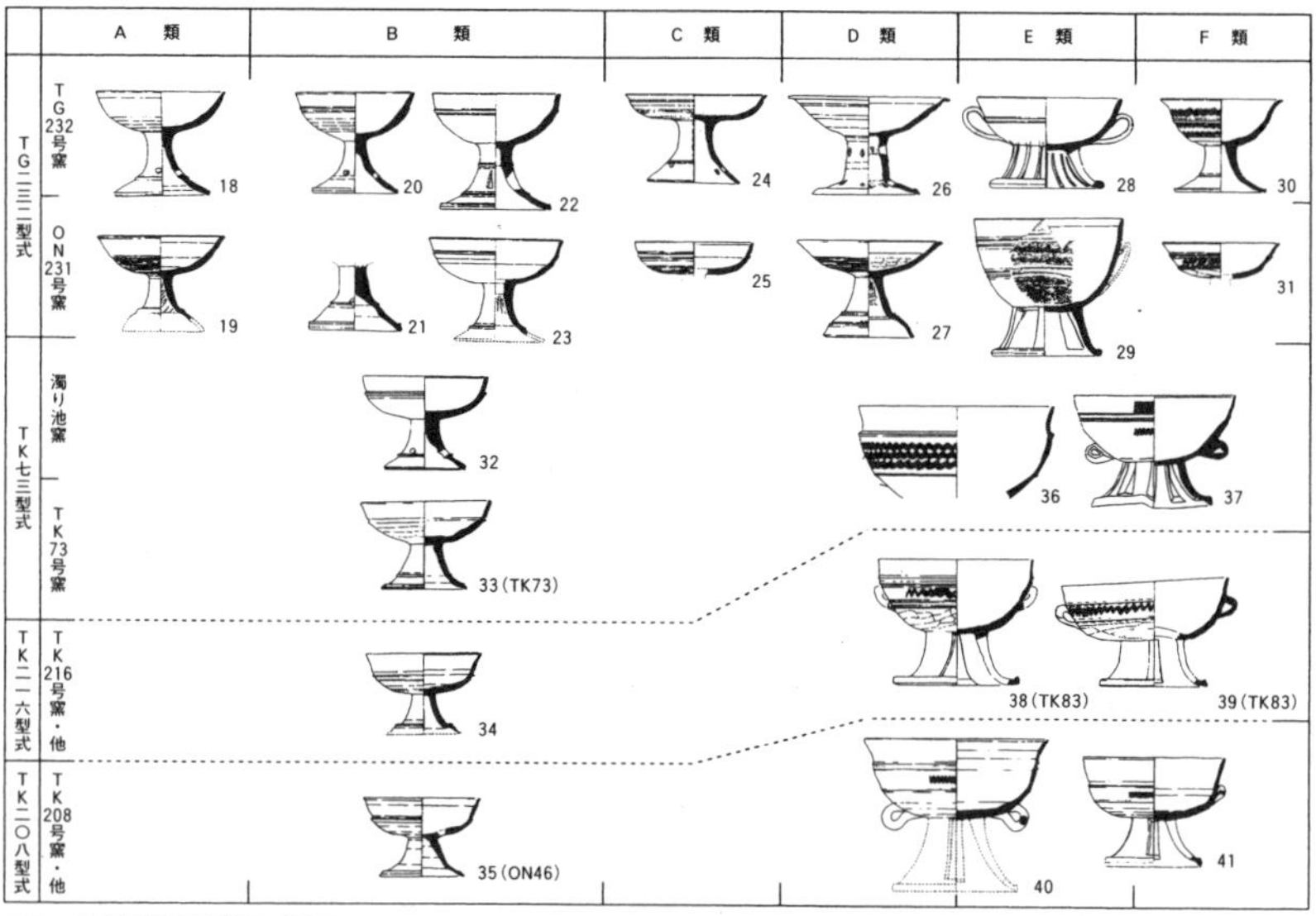

図2　無蓋高杯の消長（植野2002より）

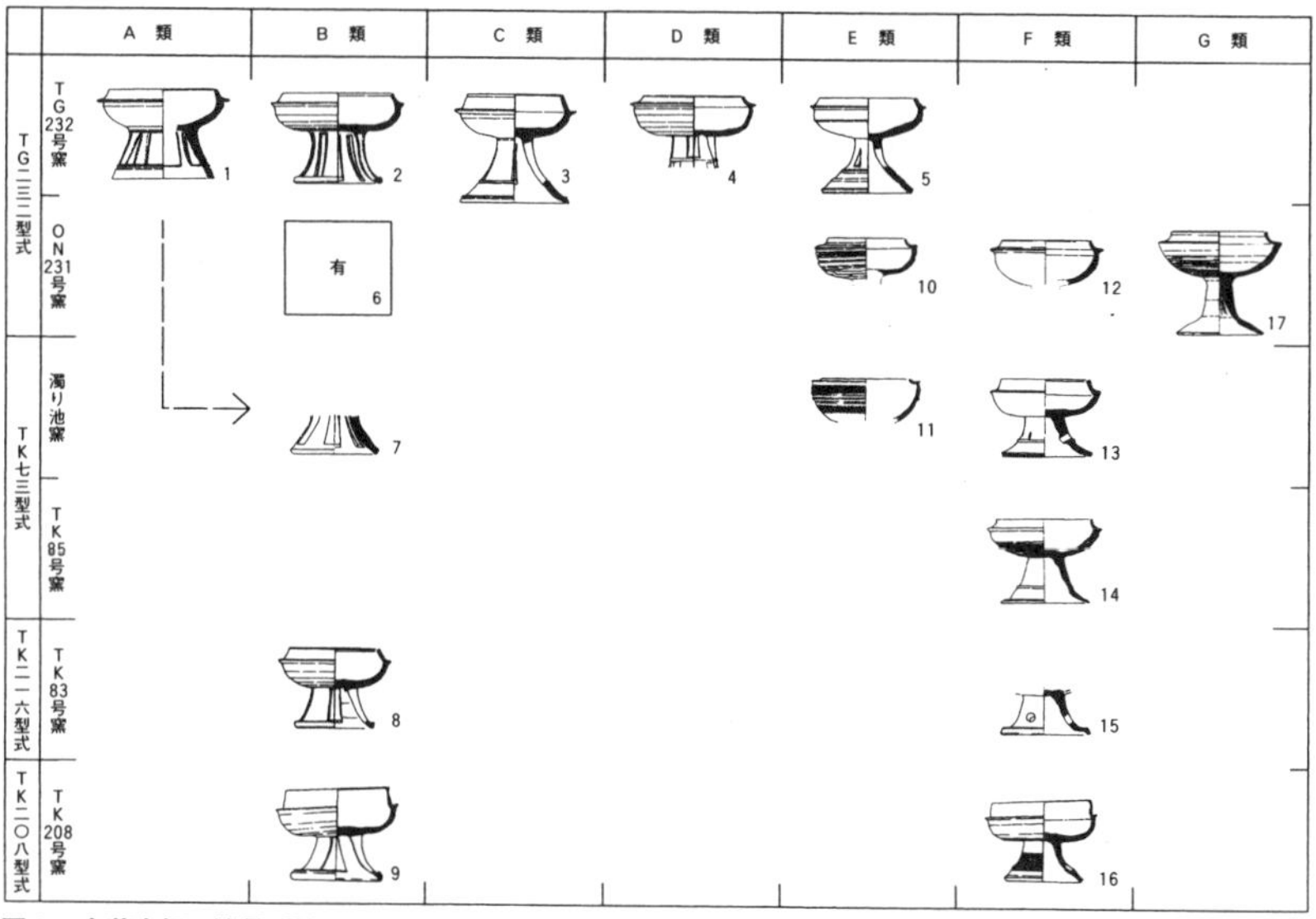

図3　有蓋高杯の消長（植野2002より）

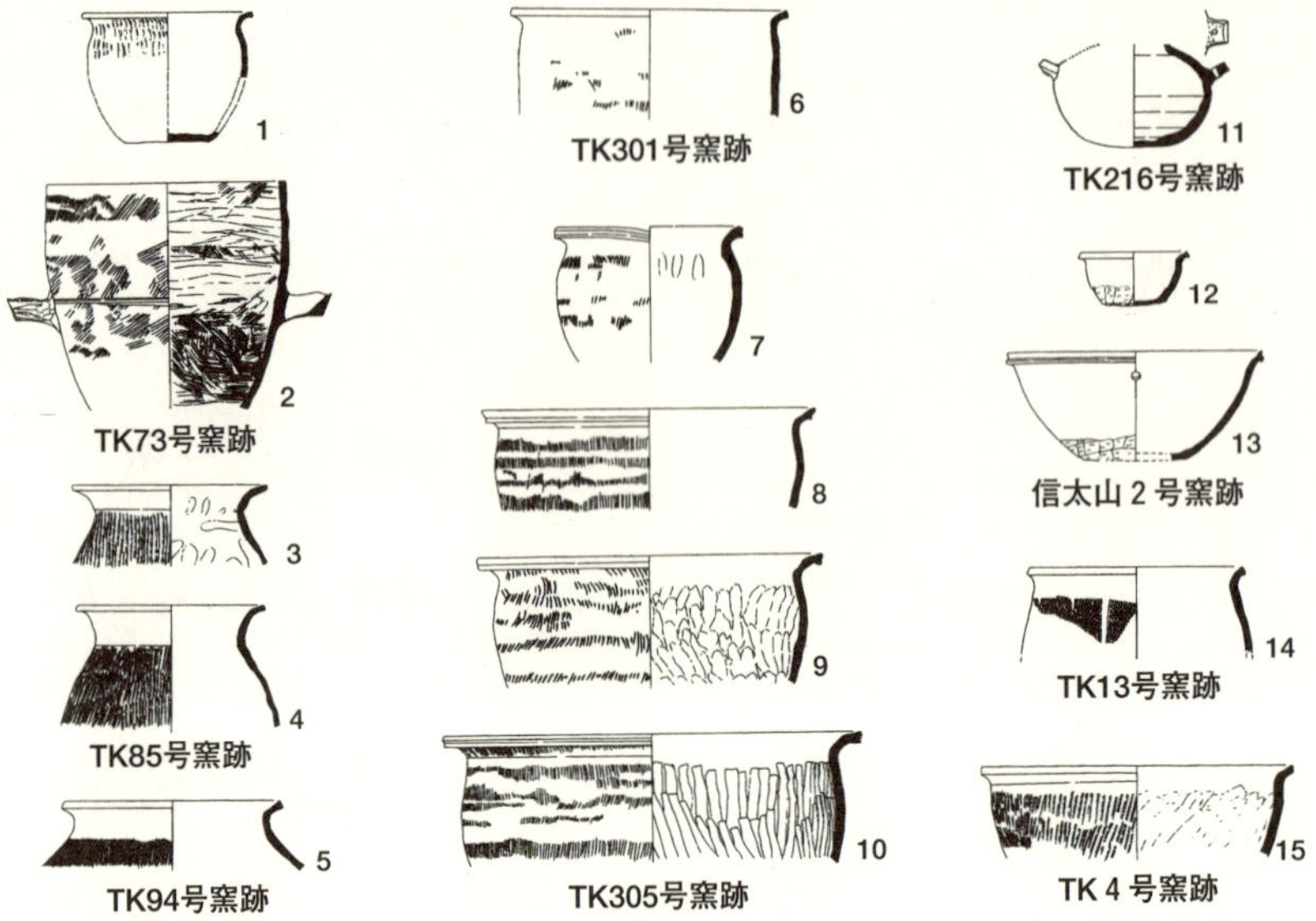

図4　窯跡出土の渡来系土器（S≒1：12）

く認められるが（1～4）、その量は少ない。5～10はＴＫ216型式段階、12～14はＯＮ46段階であり、ＴＫ四号窯出土の15はＴＫ208型式段階もしくはＴＫ23型式の古相の特徴をもつ。これらの遺物は、須恵器の主流形態ではなく、軟質系土器作りに堪能な渡来人、あるいはその影響を強く受けた人物の製品であることは充分推測でき、僅かであるが窯跡での渡来人や渡来的要素の存在を指摘できる。ＴＫ216～208型式段階では少量となり、ＴＫ23型式でかろうじて存在を確認できる状況である。

以上のように、須恵器から見た渡来的要素の動向を見てきた。その傾向は、初現期のＴＧ232型式段階の純粋なものから、ＴＫ73型式段階の選択された段階、そしてＴＫ216型式段階以降の日本化・定型化の段階が存在し、ＴＫ73型式段階以降では渡来的要素は極端に減少していくことが分かった。しかし、還元焔焼成された軟質系土器の存在からＴＫ23型式頃までは、かろうじて渡来的要素が確認できた。

本稿の目的である渡来人の動向と合わせて見た場合、こうした減少は次章で述べるように、完全な渡来人の消滅ではなく、少なくとも五世紀代の須恵器生産には継続

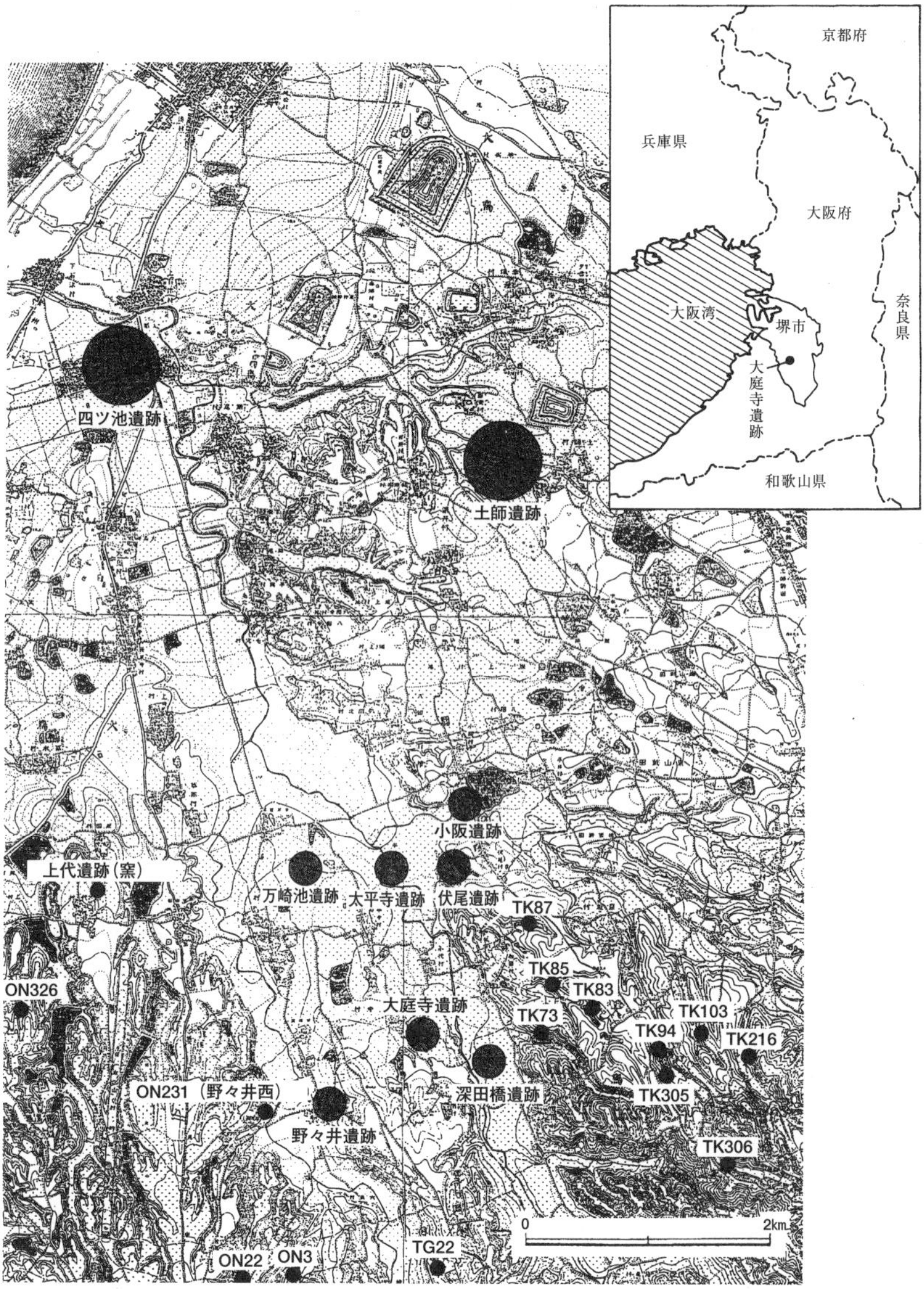

図5　陶邑の主な遺跡と窯跡（岡戸・他1996より、一部改変）

して渡来人が関わっていたものの、須恵器ではその痕跡が薄れていくということである。渡来人と倭人の協業の割合変化や組織の改編、あるいは政策的な要因がその背景にあることが推測される。

集落遺跡にみられる渡来的要素

続いて、集落遺跡の内容を整理して、渡来的要素の存在と渡来人の関わり方を検討していこう。窯や生産工房がセットで捉えられる遺跡は少ないが、近年、陶邑窯内においては、大庭寺遺跡や小阪遺跡、伏尾遺跡、そして深田遺跡、野々井（南）遺跡、万崎池遺跡等が調査され（図5）、その多くが須恵器生産との関係を示唆する内容をもっており、その実態が徐々に明らかになってきている。陶邑の集落とその変遷、生産体制の変革と性格付け等は、既に岡戸哲紀が詳細に整理・検討しており（岡戸一九九一・一九九四、岡戸・他一九九七）、おおよその動向は掴めるようになっている。ここでは岡戸の成果を参照にしつつ、時期別に概要を紹介し、次いでその特徴を整理して、渡来的要素と渡来人の動向について検討してみよう。

TG232型式段階　この段階は渡来型としたように、極めて渡来的要素が濃い段階である。集落の中でその色彩が強いのは、やはり大庭寺遺跡である（図6）。大庭寺遺跡では、窯体自身は検出されなかったが、灰原の存在から二基の窯跡が推定され、隣接して竪穴住居址や平地式住居、溝・土坑・土器溜り・河川等の遺構が検出されている。各遺構からは多量の須恵器や軟質系土器、土師器が出土しており、TG232型式からTK208型式にかけて長期間存続している。土器溜りからは多量の須恵器が出土しており、その近辺が須恵器の選別場としての可能性をもつという。TG232型式段階の遺構は、灰原と土器溜り（三九三―OL）、そして調査区の東側に存在する六棟の住居跡を含む居住域である。

大庭寺遺跡の東部にある住居址・溝を含む居住域周辺の遺構では、ほとんど土師器の出土が無く、出土遺物は須恵器と軟質系土器で占められる傾向がある。こうした点から、極めて渡来的要素が強いと考えられる。渡来人が直接居住した状況が復元できるのが特徴である。

続いて、土器溜り出土の土器比率を見てみよう。三九

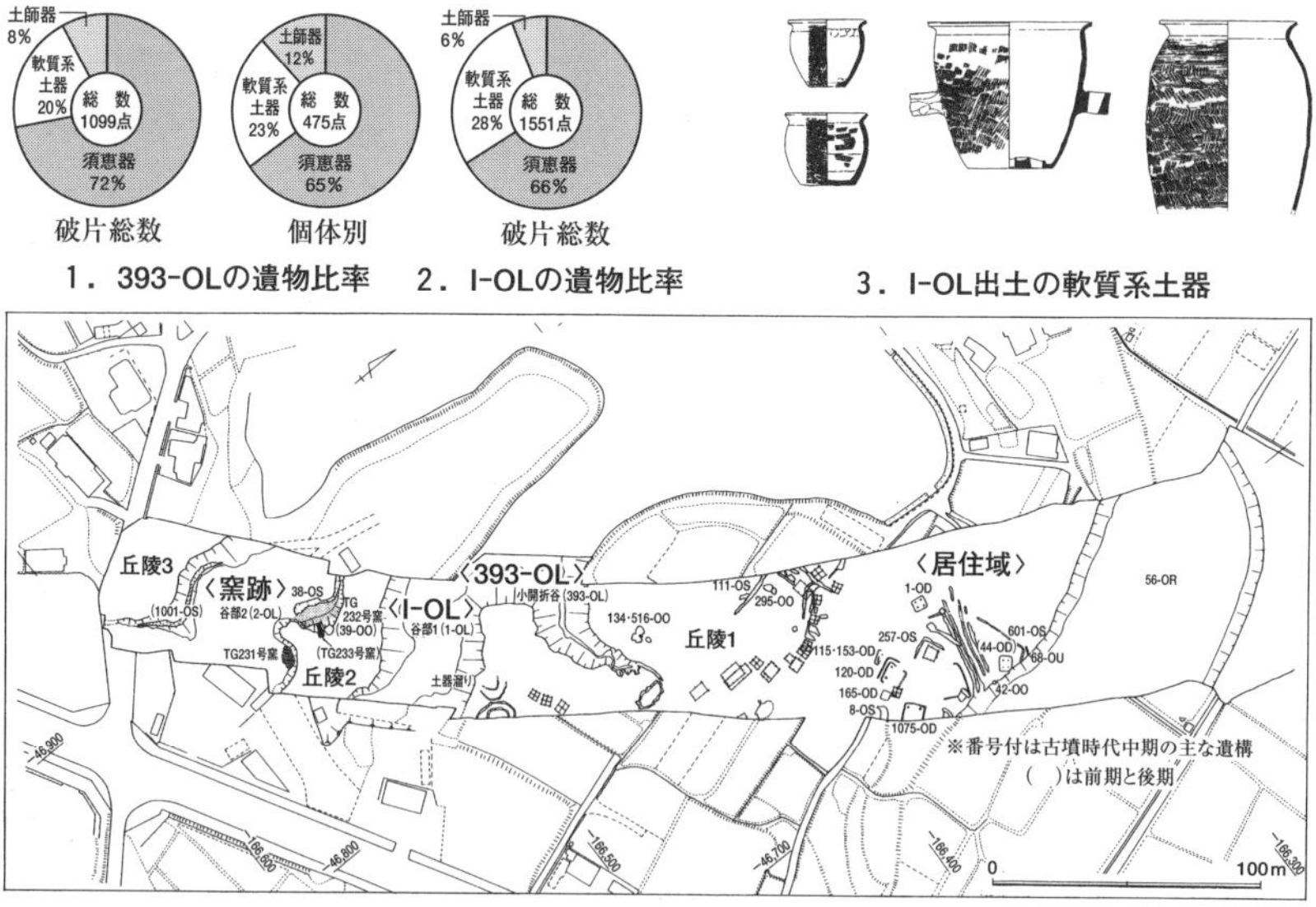

図6　大庭寺遺跡の遺構と置物（冨加見・他1993、岡戸・他1996より、一部改変）

三—OLは、数次にわたって調査されているため調査次ごとの数値が異なるが、第Ⅰ期調査分では須恵器が全体の八七%存在し、次いで軟質系土器が九・二%、そして土師器（不明品含む）が三・八%の比率であるという。第Ⅱ期調査分では（図6の1）、破片総数では須恵器が七二%、軟質系土器が二〇%、土師器が八%となり、個体別の比率では、須恵器が六五%、軟質系土器が二三%、土師器が一二%となり、大幅な違いは認められない。土器溜まりの性格上、平均的な比率とはいえないが、窯跡に付随することから須恵器の割合が非常に高いのは当然である。そして、土師器に比べて軟質系土器の比率が高く、いずれも二倍近く存在する点が特徴であろう。

　こうしたことからも、大庭寺遺跡は渡来的要素が非常に強く、多数の渡来人の存在が窺えるのである。渡来人が直接居住して、須恵器生産に従事した様相がわかる。ただし、土師器の存在は全てが渡来人とすることは出来ず、生産に当たっては在地人との協業が推測できるが、その割合はかなり低いと考えざるをえない。

　TG232型式段階の集落は、周辺地域ではほとんど確認できない。大庭寺遺跡の北方約一・五kmの地点に万崎池

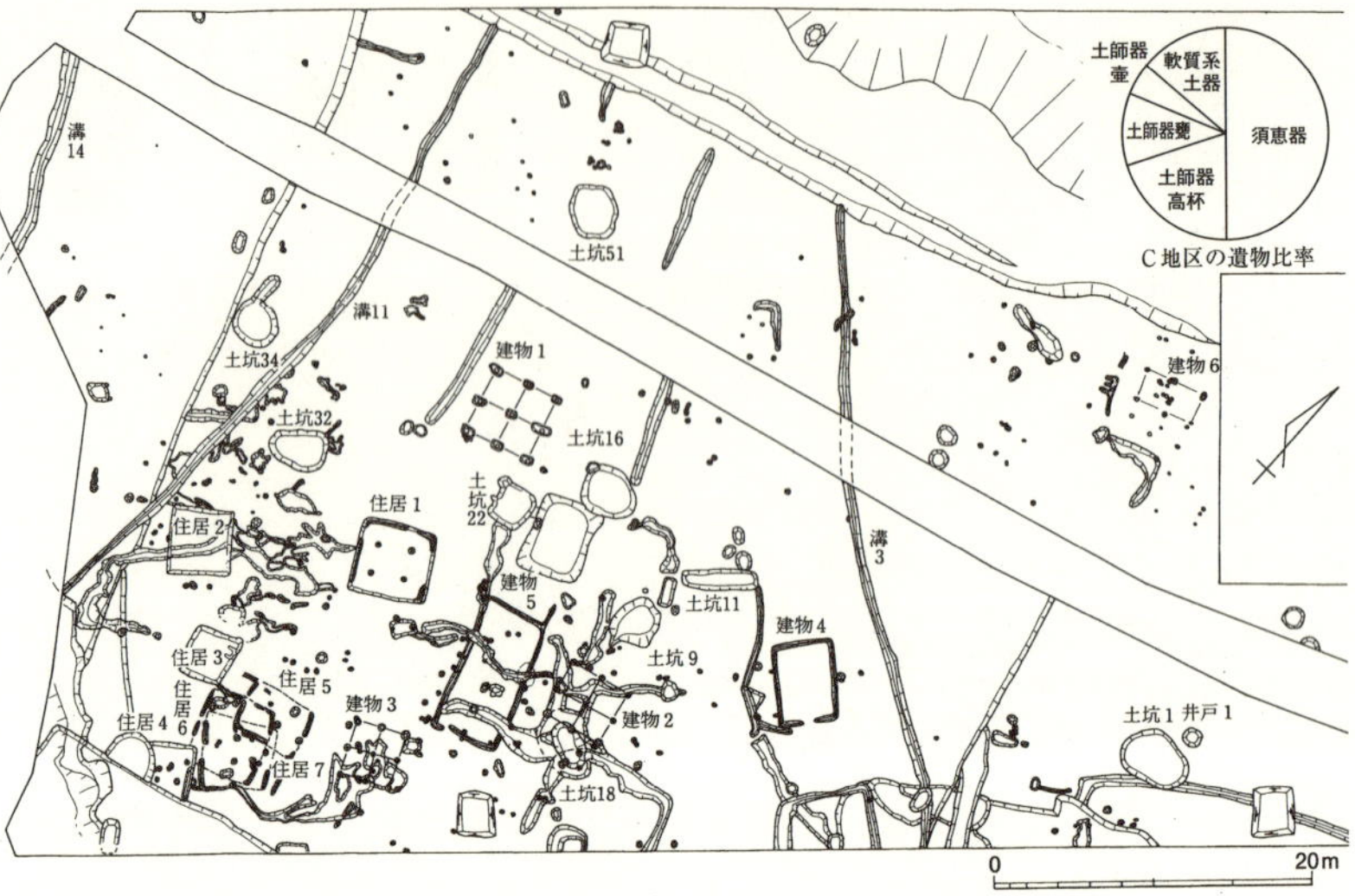

図7　小阪遺跡の遺構と遺物比率（村上・他1987、赤木・他1992より、一部改変）

遺跡が存在するのみである。万崎池遺跡では、重複もあるが一三棟の竪穴住居址が検出されており、そのうち数棟の住居址やその周辺部から数点の須恵器が出土した（石神一九八四）。出土須恵器は、ＴＧ232型式とほぼ同時期のものと、一部ＴＫ73型式を含む可能性がある。驚くことに万崎池遺跡では、出土遺物の大半が土師器であり、軟質系土器は全く存在していないのである。至近距離でありながら、大庭寺遺跡とは全く異なった様相を示しており、渡来的な要素はほとんど指摘できないのが特徴である。大庭寺遺跡は、須恵器生産の専門的な分野を担った特別な集落といえるが、万崎池遺跡は逆に生産に従事しない一般集落として位置づけられ、渡来人（工人）で構成された集落との違いが顕著に表れている例であり、渡来人の導入の格差が認められる。

ＴＫ73型式段階　この段階には、大庭寺遺跡が継続して営まれている。土器溜まりである一―ＯＬでは、引き続き大量の軟質系土器が出土している。一―ＯＬは、ＴＫ73型式と一部はＴＫ216型式の須恵器を含んでいるが、破片総数の遺物比率は、須恵器が六六％と高く、次いで軟質系土器が二八％であるのに対して土師器は六％とな

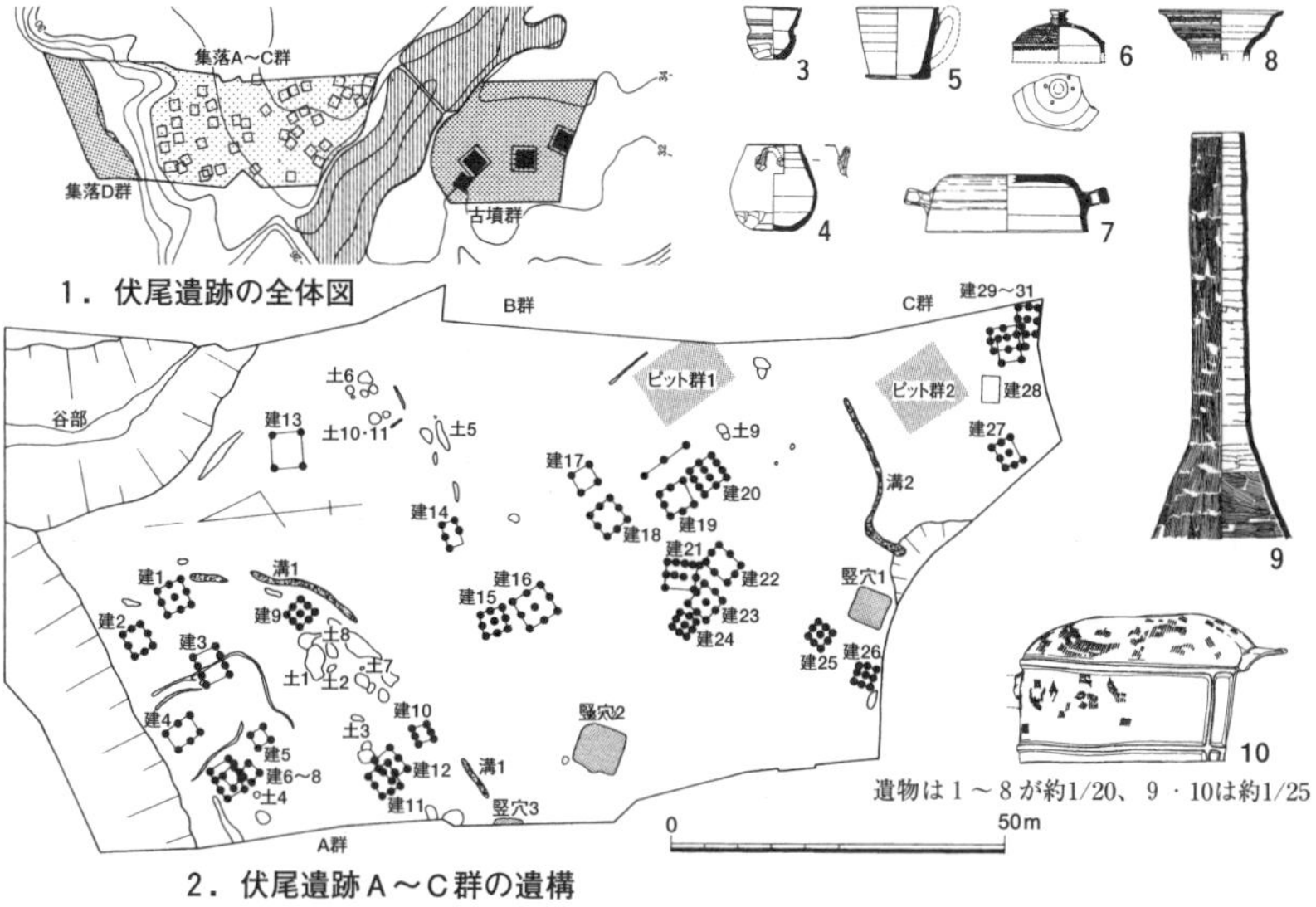

図8　伏尾遺跡の遺構と遺物（岡戸・他1990、1997より、一部改変）

っており、ここでも依然として軟質系土器の割合が高い。ただし軟質系土器には、胴張り化したものや端部が鈍くなっていく傾向もあり、多少の変化が現れてきているようであるが（岡戸・他一九九五）、大庭寺遺跡は前代の体制を引き継いでいると推測できる。

一方この時期には、周辺に新たな集落が形成され始め、大庭寺遺跡とは多少異なる傾向が認められるようになるのが特色である。小阪遺跡は、当段階からTK216型式段階にまたがっているが、主要な遺構は当該期に属している。C地区と呼ばれる箇所で遺構が集中して検出された（赤木・他一九九二）。大きく二条の溝によって区画された中に、竪穴式住居址六、平地式住居址二、掘立柱建物三、方形周溝状遺構、その他が検出されており（図7）、隣接する河川部を含めて多量の土器が出土しており、土師器の形態を模した須恵器等も出土している。C地区では、須恵器と土師器・軟質系土器の割合はほぼ一：一であり、そのうち軟質系土器は全体の約一〇％強であり、土師器は全体の四〇％弱であるという（図7）。大庭寺遺跡に比べて、土師器の割合が軟質系土器に比べて三倍以上になるのが特徴である。

そして小阪遺跡では、軟質系土器の長胴甕の出土量がきわめて少なく、逆に土師器の甕が多い傾向があり、長胴甕に変わって土師器の甕が使われた可能性と、渡来人の在地化傾向が指摘されており（三宮一九八九）、渡来的要素は大庭寺遺跡に比べると低くなる。渡来型から在地化への移行、あるいは渡来人と在地人の比率の逆転が推測されるが、一定の軟質系土器の出土は、依然として渡来人との協業が予測される。

ＴＫ216～208型式段階　この段階には、さらに多くの集落が確認できるようになる。初現期から継続する大庭寺遺跡と前段階から出現した小阪遺跡は、この段階にも継続して営まれ、新たに小阪遺跡に隣接して伏尾遺跡が出現し、やや遅れて深田遺跡や野々井遺跡も登場してくる。

小阪遺跡は、この段階以降はやや不明であるが、河川から大量の遺物が出土しており、継続して営まれている。特に調査区の北側では同期の灰原が検出されており、須恵器生産に関わる集落として存続している。

伏尾遺跡は、大きく二条の溝で区画された中に、三棟の竪穴住居址、三〇棟の掘立柱建物、土坑、その他が検出されており、全体では四群（A～D群）で構成される（図8、岡戸・他一九九〇、一九九七、森村・他一九九二）。掘立柱建物は重複するものもあるが、A～C群の区画の中に存在している。二間×二間のものが多く、その他一間×一間、一間×二間、その他があり、平面形も正方形・長方形の二者があり、総柱建物も含まれている。配置もさほど規則的ではなく、やや乱雑な構成を呈しているが、隣接する溝や土坑から多量の須恵器が出土することから見て、小阪遺跡と同様に須恵器生産と深く関係した遺跡であることは間違いなかろう。特に、住居址の数に比べての異常なほどに掘立柱建物が多いのが特徴である。

A～D群の単位は、須恵器生産から選別に至る連続した作業過程の組織的な単位の可能性も示唆し、大規模な集落の出現と構成は、生産の安定化や組織化が背景にあったことも指摘されている（岡戸ほか一九九七）。

伏尾遺跡でも、一定量の軟質系土器が土坑・溝から須恵器と共に出土している。出土土器の比率は出されてないが、軟質系の甕・台付鉢があり、小阪遺跡と前後する割合で存在した可能性がある。出土遺物には、移動式竈や筒状土製品等の異形品（図8の9・10）も出土している。また須恵器おいても、図8の3のような前代の形態を備えたものや、4~7のような例外的な器形をもっており、同時に生産した製品であるならば、TK216号窯出土両耳壺（図4の11）で示した同様の性格が考えられ、渡来人の存在を示している。しかし、こうした渡来的要素は継続して存在するが、割合的には減少傾向にあると推測できる。

堺市教育委員会で調査した伏尾遺跡の東地区では、溝で囲まれた中に一棟の住居址と溝・土坑が多数検出されているが、多量の須恵器が出土している割には、軟質系土器の出土は少ない傾向のようであり（續一九九三）、渡来的要素の減少傾向を裏付けている。

深田遺跡や野々井遺跡は、伏尾遺跡ほど詳細な集落構造は不明であるが、TK208型式段階に主流があるようである。深田遺跡では、掘立柱建物が柵列に囲まれるように三棟検出されており（中村・他一九七三）、規模の違いはあるであろうが、伏尾遺跡と共通する構造が考えられなくもない。野々井遺跡も集落の構成は全く不明であるが（中村一九八七）、多量の須恵器が出土していることから、よく似た状況が復元できると考えている。

両遺跡では、多量の須恵器は出土しているが、軟質系土器の出土は微量であるのが最大の特徴である。小阪・伏尾遺跡とは約二㎞の距離をもつが、こうした距離が減少の原因であるとは即断できない。確実に言えることは、当時期は渡来的要素が激減する時期に当たると言うことである。前段階で見られた大集落の出現と併行して、渡来的要素の希薄化がかなり進行した段階と考えられよう。

また、この時期からの特色として言えることは岡戸が指摘するように、集落に隣接して古墳群が営まれることである（岡戸一九九四）。伏尾遺跡、小阪遺跡、野々井遺跡で確認でき、野々井遺跡では六世紀代に亘って営まれる。その中には埴輪をもつ三〇m級の古墳も含まれ、須恵器製作集団の墓域保有が一般化していく時期と言うことも出来る。

渡来的要素の推移　前述してきたように、集落遺跡での渡来的要素は大庭寺遺跡を除くと、徐々に減少傾向にあるといえ、TK208型式前後には激減する傾向が読みとれる。表2はその概要を一覧にしたものである。遺構においては、掘立柱建物の増加が伏尾遺跡で認められるのが最大の特徴であり、一つの画期とすることができよう。

平地式住居とされるものは、大庭寺遺跡と小阪遺跡で確認されている（図9）。工房や生産関連施設の可能性もあり、こうした遺構が継続して存在する点は、渡来的要素が継承されたと考えられよう。小阪遺跡の遺構（図9の3）は、長辺が大庭寺遺跡（図9の1）のものと近似している。図9の5・6は小阪遺跡で方形周溝状遺構として古墳の可能性をもつ遺構として報告されたものであり、1～4に比べると溝の幅がやや広いために同種の施設とは断定できないが、5は1の短辺と近似した長さであり、6もその範疇である。そして遺構配置においても、3と5、4と6は軸を平行にして近距離に位置していることから（図7）、関連した施設の可能性も捨てきれない。

造り付け竈をもつ住居址は、大庭寺遺跡では確認されていないが、小阪遺跡と伏尾遺跡で確認されており、渡来系要素として前段階に存在したものが継承された可能性も残されている。

遺物の面では、やはり軟質系土器の存在がポイントであろう。万崎池遺跡のあり方は、生産に関わる遺跡の違いや渡来人の参画の有無を如実に示すものであるが、万崎池遺跡に隣接する西浦橋遺跡でもＴＫ73型式前後の須恵器片が少量出土しているが、軟質系土器は報告されていないないし、ＴＫ216型式以前の須恵器を少量出土する太平寺遺跡でも同様の傾向が看取でき（石神・他一九八三）、渡来人の有無を区別することができる。逆に大庭寺遺跡では多量の出土を認め、量的にも土師器を凌駕していた。それが、伏尾遺跡を境にして激減する傾向があり、土師器が主体になっていく。

以上のように、陶邑窯の集落遺跡における渡来的要素は、生産に関係する集落と一般集落とでは大きな差を認めることが出来た。そして渡来的要素は、ほぼＴＫ208型式を境にして激減することが明らかになった。五世紀後半～六世紀代の集落は今回は取り扱っていないが、野々井遺跡や田殿遺跡が広範囲に形成されていき、先ほどの万崎池遺跡や西浦橋遺跡、太平寺遺跡でも多量の須恵器が出土しており、生産に関係した集落として再形成されたと考えられる。しかし、六世紀代の各集落では、もはや渡来的要素で遺跡を区別することは出来ないのが特色である。

また、本論とは直接関係しないし、時期的な位置づけ

表2　集落遺跡の一覧表

	時期					施設					遺物			古墳	備考
	TG 232	TK 73	TK 216	TK 208	TK 23	住居址	造付竈	掘立柱	平地柱	区画溝	須恵器	軟質系	土師器		
大庭寺遺跡						6		△	△	○	◎	◎	○		当具
万崎池遺跡						13		3			○		◎		須恵器5％
小阪遺跡						8	○	3	△	○	◎	○	◎	○	当具
伏尾遺跡						3	○	30		○	◎	○	◎	◎	当具
深田遺跡								3		○	◎	微	◎		柵列・鞴羽口
野々井遺跡								△		△	◎	微	◎	◎	鞴羽口
太平寺遺跡						○		△		△	◎		◎		鞴羽口

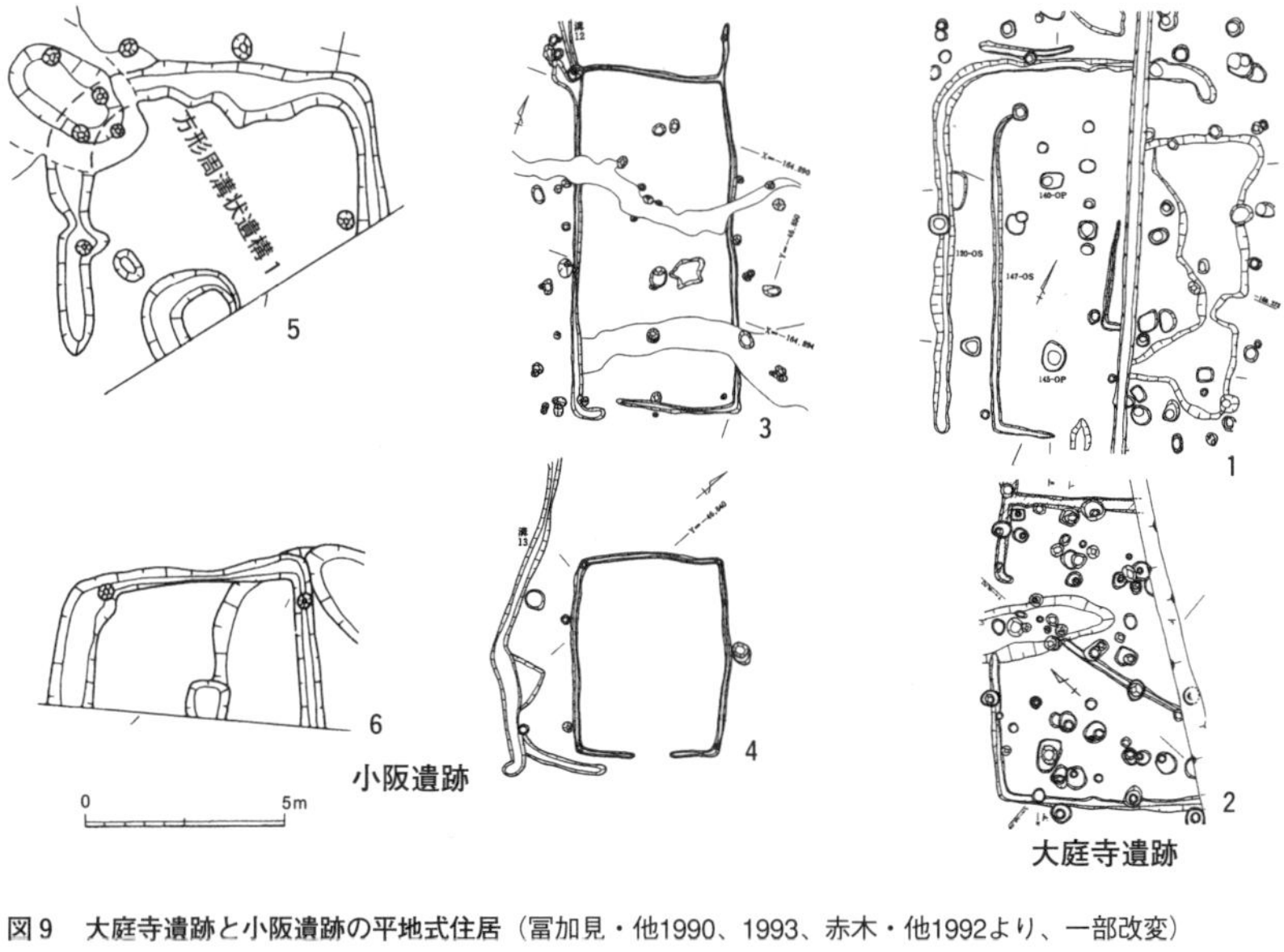

図9　大庭寺遺跡と小阪遺跡の平地式住居（冨加見・他1990、1993、赤木・他1992より、一部改変）

も不確定であるが、鞴羽口を出土する遺跡がＴＫ208型式以降に多数認められる。表２に加えて、西浦橋遺跡でも確認されており、須恵器生産に関わる集落において小規模な小鍛治が行われていたと推測できるのであり、将来的に集落内の組織体制や分業のあり方が分かっていくであろう。

須恵器生産の展開と渡来人

陶邑における渡来的要素の有無や密度と渡来人の関わりについて、窯跡と須恵器、そして集落の面から概観してきた。窯跡や須恵器においては、既にＴＫ73型式段階で大きな変化が起きていた。集落では、遺跡によって多少様相が異なるが、大庭寺遺跡を除く遺跡では、ＴＫ73型式段階から減少傾向にあり、ＴＫ208型式にかけて大きな変革期を指摘できた。一言で言えば、初現期の極めて渡来色の濃厚な段階から、漸次あるいは急激にその色彩が失われていくのである。

須恵器生産の拡大と渡来人　初期段階に現れる大庭寺遺跡はＴＫ208型式頃まで存続するが、中でもＴＫ73型式段階までは渡来的要素が濃厚に認められ、その後は資料的に不明な面がある。初現期から渡来人の主導によって須恵器生産が行われ、軟質系土器の比率から見れば、二〜三倍以上の渡来人が予測でき、それに付随して在地人が生産に関与していたことが推測されよう。大庭寺遺跡においては、こうした状態が少なくともＴＫ73型式段階まで存続している。

ところが同じＴＫ73型式段階でも、小阪遺跡の場合は渡来的要素の比率がやや低くなる。軟質系土器の割合は逆転し、在地人を主体とした渡来人との協業体制が復元できる。この時期は、こうした生産体制が形成され始めた時期として位置づけることが出来る。比較的至近距離にありながら、両者の違いは何を示すのであろうか。一つの要因は、生産の拡大と渡来人の移動を含む組織化の動きであると考えられる。

初現期であるＴＧ232型式段階の窯は、陶邑では現在のところ大庭寺遺跡のみであり、今後発見される可能性があるとしても多くは期待できない。ところが、ＴＫ73型式段階の窯は微妙な時間差はあるが、ＴＫ73号窯・ＴＫ85号窯・ＴＫ87号窯・上代窯・濁り池窯（ＯＮ236）・他のように、一〇基前後確認できる。いずれも大庭寺遺跡を基点にして周辺に築かれているといえる。築窯と同時に、窯の近隣には生産工房や集落も形成されていた可能性も考えられよう。生産の主役を担う渡来人も、こうした新しい窯の築造や生産に参画し、あるいはそれに従って移動したことが予測できよう。そして、渡来系工人の不足は在地人によって補充された結果、小阪遺跡が示すような軟質系土器の割合になり、在地人の比率が高い協業体制になり、新たな生産活動が行われたと考えられるのである。

逆に大庭寺遺跡では、濃厚な渡来的要素がしばらく引き続いている。これは、恐らく大庭寺遺跡が中核（母村）的な集落として、また出土須恵器のあり方からも生産の中心的存在として継続したことにより、依然として渡来人の割合は高かったのではなかろうか。必ずしも全てが、母村から集落が分村するような形態で新たな窯や集落を造ったとは言い難いが、生産地の拡大現象はこのようにイメージすることも可能である。

その後、渡来的要素は次第に減少していく。その過程を示すのが伏尾遺跡であり、さらに展開したものが深田遺跡や野々井遺跡の状況であろう。各地に拡散したであろう渡来人は、しばらくの間は渡来的要素をそのまま残して活動したが、次第に生活様式や生活用具は取捨され、在地化の方向に移っていったのであろう。大庭寺遺跡もこの段階には、同じような状況になっていた可能性がある。したがって、大庭寺遺跡を含めた多くの集落がＴＫ208型式段階やその直後に渡来的要素は激減し、概ね在地化していくと判断できる。しかしこれは、渡来人やその末裔の不在と言うことではなく、あくまでも遺跡・遺物から窺える現象なのであり、その要因はやはり生産の拡大が最も考えられる事項の一つであるし、一方では世代交代による必然的に避けることのできない在地化の要因があったと推測できる。

生産体制と渡来人　須恵器の器形や技法の取捨選択は、ＴＫ73型式段階には顕著に表れ、一定の定式化・日本化が進んだことは前に指摘した。大庭寺周辺で生産を開始した各窯では、依然として特異なものが含まれているため、継続して渡来人がその生産に従事し、主導的立場で生産に従事したことは確実である。しかし、陶質土器の系統性は徐々に失われ、この段階を境にして器種組成が大きく変わっていく現象は、右で述べた生産の拡大が大きな要因であり、必然的に省略化や合理化が行われたと考えられる。

一般的に考えて、渡来人自らが陶質土器の系譜を逸脱して、作り慣れた伝統的意匠を排除してまでも合理化を進めるものであろうか。決して、渡来人のみの発案ではないと判断する。なぜならば、軟質系土器は多少の変化を見せつつも確実に伏尾遺跡の段階までは継承されているのであって、陶質土器のみが大幅に改変されることとは矛盾する。本来ならば、陶質土器も従来の伝統を引き継ぎながら変化していくのが一般的な方向性なのである。

従ってこれは、須恵器という新文化受容と関係している。焼物という容器として機能もさることながら、祭祀や葬送儀礼の新来文化の受容と生産が背景にあると考えられる。生産の拡大はこれを表していると考えられ、一様の取捨選択や簡素化を実行したのである。この時期の変化には、こうした二側面からの考察が必要である。そして、それにはヤマト政権や関係豪族、しいては須恵器生産掌握者による政策的な意向が存在したとしか考えられない。

北部九州や東海地方を除く地域では、初現期に造られた窯は一旦断絶し、続くＴＫ73型式段階の窯はほとんど造られていない。逆に陶邑窯では拡大傾向が認められ、他の地域と状況が大きく異なる。これは、祭祀や葬送儀礼的な側面をもつ新来文化の需要と生産量に関係し、いち早くそれを遂行した陶邑窯、しいてはヤマト政権や関係豪族の指向が存在し、これも広い意味での政策と関係していると考えられる（植野一九九八ｂ）。

続くＴＫ216型式～208型式への須恵器の変化は、ＴＫ73型式段階に比べると、比較的格差が小さい。ＴＫ73型式段階に日本化した須恵器が、さらに厳選されて、器形の統一がなされて定型化に向かう時期である。ＴＫ73型式段階のような生産の拡大が漸次平行して継続した時期である。

定型化直前のＯＮ46段階には、地方窯の第一の拡散が行われる。これは、陶邑窯での生産の拡大と、生産体制の整備が前提にある。小阪遺跡から伏尾遺跡にかけての集落規模の拡大や、伏尾遺跡で見られた生産から製品の管理に至る機構の存在、そして掘立柱建物群の増設といった変化と軌を一にしている。その後、窯跡や各集落遺跡において渡来的要素が激減する傾向もこの時期であり、全てが偶然の出来事とすることはあまりにも打算的である。生産体制の整備や組織化、ヤマト政権の政策的背景が存在し、陶邑窯の整備があってはじめて拡散も行えるのである。

手工業生産の受容と渡来人

以上のように、須恵器生産の開始と展開に関連させて渡来人の動向を述べてきた。須恵器生産は、渡来人がもたらした技術によって直接的に開花し、以後展開していくという方向性は、先学の諸説（田辺一九六六、一九八一）の通りである。ここではそれに加えて、渡来的要素の推移と渡来人の関わり方を具体的に検討した。

須恵器生産に見られる渡来人の動向は、岡戸哲紀が示すようにⅠ～Ⅳ期の流れで説明できる。Ⅰ期はＴＧ232型式段階、Ⅱ期はＴＫ73型式段階、Ⅲ期はＴＫ216型式段階、Ⅳ期はＴＫ208型式段階である。

岡戸は「工人集団を中心とした生産集団の組織は、Ⅰ期は渡来系中心集団、Ⅱ期はこの集団に渡来系集団と倭系集団の混在したもの、Ⅲ・Ⅳ期には新たに倭系集団を中心にした集団が出現し」たとし、「Ⅲ・Ⅳにおける計画性、大規模化、古墳の存在など、前段階に比べて卓越していることが注目される」とする（岡戸一九九四）。そして、「Ⅰ・Ⅱは単純な工人集団集落」であり、Ⅲ・Ⅳ期は「生産から流通に至る一貫した須恵器生産を包括した集団の集落」としている。筆者もほぼこの考え方に準じている。細部では、Ⅱ期は生産の拡大に伴って器形の選択が行われ、組織化が始った段階として捉え、これには祭祀や葬送儀礼の新来文化の需要が背景にある。そして、渡来的要素の激減はⅣ期で捉え、その直前が地方窯の拡散を実行する段階であり、集落拡大の時期と符合していると考えている。

新来の技術を持ち込んだ渡来人の受容は、受け入れ体制の準備や生産地の選択等の後は、比較的瞬時に行われたと考えられる。大庭寺遺跡で集中して軟質系土器が出土したことから、即時に定住し、継続して生産に従事しているのである。しかも、万崎池遺跡や西浦橋遺跡の状況から分かるように、分散することはなく一カ所に集中する形態が復元できる。そしてそれは、大庭寺遺跡ではほぼ二型式の間、純粋な形で存続しているのが特徴であり、その後も生産に従事していることは前述の通りである。

こうした集中形態は、大規模な手工業生産や生業活動の場合、一般的な形態だったと考えられる。鉄生産遺跡である大県遺跡や、馬の飼育が考えられている長原遺跡一帯は多量の韓式系土器が継続して出土している。また大阪平野での土地開発や土木事業でも渡来人が多くの役割を果たしたことが指摘されており（田中一九八九）、いずれも、同じような状況が復元できる。

こうした大規模な集中形態は、北部九州や吉備地方を除いてほとんど存在しない。兵庫県においても軟質系土器を出土する遺跡は多数あるが、量的には極めて少なく、集中的な痕跡はないという（富山二〇〇三）。各地の豪族が独自に渡来人を招聘したり、偶然に単独渡来した場合も予測できるが、その規模と継続性の違いは明らかである。各地での小規模な生産や周辺への影響は認められるが至って単発的なものが多い。

大阪平野においても、単発的な渡来痕跡は多数存在するが、集中的なものは限定されている。従って、大阪平野における手工業生産や生業活動における渡来人の受容は、至って政策的と判断できよう。ヤマト政権の直接的あるいは間接的な経営が推測できるのである。それは、前述したように、単なる生産技術の受容や発展に留まらず、その生産品の用途と関係している。須恵器や鉄器の場合は、容器や道具としての機能的側面と共に、大量に古墳に副葬されれるという二次的な機能を備えている。須恵器は祭祀や葬送儀礼の役割を担う新来文化としても受容されており、生産拡大の方向性を生んだ。こうした需要と生産の関係が自ずから存在する。

従って須恵器生産では、既にⅡ期からその拡大が行われてⅢ期の状態をうみ、そしてⅣ期の完全な組織化の経過を経たのも政策の一環と理解できる。集中体制が基盤になり、こうした方向性が生み出された。古墳時代の手工業生産は、特に五世紀代においては極めて政治的色彩を備えていたと判断される。他の分野においてもこうした動向が追えるものと考える。

おわりに

以上のように、須恵器生産を中心として渡来人の受容と動向を見てきた。初現期における渡来人の受容はさほど時間をかけずに、そして大規模な手工業生産や生業活動の場合は政策的に集中して行われた。窯跡・須恵器の変化と集落の相関は大筋において一致しており、生産の拡大と組織化に従って渡来人の分散が認められ、その痕跡はしだいに希薄な状況に転化していた。そして、TK208型式段階を激減期として遺構・遺物から姿を消す傾向があった。しかし、その後も渡来人の末裔はその痕跡を多少残しつつ、継続して活躍していたことは確実であるが、大方の場合は在地化した様相として表れる。逆に、長原遺跡ではTK23型式段階に再び軟質系土器が増加する傾向があるといい（田中二〇〇三）、他の分野においては様相が多少異なる場合もありそうである。

渡来人の受容は、初現期の各地の須恵器窯やその他の遺跡でも窺えることであるが、陶邑窯のように当初から大規模に集中し、そして生産の拡大規模、継続性の違いは他とは比較にならない。この集中現象は手工業生産や生業に限定できるとは限らないが、そのあり方は手工業生産が製品の特色を含めて、内外的に重要な位置を占めていた証拠でもあろう。そして手工業生産の管理は、ヤマト政権や有力豪族によって政策的に行われたといえる。

規模の大小はあるが、こうした渡来人の活動が五世紀代の新たな文化や生活様式の変化をもたらした。そして渡来人を組み込んだ手工業生産は、雄略朝やその後の社会的組織の確立や政治的秩序の完成に寄与したと考えられ（植野一九九四）、その役割は非常に大きかったのである。特に五世紀代には、政治的手段の一つとして存在し、展開した。本稿では荒削りではあるが、渡来人の動向と手工業生産の展開からその一端を復元した。

［付記］　本稿は、二〇〇三年一〇月二五・二六日に滋賀県立大学で行われた、日本考古学協会二〇〇三年度滋賀大会の発表内容「陶邑と渡来人」（植野二〇〇三b・c）を補足・改定して、既に発表した「渡来人と手工業生産の展開」（植野二〇〇四）を再録したものである。

本稿を記すに当たり、岡戸哲紀氏には陶邑の集落遺跡の動向や各種の有益なご教示をいただきました。記して御礼申し上げます。

引用・参考文献

・赤木克規ほか「小阪遺跡」㈶大阪文化財センター・大阪府教育委員会　一九九二
・石神怡ほか「府道松原泉大津線関連遺跡発掘調査報告書」Ⅰ　㈶大阪文化財センター　一九八四
・植野浩三「日本における初期須恵器生産の開始と展開」『奈良大学紀要』第二一号　一九九三a
・植野浩三「初期須恵器窯総論―須恵器生産の開始と展開―」『第三四回埋蔵文化財研究集会　古墳時代における朝鮮系文物の伝播』　埋蔵文化財研究会　一九九三b
・植野浩三「古墳時代中期の手工業生産と政治秩序―須恵器生産の展開を中心にして―」『文化財学論集』　文化財学論集刊行会　一九九四
・植野浩三「最古の須恵器型式設定の手続き」『文化財学報』第一三集　奈良大学文学部文化財学科　一九九五
・植野浩三「五世紀後半代から六世紀前半代における須恵器生産の拡大」『文化財学報』第一六集　奈良大学文学部文化財学科　一九九八a
・植野浩三「須恵器生産の展開」『第四四回埋蔵文化財研究集会　中期古墳の展開と変革―五世紀における政治的・社会的変化の具体相（一）―』　埋蔵文化財研究会　一九九八b
・植野浩三「初期須恵器窯の構造的特徴」『瓦衣千年　森郁夫先生還暦記念論文集』　森郁夫先生還暦記念論文集刊行会　一九九九
・植野浩三「TK73型式の再評価―高杯の消長を中心にして―」『田辺昭三先生古稀記念論文集』　田辺昭三先生古稀記念の会　二〇〇二
・植野浩三「日韓古代窯跡調査の動向」『総合研究所所報』第一一号　奈良大学総合研究所　二〇〇三a
・植野浩三「陶邑と渡来人」『日本考古学協会二〇〇三年度滋賀大会発表要旨』日本考古学協会　二〇〇三b
・植野浩三「陶邑と渡来人」『日本考古学協会二〇〇三年度滋賀大会資料集』　日本考古学協会二〇〇三年度滋賀大会実行委員会　二〇〇三c
・植野浩三「渡来人と手工業生産の展開」『文化財学報』第二二集　奈良大学文学部文化財学科　二〇〇四
・岡戸哲紀・他「陶邑・伏尾遺跡」A地区　㈶大阪府埋蔵文化財協会・大阪府教育委員会　一九九〇
・岡戸哲紀「陶邑・伏尾遺跡の検討」『韓式系土器研究』Ⅲ　韓式系土器研究会　一九九一
・岡戸哲紀「揺籃期の陶邑」『文化財学論集』　文化財学論集刊行会　一九九四
・岡戸哲紀ほか「陶邑・大庭寺遺跡」Ⅳ　㈶大阪府埋蔵文化財協会・大阪府教育委員会　一九九五
・岡戸哲紀ほか「陶邑・大庭寺遺跡」Ⅴ　㈶大阪府文化財調査研究センター・大阪府教育委員会　一九九六
・岡戸哲紀・他「陶邑・伏尾遺跡」Ⅲ　A地区　㈶大阪府文化財調査研究センター・大阪府教育委員会　一九九七

・三宮昌弘「初期須恵器製作集団と韓式系土器」「韓式系土器研究」Ⅱ　韓式系土器研究会　一九八九
・副島邦弘・他「居屋敷遺跡」福岡県教育委員会　一九九六
・武内雅人・他「近畿自動車道和歌山線建設に伴う　信太山遺跡発掘調査報告書」㈶大阪府埋蔵文化財協会・大阪府教育委員会　一九八七
・田中清美「五世紀における摂津・河内の開発と渡来人」「ヒストリア」第一二五号　一九八九
・田中清美「摂津・河内の韓式系土器」「日本考古学協会二〇〇三年度滋賀大会発表要旨」　日本考古学協会　二〇〇三
・田中英夫「濁り池須恵器窯址」　信太山遺跡調査濁り池窯址班
・田辺昭三　「陶邑古窯址群」Ⅰ　平安学園考古学クラブ　一九六六
・田辺昭三「須恵器大成」　角川書店　一九八一
・續伸一郎「小阪遺跡発掘調査概要報告」「堺市文化財調査概要報告」第三四冊　堺市教育委員会　一九九三
・富山直人「播磨における大陸からの渡来人」「日本考古学協会二〇〇三年度滋賀大会発表要旨」　日本考古学協会　二〇〇三
・中村浩ほか「陶邑・深田」　大阪府教育委員会　一九七三
・中村浩ほか「陶邑」Ⅲ　大阪府教育委員会　一九七八
・中村浩ほか「陶邑」Ⅵ　大阪府教育委員会　一九八七
・西口陽一「野々井西遺跡・ＯＮ231号窯跡」　㈶大阪府埋蔵文化財協会・大阪府教育委員会　一九九四
・藤原学「埋蔵文化財緊急発掘調査概要」昭和六〇年度　吹田市教育委員会　一九八六
・冨加見泰彦ほか「陶邑・大庭寺遺跡」㈶大阪府埋蔵文化財協会・大阪府教育委員会　一九八九
・冨加見泰彦ほか「陶邑・大庭寺遺跡」Ⅱ　㈶大阪府埋蔵文化財協会・大阪府教育委員会　一九九〇
・冨加見泰彦ほか「陶邑・大庭寺遺跡」Ⅲ　㈶大阪府埋蔵文化財協会・大阪府教育委員会　一九九三
・宮崎泰史ほか「泉州における遺跡の調査」Ⅰ　陶邑Ⅷ　大阪府教育委員会　一九九五
・村上年生ほか「小阪遺跡」その三―調査の概要―　㈶大阪文化財センター・大阪府教育委員会　一九八七
・森村健一ほか「陶邑・伏尾遺跡」Ⅱ　Ａ地区　㈶大阪府文化財調査研究センター・大阪府教育委員会　一九九二

吉備の渡来人と鉄生産

亀田修一

はじめに

古墳時代の吉備地域に渡来人が比較的多くいたことは、近年の関連遺跡の発掘調査によって明らかになりつつある。筆者はこれまで朝鮮半島からの渡来人を考古学的に検討し、吉備の渡来人についても検討したことがある①。

また古墳時代の鉄器生産と渡来人の関係は古く一九六〇年代から北野耕平氏や野上丈助氏などが検討され、最近花田勝広氏が鉄と渡来人の関係を著書にまとめている②。筆者も吉備地域における鉄と渡来人の関係について検討したことがある③。小稿はこれらの成果をもとに、古墳時代の吉備（主に備中地域）における渡来人と鉄器や鉄の生産との関わりを検討しようとするものである。

鉄器生産と渡来人

鉄器生産の始まり④

古代吉備における鉄器生産の始まりは、弥生時代後期後半の岡山市津寺一軒屋遺跡で確認されている⑤。それ以前の中期末の総社市折敷山遺跡⑥や赤磐市門前池遺跡⑦の例は疑問符もつけられており、現状では後期後半としておく。その後古墳時代前期では明確な鍛冶炉などは確認されていないが、岡山市津寺遺跡の五五号住居跡で鉱石系鍛冶滓や鉄素材ではないかと推測される折り曲げられた板状の鉄が出土しており、鉄器生産が行われていたと考えられている⑧。

このように吉備では弥生時代後期後半から鉄器生産がはじまっているが、これらの遺跡での渡来人との明確な関わりはわからない。ちょうどこの時期は朝鮮半島系の木槨墓を内部主体とした倉敷市楯築弥生墳丘墓⑨が築造され、岡山市足守川加茂B遺跡⑩で朝鮮半島系の蕨手状渦文鏡が使用されていた時期のすぐあとくらいであり、これらの鉄器生産に渡来系の人が関与していた可能性もなくはない。しかし現状ではこの時期の鉄器生産に渡来人が関与したかどうかは不明である。

五世紀の鉄器生産と渡来人

備中地域の五世紀代の鉄器生産と渡来人に関わる代表的な遺跡を以下にあげる。

窪木薬師遺跡⑪　総社市南東部に位置する鍛冶遺跡である。五世紀前半から七世紀前半までの約二〇〇年間の鍛冶関係遺構が確認されている吉備を代表する鉄器生産遺跡である。五世紀前半代は二棟の鍛冶関係資料を出土する竪穴住居が確認されており、そのうちの一棟では吉備最古級の造り付けカマドがあり、その中に鉄鋌がおかれていた。遺物は陶質土器、吉備産?初期須恵器、軟質土器、土師器などのほか伽耶地域の福泉洞二一・二二号墳⑫などで出土している鉄鏃と類似した鉄鏃、そして鍛冶滓などが出土しており、伽耶系の渡来人がここで鉄器生産をしていたことが推測できる。

随庵古墳⑬　窪木薬師遺跡の北約三・五㎞の山麓近くの丘陵先端部に築かれた墳長約四〇mの帆立貝形古墳で、竪穴式石室に鋲を使用した割竹形木棺が納められていた。

遺物は馬具、武器・武具、農工具、漁具などの多量の鉄製品とともに鉄鉗、鉄槌、鏨、鉄床、鑪、砥石などの鍛冶具がセットで納められていた。時期は窪木薬師遺跡と一部重なる五世紀前半と考えられる。

この竪穴式石室は伽耶系のものである可能性が推測されている。⑭また当時の日本では木棺に鋲は使用されておらず、[補註1]鍛冶具をセットで納めている古墳は極めてまれである。このようなことなどを考えると、この古墳の被葬者は渡来系の人、または朝鮮半島と関わりが深く、造山古墳や作山古墳の被葬者のもとで新しい技術による鉄器生産を行っていた渡来系の人々を実際に管轄していた日本人などがその候補となろう。

榊山古墳⑮　吉備最大の造山古墳（五世紀前半）の陪塚と考えられている直径三五mの円墳である。馬形帯鉤を出土した古墳として有名であるが、多量の鉄器類とともに鍛冶具の鉄床や鉄槌、砥石なども出土している。そして伽耶系陶質土器も出土している。時期は五世紀前半と

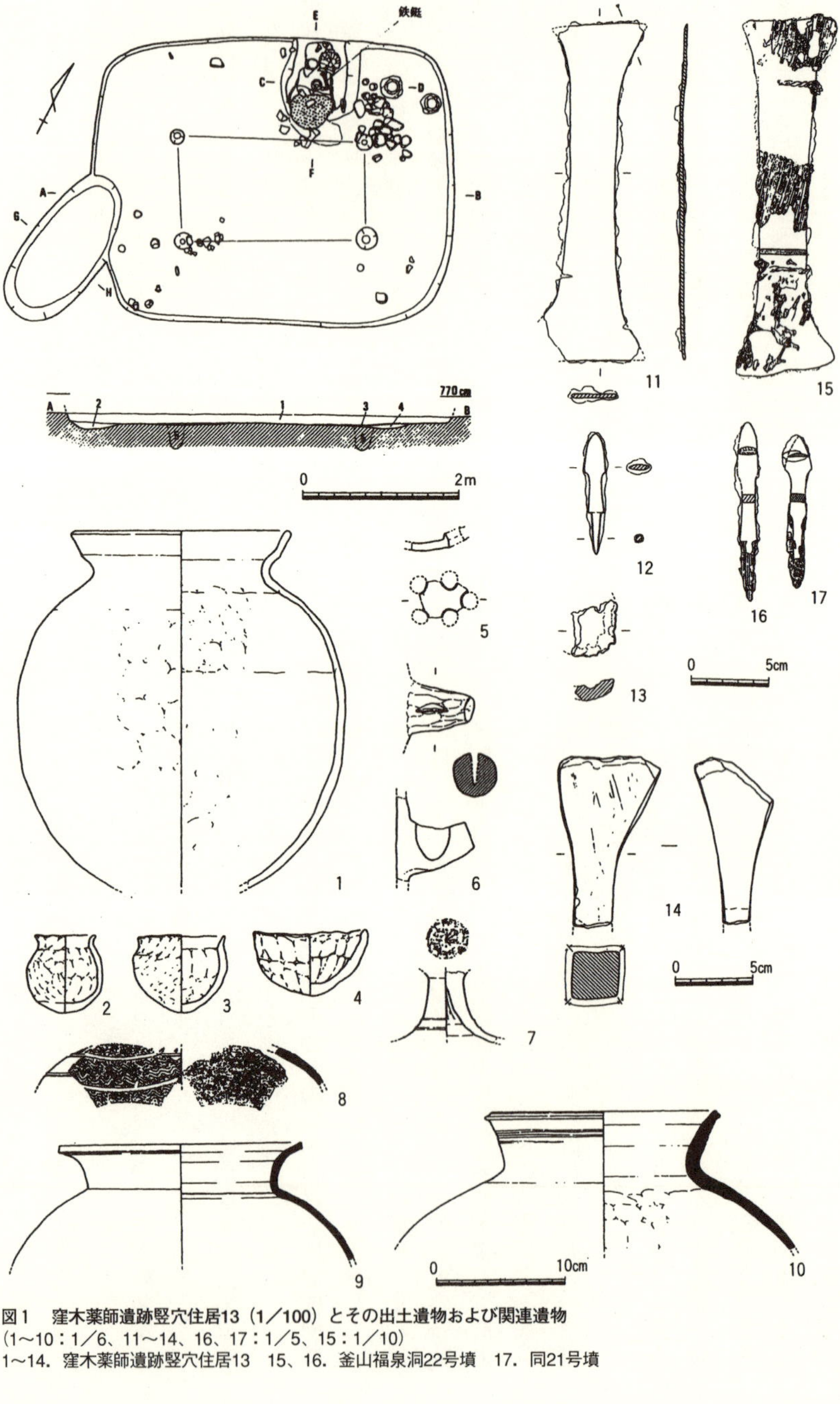

図１　窪木薬師遺跡竪穴住居13（1／100）とその出土遺物および関連遺物
（1〜10：1／6、11〜14、16、17：1／5、15：1／10）
1〜14．窪木薬師遺跡竪穴住居13　15、16．釜山福泉洞22号墳　17．同21号墳考えられている。

窪木薬師遺跡とは約一・六㎞しか離れておらず、その被葬者は造山古墳の被葬者のもとで、朝鮮半島と深い関わりを持ち、窪木薬師遺跡の工人たちを直接または間接的に支配していた人物ではないかと考えられる。渡来系の人物であるのか、在地の日本人であるのかはわからない。

六、七世紀の鉄器生産と渡来人

備中地域の六、七世紀の鉄器生産と渡来人との関係はあまり明確ではない。古代吉備の中枢地域である備中南東部地域では、五世紀代の項でも述べた総社市窪木薬師遺跡において六世紀中葉ころから生産が拡大され、一時期に一一棟の鍛冶関係の竪穴住居が確認されている。鏃、鎌、鉇、刀子、直刀などを生産していたようである。この時期の資料の中には朝鮮半島との関わりを示すものは確認できていない。しかし後述するようにこの遺跡の五世紀から七世紀までの変遷を考えると六世紀中葉からの生産体制の拡大には大和政権の白猪屯倉の設置（五五五年）が関わっていると推測される。そしてそれにともなって大和政権から渡来系工人が派遣された可能性が推測されるのである。[16]

窪木薬師遺跡の南東約二・五㎞に位置する岡山市津寺遺跡の高田調査区では六世紀後半から七世紀前半の住居が一〇五棟確認されており、そのうち六七棟で鉄滓などの鉄器生産関係の遺物が出土している。[17]ここでは鏃、鎌、摘み鎌、斧などが出土している。ただ朝鮮半島との関わりを示す資料は確認できなかった。

これらのほかにも鉄器生産に関わる遺跡は足守川周辺にはいくつかあるが、いずれも朝鮮半島との関わりを示すものは確認できていない。ただ可能性が推測できる例としては窪木薬師遺跡の北約一㎞にある総社市窪木遺跡がある。[18]ここでは六世紀後半の竪穴住居からフイゴの羽口や鉄滓が出土している。そしてこの竪穴住居の北東一〇〇ｍで確認された六世紀前半の溝の中から軟質土器の平底深鉢形土器が出土している。いずれも狭い範囲の発掘調査で遺構の全体はわかっておらず、時間の差はあるようであるが、六世紀代の陶質土器や軟質土器は五世紀代に比べて格段に少なくなっており、かつ軟質土器の平底深鉢形土器はこの時期の日本人にほとんど受け入れられなかった土器であり、渡来人の存在を比較的強く推測

29．三須河原遺跡　30．作山古墳　31．宿寺山遺跡　32．末ノ奥窯跡群
33．狸岩山積石塚群　34．菅生小学校裏山遺跡　35．酒津遺跡　36．殿山古墳群
37．三輪山6号墳　38．樋本遺跡　39．備中国府推定地　40．西山44号墳
41．小寺2号墳　42．奥ヶ谷窯跡　43．すりばち池1号墳　44．姫社神社
45．秦原廃寺　46．秦金子1号墳　47．金子石塔塚古墳　48．長迫2号墳
49．西団地内遺跡群　50．岡田廃寺　51．天狗山古墳　52．箭田廃寺
53．箭田大塚古墳　54．八高廃寺

図2　吉備中枢部の朝鮮半島関連遺跡分布図（1／100,000）

1．吉備津彦神社　2．吉備津神社　3．東山遺跡　4．川入遺跡　5．上東遺跡
6．二子御堂奥窯跡群　7．日畑廃寺　8．楯築弥生墳丘墓　9．惣爪廃寺
10．矢部遺跡　11．足守川加茂遺跡　12．加茂政所遺跡　13．津寺遺跡
14．高塚遺跡　15．大崎廃寺　16．大崎古墳群　17．随庵古墳　18．千引カナクロ谷遺跡を含む奥坂遺跡群　19．鬼ノ城　20．窪木遺跡　21．栢寺廃寺
22．窪木薬師遺跡　23．法蓮古墳群　24．造山古墳　25．榊山古墳
26．備中国分寺尼跡　27．こうもり塚古墳　28．備中国分寺跡

させるものである[19]。このような状況を考えると、多少強引なようにも思われるが、窪木遺跡における鉄器生産と渡来人の関係は一応考えておきたい。

以上のように五〜七世紀の吉備（備中）の鉄器生産関連遺跡においては渡来人との関わりが推測できる。特に五世紀代の新しい技術による鉄器生産ではその比率がより高いようである。

ただ、六世紀以降に関しては朝鮮半島との関わりを示す資料が出土する遺跡はあまり多くはない。しかし六世紀以降は渡来人やその子孫たちも日本の土器を使用しているようであるので、土器で違いをみることは難しい。つまり朝鮮半島系の土器がないからといって渡来系の工人がいなかったともいえない[20]。しかし資料がない以上これ以上の追求は難しい。その中にあって今回は取りあげなかったが、備前地域の赤磐市の斎富遺跡[21]や門前池東方遺跡[22]では渡来人の存在が推測でき、六世紀代の吉備の鉄器生産にもやはり渡来系の工人が関与していたであろうことが推測できる。

鉄生産と渡来人

古代吉備は鉄の生産地として有名であるが、製鉄炉が確認されている確実な生産開始時期は六世紀後半である。以下、状況がわかる代表例をみていきたい。

奥坂遺跡群（千引カナクロ谷遺跡ほか）[23]　前章で述べた窪木薬師遺跡の北約五㎞の谷部に位置している。鍛冶具をセットで副葬していた随庵古墳はこの谷の入口に位置している。製鉄関係の遺構は七カ所で、製鉄炉が合計二〇基、横口付き木炭窯が合計二四基検出されている。操業時期は六世紀後半〜八世紀前半と考えられている。

これらの遺跡では朝鮮半島との関わりを示す遺物などは出土しておらず、考古学の面からは渡来系工人との関係についてはなにもいえない。しかし、後述するようにこの地域の記録には「西漢人部」らの名前があり、その関係が説明できる。

西団地内遺跡群[24]　この遺跡も総社市内にあるが、前者が総社平野の北東部に位置するのに対して、この遺跡は高梁川を西に渡った新本川流域に位置する。時期は六世紀末〜八世紀前半までで前者より少し遅れて始まっているようである。遺構は東西約八〇〇m、南北約三〇〇mの中に六カ所に分かれ、合計六二基の製鉄炉、一七基の横口付き木炭窯、一基の横口なし木炭窯などが検出されている。

ここでも考古資料では朝鮮半島との関わりは述べることはできないが、この遺跡群が位置する新本川流域の入口には「秦」の地名が残り、古代の「秦原郷」がこの付近にあったと考えられている。さらにその北側には鉄に関わる渡来系の天日槍の女神である比売許曽神を祭った姫社《ヒメコソ》神社がある[25]。このような位置関係を総合化するとこの西団地内遺跡群の鉄生産には渡来系の人々が関与していたと考えた方がよさそうである[26]。

文献資料との総合化

文献資料から古代吉備の渡来人と鉄について検討した研究には直木孝次郎氏の「吉備の渡来人と豪族」がある[27]。直木氏は天平一一（七三九）年の「備中国大税負死亡人帳」の記録をもとに都宇郡と賀夜郡の渡来系の人々の多さ（都宇郡：六人／一五人＝四〇%、賀夜郡：七人／三三人＝二一%、窪屋郡：〇人／二四人＝〇%）を示し、備前・美作の鉄は秦氏系、備中の鉄は漢氏系の人々によって行われたと推測した。その後の資料などを含めて筆者が整理しなおしたものが表1である。

ここでこのような渡来系の人々の分布とこれまで述べてきた考古学の成果を総合化してみたい。

まず、直木氏は備中の場合、漢氏系の人物が鉄と関わるとしているが、彼らの分布は都宇郡建部郷、賀夜郡庭瀬郷、賀夜郡大井郷、賀夜郡阿蘇郷、下道郡にみられる。その分布と前述の鉄関係の遺跡との重なりをみると、賀夜郡阿蘇郷は吉備最古の製鉄遺跡である奥坂遺跡群（千引カナクロ谷遺跡ほか）が位置するところである。彼らの名前が記されている「備中国大税負死亡人帳」は天平一一（七三九）年に作成されたもので、千引カナクロ谷遺跡を含めたこの地域の鉄生産の最後の時期に該当するので、同時代資料となる。まさに文献資料と考古資料が合致する貴重な例となる。つまり千引カナクロ谷遺跡を含めた賀夜郡阿蘇郷地域の鉄生産には西漢人部麻呂などの漢氏系の渡来系の人々が関与していた可能性が考えられるのである。

表1　吉備の渡来人

国	郡	郷	里	人　名	年	出典
備前	藤野			忍海部興志	神護景雲3年(769)	1
	邑久	旧井		秦勝小国	8世紀	2
	邑久	積梨		(戸主) 秦造国足・(戸口) 秦部国人	宝亀5年 (774)	3
	邑久			秦大兄→香登臣	文武2年 (698)	4
	上道		揭勢	秦部犬養、秦部得万呂	8世紀	5
	上道	幡多		秦老人、秦忍山	8世紀	6
	上道	幡多	拝志	秦人部得足	8世紀	7
	上道	沙石	御立	秦勝千足	8世紀	7
	上道			秦春貞 (白丁)	仁和元年 (885)	8
	上?			秦大丸	8世紀	6
	児島	賀茂		三家連乙公	8世紀	9
	津高	津高(莵垣)		漢部阿古麻呂、書直麻呂(税長)、漢部古比麻呂(徴)	宝亀5年 (774)	10*
	津高	津高		桉作部千紲、漢部真長	宝亀7年 (776)	11*
	津高			漢部大楯	宝亀7年 (776)	12*
	御野		井上	秦□千	8世紀	13
	——			秦刀良	神護景雲4年(770)	14
	——			韓部広公 (直講博士) →百済国人	天長10年 (833)	15
美作	大庭			白猪臣大足→大庭臣	天平神護2年(766)	16
	大庭			白猪臣証人→大庭臣	神護景雲2年(768)	17
	久米			秦豊永	貞観7年 (865)	18
	英多			秦部知足	8世紀	13
	英多			秦人部□ (公ヵ) 麻呂	8世紀	19
備中	都宇	建部	岡本	西漢人志卑売 (戸口)	天平11年 (739)	20
	都宇	河面	辛人	(戸主) 秦人部稲麻呂・(戸口) 秦人部弟嶋	天平11年 (739)	20
	都宇	撫川	鳥羽	服部首八千石 (戸口)	天平11年 (739)	20
	都宇	撫川	鳥羽	(戸主) 史戸置嶋・(戸口) 史戸玉売	天平11年 (739)	20
	賀夜	庭瀬	三宅	忍海漢部真麻呂 (戸主)	天平11年 (739)	20
	賀夜	庭瀬	山埼	(戸主) 忍海漢部得嶋・(戸口) 忍海漢部麻呂	天平11年 (739)	20
	賀夜	大井	粟井	東漢人部刀良手 (戸主)	天平11年 (739)	20
	賀夜	阿蘇	宗部	西漢人部麻呂 (戸主)	天平11年 (739)	20
	賀夜	阿蘇	磐原	(戸主) 史戸阿遅麻佐・(戸口) 西漢人部事元売	天平11年 (739)	20
	下道	——		西漢人宗人	貞観5年 (863)	21

＊10〜12は関連する文書で、人名に重なりがあり、重なる人名は古いものをあげた。

[出典] 1.『続日本紀』神護景雲3年6月条。2. 奈良国立文化財研究所『平城宮発掘調査出土木簡概報』15。3.『正倉院文書』続修47。4.『日本書紀』文武2年4月条。5. 奈良国立文化財研究所『平城宮発掘調査出土木簡概報』6。6. 奈良国立文化財研究所『平城宮発掘調査出土木簡概報』16。7. 奈良国立文化財研究所『平城宮発掘調査出土木簡概報』31。8.『三代実録』仁和元年12月条。9. 奈良国立文化財研究所『平城宮木簡』1解説、323号。10.『東京大学図書館所蔵文書』「備前国津高郡莵垣村常地畠売買券」。11.『唐招提寺文書』「備前国津高郡津高郷陸田券」。12.『吉田文書』「備前国津高郡収税解」。13. 奈良国立文化財研究所『平城宮発掘調査出土木簡概報』19。14.『続日本紀』神護景雲4年3月条。15.『続日本後紀』天長10年3月条。16.『続日本紀』天平神護2年12月条。17.『続日本紀』神護景雲2年5月条。18.『三代実録』貞観7年11月条。19. 奈良国立文化財研究所『平城宮発掘調査出土木簡概報』34。20.『正倉院文書』正集35「備中国大税負死亡人帳」。21.『三代実録』貞観5年1月条。

また直接的な鉄生産関係資料ではないが、平城宮跡出土木簡のなかに「大井鍬十口」[28]というものがある。この「大井」は賀夜郡大井郷の「大井」と考えられており、現在の岡山市大井付近に想定されている（図2、右側上端、□囲み）。この岡山市大井はまさに千引カナクロ谷遺跡などの製鉄遺跡が位置する阿蘇郷の東隣りなのである。そして賀夜郡大井郷には表1にみられるように東漢人部刀良手がいる。平城宮へ納めた鍬作りに渡来系の人々が関与していた可能性は十分考えられる。

このほか「備中国賀夜郡□□□□鉄一連」[29]という平城宮跡出土木簡もある。このような鉄や鍬を都へ納めることができたのは西漢人部麻呂などの渡来系の人々による千引カナクロ谷遺跡などでの鉄生産があったからであろう。

また前章ではふれなかったが、備前地域の岡山市みそのお遺跡で七世紀ころと推測される製鉄炉四基と横口付き木炭窯四基が確認され、磁鉄鉱石、鉱石製錬滓、鉄塊系遺物などが出土している。[30]みそのお遺跡が位置する地域は備前国津高郡宇甘郷（平安時代末期に津高郷から分離）に属していたと考えられている。この郷に関しては宝亀五（七七四）年の「備前国津高郡菟垣村常畠売買券」という資料がある（表1）。これは漢部阿古麻呂という人物が三野臣乙益に畠を売ったというものであるが、この漢部阿古麻呂は渡来系の人と考えられる。渡来系の人がすべて鉄関係の仕事をしていたとは当然いわないが、彼らの祖先がみそのお遺跡で鉄を作っていた可能性もあるのではないであろうか。

以上のように最近の発掘調査によって文字資料と考古資料の対比ができるようになり、渡来系の人々と鉄器・鉄生産の関係がより説明できるようになってきた。

吉備への渡来人の流入時期とその意味

以上のように古代吉備、特に備中地域では鉄器・鉄生産に渡来人や渡来系の人々が関わった例が比較的あることがわかった。そこでそれらに関わる渡来人および渡来系の人々がどのように吉備に入ったか、みてみたい。

造山古墳と渡来人

まず、窪木薬師遺跡などで五世紀前半から鉄器作りが始められている。これはカマドを作っていることも含め渡来人が関与していることは明らかであるが、出土した数少ない鉄鏃などから洛東江下流域の人々が来ているのではないかと考えられている。

これはほぼ同時期の吉備最古の須恵器窯である奥ヶ谷窯跡[31]の須恵器の系譜も洛東江下流域に追えそうであるということとも符合するので、この五世紀前半に洛東江下流域からまとまって人が来たのではないかと考えられる。

この五世紀前半という時期は多少幅を持っているが、最近の初期須恵器の年代に関する年輪年代[32]を参考にすると、奥ヶ谷窯跡の須恵器は五世紀初めころと考えられる。

そうすると、この時期になぜ洛東江下流域の人々が吉備に来たのか考えなければならない。その鍵は高句麗の広開土王の南下と考える。広開土王は三九六年百済の北部の城を攻め落とし、都の漢城までせまり、百済王に忠誠を誓わせた。しかし百済は倭と結び、さらに倭が新羅に攻めてきたので、広開土王は四〇〇年五万人の軍を新羅の都である慶州に派遣し、倭軍を追い出した。さらに洛東江下流域まで南下して、勝利している[33]。

まさにこの四世紀末から五世紀初めころの戦乱のなかで多くの洛東江下流域の人々が日本へ渡ってきたと考えられる。さらにいうならば、吉備の豪族もこの戦乱の中、朝鮮半島に渡っていた可能性が十分ありそうである。このような動きの中で戦乱を避けて日本へ渡ってきた洛東江下流域の人々が吉備へ定着し、鉄器作りや須恵器作りを行ったものと考えられる。

吉備のこの時期の代表的な古墳は造山古墳[34]である。墳長三六〇ｍの全国第四位の古墳であり、同時期の古墳では第二位になる巨大な古墳である。この古墳の周辺には前述の馬形帯鉤や鍛冶道具を出土した榊山古墳、九州系の横穴式石室を内部主体とする千足古墳[35]などがあり、九州や朝鮮半島とのつながりを示している。造山古墳自体は発掘調査されていないので、詳細はわからない。しかし、これまで述べてきたような状況証拠を積み重ねると、造山古墳の被葬者は朝鮮半島と何らかの関わりを持っていたと考えられる。そして洛東江下流域を含む朝鮮半島から人々が渡ってきて、足守川流域から高梁川流域の平野部、およびその周辺に定着し、鉄器や須恵器の生産を行ったと考えるのが最も自然であろう。

屯倉の設置と渡来人

四世紀末～五世紀初の造山古墳の被葬者の時代、そののちの五世紀前半の作山古墳[36]の時代に入ってきた新しい渡来人たちの技術や情報によって吉備はさらに発展したと考えられる。

しかし、吉備はその後雄略天皇七（四六三）年、天皇と争い、破れる。いわゆる「吉備の乱」である。このころから吉備の古墳は小さくなり、一地方豪族の墓の大きさになる。このような動きは六世紀後半のこうもり塚古墳[37]まで続く。

吉備は欽明天皇一六（五五五）年白猪屯倉がおかれ、同一七（五五六）年児島屯倉が置かれる。これらは吉備の鉄と海を押さえるために置かれた屯倉と考えられている。一般的に白猪屯倉が鉄、児島屯倉が海と考えられている。

実際に吉備を中心とした瀬戸内海沿岸の製塩遺跡は五世紀後半～六世紀前半には縮小するが、六世紀後半には五世紀前半の盛況よりさらに増大している[38]。

そして興味深い点は前述の窪木薬師遺跡の動向である。この遺跡での鉄器生産の始まりは五世紀前半であるが、五世紀後半～六世紀初めころにはやや衰退する。そして六世紀第2四半期ころから再び生産が拡大され、七世紀前半ころまで大きく展開するのである。さらに千引カナクロ谷遺跡などでの製鉄が開始するのも六世紀後半である。

このような一連の塩作りと鉄器作りと鉄作りの動きは、吉備の乱の敗北による塩作りと鉄器作りの縮小、大和政権側の屯倉の設置による吉備の塩作りと鉄器作りの再活用、そして製鉄という新しいテコ入れを反映しているのではないであろうか。

二つの屯倉の設置には蘇我稲目、蘇我馬子が関与し、その下には渡来系の有力者王辰爾の甥胆津がいる。胆津はその功績により白猪史の姓を賜っている。屯倉の設置には実務担当者として渡来系の新しい知識などをもつ人々が派遣されたのではないかと考えられるが、それは事務だけでなく、実際の技術面でも同様であったのではないであろうか。

このような視点で表1をもう一度見ると、前述の賀夜郡阿蘇郷や大井郷の西漢人部や東漢人部などの人々は屯倉の設置に伴って大和政権から派遣された渡来系の製鉄工人たちの子孫である可能性もあるのではないであろうか。さらに前述のように屯倉の設置には蘇我氏が関与している。西漢人部麻呂がいたのは賀夜郡阿蘇郷「宗部里」である。この宗部里は蘇我氏と関係すると考えられている。[39]つまり千引カナクロ谷遺跡などでの鉄作りの開始に蘇我氏—漢部が関与していたと推測できるのである。

さらに同じ賀夜郡の庭瀬郷の忍海漢部なども同様に屯倉設置にともなって大和から派遣されたのではないかと考えられる。忍海漢人は本来葛城氏の配下にいた渡来系の人々である。しかし葛城氏が衰えた後には蘇我氏のもとにいたようであるので、[40]屯倉の設置に蘇我氏が関与していることを考えると、その配下にいた忍海漢部が吉備への屯倉設置に伴い派遣された可能性は十分考えられるのではないであろうか。忍海漢部真麻呂がいたのは賀夜郡庭瀬郷「三宅里」なのである。さらに『肥前国風土記』に三根郡漢部郷の忍海漢人が武器を作ったとあるように、忍海部はもともと武器・武具製造に関わっていたと考えられている。[41]前述のように窪木薬師遺跡では鏃や直刀など武器類が作られている。このような六世紀中葉以降の窪木薬師遺跡での鉄器作りに大和から派遣された渡来系工人である忍海漢部の人々が関与していた可能性はかなり高いのではないであろうか。[42]

これらの渡来系の人々の記録はいずれも天平一一（七三九）年のものであり、五五五年、五五六年の屯倉設置とは二〇〇年近い時間の差があるので、単純に結びつけることはできないが、その関わりは考えておきたい。

一方、高梁川西岸の西団地内遺跡群の鉄生産には前述のように秦氏が関与した可能性もある。

つまり六世紀中葉以降の鉄器生産の拡大と鉄生産の始まりには、屯倉の設置に伴って大和政権が派遣した渡来系技術者の関与があったのではないかと考えられる。

おわりに

以上、五～七世紀の吉備、主に備中地域を対象として鉄器・鉄の生産と渡来人の関係をみてきた。

五世紀前半代の造山古墳・作山古墳の時代は、吉備が最も力を伸ばした時期である。その発展の背景には、肥沃な平野・水量豊かな川・多くの恵みをもたらす瀬戸内海など、吉備の恵まれた自然環境があったと考えられるが、それを活用できたのは吉備の人々の力である。ただそれは在地の人々だけの力ではなく、新たに加わった朝鮮半島からの渡来人たちの力、つまり新来の新しい吉備の人々の力でもあったと考えられる。造山古墳や作山古墳の被葬者たちの下で、新しい知識や技術を持った渡来人たちが鉄器作りや須恵器作り、そして土木工事・海上交通などに活躍することによって吉備の力は飛躍的に伸びたものと思われる。

六世紀中葉以降は考古学的には朝鮮半島との関わりを示すものはあまり多くはなかったが[43]、文字資料と総合化することによって補うことができることがわかった。この六世紀中葉以降の渡来系工人たちの吉備への定着は、大和政権による白猪・児島の二つの屯倉の設置に関わると考えた。特に賀夜郡阿蘇郷宗部里の西漢人部麻呂や同郡庭瀬郷三宅里の忍海漢部真麻呂などは屯倉の設置を主体的に行った蘇我氏との関わりを考えることで、より説明がしやすくなると考えた。

文献史学の研究では奈良時代に雑戸などが改編されることが明らかにされており[44]、それに従えば、それまでは彼らの技術は代々伝習されていたことを示していることになる。つまり五、六世紀代の渡来系の技術が八世紀前半ころまで代々受け継がれていたことになるのである。当然新しい渡来人や日本人がさらに加わったものとは思うが。

最後になったが、小稿をなすにあたり、次の方々にお世話になった。末筆ながら記して謝意を表したい。

伊藤晃、今津勝紀、小田富士雄、尾上元規、狩野久、葛原克人、近藤義郎、島崎東、高久健二、高田貫太、武末純一、武田恭彰、谷山雅彦、西川宏、花田勝広、土生田純之、平井典子、光永真一、村上恭通、村上幸雄、安川豊史、行田裕美（敬称は省略させていただきました。ご容赦下さい。）

（二〇〇三年七月二〇日了、二〇〇四年一二月二九日一部補訂）

註

①亀田修一「考古学から見た渡来人」（『古文化談叢』三〇（中）、古文化研究会　一九九三）、亀田修一「考古学から見た吉備の渡

来人」（武田幸男編『朝鮮社会の史的展開と東アジア』山川出版社　一九九七）

②北野耕平「中期古墳の副葬品とその技術史的意義」（『近畿古文化論攷』吉川弘文館　一九六二）、野上丈助「古墳時代における甲冑の変遷とその技術史的意義」（『考古学研究』一四―四　一九六八）、花田勝広『古代の鉄生産と渡来人』雄山閣　二〇〇二）

③亀田修一「鉄と渡来人―古墳時代の吉備を対象として―」（『福岡大学総合研究所報』二四〇　二〇〇〇）

④小稿の吉備における鉄と鉄器生産の概要は、亀田修一「第二章古代吉備の鉄と鉄器生産」（『長船町史 刀剣編通史』二〇〇〇）による。

⑤高畑知功ほか『津寺三本木遺跡・津寺一軒屋遺跡』岡山県教育委員会　一九九九

⑥前角和夫ほか『折敷山遺跡・雲上山一一号墳』総社市教育委員会　一九九三

⑦池畑耕一ほか『門前池遺跡』岡山県教育委員会　一九七五

⑧金田善敬「津寺遺跡の鉄器生産について」（『津寺遺跡三』岡山県教育委員会　一九九六）

⑨近藤義郎ほか『楯築弥生墳丘墓の研究』楯築刊行会　一九九二

⑩光永真一ほか「足守川加茂B遺跡」（『足守川河川改修工事に伴う発掘調査』岡山県教育委員会　一九九五）

⑪島崎東ほか『窪木薬師遺跡』岡山県教育委員会　一九九三。この報告書はよくまとめられており、大いに参照した。

⑫鄭澄元・安在晧ほか『東福泉洞古墳群Ⅱ』釜山大学校博物館　一九九〇

⑬鎌木義昌・間壁忠彦・間壁葭子『総社市随庵古墳』総社市教育委員会　一九六五

⑭高田貫太「瀬戸内における渡来文化の受容と展開」（『渡来文化の受容と展開』第四六回埋蔵文化財研究集会実行委員会　一九九九）

⑮和田千吉「備中国都窪郡新庄下古墳」（『考古学雑誌』九―一一　一九一九）、本村豪章「古墳時代の基礎研究稿―資料編（Ⅰ）」（『東京国立博物館紀要』一六　一九八一）

⑯註①後者文献。亀田修一「窪木薬師遺跡が語るもの」（『長船町史 刀剣編通史』長船町史編纂委員会　二〇〇〇）

⑰亀山行雄・大橋雅也ほか『津寺遺跡四』岡山県教育委員会　一九九七

⑱平井泰男ほか『窪木遺跡二』岡山県教育委員会　一九九八

⑲軟質土器と渡来人の関係をまとめたものとして、今津啓子「渡来人の土器」（荒木敏夫編『古代王権と交流五　ヤマト王権と交流の諸相』名著出版　一九九四）がある。この中で今津氏は軟質土器のセット関係を重視して、その存在を確認しようとしている。これには基本的に筆者も同感であるが、当時の中心地である畿内以外では、このセットを重視すると、渡来人の存在の確認が難しい。よって筆者は朝鮮半島に一般的に見られるが、日本では受け入れられなかった平底深鉢形土器など平底土器に注目して、渡来人の存在を確認しようとしている（註①前者文

献)。

⑳亀田修一「渡来人の考古学」(『七隈史学』四　七隈史学会　二〇〇三)

㉑下澤公明ほか『斎富遺跡』　岡山県教育委員会　一九九六。斎富遺跡では五世紀後半の竪穴住居の中から洛東江東岸様式の陶質土器が鉄地金銅張の辻金具と出土しており、馬具の修理をしていた可能性が考えられる。また五世紀末～六世紀末の溝の中から多量の鉄滓が出土し、近くの六世紀前半の竪穴住居から角杯や軟質系土器などが出土している。さらに包含層などから軟質系土器や土師質の算盤玉形紡錘車などが出土している。このような状況からこの斎富遺跡では鉄器生産と渡来人の関係が十分考えられる。

㉒則武忠直・岡秀昭・塩見真康「岡山県山陽町門前池東方遺跡の朝鮮半島系資料」(『古文化談叢』三二、古文化研究会、一九九四)。門前池東方遺跡は斎富遺跡の西約二㎞に位置し、六世紀後半の鍛冶炉と、鉄滓を出土するオンドル状遺構を持つ竪穴住居が検出されている。オンドル状遺構はL字状カマドとも呼ばれ、一般的なカマドと同様に朝鮮半島から日本へ伝えられたものである。しかし、日本人社会には一般的なカマドは受け入れられたが、オンドル状遺構は受け入れられず、定着しなかった。よってオンドル状遺構をもつ竪穴住居は朝鮮半島との関わりがより深く、渡来人の存在をより強く推測させるものである。

㉓武田恭彰ほか『奥坂遺跡群』　総社市教育委員会　一九九九

㉔谷山雅彦ほか『水島機械金属工業団地協同組合西団地内遺跡群』　総社市教育委員会　一九九一

㉕上田正昭「古代吉備の歴史と文化」(『角川日本地名大辞典月報』四三　角川書店　一九八九)

㉖葛原克人「備中秦氏の造寺活動について」(門脇禎二編『日本古代国家の展開(下)』思文閣出版　一九九五)　亀田修一「吉備における古代寺院の出現とその背景」(第四二回埋蔵文化財研究集会『古代寺院の出現とその背景』一九九七)

㉗直木孝次郎「吉備の渡来人と豪族」(藤井駿先生喜寿記念会編『岡山の歴史と文化』福武書店　一九八三)

㉘奈良国立文化財研究所『平城宮木簡』一　解説

㉙奈良国立文化財研究所『平城宮出土木簡概報』四

㉚椿真治ほか『みそのお遺跡』　岡山県教育委員会　一九九三

㉛江見正己・柴田英樹ほか『藪田古墳群・金黒池東遺跡・奥ヶ谷窯跡・中山遺跡・中山古墳群・西山遺跡・西山古墳群・服部遺跡・北溝手遺跡・窪木遺跡・高松田中遺跡』岡山県教育委員会　一九九七

㉜光谷拓実・次山淳「平城宮下層古墳時代の遺物と年輪年代」(奈良国立文化財研究所『奈良国立文化財研究所年報一九九九―Ⅰ』一九九九)

㉝東潮・田中俊明『高句麗の歴史と遺跡』　中央公論社　一九九五

㉞西川宏「造山古墳」(『岡山県史　一八　考古資料』　岡山県史編纂委員会　一九八六)

㉟梅原末治「備中千足の装飾古墳」(『近畿地方古墳墓の調査』三　日本古文化研究所　一九三八)

㊱葛原克人「作山古墳」(『岡山県史　一八　考古資料』　岡山県史編纂委員会　一九八六)

㊲葛原克人・近藤義郎・鎌木義昌「こうもり塚古墳」(『岡山県史　一八 考古資料』　岡山県史編纂委員会　一九八六)

㊳大久保徹也「古墳時代中後期における塩の流通」(塩の会シンポジウム実行委員会『シンポジウム製塩土器の諸問題』一九九七)、亀田修一「古代牛窓の産業」(『牛窓町史 通史編』　牛窓町史編纂委員会　二〇〇一)

㊴吉田晶「吉備の部民」(『岡山県史三　古代Ⅱ』　岡山県史編纂委員会　一九九〇)

㊵加藤謙吉『蘇我氏と大和王権』　吉川弘文館　一九八三

㊶関晃『帰化人』　至文堂　一九五六

㊷島崎東氏が註⑪の中で、屯倉についてはふれていないが、窪木薬師遺跡の鉄器生産と忍海漢部との関係を述べている。また五世紀代の造山古墳との関係も述べている。

㊸今回は取り扱わなかったが、美作地域では久米町の大蔵池南遺跡と稼山古墳群、勝央町の畑ノ平古墳群などにおいて渡来人と鉄、鉄器生産との関わりが推測できる。

　大蔵池南遺跡は美作を代表する鉄生産遺跡で、六世紀後半〜七世紀前半の六基の製鉄炉と一基の鍛冶炉が確認されている。ここでは朝鮮半島系資料は確認できていないが、その近くにほぼ同時期の稼山古墳群がある。発掘調査された一七基のうちの六世紀後半〜七世紀後半の九基の古墳で鉄滓が出土している。そのうちのコウデン二号墳で百済系といわれている三足壺や平底瓶、稼山四号墳で渡来人との関係が推測されている鳥形瓶、荒神西古墳で銅鋺などが出土している。さらに芦ヶ谷古墳では周溝に馬具を着装した状態の馬が埋葬されている。このような馬の埋葬も朝鮮半島の儀礼行為であり、これらの古墳群に渡来系の人々が埋葬されている可能性は比較的高そうである。つまり仕事場である大蔵池南遺跡と当然セットで考えられるので、大蔵池南遺跡での鉄生産に渡来系工人が関与していたと考えてよいと思われる(村上幸雄『稼山遺跡群Ⅱ』　一九八〇。森田友子・村上幸雄『稼山遺跡群Ⅳ』　一九八二)

　また畑ノ平古墳群(弘田和司ほか『西大沢古墳群・畑ノ平古墳群・虫尾遺跡・黒土中世墓・茂平古墓・茂平城』　岡山県教育委員会　一九九六)では、一〇基の横穴式石室墳が発掘調査され、五基から鉄滓や炉壁などが出土した。時期は六世紀後半〜七世紀後半である。この古墳群では横穴式石室に土師器の鍋や甑が納められていた。日本の横穴式石室墳では基本的に土師器の煮炊き具は副葬されない。煮炊き具の副葬に関しては、古く水野正好氏が移動式カマドを中心に煮炊き具を副葬する古墳の被葬者を百済経由の中国南朝系の人々と考えた(水野正好「滋賀郡所在の漢人系帰化氏族とその墓制」『滋賀県文化財調査報告書』四　一九六九)。実際に百済や新羅地域で移動式のカマドが石室内から発見されたことでこの儀礼が朝鮮半島系であることがほぼ確実になった(忠清北道群山市余方里八二号墳[円光大学校博物館・考古美術史学科『発掘遺物特別展』　一九九六]、慶尚北道迎日郡冷水里古墳[国立慶州博物館『冷水里古墳』

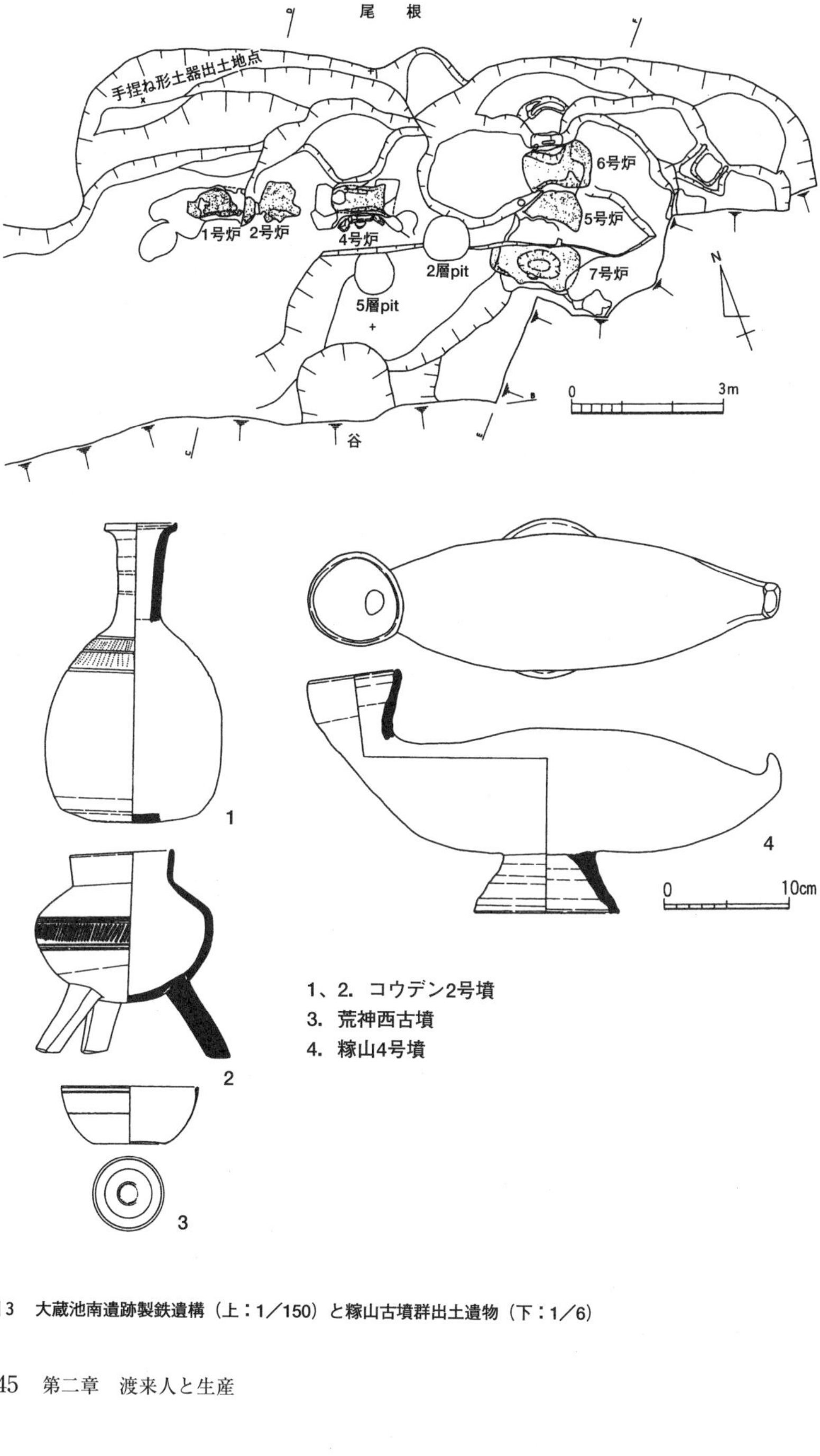

図 3　大蔵池南遺跡製鉄遺構（上：1／150）と稼山古墳群出土遺物（下：1／6）

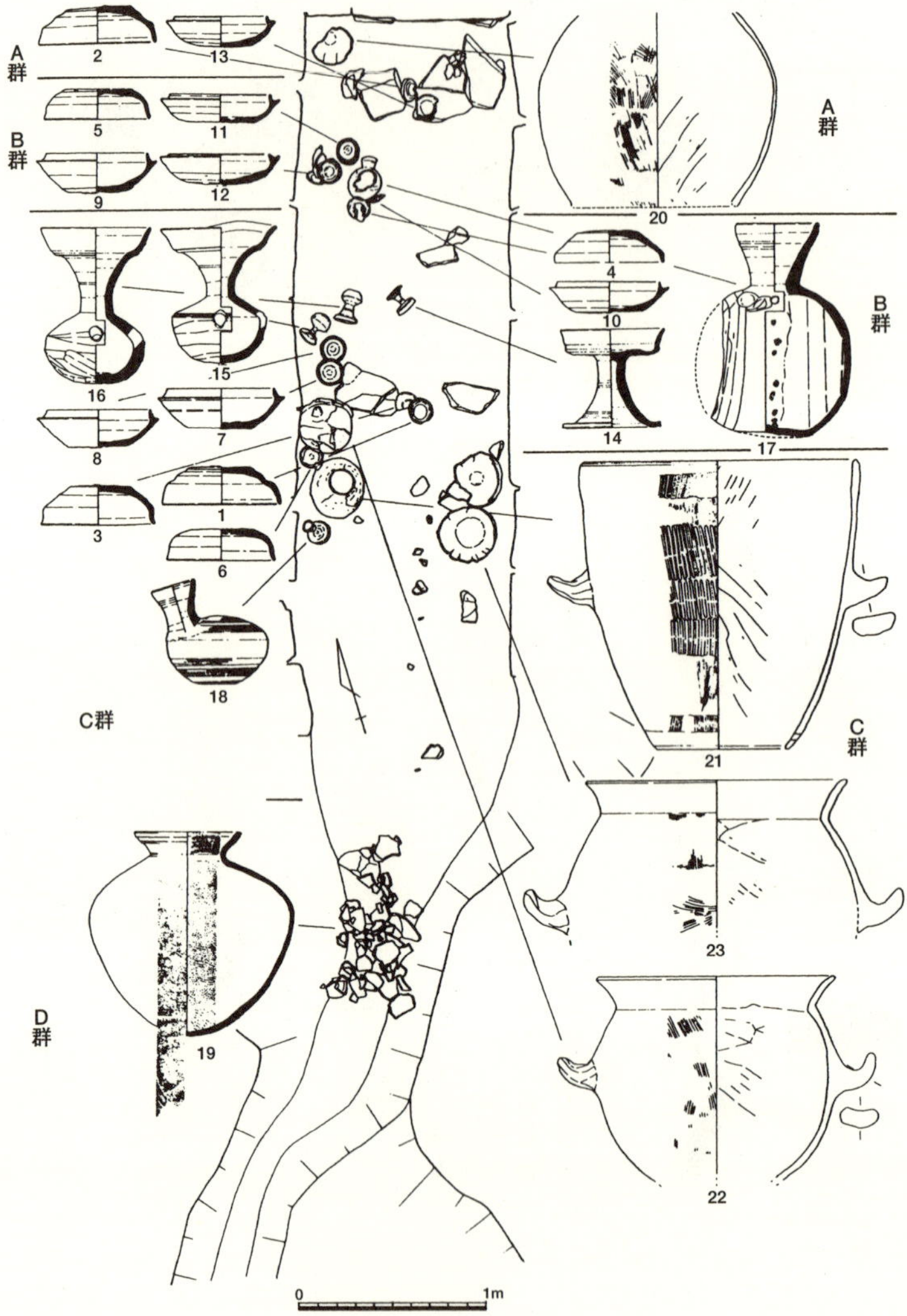

図4　畑ノ平6号墳遺物出土状況（遺構：1／50、遺物：1／10）

一九九五〕)。ただ朝鮮半島の古墳の副葬品の中に移動式カマドがあまりみられないことも事実である。しかし平底深鉢形土器などは副葬品の中に比較的多くみることができる。つまりカマドを含まない煮炊き具の副葬も朝鮮半島では行われているのである。日本では煮炊き具を副葬する儀礼はほとんどみられないので、移動式カマドはなくとも土師器の甕や鍋や甑などを副葬する古墳は朝鮮系の葬送儀礼行為によったものと考えられ、その被葬者が渡来系の人物である可能性は考えられるのではないであろうか。この考えが正しければ、畑ノ平古墳群の一〇基の内の四基の古墳は渡来人との関わりが推測されることになる。さらにそのうちの六号墳の土師器の甑にはタタキがみられ、軟質土器の技法で作られたものと考えられ、朝鮮半島との関わりが濃くなる。そしてこの六号墳を含む二基では製錬滓が出土している。

美作地域ではこのような土師器の煮炊き具を副葬する古墳は十数例確認されているが、県南部の備中では一例、備前では未確認である。つまりこのような儀礼は吉備では美作地域に主にみられる儀礼ということになる。そしてこの煮炊き具を副葬した古墳のうち、約半数から鉄滓など鉄・鉄器生産関係の遺物が出土している。日野宏氏は「鍛冶集団の埋葬儀礼にあらわれた土師器甕について」(『天理参考館報』六　一九九三)において古墳出土の土師器甕と鉄滓との関わりを検討し、土師器甕の祭祀と鍛冶集団を関連づけ、さらに渡来系集団との関係の可能性を指摘している。

一方、備中地域において煮炊き具を副葬した唯一の例は岡山市前池内二号墳で、実用の移動式カマドと土師器甕が出土している。時期は明確ではないが、七世紀末～八世紀前半ころのようである(中野雅美ほか『山陽自動車道建設に伴う発掘調査八』岡山県教育委員会　一九九四)。この前池内二号墳が位置する地域は、本文中で述べた「備中国大税負死亡人帳」に記録された都宇郡と考えられる。この郡には前述のように約四割の渡来系の人々がいたことがわかっている。「西漢人」「秦人部」「服部首」「史戸」などである。そしてこの都宇郡の位置する足守川流域は七、八世紀には吉備の政治・経済の中心地である。このような地域に「史戸」のような渡来系官人がいることは極めて理解しやすい話である。この前池内二号墳の被葬者の中(数名埋葬されているようである。)にそのような渡来系の官人がいた可能性を考えてよいのではないであろうか。さらにこの古墳では、幼児～小児の火葬骨が納められた骨蔵器も石室内から出土している。幼小児の骨であり、一般の骨蔵器とは区別すべきかもしれないが、初期の火葬は僧や官人や渡来系の人々が採用したようであり、吉備地域で比較的早い時期に属する前池内二号墳の骨蔵器は、今述べた推測とも合致している。

㊹平野邦雄「秦氏の研究」(『史学雑誌』七〇—三、四　一九六一)

補註1　亀田修一「日本の初期の釘・鎹が語るもの」(『考古学研究会50周年記念論文集　文化の多様性と比較考古学』　考古学研究会　二〇〇四)

［小稿は註③の亀田文献のうちの備中地域を中心に書き改めたものであることをお断りしておく。］

引用挿図（いずれも一部改変引用）

図1：⑪、⑫文献、
図3：㊸村上文献、森田・村上文献
図4：㊸弘田ほか文献

近江の渡来人と鉄生産

藤居　朗

はじめに

滋賀県の製鉄遺跡は、県北部の伊香郡、高島市および伊吹山山麓、県西部の滋賀郡、ならびに県南部の大津市、草津市を中心とした地域に分布しており、これらのうち県北部と県南部の遺跡のいくつかは発掘調査が行われ、その実態が明らかになりつつある。近江国の製鉄に関しては、『続日本紀』大宝三年（七〇三）九月辛卯条「賜四品志紀親王近江国鉄穴」、『続日本紀』天平一四年（七四二）一二月戊子条「令近江国司禁断有勢之家専貧賤之民不得採用」、『続日本紀』天平宝字六年（七六二）二月甲戌条「賜大師藤原恵美朝臣押勝近江国浅井高嶋二郡鉄穴各一処」の史料があり、考古学的成果と併せて製鉄遺跡を解明する手懸りとなろう。

ところで、日本国内での製鉄の開始時期については諸説があり未だ結論を得ていないが、本格的な鉄生産が行われるようになるのは六世紀半ば以降と考えられている。滋賀県の製鉄遺跡で調査例のあるもののうち、最古の遺跡と考えられているのは伊香郡木之本町所在の古橋遺跡で、操業年代は六世紀末葉から七世紀初頭の時期が想定されている。これが確実であるとすると、国内での本格的な鉄生産の開始時期からさほど遅れることなく操業が開始されたことになる。

続く時期の調査例としては、県南部の大津市に所在する南郷遺跡があり、古橋遺跡とは半世紀程度の隔たりがあるが七世紀半ばの操業が想定されている。さらに、この時期以降になると製鉄遺跡の調査例は増加し、南郷遺跡の立地する瀬田川河畔や大津市瀬田から草津市南部に広がる瀬田丘陵において多くの製鉄遺跡が認められるようになる。これらの遺跡群では八世紀半ば過ぎまで操業が続けられていることが明らかになっている。また、県北西部の高島市域においては、同市今津町東谷遺跡で八世紀代を中心とする時期の製鉄関連遺構が認められるなど、調査例が増えつつある。ここでは県内の調査例のある製鉄遺跡についてその概要を述べ、近江の製鉄遺跡の特徴を探ることにする。

古橋遺跡

木之本町古橋字与シロに所在する遺跡で、県下第二の高峰金糞ヶ岳から延びた一支峰・己高山から幾枝にも派生する丘陵支脈のうち、高時川の左岸の丘陵東側に立地する。一九八五年に行われた調査では、製鉄関連遺構が鉱滓や炉壁等で形成された截頭形のマウンド上面の長径一〇m、短径五mの平坦部から検出され、等高線に平行する方向に掘削された断面U字形の溝状遺構として確認された。この溝状遺構の深さは、上方山手側で〇・三四m、下方で〇・一五mを測り、その幅は〇・八五mであった。溝内の埋土は厚さ〇・一m前後の焼土と炭混じりからなる締まりのない下層と、厚さは同じく黄褐色の引き締まった粘質土の上層の大きく二層に分けられた。しかもその上面は、熱を受けて赤く変色していた。これは製鉄炉の地下構造と考えられ、遺構の残存状況からその範囲を全長約二・〇m、幅〇・八mと推定された。なお、滓の流出した痕跡は南側にしか認められなかったため、排滓口は片方にのみ設けられていたと考えられている。

出土遺物としては、炉中央部の堆積土から須恵器平瓶の破片が認められ、その特徴から六世紀末葉～七世紀前葉の時期のものと考えられた。この遺物が、操業終了後どれほどの時期を隔てているかは不明であるが、操業時期はそれ以前の時期と推定されている。また、出土した鉄滓の成分化学分析が行われたが、この結果、原料として鉄鉱石が使用されていたことが確認されたとともに、鉄滓のなかの残留鉄成分が極めて高く、非常に効率の悪い製錬であったことも明らかになった。このことも古橋遺跡における製鉄の操業が古くまで遡ることを裏づけるものとされている。

南郷遺跡

大津市の瀬田川に設置された琵琶湖から流れ出る水量を調節する堰である南郷洗堰から西南西へ約一・三～一・六㎞隔てた岩間山、袴腰山に挟まれたほぼ南北方向

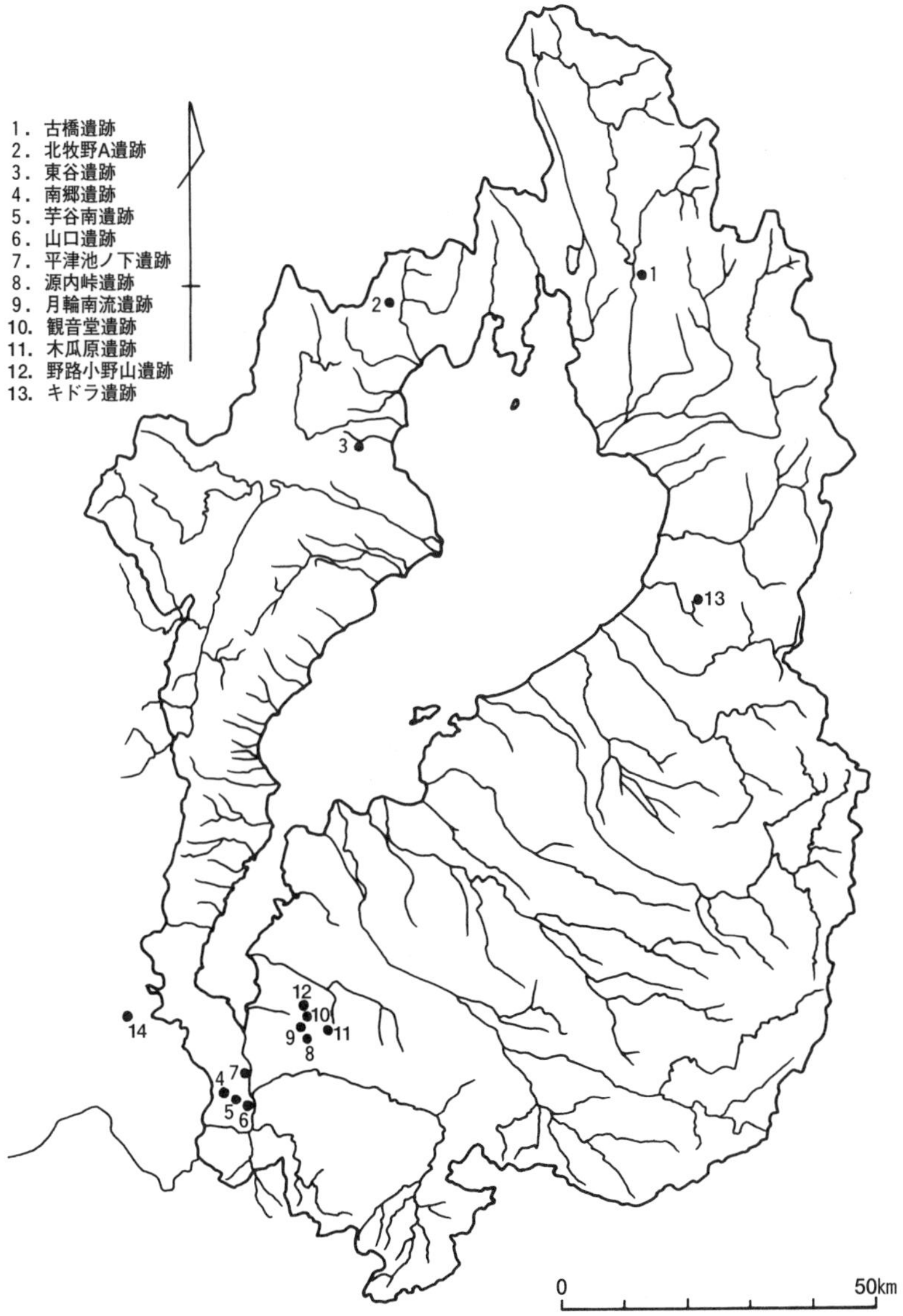

図1　滋賀県内の主要製鉄遺跡分布図

に延びる谷筋に形成された遺跡で、一九八五年の道路建設に伴う調査で製鉄炉、木炭窯等が確認された。製鉄炉と炭窯とは南北に約五〇〇m離れた地点に位置している。

このうち製鉄炉は標高一五三mの谷筋鞍部の平坦地に位置し、遺構としては七石を用いた石列が検出された。石列はN二五度Eの方位を呈し、各石材の上面と西側の側面全体が火を受けていたことから製鉄炉の地下構造と考えられ、炉本体は石列の上部西よりに設置されていたと想定されている。また、石列の両側に鉄滓の堆積した二基の土坑が検出されたことから、排滓坑であると推定された。このような遺構の形状から、製鉄炉の形態は長方形箱型炉と考えられ、さらに鉄滓の流出状況から、これらの土坑の西側にもう一基の製鉄炉が存在することが予想された。なお、出土遺物は須恵器坏、土師器長胴甕等の土器とともに木炭、鉄鉱石などが認められ、土器の特徴から七世紀中ごろに操業されていたと推定されている。

次に木炭窯は、製鉄炉から南へ約五〇〇mの桜峠に位置し、標高一九五mの谷筋の西側斜面より検出された。窯は山丘斜面を刳り貫いた窖窯状で、約二m間隔で東西二基の窯体が斜めに切り取られた状態の断面として確認された。東側の窯は幅一・三六m、高さ一・〇四mの楕円形で、周囲の地山は底部が還元して黒色を呈し、上部は酸化して赤く変色していた。一方、西側の窯は、幅一・三八m、高さ一・〇〇m以上で、上部は崩落していた。周囲の地山は酸化して赤く変色し、窯体の底部に厚さ五cmの炭の堆積が認められた。これら二つの窯体は、それぞれが近づく方向に延び、延長線が交差しているとみられた。また、これらの窯跡の八m南側には東西六m、南北五m以上の灰原の存在が確認され、炭、焼土の堆積が認められた。灰原の出土遺物は木炭、灰、焼土のみで、時期決定できるものは認められなかったが、木炭の一四C年代測定により製鉄炉とほぼ同時期であると推定された。

しかし、木炭窯の検出状況をみると、二基の円筒状の窯が交差する形状を呈していることから、後述する野路小野山遺跡の第二号、第三号木炭窯と同様の形態（平面形V字状に二基が配置され、焚き口部分で連結する形態の木炭窯）である可能性が高いと考えられる。この形態の窯は八世紀以降の製鉄遺跡に伴うことが多く、製鉄炉と時期差がある可能性がある。さらに、木炭窯が製鉄炉と約五〇〇m離れていることを考え合わせると、同時操業されていたかどうか問題があると思われる。

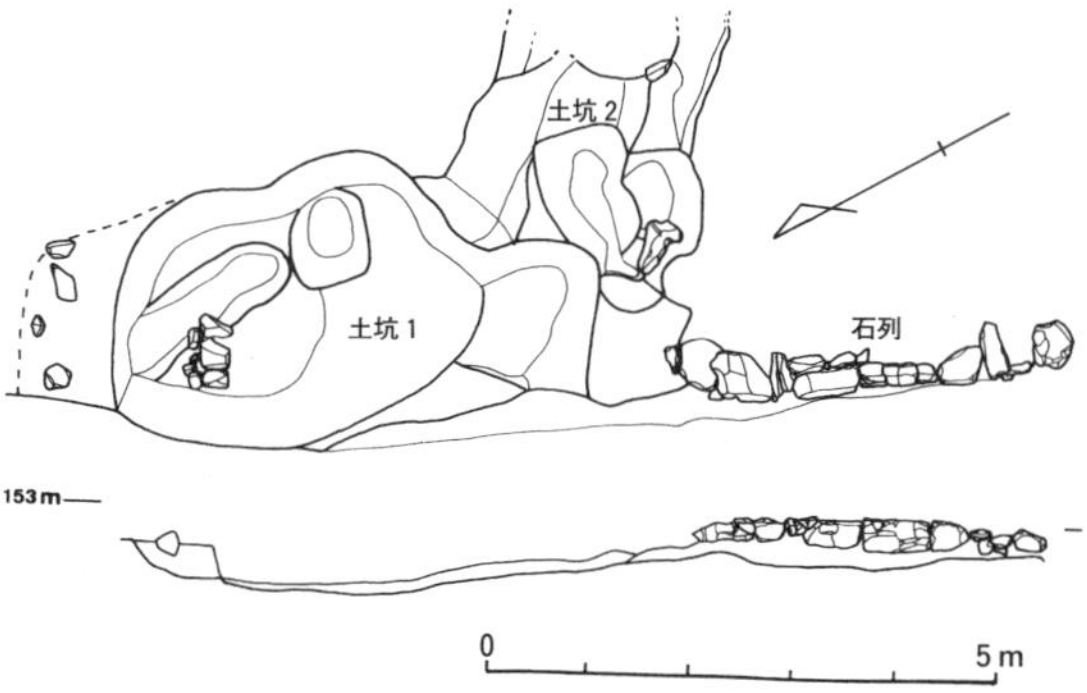

図 2　南郷遺跡製鉄炉跡平面図・断面図

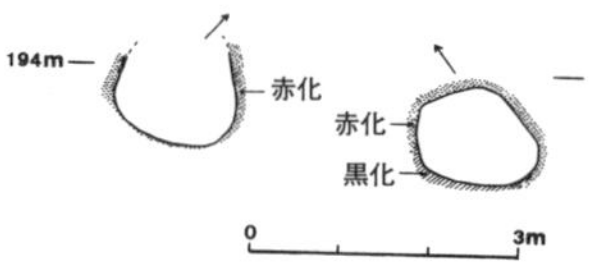

図 3　南郷遺跡木炭窯断面図

芋谷南遺跡

大津市南部の瀬田川西岸南郷丘陵上の標高一三三ｍ付近に位置する遺跡で、西側約一㎞には南郷遺跡が所在し、南東側約七〇〇ｍには未調査であるため実態が明らかではないが、八世紀の製鉄遺跡と推定されている山口遺跡が立地する。さらに北側約二㎞には後に述べる平津池ノ下遺跡が所在し、製鉄関連遺構が確認されている。

芋谷南遺跡は、宅地造成に伴い一九九六年に発掘調査が実施され、七世紀後半の箱型製鉄炉一基が検出された。製鉄炉は丘陵の南東斜面をカットして作り出した平坦面に、炉の長軸が斜面に対して平行になる方向に構築されていた。遺構としては炉床のみが残存し、検出面は黄褐色から青灰色に変色して僅かに硬化が認められた。炉床面の規模は幅約〇・九ｍ、長さ約二・八ｍで、長軸方向はＮ五〇度Ｅを向く。炉床面下には一辺二〇㎝から五〇㎝の石が密に敷き詰められた地下構造が認められた。石敷きは、石の平坦面を上にした状態で敷き詰められ、側壁部分は石を立てて断面Ｕ字状の構造を呈していた。また、石敷きの内部には炭及び砂質土が充填されていた。

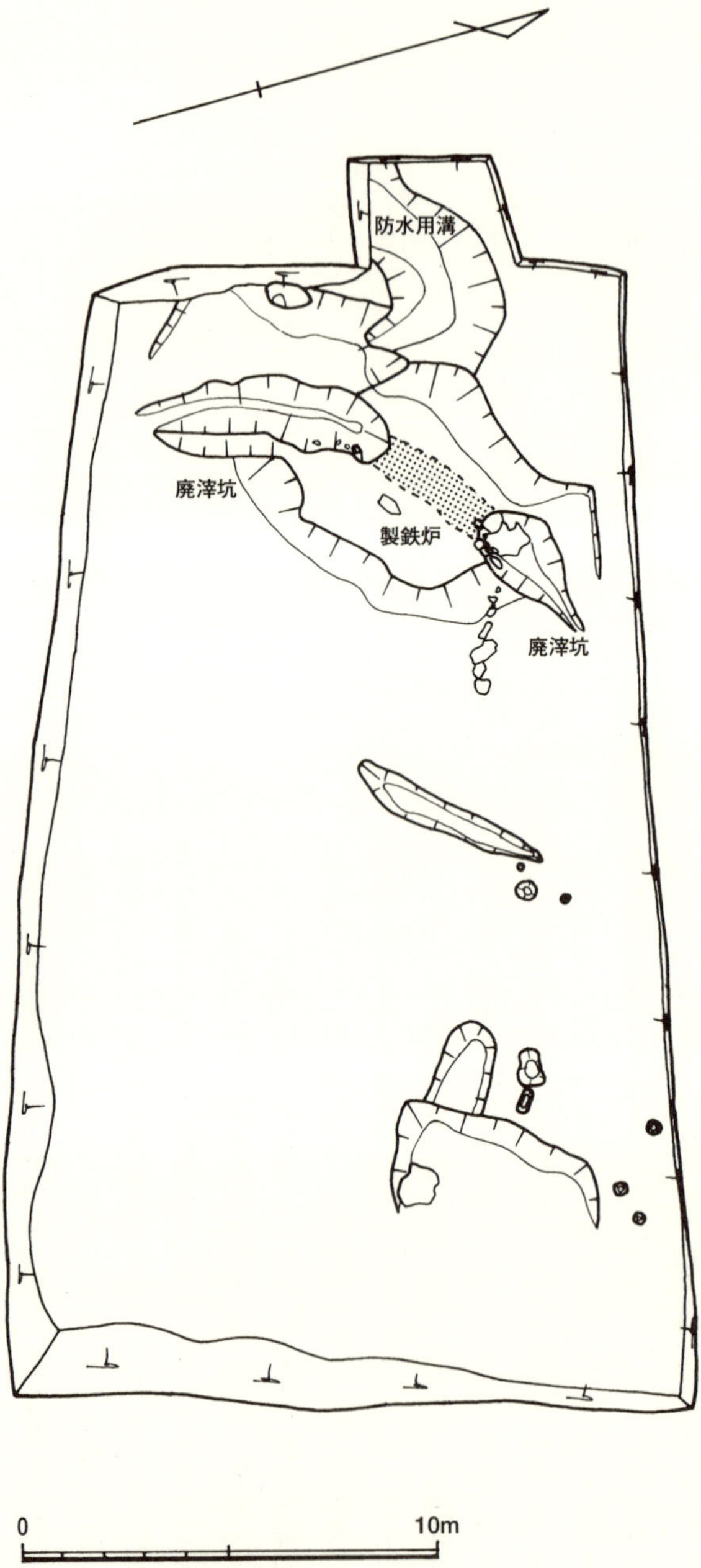

図４　芋谷南遺跡・遺構平面図

炉の両小口には排滓坑が取り付き、南西側の土坑は長く溝状を呈していた。また、北東側の土坑内には最終操業時の流出滓が残存していた。なお、製鉄炉の西側には幅二mあまりの防水用の溝が掘削され、東側には平坦面が形成されていて、フイゴが設置されていた可能性が考えられている。

源内峠遺跡

大津市瀬田から草津市南部に広がる瀬田丘陵上の大津市瀬田南大萱町字石捨に所在し、南大萱から上田上に抜ける山道上の源内峠から北西へ約五〇〇m隔てた標高一四五mの地点に位置する。当遺跡周辺において文化ゾーンの整備が計画されたため、一九七七年に試掘調査、一九八五年に確認調査が行われた。これらの調査の結果、製鉄炉一基が確認され、炉の形態が長方形箱型炉であることなどが判明した。その後、公園整備計画が本格化したため、一九九七年に本調査が実施された。

調査の結果、南から北に延びる緩やかな丘陵裾部の西斜面に造成された平坦面から製鉄炉四基と排滓坑や排滓場等が検出された。これらのうち一号製鉄炉、四号製鉄炉は単独で検出されたが、二号製鉄炉、三号製鉄炉は重複が認められた。製鉄炉の炉底規模は、長さ二・五m前後、幅は〇・二〜〇・四m程度で、炉形はすべて長方形箱型炉であった。また、一〜三号製鉄炉は地下構造を持っていた。

一号製鉄炉は、等高線に直交するN五八度Eの長軸方向で構築されていて、炉の平面形は隅丸長方形で、内側の長さは二・五m、幅は〇・四mを測る。炉の下部には長さ四・〇m、幅一・六m、深さ〇・四mの舟底状土坑を掘り込み、その中に木炭や木炭混じりの砂質土を充填してその上に炉底粘土を貼る構造となっている。また、炉の東西には不整楕円形の排滓坑が取り付く。

二号製鉄炉と三号製鉄炉は炉の長軸方向を違えて重複した状態で検出された。二号製鉄炉は上層に位置するもので、長軸を等高線に対して平行するN一七度Wの方向に構築されていた。炉の平面形は隅丸長方形で、内側の長さは二・三五m、幅〇・三mを測り、内部には炉底塊の残存がみられた。地下構造は長さ二・四m、幅一・〇五m、深さ〇・一八mの規模で、内部は拳大のチャートの円礫が敷き詰められてその上に炉底粘土を貼っていた。なお、炉の南側には排滓坑が認められたが北側排滓坑は撹乱により確認されていない。

三号製鉄炉は、主軸方向が二号製鉄炉より約三度西にずれた方向で検出された。炉の平面形は隅丸長方形を呈し、内側の長さは二・〇m以上、幅は〇・三m前後で、地下構造の規模は長さ二・〇m以上、幅〇・七五m以上、深さ〇・二三mを測る。埋土は約一五㎝大のチャート円礫を敷き詰め、その間を粉状木炭で充填してその上に炉底粘土を貼っていた。炉の南には排滓坑が取り付くが、北側は撹乱のため認められていない。

四号製鉄炉は、長軸を等高線に対して平行のN四七度Wの方向で構築されている。炉の平面形は隅丸長方形を呈し、内側の長さは二・五m、幅は〇・五mを測る。炉の地下構造は存在せず、拳大のチャート円礫が密に含まれる地山に直接粘土を貼ることによって構築されていた。また、炉の南北には不整楕円形の排滓坑が認められた。北側の排滓坑は長軸四・〇m、短軸二・〇m、深さ〇・四m、南側の排滓坑は長軸三・五m以上、短軸二・〇m以上、深さ〇・八m以上を測る。

なお、各製鉄炉の鉄滓層から七世紀後半の様相を呈する土器が出土しており、操業時期をその頃に求めることができる。製鉄炉の操業の順序は、四号製鉄炉、三号製鉄炉、二号製鉄炉、一号製鉄炉の順に変遷が認められ、土層の堆積状況から製鉄操業は開始期から終末期まで継続的に行われたものと考えられている。

月輪南流遺跡

大津市東部の月輪三丁目に所在する遺跡で、源内峠遺跡から北へ約一・五㎞隔てた瀬田丘陵先端部の標高一一〇m付近に位置する。一九九五年に二度発掘調査が実施され、鉄滓を多量に含む遺物包含層や河道などが確認されたが、明確な製鉄関連遺構は検出されていない。出土遺物から七世紀後半代の操業が想定されている。

観音堂遺跡

草津市野路町字観音堂の標高一〇五m付近に位置する遺跡で、以前は須恵器散布地として認知されていたが、

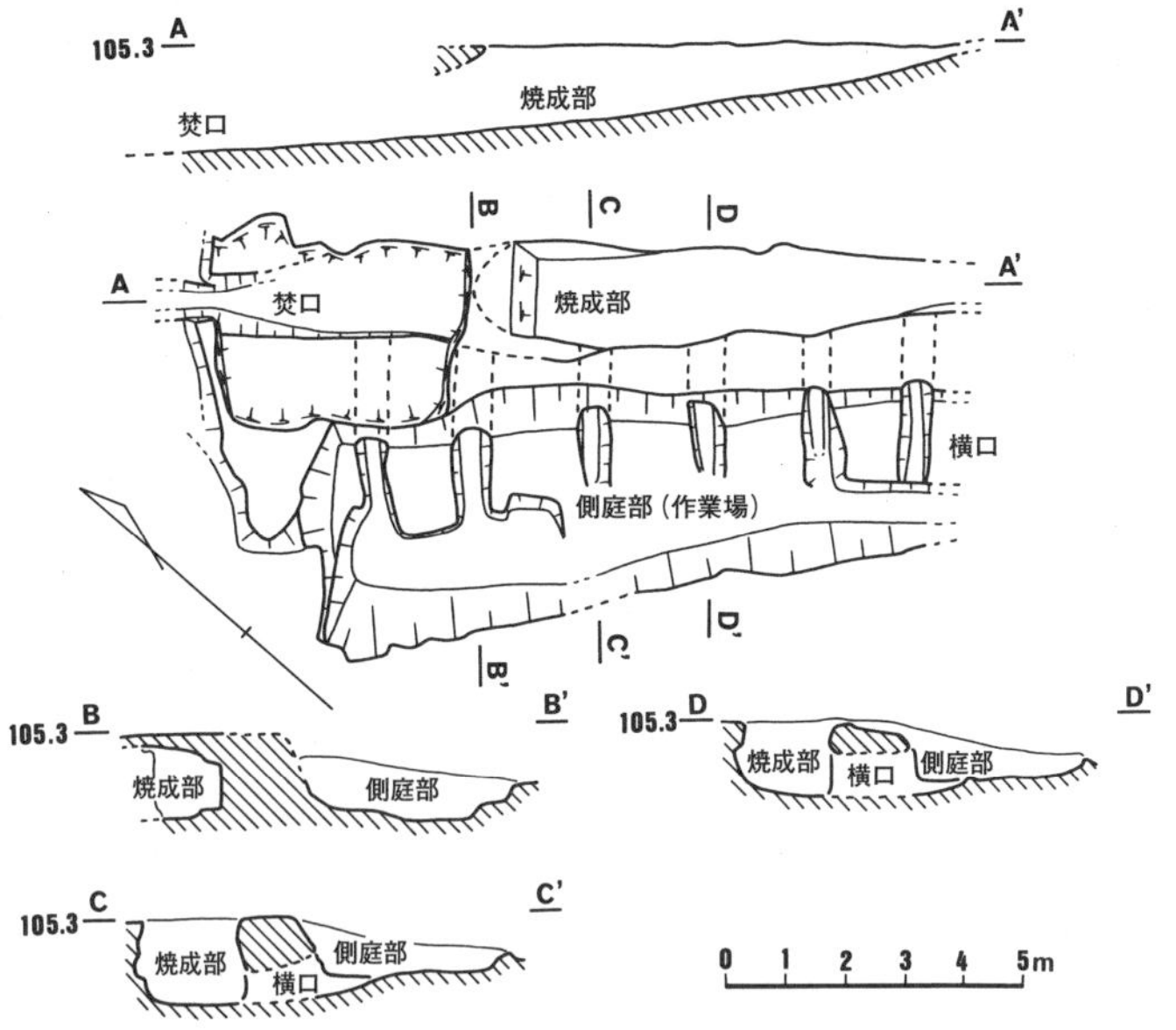

図5　観音堂遺跡木炭窯平面図・断面図

一九九四年の調査で須恵器焼成窯二基とともに製鉄用木炭窯が一基検出され、製鉄・製陶遺跡であることが判明した。

検出された木炭窯は、斜面に平行する方向に構築された横口付木炭窯で、全長は調査区内で一三・五m確認されたが、さらに調査区外まで延びて行くとみられ、総延長は二〇m近くになると推定される長大な窯であった。窯体は、焚口から約五m付近までは地山を刳り貫く地下式構造で、それより奥壁側では上部に粘土の天井を貼る半地下式構造であった。窯内部の幅は一・一～一・八mで、天井残存部分の内部高は一・一mと通常の横口付木炭窯と比較するとかなり大規模である。窯の谷側側壁には直径約〇・六mの横口が六カ所に穿たれていた。横口の間隔は一・〇～一・五mで、全長は一・五m前後であった。横口の付く側壁外側は幅二・四～三・四m、深さ〇・五mの規模で掘り窪められ、焼き上がった木炭を取り出す作業場となる側庭部が設けられていた。

また、窯前面は地山を削り出した直立する壁面となり、焚口は〇・六mの幅を持つが、石組施設等は認められなかった。焚口より外へは溝が延びて行き、前庭部へつながると考えられるが、須恵器窯との重複関係があったため、延長部分は確認できなかった。なお、出土遺物は側庭部床面より、木炭、焼土とともに若干の須恵器片が認められた。これらは七世紀後半の特徴を有し、当木炭窯が七世紀末頃の須恵器窯に切られていることから、操業時期を絞ることができる。

木瓜原遺跡

観音堂遺跡の南東一・五kmの草津市野路町字木瓜原に所在する遺跡で、大学建設に伴い発掘調査が実施された。当遺跡は丘陵南西斜面の標高一三五m付近に立地し、調査の結果、製鉄炉一基、小割り場、大鍛冶炉、小鍛冶場、木炭窯等の製鉄関連遺構ならびに須恵器焼成窯、梵鐘鋳造のための鋳込み土坑等が検出された。

このうち製鉄炉は、基底部で一四・五m×一〇・〇mの盛土で作られた長方形の基台を築き、その上面の平坦面に内面規模で長さ二・八五m、幅〇・六五mの長方形箱型炉を設置している。炉上部は残存していないが、炉の下部には本格的な防湿施設が設けられている。これは幅三・三m、長さ六・〇m、深さ〇・七mの規模で土坑を掘り、内部に木炭と灰を充填した構造になっている。このような本格的な防湿構造は、古代では他に類例を見ないものである。

製鉄炉からの鉄滓の排出は両小口からなされているが、北側には直径一・八m、深さ〇・三mの排滓坑を設けるのに対し南側には明確な施設を設けず、排滓は主として北側の小口から行われていたと考えられている。なお、最終操業時の流出滓が北側の排滓坑に残存し、炉内生成物は反対側の小口から出されたと推定されている。

製鉄炉の長辺側の外側には、中央に踏み板の支点となる丸材を埋め込んだ跡のある長方形の掘り方が認められた。これは踏みフイゴの跡と考えられ、掘り込みの規模は長さ二・六m、幅一・〇m、中央の支点の掘り込みは幅〇・一m、長さ一・一五mを測る。なお、炉の長軸方向の両側に踏みフイゴを設置した例は古代のものとしては類例がない。

また、生成物が出されたと見られる方向に小割り場があり、生成物を細かく割って分別する作業が行われていたと推測されている。なお、原料として用いられた鉄鉱

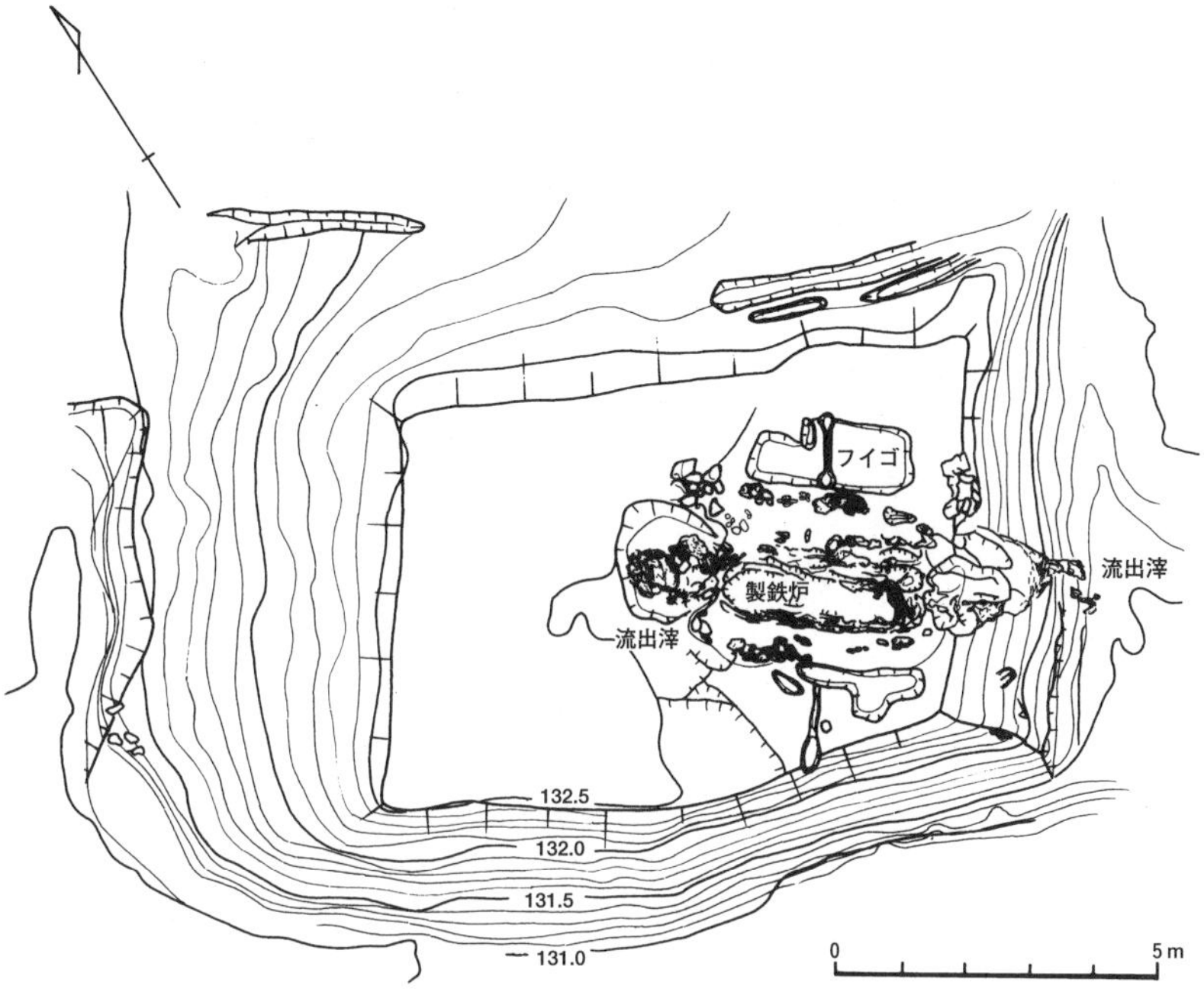

図6　木瓜原遺跡製鉄炉および基台平面図

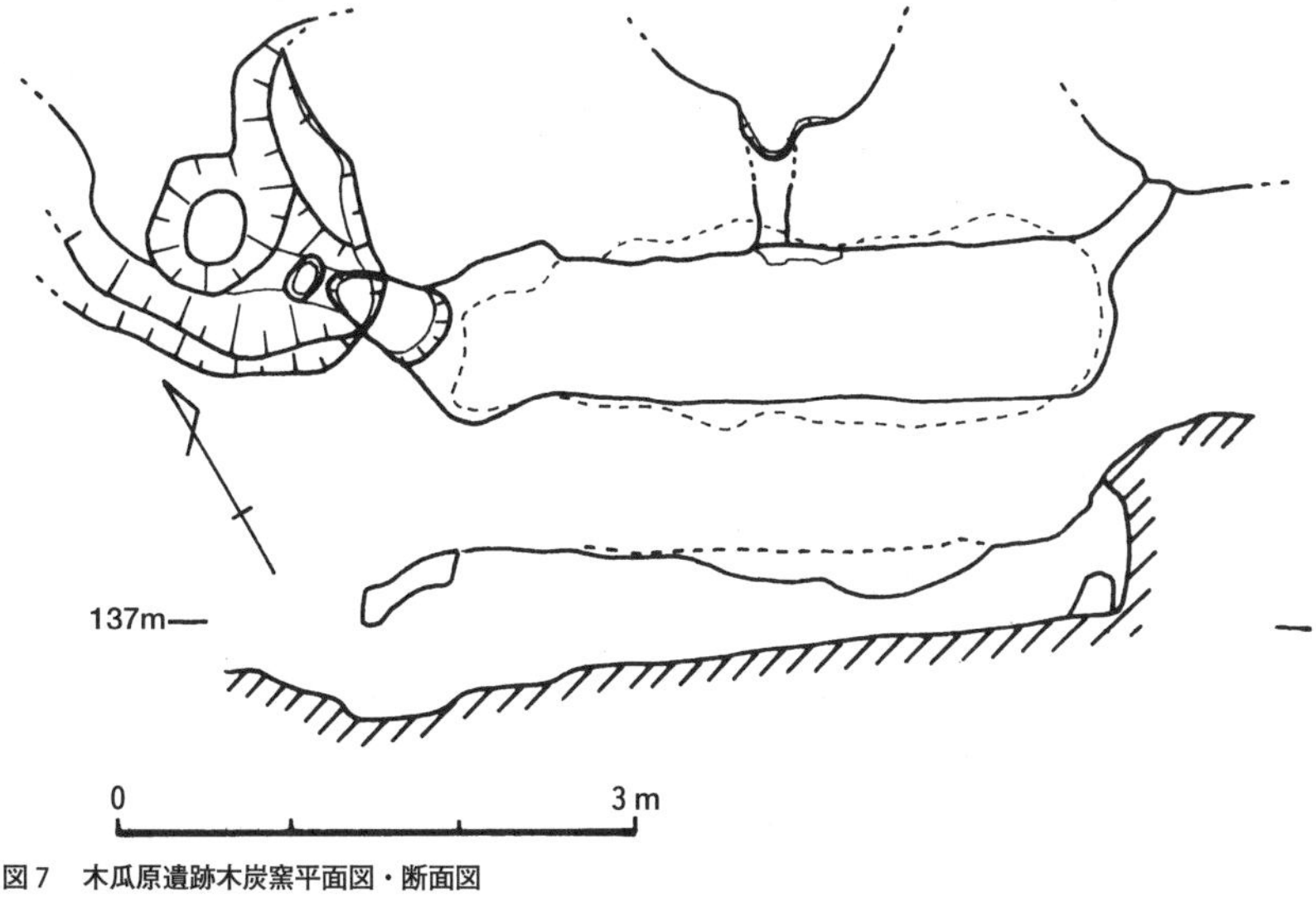

図7　木瓜原遺跡木炭窯平面図・断面図

石が山側の斜面から発見されており、また、排滓の中から比較的大きな磁鉄鉱の塊や五～一〇㎜程度に砕かれた小さな塊が出土したことから、製鉄工程において鉄鉱石が分割・加工されたことがうかがえる。

製鉄炉の南西側には、小割り場で分別された生成物を再び加熱し、打撃を加えて不純物を取り除く大鍛冶炉が設けられていた。ただし、炉本体は残存せず、木炭を充填した長方形の掘り込みのみ検出された。なお、炉の周囲からは鉄滓、羽口、鍛造薄片、湯玉等が出土を見た。また、製鉄炉を挟んで大鍛冶場の反対側には、小鍛冶場とみられる遺構が認められた。検出された竪穴式の工房の内部中央には鉄床石が存在し、周囲より鍛造薄片、羽口等が出土した。

製鉄炉の北東側には尾根の片斜面を利用した地下式の木炭窯が認められた。その規模は、全長七・〇m、床面幅一・六mで、焼成室床面は傾斜がなく平坦な構造であった。煙道は側面に二カ所付けられていたが、焚口側の煙道は内部から塞がれ、最終操業時には機能していなかったもようである。この状況から、窯が後に拡張された可能性が考えられている。

一方、須恵器窯は上半部が削平された状況で検出された。出土した須恵器の型式は先述した観音堂遺跡より後出で、八世紀前半代のものと考えられる。この他に梵鐘鋳込み土坑が検出された。出土した鋳型より、製造された梵鐘は直径九〇㎝で、駒の爪がないものと推定された。

なお、製鉄炉の操業時期については良好な遺物の出土がないため決定が難しいが、須恵器生産がほぼ同時期に行われていたと想定して、八世紀前半代に操業の中心があったと考えられている。

野路小野山遺跡

木瓜原遺跡から北西方向に延びる尾根の先端部分の標高一〇八m付近に位置する遺跡で、草津市野路町字小野山に所在する。道路建設に伴い一九七九～八〇年および一九八三～八四年に発掘調査が行われ、奈良時代の製鉄炉一〇基、木炭窯六基、工房跡、管理棟等が検出された。ここでは鉄生産の工程を追うことができる一連の遺構が揃っていることから、古代の製鉄技術を考えるうえで重要な遺跡として一九八五年に国史跡に指定されている。

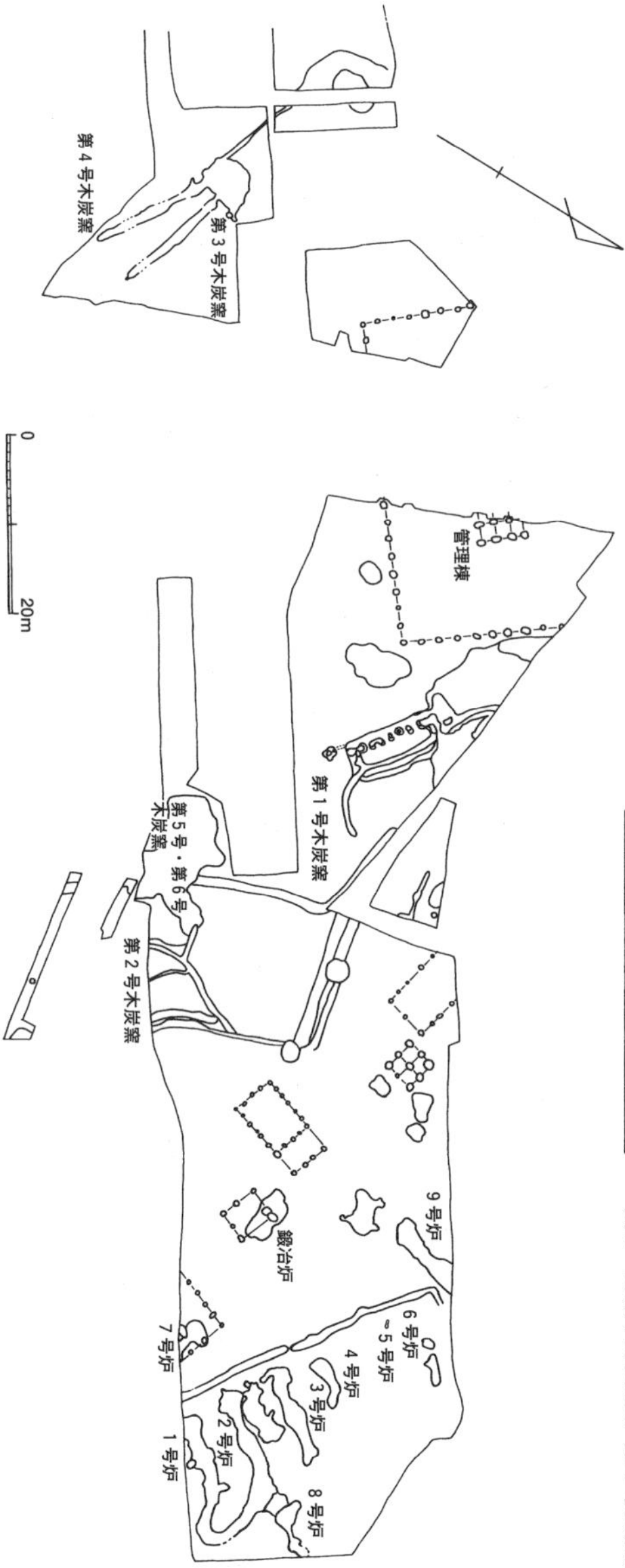

図8　野路小野山遺跡遺構平面図

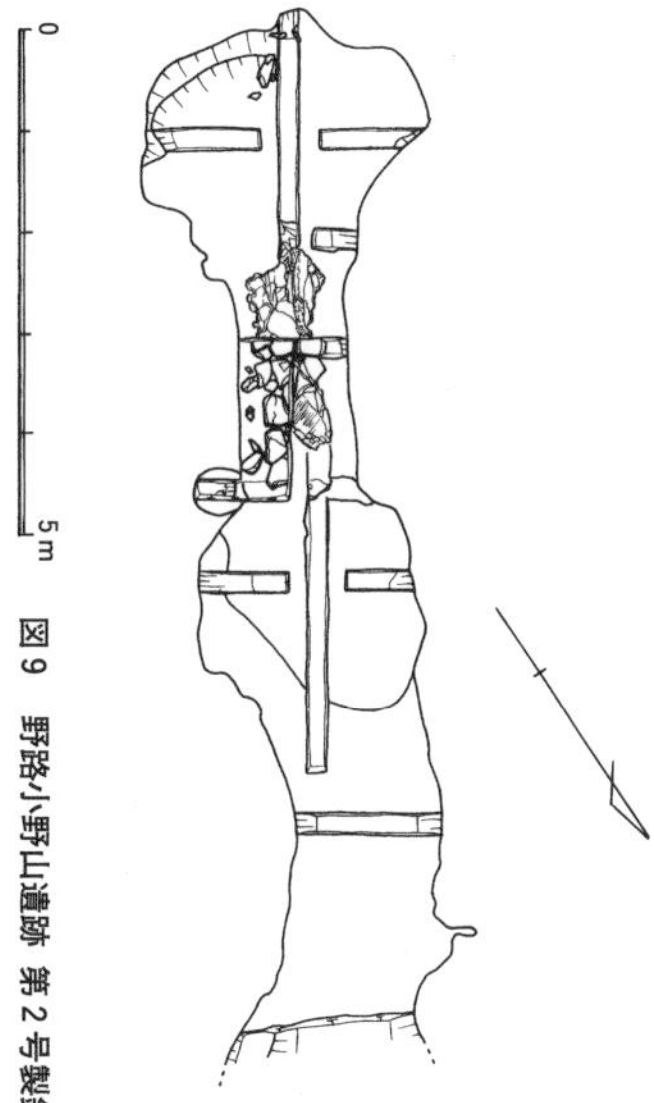

図9　野路小野山遺跡 第2号製鉄炉平面図

検出された製鉄炉のうち一〜六号炉は、主軸をN二〇度E前後の方向に揃えて東西に等間隔で整然と並ぶとともに区画溝で南側部分を囲まれた状態で確認され、計画的な同時操業が行われたことが想定されている。これらのうち調査が行われた一号炉は、南端が径二・五mの不正円形を呈し、中央部は長さ一・七m、幅一・四mの溝状となっていた。また、北側は再び楕円形状に膨らみ、さらに幅一・一〜一・二mの長い溝状遺構の付く形状を呈していた。なお、中央の溝状の部分では、東壁に石列が認められ、内部が熱を受けて赤変していたことから滓が流れた湯道と考えられ、南端の不正円形部分に製鉄炉が構築されていたと推定された。そして、北側の楕円形部分を前庭部とし、そこから長く延びる溝は排滓溝と解釈された。このような炉の構造は、中国山地に多く見られる長方形箱型炉とは異なる特異な形状を呈することから、東日本で奈良時代以降に展開する半地下式竪型炉に至る過渡的な段階の製鉄炉である円形自立炉と考えられた。これらの製鉄炉の周辺からは奈良時代中ごろの土器が出土し、操業時期はその頃に推定されている。

この製鉄炉群に対し、方向が不揃いである七〜一〇号炉の存在が認められた。調査が実施された七号炉は、炉床と見られる部分が一・〇〜一・五mの楕円形状を呈し、それに幅〇・八mの湯道が付く形状から一号炉と同様の形態の炉と考えられた。また、調査の行われなかった八〜一〇号炉についても平面形態から同様の炉と推定された。なお、六号炉と一〇号炉の間に切り合い関係が認められ、一〇号炉が先行すると考えられるとともに、七、八、一〇号炉から七世紀後半代の遺物の出土が認められたことから、これらの方向が不揃いの製鉄炉群は、整然と並ぶ一〜六号炉に先行すると考えられている。

次に木炭窯は、全部で六基検出されているが、一号窯のみが横口付木炭窯で、緩斜面に対してほぼ平行に構築されていた。窯の規模は全長一〇・〇m、床面幅〇・六mで、半地下式の窯体に煙出し、前庭部、側庭部が付く。窯体の南側側壁には横口が一・一〜一・二mの間隔で七カ所に付けられていた。各横口は約〇・四mの幅で地山を刳り貫き、その底部は窯体床面より〇・一m程度窪んでいる。また、焚口部分には左右に割石二個が横置きされ、その西側には六・六m×一五・〇mの前庭部が設けられていた。煙出しは、奥壁下方に方形の小穴と窯体東方外方に径一・六〜〇・九mの穴が認められ、双方をつないで長さ一・六mの煙道を刳り貫いている。窯体の北側は、三・五×九・九m、深さ〇・七〜〇・八mの規模で船底状に掘り込まれ、炭出しの作業場である側庭部が設けられていた。窯の埋没時期は、覆土からの出土遺物により遅くとも八世紀半ば頃と考えられている。

続いて二号木炭窯は、前庭部と考えられる四・七×四・七mの落ち込みを確認したのみであった。また、調査区南端で確認された三、四号木炭窯は斜面に直交して構築された細長い形態の窯で、それぞれの焚口が近接して平面形がV字状を呈していた。窯体は半地下式で、灰原は共有されている。三号窯の規模は全長一三・七m、床面幅〇・八〜一・〇m、焚口幅〇・五mである。一方、四号窯は全長一三・七m、床面幅〇・七〜一・一m、焚口幅〇・四mを測る。最終操業は三号窯で行われたとみられている。さらに二号窯に隣接して五号窯、六号窯が検出され、全容は掌握されていないが三号窯、四号窯と同様の形態と考えられている。

次に工房関係の遺構としては鍛冶炉一基、掘立柱建物跡五棟、井戸跡一基等が確認された。このうち鍛冶炉は、上部構造は残存せず、五・〇×二・五mの楕円形の浅い皿状の掘り込みのみが確認された。また、以上の生産関連遺構の他に南北一八間、東西九間以上の柵列で囲まれた二間×二間以上の総柱の掘立柱建物跡が確認されている。これは製鉄工程や生産物を管理する施設と推定され、当遺跡の性格を特徴付けるものと考えられている。

これらの調査結果から当遺跡は製鉄関連の諸施設が完備され、多くの製鉄炉が整然と並ぶといった規格性を持つことや、同時操業により大規模生産を目指した計画性がうかがえることから、近接する近江国庁の管理のもとで操業されていた官営工房の可能性が考えられている。

しかし、その後各地で製鉄遺跡の調査例が増すにつれて、円形自立炉とされた当遺跡の製鉄炉の形態が、湯道とされた部分に炉を設置し、両側の不正円形の部分を排滓坑とする長方形箱型炉であるという考え方が出されるようになり、炉の形態をめぐる論争が起こって来た。そのため、史跡整備を具体化する中で、製鉄炉の復元にあたって炉の形態を確定する必要があることから、二〇〇〇年に未調査であった二号炉において確認調査が行われた。その結果、以前の一号炉の調査で湯道とされた中央部分で上面に平坦な石を敷き詰めた石敷き遺構が確認され、その上部に木炭、炉壁片、鉄滓小片の堆積が認められたことから、炉の地下構造であることが判明した。それとともに、以前に炉床とされていた南側部分では木炭、炉壁片、鉄滓等の堆積が認められたのみで構築物が存在しなかったことから、排滓坑とする方が適切であることも明らかになった。

この調査で確認された炉の地下構造は、長さ二・七m程度、幅一・二m程度の規模で平面形が長方形を呈することから、以前に炉床と考えられた部分と前庭部とされた楕円形土坑部分を排滓坑とし、それに長く延びる排滓溝が付く長方形箱型炉であると判断されるに至った。二号炉の地下構造の形態は、先述した芋谷南遺跡や次に述べる平津池ノ下遺跡と共通するものであり、これらの遺跡において製鉄炉の構築方法に同一の技術系譜を認めることができる。また、野路小野山一号炉で認められた石列は、中央の石敷き部分が抜き取られた可能性があり、二号炉と同様の形態の地下構造であったと考えてもよいと思われる。

平津池ノ下遺跡

大津市平津一丁目に所在する遺跡で、一九九四年度に宅地造成に伴って発掘調査が実施された。調査の結果、八世紀後半頃の縦方向に並んだ箱型製鉄炉が二基検出された。製鉄炉の上部構造は既に崩れており、炉床のみが残存していた。床面の規模は、幅〇・六五m、長さ二・五m程度で、床面の下部には、一辺二〇〜三〇cm程度の石が上面を水平にして敷き詰められていた。両製鉄炉の間および外側には排滓坑が取り付き、内部から鉄滓、鉄鉱石、土器片等が出土した。当遺跡で確認された二基直列型の箱型炉は、全国的にも極めて珍しい事例である。

キドラ遺跡

彦根市中山町に所在する遺跡で、一九九六年に最終処分場建設に伴い調査が実施された。その結果、建設予定地の一部で製鉄炉跡と考えられる鉄滓の集積や排滓場が確認されたことにより、遺構保存のための確認調査を実施し、この部分は工事対象からはずされた。製鉄遺跡と考えられる部分は広い範囲に鉄鉱石、須恵器、土師器等を大量に含む遺物包含層が広がり、その中に大型の炉壁が集中する部分が確認されたため、良好な状態で製鉄炉が遺存していることが予想された。操業時期は、出土遺物から奈良時代前半と考えられている。

なお、調査区北端の丘陵南斜面裾部では、大型の角礫(脈石)や鉄鉱石、鉄鉱石粉の堆積が認められ、窪地が二カ所存在したことから採掘場の可能性が考えられている。

東谷遺跡

今津町大供地先の丘陵裾部に位置する遺跡で、過去の分布調査の際に小河川の川床および、そこから北東に約七m離れた谷の斜面の二カ所で、長さ三・〇m、幅一・七m、厚さ〇・三mを超える鉧塊とみられる遺物が確認され、製鉄遺跡として知られるようになった。その後、この遺跡周辺で河川改修工事が計画されたため、二〇〇三年に川床の鉧塊とみられる露頭一帯で発掘調査が実施された。調査の結果、調査範囲全体から製鉄関連遺物が出土し、全域が排滓場であったことが確認された。また、現在の流路に沿う方向で自然流路が検出され、内部では東側の丘陵部に堆積していた製鉄関連遺物が一気に崩落したような堆積状況が認められた。なお、この流路は排滓場を東西に区画するものと考えられている。

自然流路内やその周辺からは鉄滓・炉壁・炉底塊・鉄鉱石・木炭等多量の製鉄関連遺物が出土したが、土器の出土は数点で、七世紀後半から九世紀のものとみられる須恵器片が認められたのみであった。また、出土した木炭の放射性炭素年代測定が実施され、七世紀後半代を中心とする六世紀末から八世紀後半の年代が得られた。この年代は、土器の年代と矛盾するものではなく、その時間幅の中に操業時期を求めることができる。なお、製鉄関連遺物が二t以上出土し、調査区内で厚さ約二mの鉄滓堆積層が確認されていることから、操業期間が長期間に及んでいた可能性が考えられている。

また、これまで鉧塊と考えられていた遺物は、製鉄炉内で生成されたものにしては巨大すぎ、表面の詳細な観察から滓片、炉壁片、木炭粉、酸化土砂が層状に固まって構成されたものであることが判明したため、鉄滓や鉄塊が凝結して二次的に形成された酸化物の再結合滓であることがほぼ確実となった。

北牧野A遺跡

同志社大学考古学研究室により一九六七年〜六九年に当遺跡周辺の広範な地域において製鉄遺跡・古墳群などの分布調査が実施された。その結果、牧野製鉄遺跡群においては製鉄遺跡六カ所、鉄穴と推定されるところ一カ所、西浅井製鉄遺跡群においては製鉄遺跡七カ所、鉱石採掘場と推定されるところ一カ所、さらに北牧野製鉄遺跡付近において大規模な群集墳が二カ所確認された。

このうち、北牧野A遺跡は、一九六八年に発掘調査が実施された。当遺跡は高島市マキノ町牧野に所在し、調査の結果、緩やかな南東斜面の小高地の中央に、北西から南東方向に長軸をおく幅二・二〜二・三m、長さ一〇・五mの長方形の掘り込みをつくり、その上に製鉄関連遺構を配していることが確認された。遺構は奥側に製鉄炉、その下手に湯道、排滓溝の順に設置されたと考えられているが、炉の形態等は不明である。操業時期は八世紀代と推定されている。

まとめ

以上述べてきた各製鉄遺跡の調査成果から県内における鉄生産の展開状況をまとめると、まず最初に六世紀末から七世紀初頭の頃、県北部の古橋遺跡で製鉄が開始されたものとみられる。その後、少し時期を隔てて七世紀中ごろに県南部の南郷遺跡で製鉄が行われ、続いてその東側に隣接する芋谷南遺跡で七世紀後半代を中心として操業がなされる。その頃になると瀬田川の対岸の瀬田丘陵でも生産が認められ、源内峠遺跡、月輪南流遺跡、観音堂遺跡で製鉄遺構もしくはその痕跡が確認されている。そして、徐々に生産の中心は瀬田丘陵に移って行くものと考えられる。なお、野路小野山遺跡でもこの頃鉄生産が行われていた可能性が考えられており、また、県北西部の今津町東谷遺跡でも七世紀後半代を前後して製鉄が行われていた痕跡が確認されている。

続く八世紀には、前半代を中心として木瓜原遺跡で操業がなされ、本格的に整備された製鉄炉での大規模生産が行われたことが判明している。さらに八世紀半ばには野路小野山遺跡で多数の製鉄炉による鉄生産が行われ、整然と配置された遺構や管理棟の存在など、鉄生産が高度な管理や統制のもとになされていたことが想定されている。このように八世紀代になると、遺跡の規模や生産の形態に変化が見られて来る。

なお、野路小野山遺跡以降は瀬田丘陵での鉄生産は現在のところ認められておらず、八世紀後半代には瀬田川西岸の平津池ノ下遺跡で縦方向に二基並んだ製鉄炉による生産が確認されている。また、南郷遺跡でも操業がなされていた可能性が考えられ、さらに未調査ではあるが、山口遺跡でもこの頃の操業が想定されている。このように八世紀後半になると鉄生産地は再び瀬田川西岸地域に戻るものと推定される。

一方、県北東部の彦根市キドラ遺跡では、八世紀前半代の製鉄炉と見られる遺構が確認され、さらに県北西部の高島市マキノ町北牧野A遺跡で八世紀代の製鉄炉等が調査されているが、ともに炉形等が不詳であり、周辺での調査例も少ないため、これらの地域での鉄生産がどのように展開しているかは現段階では不明で、今後の解明が待たれる。

なお、これまでの調査成果から、県内の製鉄遺跡ではすべて原料として鉄鉱石を使用していることが判明している。この鉄鉱石は、古生層とその後に間入した花崗岩との接触部にできた接触交代鉱床である鉄鉱床から産出される。県内では琵琶湖を取り巻く山岳地帯に接触交代鉱床が存在し、南部では京都市左京区から大津市三井寺付近に至る地域、大津市南郷から田上山南部に至る地域、栗東市竜王山を中心とする地域、栗東市伊勢落から湖南市石部に至る地域、野洲市妙光寺山から三上山に至る地域などにみられる。

また、西部では京都市左京区野瀬町付近から大津市日吉大社に至る地域、長井山・横高山周辺から志賀町権現山に至る県境沿いの周辺、志賀町の比良山麓から比良山、武奈ヶ岳を経て高島市八淵滝付近、同市黒谷から富坂付近にみられる。さらに北部では、高島市今津町箱館山を中心とする地域、同市マキノ町大谷山を中心とする地域、白谷温泉北側の地域、乗鞍岳周辺、山崎山南山麓、海津大崎付近、西浅井町小山から塩津中付近、同町沓掛付近、浅井町金糞岳から鍛冶屋付近に至る地域などに認められる。

これらの接触交代鉱床と製鉄遺跡との分布分布の関係を検討してみると、南部では京都市山科地域の接触帯には逢坂山製鉄遺跡群が、大津市南部地域の接触帯には南郷・田上製鉄遺跡群が対応する。また、西部では大津市北部地域の接触帯には和邇製鉄遺跡群が、志賀町・高島市南部地域の接触帯には比良山製鉄遺跡群が対応する。さらに、北部では高島市今津町箱館山周辺地域の接触帯にはマキノ・西浅井製鉄遺跡群が、高島市マキノ町・西浅井町の接触帯には、マキノ・西浅井製鉄遺跡群が、浅井町東部地域の接触帯には、浅井製鉄遺跡群が対応する。

それに対し七世紀後半から八世紀半ばの製鉄遺跡が多く集中する瀬田丘陵では、栗東市の山地部分で接触帯が認められるものの他の製鉄遺跡群と比較すると距離が離れており、そのうえ地形を検討しても接触帯に至る谷筋と製鉄遺跡が集中する地域とは連結しておらず、容易に鉄鉱石を供給できる位置になかったと判断される。このことから大道和人は鉄鉱石産地の近隣に所在する「原料立地型」製鉄遺跡に対して、「原料非立地型」製鉄遺跡として瀬田丘陵の製鉄遺跡群を分類している。

それでは瀬田丘陵の生産遺跡群をどう理解したらよいのであろうか。ここで源内峠遺跡、木瓜原遺跡、野路小野山遺跡から出土した鉄鉱石の分析結果を見ると、全鉄分の非常に多い良質な鉄鉱石が使われていることがわかる。瀬田川沿いの製鉄遺跡から出土した鉄鉱石がそれほど良質でないことから、その他の地域に鉄原料を依存していたことがうかがえる。鉄鉱石の分析結果では、県北部の高島産の鉄鉱石が品質的に近く、他の「原料立地型」の遺跡で見る現地生産型の操業形態とは大きく異なって、律令体制を背景とした広範な地域での原料供給体制・生産体制が存在していた可能性が考えられる。

さらに、瀬田丘陵の製鉄遺跡の中でも野路小野山遺跡から出土した鉄鉱石は、高い品質のものが均一に見られ、他の二遺跡とは相違が認められる。これは原料を精選することのできる経営主体が存在したことを示すものと考えることができ、整然と並ぶ六基の製鉄炉を配置し、管理施設を設置するなど他の遺跡と異なるより高度な管理のもとでの生産体制が存在したことが考えられる。

なお、瀬田丘陵では製鉄遺跡が操業されているのと同時期に須恵器生産遺跡も展開していることが知られている。大津市山ノ神遺跡、草津市笠山遺跡では須恵器窯の存在が認められ、草津市観音堂遺跡、同木瓜原遺跡では製鉄関連遺構とともに、操業時期が近いとみられる須恵器窯が確認されている。この地域は、近江国庁ならびにそこから延びる東山道に近接するため交通の便がよく、また、燃料となる豊富な森林資源に恵まれ、さらにそれまで開発が余り進んでいなかったと見られるため人口密集度が低かったことなど、ともすれば森林荒廃や煤煙による公害も起こしかねない熱利用の生産遺跡にとっては、非常に良好な立地条件であったことがうかがえる。これらの諸条件から、熱利用の生産活動を集中させて生産の効率化を図るために瀬田丘陵が開発されたと推定できる。

ところで、これまで調査の行われている製鉄炉のうち地下構造の確認されたものは、古橋遺跡、南郷遺跡、芋谷南遺跡、源内峠遺跡、木瓜原遺跡、野路小野山遺跡、平津池ノ下遺跡の製鉄炉で、土坑を掘り内部に炭、焼土、礫等を充填させるもの（古橋、源内峠、木瓜原）、石列が認められるもの（南郷、野路小野山一号炉）、石敷きが認められるもの（芋谷南、野路小野山二号炉、平津池ノ下）の大きく三種類に分けられる。これらのうち石の平坦面を揃え、石敷きを作る例は特徴的であり、製鉄炉の構築にあたって同一の技術系譜を認めることができる。

また、木炭窯の形態については、横口付木炭窯（野路小野山一号窯、観音堂）と窖窯状木炭窯（南郷、野路小野山二、三号窯）の二種類がある。なお、木瓜原遺跡の木炭窯については分類が難しいが、窯が等高線に対して平行の横置きで、傾斜が少ない点、また、煙道と考えられているが谷側の二カ所に横穴がある点を考慮すると、横口付木炭窯の退化した型式と理解してもよいと思われる。

さて、以上述べてきた滋賀県内の製鉄遺跡に見られる鉄生産技術がどこからもたらされたについてであるが、製鉄炉の形態が確認されたものはすべて長方形箱型であることから、中国山地などで六世紀段階から行われている生産方法と形態的には変わらないものと考えられる。ただし、中国地方では岡山県などの古墳時代後期の遺跡において製鉄原料として鉄鉱石が用いられている調査例が報告されているものの、それ以降は砂鉄が使用されるようになるのに対し、滋賀県内の製鉄遺跡は七～八世紀になってもすべての遺跡で鉄鉱石が使われるという特異な状況を呈しており、そのことが近江の製鉄技術を特徴付けるものでもあるともいえる。ここに原料の選択、採掘、加工の段階で中国山地とは別の技術系譜が存在した可能性が考えられる。この時期に至って鉄鉱石を原料として製錬を行っている地域は、国内に類例を求めることはできないことから、中国大陸や朝鮮半島からの技術伝播の可能性を考えてもよいのかもしれない。

ここで大津市に隣接する京都市山科区の御陵大岩町遺跡に興味深い事例があるので紹介することにする。この遺跡では本格的な調査は行われていないが、磁鉄鉱を原料とした鉄滓が出土しているとともに、堤状遺構が谷を堰き止めるかのように両側から張り出しているのが確認されている。この遺跡は天智天皇陵に隣接することから、『日本書紀』天智九年条「是歳造水碓而冶鉄」と関連付けて古くから注目されている。ここに記述されている水碓とは中国の文献にも多く記載が認められ、水車を利用した石碓もしくは送風装置と考えられている。御陵大岩町遺跡では、遺構の状況から水碓が構築されて、鉄鉱石の粉砕や製鉄炉への送風に用いられていた可能性が考えられる。このことから大陸からの新技術の導入に積極的であった天智天皇が、山科盆地において鉄鉱石を利用した鉄生産を開始するにあたり水碓の構築を行ったことが想定される。

なお、滋賀県南部において鉄生産が本格的に行われるのはこの頃からであり、これは百済の滅亡によって多数の渡来人が近江に入ってくる時期でもある。この時期を契機として近江国内では新技術を用いた生産活動、寺院の建立等が盛んに行われるようになる。鉄生産に関しても近江は鉄鉱石の鉱脈に恵まれていたため、鉄の製錬が可能な地域であったが、砂鉄からの製錬が主流となっていた当時の国内の技術者が鉄鉱石からの製錬技術を有していたかどうかは疑問がある。鉄鉱脈の掌握、採掘技術、粉砕・加工技術など鉄鉱石からの製錬に必要な知識・技術は多かったと思われ、これらの技術に関して渡来した技術者が関わった可能性は大きいと考えられる。県南部の製鉄遺跡では、以降一〇〇年以上にわたり同様の技法を用いて鉄生産が行われていることが確認されていることから、生産開始の時期から同一の技術系譜が引き継がれていくものと推測される。なお、県南部以外の遺跡は調査例が少ないため、どのような経緯で鉄鉱石からの製錬が行われるようになったかは現時点では判断できない。

ところで、続日本紀に見られる「賜大師藤原恵美朝臣押勝近江国浅井高嶋二郡鉄穴」という記述については、近江北部の高嶋郡、浅井郡に鉄鉱石産地が所在することがその時期に既に把握されており、その採掘権を恵美押勝すなわち近江国司であった藤原仲麻呂が握っていたことを示すものである。そこで、原料非立地型の瀬田丘陵製鉄遺跡群で良質の鉄鉱石が認められ、その成分が高島地域から産出される鉄鉱石と類似することと、野路小野山遺跡で見られる官営工房的な整然と整備された製鉄遺構の存在を考え併せると、この地域での鉄生産に近江国庁や国司である藤原仲麻呂が関わっていた可能性が高いと推測される。

〈参考文献〉

・丸山竜平・濱修・喜多貞裕「滋賀県下における製鉄遺跡の諸問題」（『考古学雑誌　第七二刊第二号』一九八六）
・滋賀県教育委員会・㈶滋賀県文化財保護協会「南郷遺跡発掘調査報告書一」（『一般国道一号（京滋バイパス）関係遺跡発掘調査報告書二』一九八八）
・青山均「滋賀県大津市芋谷南遺跡」（『日本考古学年報四九』一九九六）
・滋賀県教育委員会・㈶滋賀県文化財保護協会「源内峠遺跡　大津市瀬田南大萱町」（『びわこ文化公園整備事業に伴う跡発掘調査報告書』二〇〇一）
・草津市教育委員会「観音堂遺跡」（『平成五年度草津市文化財調査年報』一九九六）
・草津市教育委員会「観音堂遺跡」（『平成六年度草津市文化財調査年報』一九九七）
・滋賀県教育委員会・㈶滋賀県文化財保護協会「木瓜原遺跡」（『立命館大学びわこ・くさつキャンパス造成工事関連埋蔵文化財発掘調査報告書』一九九六）
・滋賀県教育委員会・草津市教育委員会・㈶滋賀県文化財保護協会「野路小野山遺跡発掘調査報告書」（『一般国道一号（京滋バイパス）関係遺跡発掘調査報告書二』一九九〇）
・穴沢義巧「製鉄遺跡からみた鉄生産の展開」（『季刊考古学』八一九八四）
・草津市教育委員会「野路小野山製鉄遺跡発掘調査報告書（平成一二年度調査分）二〇〇三
・大津市教育委員会「6・平津池ノ下遺跡」（『大津市遺跡地図』

一九九六）
・彦根市教育委員会「キドラ遺跡現地説明会資料」一九九六
・滋賀県立埋蔵文化財センター「古代の製鉄遺跡の調査　今津町東谷遺跡」（『滋賀埋文ニュース第二六四号』二〇〇二）
・森浩一「滋賀県北牧野製鉄遺跡調査報告」（『若狭・近江・讃岐・阿波における古代生産遺跡の調査』　同志社大学文学部考古学調査報告書第四冊　一九七一）
・大道和人「滋賀県の製鉄遺跡調査の現状と課題」（『人間文化一五号』　滋賀県立大学　二〇〇四）
・大道和人「鉄鉱石の採掘地と製鉄遺跡の関係についての試論―滋賀県の事例を中心に―」（『紀要第九号』㈶滋賀県文化財保護協会　一九九六）
・別所健二「近江の鉄生産遺跡」（『シンポジウム記録3　古代の生産と工房』　考古学研究会　二〇〇二）
・亀田修一「第二章原始・古代　古代吉備の鉄と鉄器生産」（『長船町史　刀剣編通史』　長船町　二〇〇〇）
・中井正幸「山階製鉄考―『日本書紀』天智九年「是歳造水碓而冶鉄」に関する一考察―」（『製鉄史論文集』たたら研究会　二〇〇〇）

近江の渡来系氏族と古代寺院

小笠原好彦

輻線文《ふくせんもん》縁軒丸瓦と渡来系氏族寺院

近江は古代寺院が多く建立された地域である。飛鳥期、白鳳期の寺院とみなされるものは六十数カ所あり、この数は畿内の大和の八十数寺院につぐ。これらの寺院は大津市、草津市など湖南地域に集中し、また蒲生郡、愛知郡など湖東地域にも多く分布する。

軒瓦の文様からみて飛鳥期まで遡るのは、大津市穴太《あのお》廃寺と衣川《きぬかわ》廃寺、さらに近年に長浜市柿田廃寺でもこの時期のものとみてよい軒丸瓦が出土している。

これらの三寺院のうち、穴太廃寺は一九七五年（昭和五〇）と一九八四・八五年（昭和五九・六〇）に調査されたもので、飛鳥期に造営された金堂、塔と、それらを大津宮遷都時に移建したとされる金堂、塔、講堂が重複して検出されている[1]。創建時の伽藍は、京都府隼上り窯D型式の素弁の蓮弁中央に稜線をもつ高句麗系軒丸瓦が葺かれている。

この軒丸瓦は調査報告によると、移建した伽藍の西方からの土石流にふくまれていたことから創建、移建した伽藍のいずれのものともみなし難く、別の伽藍とみなす見解が述べられているが、西に一括して廃棄されたとみなすのが自然であろう[2]。

この高句麗系軒丸瓦は、京都市北野廃寺に葺かれた小さな中房に1＋4の蓮子をつけ、周縁をつけない北野廃寺式の系譜を引くもので、元稲荷瓦窯・北野廃寺瓦窯の瓦工集団が関与することによって生産されたものとみなされ、他に周縁を作るものも出土している点は留意される。これは、二つの堂塔が検出されながらも、一種の瓦当文様しか出土していないことからすると、金堂、塔に区別して葺かれた可能性が少なくない。

さて、穴太廃寺では、移建した際に葺かれた軒丸瓦のうち、単弁系のものに子葉をもたない肉厚で稜線をもつ八葉蓮華文で、外縁に輻線文《ふくせんもん》をつけるものがある。近江

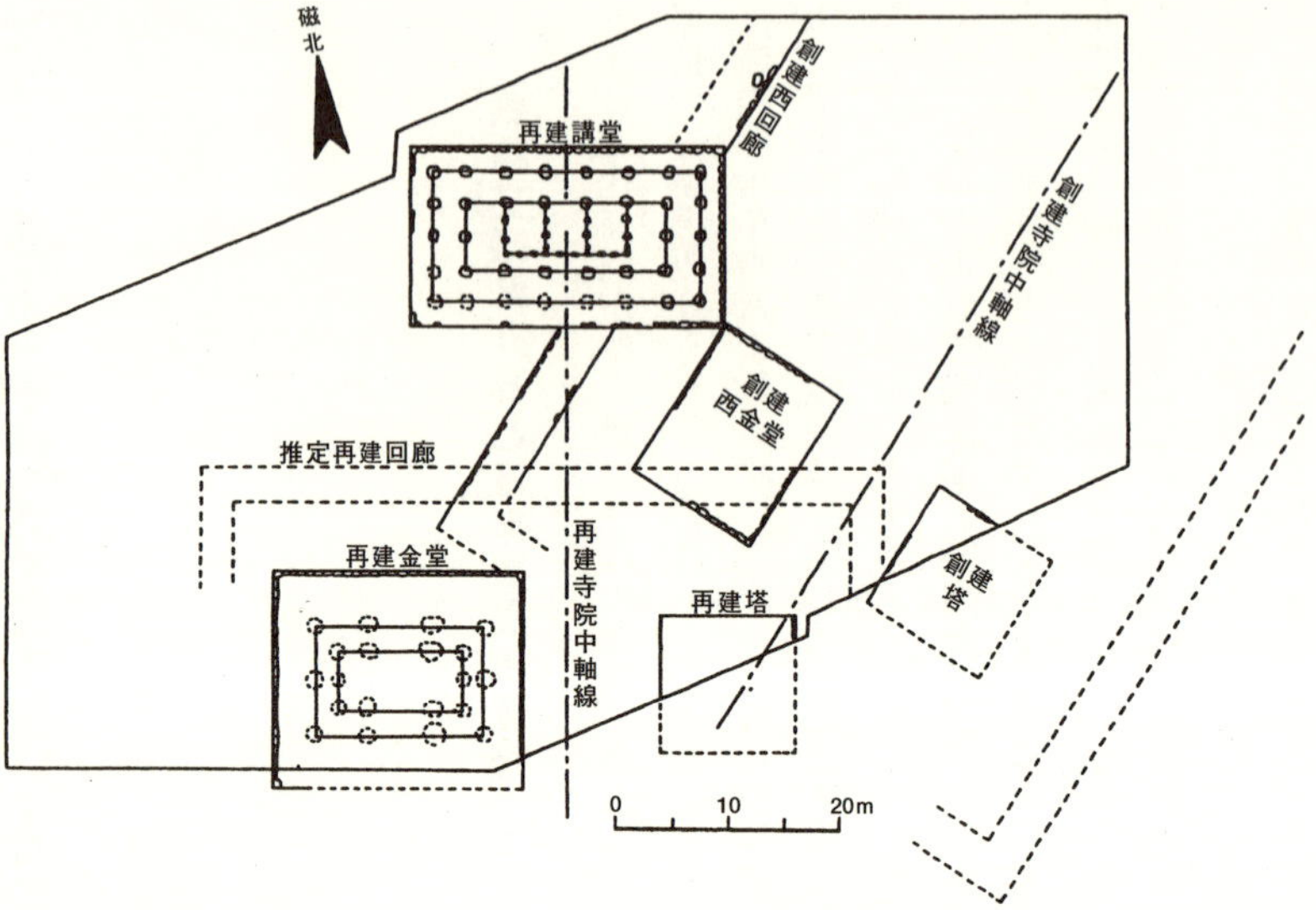

図1　穴太廃寺の二つの伽藍

では、この輻線文縁軒丸瓦には、無子葉弁、有子葉弁、複子葉弁の三種があり、無子葉弁は穴太廃寺、南滋賀廃寺、崇福寺、宝光寺廃寺、観音堂廃寺、手原廃寺から出土し、琵琶湖西岸の大津宮周辺寺院とその対岸にあたる栗太郡で出土する。また有子葉弁は近江八幡市安養寺廃寺、複子葉弁は崇福寺、彦根市下岡部廃寺、屋中寺跡から出土する（図3）。

この輻線文縁軒丸瓦は、近江のほかに大和の桧隈《ひのくま》寺跡から複弁八葉蓮華文、大窪寺跡、橘寺、山城法観寺跡、三河寺領寺跡から単子葉弁のものが出土することが知られるが、ごく限られている。

このように、輻線文縁軒丸瓦は、近江の寺院に集中して葺かれ、しかも大津宮周辺寺院に無子葉弁のものが顕著にみられることから、すでに山崎信二氏によって大津宮付近を本拠地とした漢人系《あやひとけい》の渡来系氏族寺院に新たに採用されたとみなされている瓦当文様である。③

滋賀郡南部の大津宮が所在する錦織から坂本一帯に分布する後期古墳群には、横穴式石室の玄室が矩形あるいは正方形の平面で、断面が穹窿《きゅうりゅう》状をなし、土師質のミニチュアの炊飯具をセットで副葬する古墳が顕著にみられることから、水野正好氏によって漢人系の渡来系氏族が築造したことが明らかにされた地域である④。

　この地域に造営された最古の寺院は穴太廃寺で、穴太の地名が現在も残るように、渡来系氏族の穴太村主《あのうのすぐり》によって造営されたものとみてよい。その創建軒瓦は、先述した高句麗系の素弁蓮華文軒丸瓦が葺かれたが、大津宮遷都時に移建した際に、輻線文縁単弁八葉蓮華文、単弁八葉蓮華文、複弁八葉蓮華文軒丸瓦などが葺かれた。近年の西大津バイパスに関連する調査では、穴太廃寺に隣接する穴太遺跡から掘立柱建物の他に、一辺が七m、幅〇・五mほどの溝を方形にめぐらし、その中に〇・四ないし〇・五m間隔に間柱を立て、さらに横材をわたして木舞《こまい》を編んで土壁を塗った土壁造り建物（大壁造《おおかべつく》り建物）や石組みしたオンドルが検出され、七世紀前半には在来系の氏族が営むムラの建物とは異なるものをふくむ景観をなしていたことが知られた⑤。

図２　近江の渡来系氏族寺院

　南滋賀廃寺は山背《やましろ》の北白川から山中越えした位置に造営されている寺院で、伽藍は中金堂の西南に西金堂、東南に塔を置き、中金堂の北に講堂、食堂・僧房などを配した寺院である。その造営氏族は大友村主《おおとものすぐり》に想定する見解がだされているが、大友村主の本拠地はその北の大友郷に求められ、また園城寺の前身寺院が大友村主の寺院と伝えることから、錦織《にしごり》郷に本拠地を有した錦織村主を想定する考えもだされている⑥。

　宝光寺廃寺は湖を越えた大津宮の対岸に建てられた寺院で、ここからは、方形瓦が出土するように、大津宮周辺寺院ときわめて強いつながりをもっている。造営氏族は山崎信二氏によって、滋賀郡に本拠地をもつ漢人系の

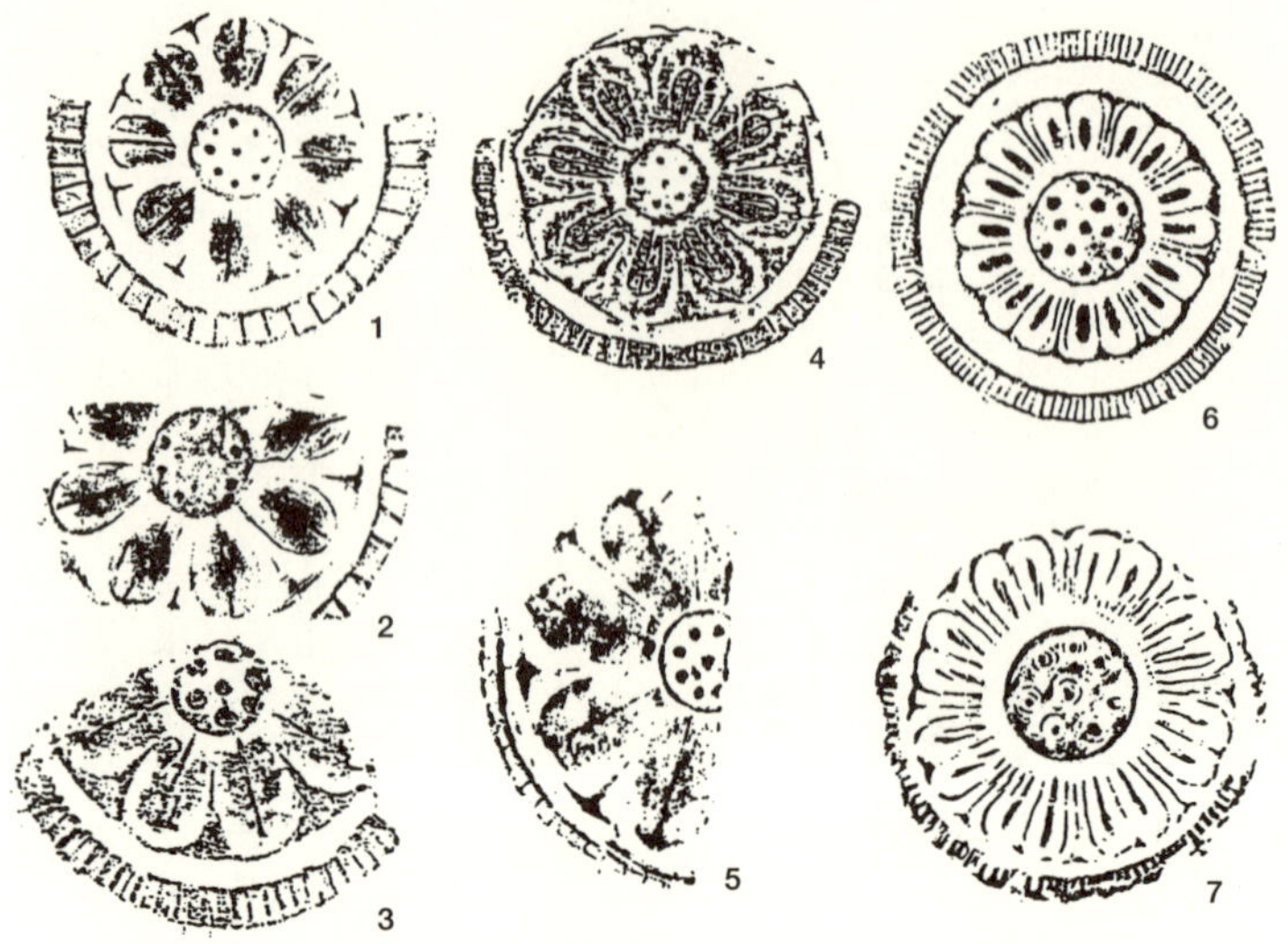

1．穴太廃寺　2．南滋賀廃寺　3．手原廃寺　4．安養寺廃寺
5．宝光寺跡　6．崇福寺跡　7．下岡部廃寺

図3　輻線文縁軒丸瓦

渡来系氏族である磐城村主《いわきのすぐり》、大石村主が候補にあげられているが、[7]磐城村主は栗太郡から野洲郡にかけて本拠地としたことが中主町西河原森ノ内遺跡の木簡によって知りうることからすると、むしろ手原廃寺の造営氏族に想定しうる可能性が高い。宝光寺廃寺は、複弁八葉蓮華文で面違《めんたが》い鋸歯文縁をもつ川原寺の軒丸瓦と同笵軒瓦が出土する大津廃寺と別種の同笵《どうはん》の複弁八葉蓮華文軒丸瓦が出土しており、大津宮周辺に本拠地をもつ漢人系渡来系氏族と深い関連をもつ氏族が造営した可能性が高いであろう。

　さらに安養寺廃寺は、山崎氏が「正倉院文書」に記す大友日佐《おさ》、屋中寺跡、下岡部廃寺は『続日本紀』天平宝字二年（七五六）六月乙丑条に神崎郡に居住したことを記す桑原史《くわはらのふひと》によって造営されたものと想定する考えを提示している。[8]

　なお、以上のような輻線文縁軒丸瓦が出土している寺院のうち、宝光寺廃寺からは、さらに二つの注目される軒丸瓦がこれまで出土している（図4）。一つは、蓮弁の中央に稜線が走り、二枚重なる蓮弁のうち、下弁の輪郭線が基部で左右の蓮弁に連結するもの、いま一つは、

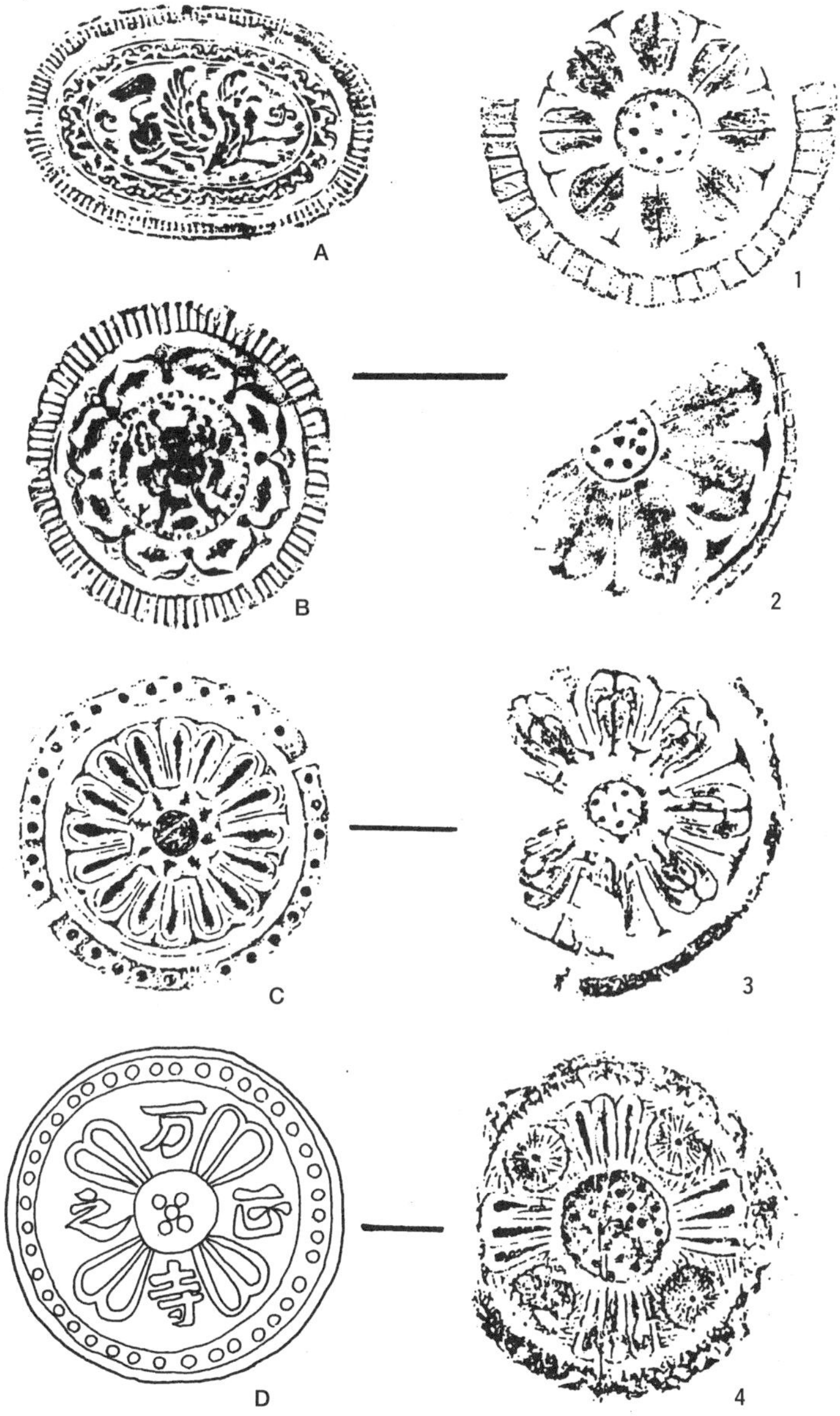

A　昌林寺付近　B　普門寺址　C　四天王寺址　D　南山仏付近
1．穴太廃寺　2～4　宝光寺跡

図4　近江の軒丸瓦と朝鮮半島の軒丸瓦

三弁の複弁を中房をはさんで十字状に配し、その間に小さな蓮華文を一個ずつ配したものである。前者の単弁蓮華文は、日本には例がないが、朝鮮半島の新羅の天恩寺址、四天王寺址、檣頭山西麓などから、複弁八葉で下弁の輪郭線が基部で連結し、外縁に珠文をめぐらすものがある。また、後者の複弁を十字状に配したものは、朝鮮半島新羅の南山仏付近から出土したものがあり、蓮弁を十字に配し、その間に「万正之寺」の文字を配している。[9]この宝光寺廃寺と同笵の軒丸瓦は瀬田の東光寺廃寺から出土し、東光寺廃寺の軒瓦の可能性が高い。草津市西北部には、花摘寺廃寺、観音寺廃寺、観音堂廃寺、大般若寺跡、笠寺廃寺などの白鳳期の寺院が集中して建立されながらも、東光寺から宝光寺廃寺にのみこの同笵軒丸瓦が供給されたのは、渡来系氏族として特に親密な関係にあったことによるものとみてよい。

近江の寺院と瓦積み基壇

大津宮周辺寺院の穴太廃寺、崇福寺、南滋賀廃寺からは、基壇外装として、半截《はんせつ》した平瓦の側縁を正面にして基壇端に積んだ瓦積基壇が検出されている。これらのうち崇福寺は、『扶桑略記《ふそうりゃっき》』に大津に遷都した天智六年（六六七）二月三日条に、大津宮の乾《いぬい》の山中に天智天皇によって勅願されるに至った縁起を記し、さらに翌年正月一七日条に造営の経過が記されている。

この廃寺は、滋賀里山中の三尾根に遺構があり、南尾根に金堂と講堂、中尾根に小金堂、塔跡、北尾根に弥勒堂跡と東方基壇が遺存している。これらの堂塔の理解には、崇福寺・梵釈寺《ぼんしゃくじ》論争があったが、現状では中尾根、北尾根が七世紀後半に造営された崇福寺に想定されている。北尾根の弥勒堂は、花崗岩を地覆石とし、その上に半截した平瓦を平積みした瓦積基壇、その東の東方基壇では地覆石の上に平瓦を合掌積《がっしょうづ》みにした瓦積基壇が見つかっている。このうち、合掌積みの様式は、百済の扶《ブ》余《ヨ》の軍守里《クンスリ》廃寺で、中央基壇（金堂）の南面と東方基壇の南面で合掌積みの瓦積基壇が検出され、また中央基壇の北面、西面、東面で平瓦を立てにめぐらしたもの、北方基壇（講堂）で平瓦を平積みした瓦積基壇、南方基壇（塔）で塼積基壇が検出されている[10]例があり、その系譜が知られる。

このように、合掌積み、平積みの瓦積基壇が百済扶余にあることが知られ、崇福寺では金堂に相当する弥勒堂で平瓦を平積みにしたもの、その東の東方基壇で合掌積みしたものが採用されていたことは、二つの異なる瓦積技法が同時に導入されながら、弥勒堂と東方基壇で使いわけられたものと推測される。

南滋賀廃寺は大津宮の北に位置する寺院で、中金堂、塔基壇に瓦積基壇が採用されていた。このうち塔基壇では比較的大きく平坦面をもつ地覆石を置き、前端から控えて最下段に完形の平瓦を置き、その上に半截した平瓦を揃えて積み上げていた。また、金堂基壇は、地覆石の上に、平瓦を平積みしたものの上に、もう一段石を置き瓦積みした二重の瓦積基壇外装が設けられていたことが報告されている。

また、穴太廃寺の調査では、瓦積基壇は移建した伽藍の金堂のみに採用されていた。この瓦積基壇は、方形状の地覆石の前端にほぼ揃えて平瓦を積んでおり、北側では一mの高さまで遺存したが、一部に自然石をふくんで積まれており、修復されたことがわかる。

以上のように、大津宮周辺寺院の三寺院では、いずれも瓦積基壇が採用されている。これらのうち崇福寺は天智天皇の勅願によって造営され、その造営年代を知ることができ、様式的にも地覆石の上に平積みしたものと合掌式のものとが採用されていた。

この瓦積基壇は、大津宮周辺の寺院以外では、南湖の対岸に造営された宝光寺廃寺と蒲生郡宮井廃寺で検出されている。宝光寺廃寺は輻線文縁軒丸瓦が出土するもので、講堂基壇と想定される堂跡の西面と西北隅で瓦積基壇が検出されている。この瓦積基壇は平瓦の側縁を少し欠いて幅を狭くした平瓦を直接置き、その上に半截した平瓦を平積みしており、一一枚重ねた状態で遺存した。西北隅には重弧文軒平瓦の瓦当面を外に向けて平積みしたものが少なくない。また、宮井廃寺は日野川左岸にある寺院で、金堂、塔、北方建物、西方建物が検出されている。このうち金堂基壇にのみ瓦積基壇が採用され、平瓦を直ちに積んでいた。

このように、大津宮周辺寺院に百済系の瓦積基壇の外装が採用され、ほかに宝光寺廃寺にも採用されたことからみて、この外装様式は、主として渡来系氏族寺院に採用された可能性が高い。

さて、大津宮周辺寺院では、これまで大津宮遷都を契機として渡来系氏族によって寺院造営が行われたとみるむきが多かった。しかし、それ以前の飛鳥期に穴太廃寺が造営されたことが明らかになり、また、南滋賀廃寺で出土する軒丸瓦のうち、単弁蓮華文は大津遷都以前に遡る可能性も少なくないとする見解もだされている。このことは、近江の寺院造営は、ここを本拠地とした渡来系氏族によって造営された穴太廃寺によって開始され、さらに南滋賀廃寺が造営され、このように開かれた南湖西岸の地域に大津遷都が図られた可能性が高いものと推測される。

　なお、これらの寺院に葺かれた屋瓦の生産に関連する瓦窯は、穴太廃寺はその一部が穴太瓦窯、南志賀廃寺は榿木《はんのき》原《はら》瓦窯、宮井廃寺は辻岡山瓦窯で生産されたことが明らかにされている。

湖東式軒丸瓦と渡来系氏族寺院

　近江の湖東地域には、湖東式軒丸瓦と呼ぶ近江固有の瓦当文様をもつ古代寺院がある。この軒丸瓦は単弁八葉、あるいは重弁八葉蓮華文で、中房の中心に大きな蓮子を一つつけ、その周囲に小さな蓮子を環状に配し、外区内縁に珠文、外区外縁に圏線もしくは素文とするものである（図5）。

　この形式の軒丸瓦は、秦荘町軽野塔ノ塚廃寺、小八木廃寺、妙園《みょうおん》寺《じ》廃寺、野々目廃寺、目加田廃寺、蒲生町綺《かば》田《た》廃寺、宮井廃寺、竜王町雪野寺跡など、湖東でも愛知郡と蒲生郡の寺院に集中し、ほかに湖北町小江廃寺、高月町浅井寺跡、井口廃寺など湖北の伊香郡の寺院にも一部およんでいる。また、近年の研究では、この様式の系譜を引く軒丸瓦が越前、美濃地域の氏寺にも及んでいることが知られる。

　湖東式軒丸瓦は畿内の寺院では類例がないが、朝鮮半島では百済の忠清南道公州にある大通《テートン》寺《サ》址、南穴《ナミョル》寺《サ》址、西穴《ソヒョル》寺《サ》址、新羅の阿火付近から出土する軒丸瓦に類似するものがある。これらのうち、大通寺址、阿火付近のものは、蓮弁や中房の特徴が共通するが、外区に珠文をめぐらすだけである。しかし、西穴寺址からは、湖東式軒丸瓦とほぼ同一の文様構成をなすものが採集されている。また、南穴寺址のものには、複弁ながら中房を界線

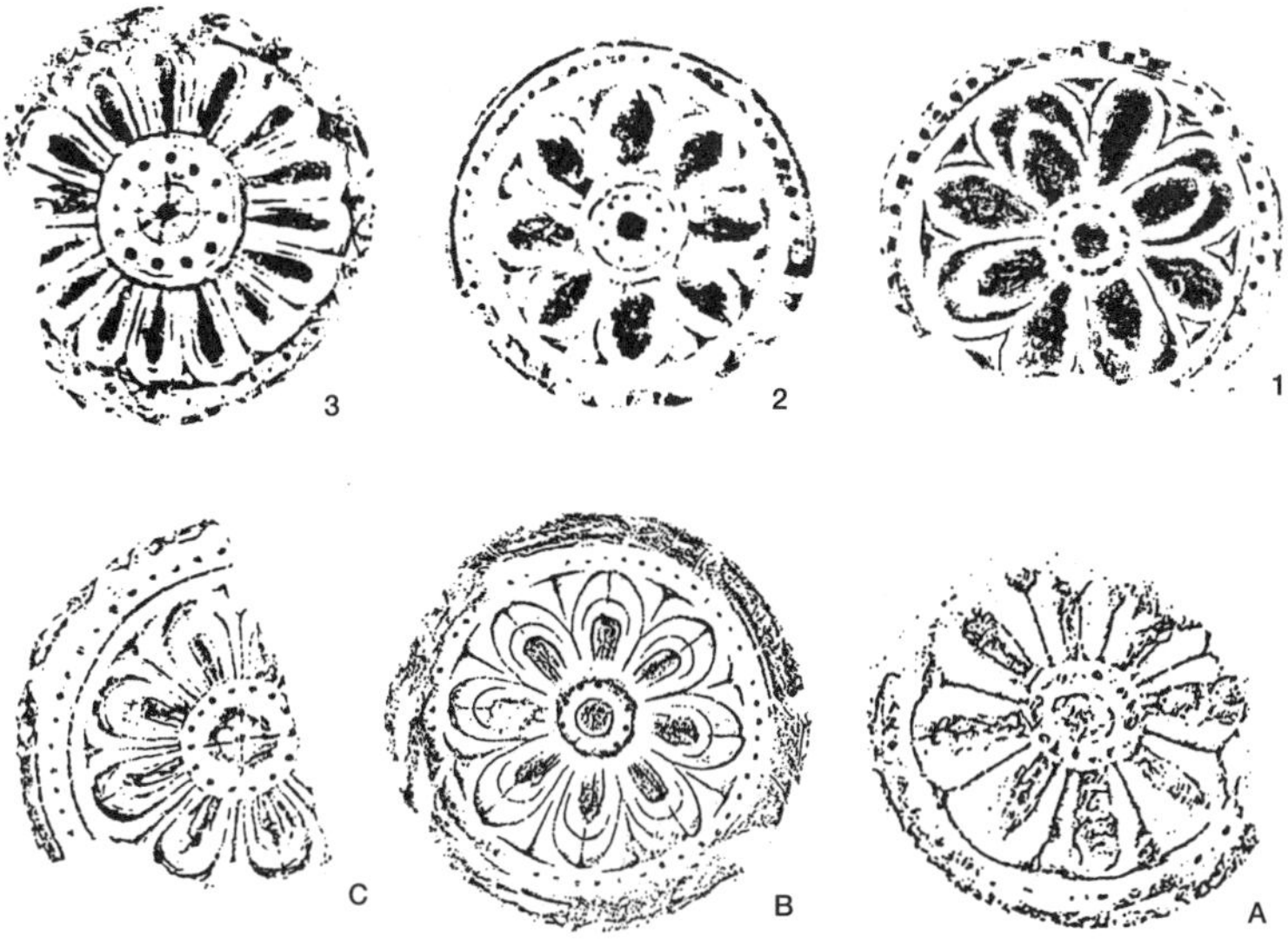

A　小八木廃寺　B　軽野塔ノ塚廃寺　C　井口廃寺
1．阿火付近　2．大通寺跡　3．南穴寺跡

図5　湖東式軒丸瓦と朝鮮半島の軒丸瓦

で八区分し、蓮子を環状にめぐらすものがある。この中房に区分線を加えたものは、近江の野々目廃寺、井口廃寺のものにもみられる。これは高句麗の軒丸瓦に顕著にみられ、百済にも伝えられたものである。

このように、湖東式軒丸瓦は畿内の寺院にはみられず、朝鮮半島の公州の寺院に散見し、西穴寺址では同一文様をなすものがあることからみて、畿内の寺院を経由せずに、朝鮮半島から近江に直接的に伝播したか、もしくは導入されたものとみなされる。公州の西穴寺址、南穴寺址から出土する軒丸瓦の年代は明らかではないが、古く軽部慈恩氏によると統一新羅後のものとみなされている[11]。そして、この年代は、近江の古代寺院からみると、七世紀第3四半期、もしくは第4四半期に入るものと推測される。

湖東式軒丸瓦と組合う軒平瓦は、重弧文の下端に指頭圧痕をつけたものが葺かれている。これと同様の軒平瓦は、朝鮮半島では百済の扶余にある軍守里廃寺から出土し、類例は中国吉林省の渤海時代の遺跡、河南省洛陽の永寧寺、内蒙古自治区などで散見する。しかし、正確な年代を明らかにしうるものはない。

湖東式軒丸瓦を創建瓦とした軽野塔ノ塚廃寺、小八木廃寺、妙園寺廃寺、野々目廃寺が造営された愛知郡は、弥生時代から古墳時代前期の集落が乏しい地域である。その後、上蚊野古墳群、蚊野外古墳群をふくむ二九八基の古墳から構成される金剛寺野古墳群が築造されたことが『近江愛智郡志』に記されている。

これらの古墳群は、一九七六年（昭和五一）、一九九九年（平成一一）に行われた上蚊野古墳群の調査によると、埋葬主体部に通常の横穴石室を構築するもののほかに、玄室の床面を羨道よりも一段低くし、石階を設けた竪穴系横口式石室と呼ぶものをふくんでいることが判明している。[12]

この竪穴系横口式石室をもつ古墳は、周辺では蒲生郡安土町竜石山古墳群、竜王町三ツ山古墳群、蒲生町天狗前古墳群、犬上郡塚原古墳群などから見つかっており、石室構造の特異性から渡来系氏族が築造したものとみなされている。[13]

このように後期古墳群の横穴式石室に固有の形態のものがふくまれ、しかも、この地域に造営された畑田廃寺から「秦」と記した木簡が出土[14]したことからすると、この地域の湖東式軒丸瓦を葺く寺院の造営氏族として渡来系氏族の依知秦氏一族を想定することはきわめて可能性が高いものである。これと同形式の軒丸丸を葺いた寺院の一つである綺田廃寺は、地名の綺が錦を意味し、近くに横穴式石室に石階をもつ天狗前古墳群が所在する。また、塑像が多量に出土して著名な雪野寺跡は、この寺院が建てられた雪野山が「野寺鐘縁起」に、安吉山と記され、北六㎞に安吉神社があり、渡来系氏族の安吉氏によって造営された寺院に想定されている。

さらに、宮井廃寺は雷文縁軒丸瓦を主体に葺いた寺院であるが、金堂からは瓦積基壇が検出されており、渡来系氏族と深い関連をもつ氏族によって造営されたものと推測される。

これらの湖東の湖東式軒瓦を葺く氏寺で、屋瓦を生産する瓦窯が知られるものは、軽野塔ノ塚廃寺で一部、宮井廃寺の辻岡山瓦窯が調査されている。

この湖東式軒瓦はその成立の背景のみでなく、成立年代も十分に明らかでないので、成立年代を少し検討すると、この軒丸瓦と組合う軒平瓦は上半部に二重ないし四重弧文をつけ、その下に指頭圧痕をつけるものと葺かれている。この軒平瓦が葺かれたものに、日野川流域に建てられた蒲生町宮井廃寺がある。

宮井廃寺の瓦類は、西南四〇〇mにある辻岡山瓦窯群で生産されている。この瓦窯跡群は一〇基ほどの瓦窯が確認されており、そのうち北端部に近い一号窯が最も古い。この一号窯では軒瓦は出土していないが、凸面に格子タタキを施した平瓦が多量に出土した。しかも瓦窯の焼成部の床面から口径一一・七cm、高さ四・一cmと口径一〇・八cm、高さ四・一cmの須恵器坏が出土している。これらは丸みをもつ底部と口縁部で短く外反するもの、平底風で口縁部が短く立ち上がる形態をなしている。これらの坏身は瀬田丘陵に設けられた大津市山ノ神古窯の二号窯から同型式のものが出土しており、飛鳥の編年では飛鳥Ⅲ（七世紀第3四半期）の新しい時期、あるいは飛鳥Ⅳ（七世紀の第4四半期）古い時期のものとみなされる。そこで宮井廃寺の造営が開始した年代を求めると、六七〇年代末までには金堂が建立されたものと推測される。また、金堂に葺かれた格子タタキをもつ指頭圧痕重弧文軒平瓦も同様の年代を想定しうる可能性が高い[15]。

これは宮井廃寺が六七〇年代末までに造営が開始し、また指頭圧痕重弧文軒平瓦が湖東式軒丸瓦と組合って葺かれたとすると、湖東式軒丸瓦も六七〇年代末までには成立した可能性が高いものと推測される。この軒丸瓦は瓦当文様に珠文帯をふくむ文様構成からすると、大津遷都以前に想定することは難しく、それ以後に近江の湖東地域に導入された可能性が高いものとみなされる。

このように湖東式軒瓦が六七〇年代に成立したとすると、この軒瓦が愛知郡の宇曽川流域と愛知川右岸の古代寺院に集中して葺かれていることから、百済の滅亡によって湖東に移住した百済人との関連、いま一つは白村江の戦いに赴いた湖東の有力氏族との関連が想定される。

前者の百済が滅亡後、多くの百済人が日本の近江に移住したことは、『日本書紀』の天智四年（六六四）二月是月条に、百済人の男女四〇〇人を近江の神崎郡に居住させたこと、天智八年（六六八）是歳条に佐平余自信、佐平鬼室集斯ら男女七〇〇人を蒲生郡に移住させたことを記している。これらによって百済人が近江の湖東に移住したことがわかる。そして、これらの記事からは愛知郡との直接的な関連は明らかでないが、百済人が愛知郡に近い神崎郡や蒲生郡に居住したことからすると、百済の公州の寺院に葺かれた最新式の瓦当文様が百済人によって湖東の寺院に導入しうる条件が少ないながらあったことになる。

つぎに、後者の百済の再興を期した白村江の戦いでは、百済・日本軍は唐・新羅軍に壊滅的な打撃を受けて敗北したことが『日本書紀』、『三国史記』に記されている。この戦いに赴いた各地の首長層と寺院造営との関連では、『日本霊異記』上巻第七に備後の三谷郡の大領が戦いに赴くに際して、無事に帰還することができたら寺を建立することを誓願し、難を免れたことから三谷寺を造営した縁起が記されている。

この白村江の戦いとの関連では、前述したように畑田廃寺から「秦」と記した木簡が出土し、この地域の湖東式軒瓦を葺いた寺院のほとんどは、依知秦《えちはた》氏一族と関連をもって造営された寺院と推測されるとすると、この戦いでは、愛智郡出身で、中央官人となった朴市秦造田《えちはたみやつこた》来津《くつ》が斉明七年（六六一）、百済の王子の豊璋《ほうしょう》を送り、百済救援の軍兵五千余を率いて渡海したことが特に重視される。その後、天智元年（六六二）一二月、百済王豊璋と佐平鬼室福信《さへいきしつふくしん》は、州柔《つぬ》（率城）が農桑に適さないので、避城《へさし》に遷そうとした。田来津は防衛の面から遷すのを諫めたが、容れられなかった。しかし遷した後の翌年二月、新羅の侵入を受け、再び州柔に戻った。

さらに八月二七・二八日、錦江の河口の白村江で新羅と唐の連合軍と百済と日本の連合軍とが対戦した。この戦いでは、田来津が重要な役割を担って赴いたこともあり、愛智郡を本拠地とする依知秦氏一族が彼のもとに多くの兵を率いて隊を編成して戦ったとみなして相違ない。

だが、この戦いは河口で水軍による戦いとなり、田来津は敗色の濃い戦況のもとで、劇的な戦死をとげた。百済・日本軍は多くの兵が溺死し、大敗をきすこととなり、帰還できた兵は少なかった。愛智郡から赴いた依知秦氏一族たちも同様のことであったと推測される。

しかも、愛知郡に分布する複数の同一系譜の湖東式軒瓦が葺かれており、しかも、ほとんどの寺院は白村江の戦いの後に寺院造営を行っており、この戦いを契機に造営したとみなしうる可能性がきわめて高い。

そこで、この白村江の戦いと寺院造営がかかわりをもったとすると、二つの場合が想定されるのではないか。一つは『日本霊異記』上巻第七に記す備後の三谷寺の場合と同様に、この戦いに赴きながら帰還できたことから、いま一つは戦いに際して筑紫に赴いた斉明天皇が朝倉宮で没したことを弔うために川原寺が造営されたように、白村江の戦いに出征し、その戦死を弔うために寺院造営を行うという二つの契機があったことが想定される。

しかも、百済の故地に建てられた西穴寺址、南穴寺址、大通寺址など公州の寺院から軒丸瓦の瓦当文様を導入するような契機があったものと推測される。

この白村江の戦いでは、敗戦後の処理として唐・新羅による進攻に対処するため、対馬、壱岐、筑紫などに防人、烽を配し、さらに対馬に金田城、筑紫に水城、大野城、椽《き》城、讃岐に屋島城、大和に高安《たかやす》城を構築して防備した。

さらに注目されることに、『日本書紀』天智一〇年（六七一）一一月一〇日条の記事がある。これは戦闘から八年後、唐の捕虜となった筑紫君薩野馬《つくしのきみさちやま》らとともに唐の郭務悰《かくむそう》ら六〇〇人、送使の沙宅孫登《さたくそんとう》ら一四〇〇人、総数二〇〇〇人が船四七隻で来朝の意をもって、比知島に着いたことを記している。その翌年五月一二日、郭務悰は近江朝廷から甲冑弓矢を賜り、さらに郭務悰らは絁一六七三匹、布二八五二端、綿六六六斤を賜り、三〇日に帰国した。

敗戦から八年後、どのような目的で唐の郭務悰らが二〇〇〇人もの大部隊で訪れたのか。これには百済の難民を輸送し、日本に移住させる目的とする考え、郭務悰ら六〇〇人は熊津都督府《ゆうしんととくふ》の官人、沙宅孫登ら一四〇〇人は百済の難民とする考えなどがだされてきた。しかし、近年の研究では、直木孝次郎氏によって沙宅孫登のもとにある一四〇〇人の大部分は白村江の戦いでの日本人の捕虜、郭務悰ら六〇〇人は使節や捕虜を監視、護送にあたる唐人とその指揮下にある百済人とする考えが提起されている。[16]

白村江の戦いで日本人の捕虜がいたことは、郭務悰らと同行した筑紫君薩野馬らが捕虜となっており、また『日本書紀』持統四年（六九〇）一〇月二二日条に同じく唐の捕虜となった大伴部博麻《おおともべのはかま》に関連する記事がある。また直木氏は郭務悰らが島に滞在したこと、さらに帰国に際して受けた賜物の量に端数がみられることなどから、捕虜の返還を想定したのは、前後の経緯からみて無理のない理解と思われる。そして、その時に返還された捕虜のなかに、朴市秦造田来津とともに戦った近江の愛智郡から出征した依知秦氏一族も少なからずいたものと推測されるのである。

また、依知秦氏一族の中には、百済に赴いた後に公州に滞在、あるいは、敗戦後に熊津都督府が置かれた公州に留まることがあり、帰還できた後に田来津や依知秦氏の一族を弔うために、もしくは赴く前に寺院造営を誓願し、無事帰還しえたことから寺院造営を行うことになり、公州地域の大通寺、西穴寺、南穴寺に葺かれた軒瓦の瓦当を持ち帰った可能性が少なくないものと推測する。

愛智郡の渡来系氏族寺院

七世紀の第4四半期に愛智郡では、軽野塔ノ塚廃寺、目加田廃寺、小八木廃寺、妙園寺廃寺、野々目廃寺の五寺院、さらに少し遅れて畑田廃寺が造営されたことが想定される。これらの寺院のうち、小八木廃寺と妙園寺廃寺はごく近接し、軒瓦も同笵のものが出土することから同一寺院とみなす見解もある。しかし、二つの寺院はほぼ二町の寺域を占めうる空間を隔てているので、いずれも別の寺院に想定してよい。

また、畑田廃寺からは「秦」と記した木簡のほかに、「僧寺」と記した墨書土器が出土している[17]。これまで地方寺院では、国分寺、国分尼寺のほかには、僧寺と尼寺を区別しえた例は乏しいが、畑田廃寺は細弁十六葉蓮華文で圏線で画された中房に1＋6＋10の蓮子を配し、外区内縁に珠文、半球状の外区外縁に線鋸歯文をつけた軒丸瓦を創建瓦とし、湖東式軒瓦を主体としていないことからみて、依知秦氏一族が他の寺院に遅れて七世紀末、あるいは八世紀初頭に建立した僧寺の性格を有する寺院であったとみなされる。だとすると、大規模な群集墳である勝堂古墳群の近くに造営された畑田廃寺が周辺の他の寺院より遅れて造営された要因をどのように理解するかが課題になる。

これは、畑田廃寺の北一㎞に野々目廃寺があり、この寺院が七世紀第4四半期に建立されている。このことは、畑田廃寺との間に同笵軒瓦の出土が確認されていないが、その位置からすると、野々目廃寺が先行して造営された尼寺であった可能性がきわめて高いものと思われる。

さらに、前述した近接して造営された小八木廃寺と妙園寺廃寺の場合も、両寺院では同笵軒瓦が出土していることからみて、きわめて強い親縁性をもつ寺院で、一方が僧寺、他方が尼寺として造営された寺院とみなして相違ないものと思われる。

このことは、とりもなおさず、渡来系氏族の依知秦氏一族の中には、この地域で政治的に、また経済的にもすぐれ、僧寺、尼寺の二寺院を併せて造営しうる力量を有していたことを具体的に示しているものと推測される。

さらに、大橋信弥氏の研究によると、『日本書紀』に記された朴市秦造田来津の姓《かばね》は造《みやつこ》と記されており、『日本書紀』推古一一年（六〇三）一一月一日条に、山背に蜂岡寺を造営することになった秦造河勝《はたのみやつこかわかつ》も同一の造の姓を有し、愛智郡を本拠地とした依知秦氏と同族関係にあったものとみなされるという。[18] 山背の秦氏は、京都市の西北部にあたる嵯峨野《さがの》地域を開発し、六世紀には多くの群集墳が築造されている。この秦氏と同族関係をもつ依知秦氏が、愛知川右岸や宇曽川流域に入植した時期は、なお集落遺跡の調査が十分でないことから明らかでないが、現状の知見からすると、五世紀後半以降のことであったと推測される。これをより具体的に解明するには、勝堂《しょうどう》古墳群と金剛寺野古墳群をふくめこの地域の古墳群が成立した背景を集落遺跡とともに明らかにする必要がある。特に勝堂古墳群の成立では、この地域に設けられている灌漑施設の愛知井の成立時期との関連を明らかにすることが望まれることになる。

一方、この愛智郡の郷との関連では、『和名類聚抄』によると、愛智郡には平田、長野、大国、八木、蚊野《かの》、養父《やぶ》郷があったことが記されている。これらの各郷の郷域の想定は、足利健亮氏によって『類聚三代格』巻一二に所収する延暦一四年（七九五）閏七月一五日の官符に、毎郷に租税を収納するための正倉院を新たに設置すべきことを命じたことと、その二カ月後の九月一七日に少し柔軟性をもたせながら一カ所の正倉院を設けるようにした官符をもとに、小字の「蔵ノ町」「倉ノ町」を拠りどころにして復原を試みた優れた研究成果がある。[19]

いま、足利氏の研究をもとに、この地域の郷域と古代寺院との関連をみると、軽野塔ノ塚廃寺、小八木廃寺、妙園寺廃寺が蚊野郷、目加田廃寺が八木郷、野々目廃寺、畑田廃寺が大国郷、さらに彦根市屋中寺跡、下岡部廃寺が平田郷にふくまれる可能性がきわめて高い。

　これまで、この地域に造営された古代寺院と郷との関連では、古代寺院の所在位置と郷域との関連が検討されているが、前述した「倉ノ町」「蔵ノ町」によって想定される郷域と建立された古代寺院との関連をみると、いずれの郷域に古代寺院を建立しうるような有力氏族が存在したかを具体的に知る手掛かりとなる。愛智郡の場合では、前述したことからすると、養父郷と長野郷には、古代寺院の存在は求めにくいことになる。これは、養父郷の郷域では条里地割がほとんどみられないように、八世紀段階でも耕地の開発が不十分で、なお多くの未開発地を残していたものとみてよい。そして、それに先立つ七世紀後半では、愛知川中流域右岸では、段丘上での規模の大きな開発は遅れており、ここには依知秦氏の一族で寺院造営を行いうるような経済力を有する有力氏族が存在しなかったものと理解される。

　また、愛知川下流の長野郷の場合は、この地域の開発は七世紀後半段階には、この地域に設けられた灌漑用水の愛知井による灌漑範囲から外れた地域にあたり、長野遺跡の調査などからみると、六世紀から七世紀代には網状に流れる小河川の周辺に集落が点在し、この地域が大規模に開発されるのは八世紀まで下がり、さらに発展するのはこの郷域に東山道が設けられ、さらに条里制の耕地割りと新たな灌漑用水が設置された以後のことではないかと思われるのである。

註

①中川靖ほか『一般国道一六一号（西大津バイパス）建設に伴う穴太廃寺発掘調査報告』　滋賀県教育委員会　二〇〇〇年三月
②岸本直文「七世紀北山背岩倉の瓦生産」（『岩倉古窯跡群』　京都大学考古学研究会　真陽社　一九九二年九月）
③山崎信二「後期古墳と飛鳥白鳳寺院」（『文化財論叢』　一九八三年一二月）
④水野正好「滋賀郡所在の漢人系帰化氏族とその墓制」（『滋賀県文化財調査報告書』四冊　一九六九年三月）
⑤小笠原好彦「朝鮮系古代集落の世界」（『歴史評論』　第五七九号二〇〇一年一月）
⑥大橋信弥『古代豪族と渡来人』　吉川弘文館　二〇〇四年一一月
⑦山崎信二前掲註③と同じ
⑧山崎信二前掲註③と同じ
⑨浜田耕作・梅原末治「新羅古瓦の研究」（『京都帝国大学文学部考古学研究報告』第一三冊　一九三四年六月）

⑩石田茂作「軍守里廃寺」（『昭和一一年度古蹟調査報告』　朝鮮古蹟研究会　一九三六年六月）
⑪軽部慈恩「公州出土の百済系古瓦に就いて」（『考古学雑誌』第二二巻第九号　一九三一年九月）
⑫藤川清文ほか「秦荘町上蚊野古墳群」（『ほ場整備関係遺跡発掘調査報告書』Ｖ　滋賀県教育委員会・滋賀県文化財保護協会　一九七八年三月）
⑬中谷雅治「階段状石積みのある横穴式石室について―滋賀県三ツ山古墳群を中心として―」（『水と土の考古学』　一九七三年一二月）
⑭近藤滋・松沢修「愛知郡愛知川町畑田廃寺」（『ほ場整備関係発掘調査報告書』Ⅵ―4　滋賀県教育委員会・滋賀県文化財保護協会　一九七九年三月）
⑮小笠原好彦「湖東式軒丸瓦の成立年代と系譜」（『近江の歴史と考古』西田弘先生米寿記念論集刊行会　二〇〇一年一二月）
⑯直木孝次郎「百済滅亡後の国際関係―とくに郭務悰の来日をめぐって」（『朝鮮学報』第一四七号　一九九三年三月）
⑰近藤滋・松沢修前掲註⑭と同じ
⑱大橋信弥前掲註⑤と同じ
⑲足利健亮『日本古代地理研究』　大明堂　一九八五年一一月

第二章

史料からみた渡来人

古代史からみた渡来人
—令制前の渡来人をめぐって—

田中史生

はじめに —「渡来」の語について—

『古事記』応神段が秦造・漢直らの祖の「参渡来」を伝え、『播磨国風土記』揖保郡条が呉勝・天日槍らの「従㆓韓国㆒度来」を伝えるように、人の移動の様態を示す語としての「渡来」の使用は古代にまで遡る。しかも、例えば『播磨国風土記』が讃岐国宇達郡から播磨国揖保郡飯盛山への神の移動を「渡来」と表現するように、讃岐から播磨への移動を「渡来」と呼んでも、語義上は何ら支障がないものなのである。

　ところが現在、一般に「渡来人」というと、日本史において古代に朝鮮半島・中国大陸から日本列島へ移動・移住した人々のことを指している。地理的・物理的移動者を意味するにすぎない「渡来人」の語句が、このように古代の列島への移動者・移住者を指す語として定着したのは、周知のように、研究史上は「渡来人」が「帰化人」という用語への批判とかかわり使用されるようになったという経緯を持つからである。後述するように、中国の中華思想に起源する「帰化」の語には、明らかに天皇を中心とした国家体制、政治思想の意が込められている。ここから、古代に朝鮮半島・中国大陸からの来住者を「帰化人」と総称することに対し、大別二つの批判が加えられることとなった。一つは、古代史研究における「帰化人」の汎用は、「帰化」の史的特質や「帰化人」を区別・認識する政治的主体・体制の成立とその歴史性を不問にしているとの批判であり、もう一つは、古代の「帰化人」が近代日本の中国・朝鮮に対する侵略・支配の正当化に利用された、あるいは近代の民族差別に貢献しているとの批判である。これらを踏まえて、今では、「帰化人」の語が古代国家成立とかかわる歴史用語として限定的に用いられる一方、「渡来人」の語は、列島への移動者の様態をより客観的に捉えた用語として広く用いられるようになった。要するに、「渡来人」の語の採用によって「帰化人」は相対化されていったのである。こうして「渡来人」は、「倭」「日本」という史的空間をより広域的な視野から相対的に把握する、有効な分析対象の一つとして、古代史研究のなかでも重要な位置を得ることとなった。讃岐から播磨への移動者を「渡来人」と呼んでも構わないのだが、それがみえないのは、渡来人研究の論点・関心がただそこに置かれていなかったためである。

ただしここで留意すべきは、研究書や教科書が説明を加える渡来人の具体像が、列島への移動者というよりも、移住者・定住者としての側面を強調している点である。例えば高校の日本史の教科書を開けば、渡来人は大体において中国大陸や朝鮮半島から「移住」「来住」した者と説明されている。日本列島で生れたその後裔までも渡来人に含めることすらある。考古学も、渡来人の定着を資料からどのように検出すべきかをめぐって、議論が活発化している。今や、列島への移住・定着を前提とした渡来人像は、文献史学・考古学双方が共有しているといってもよいであろう。したがって、本来は移動を意味するはずの「渡来」の語に定住の意を含み見ようとするこうした研究状況を、批判する研究者も少なくない。しかも、渡来人を移住者・定住者とした場合、おそらくそれが抱える問題は語義上の矛盾にとどまらない。すなわち、我々がこれまで移住者・定住者とみてきた渡来人が、本当に列島への定着を本質とする移動者だったかどうか自体が十分検証されてはいないのである。特に、令制前の人民移動は、僅かに遺された史料から拾ってみても実に多様で複雑である。本稿では、文献史学の立場から、令制前を中心に国際的な人民移動の形態をあらためて確認し、古代史研究のなかで渡来人をどう捉えるべきかについて若干の私見を述べてみたいと思う。

「渡来人」と「帰化人」

まず最初に、古代史料が描く、「倭」「日本」への国際的な人民移動の契機の主なものを、以下に整理することとしよう。

（イ）自らの意志による（「帰化」「来帰」「化来」「投化」）

（ロ）漂流による（「漂蕩」「漂泊」「漂着」「流来」）

（ハ）外交使節として（「蕃客」「来朝」「朝貢」）
（ニ）人質として（「質」）
（ホ）贈与による（「貢」「与」「献」「上送」）
（ヘ）略奪による（「俘人」「捕」「虜掠」）
（ト）交易者として（「商人」「商客」「商賈之輩」）

このうち、渡来人を列島への移住者・定住者の意と解すならば、実際の来航事例のうち、おそらく往来を前提とする（ハ）の外国使節、送還される（ロ）の漂着者、交易を目的とする（ト）の国際商人などがそこからただちに除かれる。しかし、古代の国際的な人民移動は、こうした区分で整理できるほど単純ではない。後述するように、七世紀以前には、技術・文化・知識を持って来航し、一定期間倭王権に仕えた後帰国する者、あるいは複数の王権と多重に結合し、その居地を移動させる者があった。『日本書紀』（以下『書紀』と略す）に「帰化」と記録された人のなかにも、実際は帰国を前提とした滞在者が含まれていた。

そもそも（イ）～（ト）のうち、列島への定着が必ず受け入れの絶対条件とされた移動者は、厳密には律令法のなかの「帰化」の場合ぐらいであろう。中国の中華思想に起源する「帰化」は、君王の支配の外側にありながら、その王の高い人徳に感化された周辺諸民族が、王を慕い自ら帰服を願い出る場合を指す語である。王の直接支配が及ぶ範囲を「化内」、その外側を「化外」に区分し、中華の聖王は、「化外人」の「帰化」申請を哀れみをもって受け入れ、彼らを「化内」の民に編入するとされていた。この「帰化」は、古代日本でも唐の強い影響のもとに成立した律令法でその取り扱いが規定されている。それによると、「帰化人」渡来の際、以下のような手続きがとられることになっていた。

「化外人」が到来し、来着地の国郡へ「帰化」を申請した場合、それを受けた国郡は彼らに衣食を保証するとともに、直ちに「帰化人」到来を中央へ報告しなければならない（戸令没落外蕃条）。その後、彼らには定住すべき地が示され、その地で戸籍に附されるとともに（戸令没落外蕃条）、口分田も支給される。「化内」での新生活の不安定さを考慮し、一〇年間の課役免除も行われた（賦役令没落外蕃条）。

ただし、八世紀の大宝令・養老令制下では、七七四年（宝亀五）に漂流民を「帰化」と区別し「流来」とするまで、漂流民すら「帰化」とみなしていたらしい（山内晋次二〇〇三a）。しかし、渡来の実際が漂流によるものであったとしても、右の手続きを経て「帰化人」として戸籍につけられると、律令法上は天皇の民として、彼らにも他の「華夏百姓」同様、勝手に日本を出る、あるいは故国に帰ることが許されない。すなわち、実際の渡来理由はどうであれ、渡来人が「帰化人」として受け入れられるということは、「化内」への定着を前提に、天皇を中心とした律令国家による一元的支配体制の中にその身が組み込まれることを意味していた。渡来人を定着を前提とした移動者とみるならば、律令法の想定する「帰化人」は、確かにそのなかの一類型であるということができる。

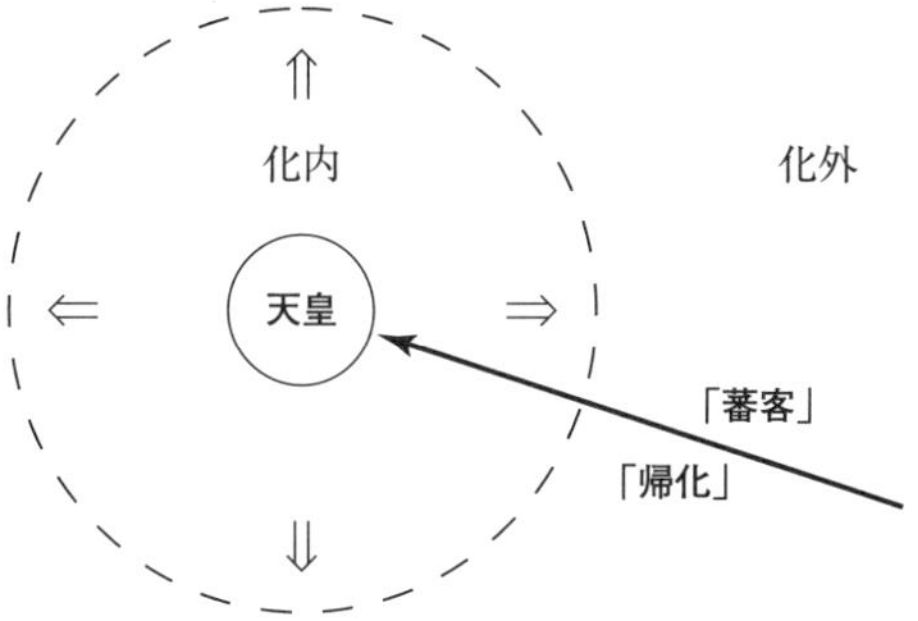

図1　8世紀の中華的世界観

　しかし、上記のような意味での「帰化」の語の使用の確実な史料は、列島では七世紀後半の天武期までしか遡れない（田中史生一九九七）。それどころか、『書紀』推古二〇年（六一二）是歳条は、百済より「化来《おのづからにまうく》る者」の受け入れを、身体の異形を理由に倭王権が拒否しようとしたことすら伝えている。この時、「化来者」自身が特別な技芸を持っていると必死に訴えたことで、倭国はその決定を覆すことにした。ここで「オノズカラニマウク」、すなわち自らの意志で移動してきた人が、王権に受け入れられたのは、『書紀』の「化来」の語に示唆される中華的論理によるものではなく、実際は彼の持つ技能のゆえであった。

　この倭国と日本律令国家との渡来人受容のありかたの相違は、七〇一年施行の大宝令と七五七年施行の養老令の相違からも垣間見える。すなわち、『令集解』戸令没落外蕃条古記によれば、大宝令の同条には「帰化」来着の場合、唐令に無い「若し才技有らば、奏聞して勅を聴け」という一文が敢えて付加されていた。しかし、これは次の養老令で削除される。中華帝国において「帰化人」の受け入れの可否は、あくまで中華皇帝（天皇）の徳の問題である。「帰化人」が保有する技術・技芸が問題なのではない。中華帝国を標榜する日本律令国家においてもその削除は当然のことであったろう。唐令にない大宝令のこの一文は、右の推古紀の百済渡来の技術者の受け入れ理由とも重なり、中華的な「帰化人」受容の様態とは異なる、令制前の渡来人受容の残存とみなしうる。

以上のように、令制前の渡来人は令制「帰化人」とは全く異なる論理で受け入れられていた。そこで、『書紀』の渡来人伝承などから「帰化人」の虚像を取り除いていくと、実は渡来系氏族の祖がいかなる意図で渡来したのかも、どこで一生を終えたかも、結局史料にはその実態を伝えるものがほとんどないことに気づく。ここに、渡来人を移住者・定住者として総括しようとする意図や根拠があらためて問われることになるのである。

贈与・略奪される渡来人

「帰化人」「渡来人」の語句をめぐる問題について以上を確認したうえで、以下では「帰化人」以前、すなわち倭国の時代の国際的な移動者の受け入れ実態について、考察してみたいと思う。この場合、先に示した（イ）〜（ト）の移動者のうち、（ニ）〜（へ）の移動者がまずは注目されるだろう。これらは八世紀以後に継承されないから、七世紀以前の特徴として理解することが可能だからである。以下、この点をさらに検証してみたいと思う。

「質」と外交　（ニ）の「質」は、王の身代わりとして先進文物や専門知識集団を伴い来倭し、それらを贈与することで倭の軍事援助や修好などを引き出す外交活動を行っていた。例えば、百済から倭へ派遣される「質」は先進文物や五経博士などの専門知識集団もともない、その代償として軍事援助や修好を求める外交目的を持っていた（羅幸柱一九九六）。この贈与される五経博士などの技術者集団が、（ホ）の移動形態に含まれる人々である。新羅の「質」もやはり珍宝や「才伎《てひと》」と呼ばれる専門知識集団をともなっており（『書紀』大化三年是歳条、同五年是歳条、斉明元年是歳条）、百済からの「質」と同様の性格が窺われる。ここでは、先に示した（ニ）「人質として」が（ハ）「外交使節として」と重なるとともに、（ホ）「贈与による」とも関連する。

こうして一般の外交使節と異なり長期の滞在を余儀な

表1　百済の「質」

百済王 / 質	392 阿莘王　405 腆支王	455 蓋鹵王　475 477 文周王	501 武寧王　523 聖王　554 威徳王　598	600 武王　641 義慈王　660
直　支	397－405			
軍　君		461－…？		
麻　那			504－505	
斯　我			505－？	
宣文・寄麻			547－548	
三貴・物部烏			554－？	
恵			555－556	
武　子				？－？
長　福				？－643
豊　璋				643－661
『書紀』該当年	応 神 8	雄 略興 5 1	武　継安宣欽 烈　体閑化明 6 7　8 9 15 16 17	皇孝斉 極徳明 2　7

※1　「質」となった人物・年次などは、羅幸柱「古代朝・日関係における「質」の意味」（『史観』134、1996年）に従った。

表2　新羅の「質」

新羅王 / 質	402 實聖尼師今　417 訥祇麻立干	647 真徳王　654 太宗武烈王
未 斯 欣	402－418	
金 春 秋		647－
金 多 遂		649－
彌　武		655－死
『書紀』該当年		大　斉 化　明 元 5　元

くされた彼らの帰国は、多くの場合、派遣を命じた自国の王が死去すると訪れている（表1・2参照）。例えば、『書紀』応神八年条や『三国史記』百済本紀阿莘王六年（三九七）五月条に百済から倭へ送られた「質」として名を残す王子直支（腆支）は、四〇五年に彼を派遣した王が亡くなると、すぐ帰国して自らが王位に就く（『三国史記』百済本紀腆支王条）。四六一年に百済蓋鹵王の命で倭国と「兄王の好を修める」目的で来倭した王弟の軍君（昆支君）も、四七五年の高句麗との戦闘による兄蓋鹵王の死亡、四七七年の文周王の即位という経緯のなかで帰国を果たした（山尾幸久一九八九）。皇極二年（六四三）に父義慈王の命を受けて「質」として来航した百済国王子豊璋も、六六〇年に本国百済が滅亡し、義慈王が唐へ連行されると、百済遺臣と倭軍の支えによって「百済王」として帰郷を果たす。

新羅でも、『三国史記』新羅本紀に、四〇二年に新羅王の即位とともに「倭国と好を通じる」目的で「質」となった未斯欣が（實聖尼師今元年三月条）、新羅王の交替直後の四一八年に倭国から逃げ帰ってきたことを伝えている（訥祇麻立干二年条）。『三国史記』にしたがうならば、それだけではなく、四一二年に高句麗へ「質」として送られていた奈勿王の子の卜好もこの時帰国したという。『書紀』大化五年（六四九）是歳条に新羅の「質」としてみえる金多遂も、斉明元年是歳（六五五）条で彌武とその立場を交替したとみられ、その前年には新羅真徳王の死去を受けた武烈王の即位があった。

ところで、新羅の高句麗への「質」派遣については、新羅王の交替だけでなく高句麗王の交替の影響も受けていたことがすでに指摘されている（木村誠二〇〇四）。すなわち、『三国史記』によれば、高句麗広開土王が即位した三九二年、新羅の実聖は「質」として高句麗へ向かい、九年間の滞在を耐えて、四〇一年七月に帰国を果たす。しかも、翌年二月には実聖を派遣した新羅王奈勿尼師今が死去し、実聖自身が新羅王として即位する。彼の帰国は、おそらく新羅王の死去・交替を予見しその後を睨んだ高句麗の、新羅王位への関与だったのであろう。すなわち、新羅の実聖は、高句麗王の交替と同時に高句麗の「質」となり、新羅王の交替を前提に本国に帰国したとみなされる。さらにその後、広開土王が死去した四一二年、今度は新羅王子の卜好が高句麗の「質」となった。その卜好の帰国が新羅王の交替時であったことは既述のとおりである。

同様に、滞倭した「質」にも、本国の王の交替だけでなく、倭王交替の影響が見出しうるものがある。例えば先の百済軍君の来倭は四六一年とみられるが、『宋書』によれば倭王済の宋への遣使の最後が四六〇年、次の倭王興の宋への遣使の最初が四六二年なので、四六一年とはまさに倭王交替の時期にあたっている。軍君の渡来は興の即位と関係していたとみるべきであろう。『書紀』垂仁二年是歳条分注が伝える意富加羅国王子阿羅斯等の「帰化」伝承も、全てを律令国家の「帰化」認識による捏造史料とすることはできず（田中史生一九九七年）、王子という地位と、『書紀』が五年もの長期にわたって滞倭した「任那国」使者に関する注としてこの物語を採用した事実を勘案するならば、その原型は「質」の伝承にあったとすべきである。そしてこの阿羅斯等もまた、崇神天皇のもとに仕えるべき渡来人として描かれ、崇神の死を受け帰国を希望し、次王垂仁によってそれが許された。倭国に加耶諸国から「質」が派遣されたことを直接示す史料は無いが、加耶諸国が「質」による外交を展開していたことは、『三国史記』新羅本紀奈解尼師今一七年（二一二）三月条にみえる。そういえば、百済の「質」達率長福が豊璋と交替したのも皇極二年（六四三）と皇極即位後まもなくであった。

以上のことから、贈与という外交カードを携えて修好使・請兵使として活動した「質」が、派遣国の王の交替だけでなく、受け入れ国の王の交替の影響も受けやすい立場にあったことは間違いなかろう。この事実は、「質」を介した贈与関係が、まずは王と王の関係として機能していたことを示すものといえる。

倭臣と外交　ただし、倭国の時代の外交上の贈与関係は王と王の間でのみ形成されたわけではない。王権外交では、実務レヴェル、あるいは外交政策の決定過程において、王のもとに集まる支配者達がこれに様々に関与し、王をサポートしていた。したがって、外交上の贈与・互酬の関係もまた、王だけでなく臣にまで及ぶことが度々であった。すなわち、六世紀前半の百済による朝鮮半島南西部支配に関し、継体紀六年（五一二）一二月条は、倭王に百済の「任那四県」支配を認めるよう訴えた大連の大伴金村らへ、百済から「賂《まいない》」が渡されていたという流言のあったことを付記している。また、継体紀二一年（五二七）六月甲午条の磐井の乱でも、磐井に新羅から「貨賂《まいない》」がわたされていたとする。さらに、推古紀三一年（六二三）一一月条によれば、新羅への対応をめぐり王権を二分する議論が巻き起こっている最中、新羅からの「幣物《まいない》」を受けた境部臣・阿曇連が、大臣蘇我馬子をそそのかし、倭国の対新羅戦略は混乱に陥った。これらはいずれも他王権から倭の臣への密かな贈与が、倭王権の外交政策自体を左右したとすることで共通する。大王周辺で活躍し、王権外交に影響力のある臣も、贈与を介して朝鮮諸王権と個別に人格的な社会関係を形成していたことが窺われる。

このように贈与外交に倭臣が深くかかわっていた事実は、朝鮮諸王権が物品の贈与だけでなく人の贈与を通しても、倭王周辺の特定人物から外交上の見返りを引き出そうとしていたことを予見させる。そして、それは実際に行われていた。

例えば、神功皇后摂政紀六二年条が引く『百済記』は「壬午年」に倭国から新羅を討つために派遣された沙至比跪（葛城襲津彦）が、新羅から美女二人を受けて逆に加羅国を討ち、加羅国が百済に救援を求める事態が起こったと伝えている。「壬午年」とは四四二年にあたるとみられ、これは加耶南部との関係を軸に先進文化を移入してきた葛城の首長層が、当時の加耶南部と新羅との密接な関係に引きずられ、新羅と贈与関係を結んで大加耶を攻撃し、百済との対立を引き起こしてしまった事件を伝えたものと考えられる（田中史生二〇〇四）。

下って六・七世紀に百済から贈られた五経博士や僧にも、中国南朝に由来する彼らとその技能を百済と倭が共通して支配者層の「家」に分有することで、両国「家」の連帯を長期的に保証する理念があったらしい（新川登亀男一九九四）。高句麗渡来の僧にも、この百済渡来の五経博士や僧と類似の役割が求められていたらしく、例えば、『書紀』推古三年（五九五）五月丁卯条で「帰化」が伝えられる高句麗僧慧慈には、倭王権の中枢にある厩戸皇子の師となり、厩戸が積極的に関与した倭の対隋外交に高句麗の戦略的意図を反映させる役割があったとみられている（李成市一九九八）。彼は二〇年もの滞倭活動で厩戸との強い人格的な絆を築き上げた後、帰国を果たしたが、しばらくして厩戸・慧慈が相次いで死去すると、その三年後、高句麗は再び僧恵灌を「貢」じ、倭はこれを僧正に任命した(『書紀』推古三三年正月戊寅条)。おそらく恵灌も、厩戸―慧慈のラインの次を狙う、高句麗の対倭戦略を担った高句麗僧であろう。

同じ頃創建された蘇我氏の「氏寺」とも称される法興寺(飛鳥寺)も、朝鮮諸王権と倭臣との贈与関係が表出した場の一つであった。すなわち、『扶桑略記』推古元年(五九三)正月条には、蘇我馬子がその刹柱を立てる儀式に百余人とともに百済服を着てのぞんだとあり、その背景には、『元興寺伽藍縁起並流記資財帳』や『書紀』崇峻元年(五八八)是歳条が記すように、百済による僧や造寺関連技術者の贈与がこの寺の建立を可能とさせていた事実を想起する必要がある。しかも、当時の法興寺には百済僧観勒ら高僧もあって、事実上、仏教を主導する王権の中核的施設としての様相を呈していた(加藤謙吉一九九九)。そして、暦・天文地理・遁甲方術の各書をもたらした観勒には陽胡史氏の祖玉陳、大友村主高聡、山背臣日立ら書生がつき、その技能を学びとり(『書紀』推古一〇年一〇月条)、厩戸の師となった先の高句麗僧慧慈もこの寺に住していた(『書紀』推古四年一一月条)。要するに、法興寺に集められた朝鮮諸王権からの贈与の成果は、倭の支配者層の間にさらに再分配されていたとみられる。おそらくこれは、当寺の造営を発願した蘇我氏の、王権内での存在意義を高めていたはずである。しかも、馬子が百済服を着した五九三年といえば、五八九年の隋による南北統合以来、東アジアの緊張が高まっていた時期でもあり、推古大王即位直後の馬子の「親百済」的行動は、外交上においても大きな意味を持っていたに違いない。

王権外交に集う倭臣が、その活動のなかで、朝鮮半島から人民を略奪したことを伝える史料もある。これは、前章で整理した国際的な人民移動の契機のうち、(へ)に該当するものである。例えば『書紀』神功皇后摂政紀五年条の「俘人」伝承は、強引に帰還した新羅の「質」の代償として、葛城襲津彦が新羅から技術者たちを略奪した話で、「質」を介した外交上の贈与関係の破綻が、葛城氏による技術者の強奪に発展した物語と理解できる(田中史生二〇〇二a)。王権外交に影響力を持つ葛城氏は、王と王の関係を前提とする「質」を介した贈与外交においても、その利益を享受する立場にあった。

雄略大王の命で朝鮮半島に渡った吉備上道采女大海も、その王権外交への参加を契機に本拠の吉備に「韓奴」を保持するようになったとみられるが（田中史生二〇〇二a）、戸令没落外蕃条集解古記に示されるように「蕃賊」は「虜掠」の場合「奴婢」として所有できるという一般的な慣行または法が古代日本にはあったから（石母田正・一九八九年）、「韓奴」も朝鮮半島から略奪された人々の可能性がある。後にこの「韓奴」を、大海は、彼女が世話を受けた大伴室屋に感謝の意を込めて贈与した。

以上のように、史料において、（ニ）～（へ）を契機とする移動者は、そのほとんどが王権外交と直接的・間接的な関連をもって登場する人々である。彼らは身体を媒体として列島に何かをもたらし、それが倭国を超える、あるいは倭国内の越境的・重層的な社会関係をつくる「財」として機能した。しかも、「帰化」と記される、すなわち（イ）による移動と伝えられる人々にも、実際は意富加羅国王子阿羅斯等や高句麗僧慧慈にみたように、王権外交と結びつき、その役割を終えて帰国する人々が少なからず含まれていた。列島社会が彼らに期待したのは、身体の定着というよりも、その身体を介して伝えられるものの方であったというべきであろう。

受容と定着

倭における渡来人受容が、身体そのものよりも、身体を介しもたらされるものへの強い関心として起こっていたことは、五世紀を中心とする列島の「技術革新の時代」の到来に、渡来人の果たした役割の大きさを注目する近年の考古学の成果からも窺われる。それらを参照しつつあらためて史料を読むならば、五世紀から六世紀の列島の渡来人受容の変遷について、筆者は概略以下のように整理することができると考えている。

高句麗南進にはじまる朝鮮半島情勢の緊迫化を受けて、四世紀後半から倭王権の外交活動が活発化すると、外交実務を担う首長層は、その場を利用して独自に渡来人を招来し家産に組み込むようになった。倭国の外交を主導する倭王は、厳しい国際情勢に積極的にかかわることで、渡来系技術・文化を国際社会から移入する機会を各地首長層に提供した。王権の求心力はおそらくここにあったとみられる。ところが、五世紀後半になると、王権は自らの外交ネットワークを最大限活用して渡来系技術者を直接編成し、生産物や知識を各地に分配する体制を強化しはじめる。その背景には、五世紀中葉以後の加耶を中心とした国際情勢の変化で、渡来系技術の導入・維持・刷新の基盤たる列島各地と朝鮮半島南部のネットワークが動揺したという事情があった。しかし、四七五年に倭王権と同盟関係にあった百済王権が高句麗の攻撃で後退・混乱し、四七九年には倭王に国際的な権威を与えてきた宋朝も滅亡してしまう。次いで、倭王権の外交の基軸であった加耶までが新羅に併呑され、五世紀末から六世紀初頭前後は、倭王権の渡来文化移入を支える国際環境自体が急速に減退する。おそらくこうした国際情勢とも関連し、倭国の「技術革新」は一段落し、渡来系技術のいくつかが列島に定着することとなった。これにより、積極的な外交とその成果の分配を求心力とした五世紀以来の王権構造は、とうとう機能不全に陥った。こうした矛盾を背負った倭王権は、六世紀に入ってようやく再生を果たした百済王権の支援も借りて、王権の分配する新技術・知識を地域が絶え間なく消費する五世紀的構造を改めていく。ミヤケを核として各地・王権の流通・生産拠点を広域的ネットワークに再編し、王権がこれらを援護・調停するセンター機能を果たす代わりに、その成果は一定量回収する新システムが築き上げられていったのである。また、政治的手段とかかわる重要な渡来知識は王権の独占物とし、再びその求心力を取り戻すことに成功した(田中史生二〇〇二a)。

以上の王権・地域による渡来人受容の変遷の根底には、渡来人がもたらす技能・知識への大きな期待が一貫して存在する。ただし、身体化された様態で渡来するこれら技能・知識は、それが倭へ定着する場合も、倭においてこれが絶えず身体化されることを必要としたはずである。技能者の再生産なくして、その定着はあり得ない。秦氏や漢氏のような令制以前の渡来系氏族の存在意義も、まさにこの点と深く関係していたといえるだろう。

秦氏・漢氏は、五世紀後半から六世紀にかけて登場したとされ、これは王権が有力首長層のもとにあった渡来系技術者や新たな渡来人を取り込み再編し拡充した、渡来系技術者集団の再生産組織といえる(田中史生二〇〇二a)。その再生産の方法を具体的に知る史料は乏しいが、東漢氏の坂上氏などは九世紀に到っても「家世《かせい》武を尚《たっと》び、鷹を調して馬を相る。子孫業を伝えて、相次いで絶えず」（『日本後紀』弘仁二年五月丙辰条）とされるように、氏族内の子弟教育によってその文化を維持していた。文字技術者の氏族組織である東西史部の子らが、令制下において大学入学に対して特別の恩典を与えられたのも（学令大学生条）、史部が維持してきた文化を律令国家が期待したからに他ならない（新川登亀男一九九九）。官立の大学が成立する以前、その子弟教育は史部内部によって果たされていたであろう。要するに、令制前の技能者の再生産組織は、血縁を紐帯とした社会関係に埋め込まれて機能する場合が少なくなかったのである。

渡来文化の定着が右のような形態で進む限り、渡来人には倭に根ざした婚姻関係・血縁関係の締結と子弟教育が求められる。したがってこれが、確かに、渡来人に倭への移住・定住を求める一面を持ったことは事実であろう。しかし、これもあくまで渡来の技能・知識が倭に定着する多様なパターンの一つであり、全てではない。それを血縁的紐帯とは別もの、例えば先の大学のような官立の教育機関が担うこともありえたからである。

その流れはすでに七世紀には明瞭にあらわれている。前述の渡来の百済僧観勒から暦・天文遁甲・方術をそれぞれ学ぶよう命じられた玉陳・大友村主高聡・山背臣日立（『書紀』推古一〇年一〇月条）、あるいは「帰化」の百済人味摩之から伎楽の舞を学ぶために集められた真野首弟子・新漢済文ら少年たち（『書紀』推古二〇年是歳条）のように、氏族内部の伝習形態とは異なる次元で、技能・知識の定着を目指す動きが活発化するからである。これが、観勒や味摩之の定住を必ずしも求めるものでないことは明らかであろう。実際、観勒は渡来後も百済王のことを「我が王」と呼び（『書紀』推古三二年四月戊申条）、百済王権への従属を続けていたことが知られる。

七世紀以後では遣隋使・遣唐使の登場も注視されるだろう。五、六世紀頃、百済を介して中国南朝と日本列島との間に間接的に開かれた漢文書籍を媒介とする「ブックロード」は、遣隋使派遣で直接ルートに切り替わり、これが書籍の流通を加速させ、結果として奈良文化の開花につながった（王勇二〇〇一）。これに次ぐ遣唐使も、知的所有権を独占し政府運営の情報源とする王権戦略のなかで、留学生の派遣以上に漢籍移入を重要任務としたという（シャルロッテ・フォン・ヴェアシュア二〇〇一)。渡来文化は輸入漢籍を介しても列島内で身体化され、各専門家がこれによって養成・再生産されるようになっていった。七世紀以後の倭・日本は、朝鮮諸王権による渡来人を介した贈与に絶えず依拠する構造、言い換えれば渡来人の身体を介して朝鮮諸王権の意志が絶えず介入する王権構造から離脱しようとしていた。

以上のように、令制前の渡来人移住・定住の多くは、倭における渡来文化の受容—定着を本質として起こっている。しかも、文化・技術移入を目的に渡来人に定住を求める環境は、七世紀以後急速に薄まりつつあった。渡来系の知識・技能を支えに導入・発展した官僚機構が、逆に渡来系氏族の特性を失わせるといった一般的な見方もこの問題と関連する。にもかかわらず、その後の律令国家は中華的論理によって「帰化人」の定着を強く求めた。令制「帰化人」が、論理的にも構造的にも令制前に移住・定着した渡来人の様態・歴史とは全く異なる地平に築かれたものであることは、この点からも明らかであろう。

東アジアの多元性・重層性

七世紀以前の渡来人が列島に移住・定着する場合の主要因を、渡来系氏族形成の問題、すなわち、血縁的紐帯に埋め込まれた技能者の再生産の問題として捉えるならば、移住者・定住者としての渡来人の史的意義は、倭国の時代では、その子孫たる渡来系氏族の存在と活躍にこそあらわれると考えることもできよう。実際、渡来人研究は、氏族研究として発展してきた側面も持つ。ただし、令制前の渡来人の移住・定住に関してさらに留意せねばならないのは、列島で婚姻関係・血縁関係を結び、渡来系氏族の実質的な祖となった渡来人であっても、それが列島に定住した人物とは限らないことである。

そのことを史料では河内直氏の例が具体的に示してくれる。六世紀の半ば頃、安羅の「日本府」では、その実務を実質的に担ったとされる河内直・阿賢移那斯・佐魯麻都らが、新羅王権との接近を強め、倭・百済両王権に警戒されていた。「日本府」とは『書紀』編纂段階の表記で、実際は「在安羅諸倭臣」といわれ、倭王権からの派遣官のことを指していたとみる説が有力である。このうち、河内直は倭王権から派遣された「倭臣」とみられ、他の二人は現地在住のスタッフである。彼ら三人の系譜は『書紀』欽明五年（五四四）二月条が引く『百済本紀』などに詳しく、そこから三人はいずれも祖父が任那左魯那奇他甲背、父は加猟直岐甲背鷹奇岐彌と共通の出自を持つ者達であったと推定されている。左魯麻都は「韓腹」とされていて、母が韓人であった。その祖父・父の複雑な称号の解釈とともに、彼らの出自の詳細についてはなお見解が分かれるが、まずは、祖父の任那左魯那奇他甲背を百済に臣従した加耶の首長、父の加猟直岐甲背鷹奇岐彌を百済と倭に従属した加耶の首長とみて、父が一時河内に滞在していた時にもうけたのが河内直、加耶に戻ってもうけたのが移那斯と麻都とするのが妥当であろう（鈴木英夫一九九六）。その後、河内直は倭王権の「倭臣」として加耶に派遣されたと推察される。

こうした越境的・多元的な婚姻関係・血縁関係・政治関係の様態も、六世紀ならば決して特異な例ではない。同様の例を史料に探すならば、それは朝鮮半島に渡来した倭人にも広く見出せるからである。例えば、倭・百済関係の緊密化のなかで六世紀は「倭系百済官人」と呼びうる人々が外交・軍事で活発に活動していた。彼らは紀・物部・吉備・斯那奴などの諸姓を冠し、五世紀以来朝鮮半島から頻繁に渡来人を呼び込んだ地域を出身としていたことが判明する（田中史生二〇〇二a）。その多くは、倭王権の外交活動のなかで朝鮮半島に渡った倭人が現地の女性との間にもうけた子孫たちであった（田中史生一九九七）。加猟直岐甲背鷹奇岐彌がそうであったように、倭から半島へ渡来した人々の中にも、そこで子をなしながら、任務を終えて帰郷した者が少なくなかったであろう。火葦北国造を父に持つ百済の日羅も、おそらくは父が大伴金村の命を受けて朝鮮半島に渡ったときに現地の女性との間にもうけた子で、百済官人でありながら父との関係を引き継ぎ倭王権に取り込まれ、その矛盾のなかで倭国へ渡り、百済側の手にかかり殺害される。その墓は、難波に置かれた後、父の本拠地葦北に移された（『書紀』敏達一二年是歳条）。こうした経緯を持つ古墳が、今、考古学的に調査されたとしても、文字資料でもない限りその系譜を的確に指摘するのは難しいだろう。

以上のように、当該期の活発な国際関係においては、婚姻関係・血縁関係・政治関係が「国境」を超えて多元的・重層的に展開し得た。倭国の時代の渡来人に一国史的空間を持ち込んで、「外」からの定住者の姿を追い求めることが現実的でないのはもはや明らかであろう。これは例え考古学的に渡来系の文物・遺構を伴う生活痕跡や埋葬痕跡を示す資料が濃厚に検出できたとしてもである。その資料解釈の難しさは、近年の韓国全南地方の前方後円墳をめぐる諸説にもあらわれているように思う。

すなわち、現在、韓国の栄山江流域やその周辺には五世紀末から六世紀前半の前方後円墳とされているものが一三基ほど確認されているが、これをもって当地に渡来した倭人の墓と即断するのは容易ではない。これら遺構・遺物には北部九州の影響だけでなく、百済・加耶・在地の影響などが指摘されており、被葬者像も主に倭人説・百済官僚説・在地首長説と分かれている（吉井秀夫二〇〇二）。ここでは、朝鮮半島南端部では東側にも倭人渡来が多かったのに、なぜ西側にだけ、しかも短期間のものとしてこうした考古資料があらわれるかが問われることになる。遺物や遺構の系譜が示す傾向性を、そのまま民族帰属の問題に還元するだけでは不十分で、なぜそれがここだけに、しかもこの時期に表出したかが当該期の歴史的背景から説明されなければならない。しかも、先の検討からも、実際の考古資料からも、その出自あるいは政治関係が多元的であった可能性が否定できない。

身体の定着を前提とした王権帰属の一元化を目指す「帰化」登場までの道筋は、おそらくこうした東アジアの多元性・重層性が生み出す矛盾の克服とも密接であったと思われる。例えば、前述の大王周辺で王権外交に関与する人々と朝鮮諸王権との間に結ばれる贈与関係の個別性を警戒し、六世紀後半から七世紀前半の倭王権は、大王のもと中央支配者層が共同でその関係を確認する新たな外交形態を採用する。さらに七世紀末の天武期からは、王権を超えた贈与関係が天皇や皇后・太子に集約され、大臣・群卿らへの表立った贈与がその姿を消す。律令国家成立のプロセスのなかでは、王権を相対化しかねない東アジアの多元性・重層性も、大王・天皇を中心とした世界のなかに押さえ込まれつつあった（田中史生二〇〇二b）。この天武の時代に、律令法を意識した「帰化人」もはじめて登場する。それは律令法の本格導入を模索した当該期の王権が、百済・高句麗滅亡という激変のなかで渡来した大量の人々への現実的対応として、法の全面施行を待たずにそれを先駆的に適用したものである。そしてとうとう日本の律令国家では、「化内」「化外」の枠組みと、籍帳類による個別人身支配によって、人民の王権帰属の一元化が目指され、東アジアの多元性・重層性は否定された（田中史生一九九七）。その過程で、最初にみた（ニ）～（へ）を契機とする列島への移動者も見られなくなったと考えられる。ところが九世紀以後の（ト）の移動者の増加を受けて、再びこれらが変質していく。例えば、平安時代になると国際商人のなかに「帰化」「朝貢」を称して日本政府に安置と交易許可を求める例がみられるようになるが（山内晋次二〇〇三b）、このような「帰化人」はそもそも律令法の想定するところではなかった。すなわち、渡来人研究が今後も倭への定着を前提とした列島外からの移動者だけをその主対象とするならば、議論の主発点となった「帰化」の歴史性や史的意義すら見えにくいものとなってしまうように思うのである。

おわりに ―渡来人研究の行方―

律令法では「蕃客」と「帰化」の区分、言い換えれば外交使節か移住者かの区分が明瞭である。しかし、倭への人民移動に「帰化」の存在は疑われるし、そもそも様々な契機・背景の錯綜のなかで移動・活躍する彼らに、外交使節か移住者かといった区分を設けること自体難しい。にもかかわらず、渡来人研究が移住・定住した移動者だけを敢えて切り取り注視し続ける理由はどこにあるのだろうか。

ここで研究史を簡単に振り返るならば、戦前の「帰化人」に関する研究・論調は、古代に活躍した「帰化人」の血統・文化を日本が同化・吸収したことを強調し、概して大日本帝国の朝鮮支配などを正当化する傾向にあった。その反省の上に立って始められた戦後の「帰化人」研究は、実証研究を通して「帰化人」の歴史的意義を問い直そうとするものであった。これが一九七〇年代に入ると、特に戦前の歴史観や民族差別をめぐる問題と結びつき、研究書・教科書上における「帰化人」の語の使用に対する厳しい批判となっていく。

ところが、この分野の戦後の研究者としては先駆け的存在であった関晃は、「帰化人」の「渡来人」への書き換えに批判的であった。関は吉川弘文館『国史大辞典』の「帰化人」の項で、「渡来人」なる「新語」は「日本に住みついて日本人の一部になった者という意味がふくまれなくなるので、あまり適切な語とはいえない」と述べている。関は、「帰化人」を血統・政治・経済・文化の面から現代「日本人」の「祖」として位置づけていたからである。関とは逆に「帰化人」の語の使用を痛烈に批判し、「渡来人」の語を強く支持して学界への影響力を持った金達寿も、その視点・目的は関に似る。そもそも金の不信は、「帰化人」の語の背後にある「日本」の無前提な実体化に向けられていた。金は、七世紀以前の古代史には民族も国家もなく、渡来人の列島移住によって広がる同一人種の朝日関係史だけが存在すると考えていた。そこには、七世紀以前の列島の住人の大多数を朝鮮半島からの移住者とみる金氏の基本理解がある。ここでも、現代「日本人」を歴史的に構成する「祖」としての渡来人が注目された。「渡来人」の語もまた、本来は「日本」「日本人」の歴史性を問うものとして世に提示されたものだったのである（田中史生二〇〇二c）。

確かに「帰化人」論・「渡来人」論には、現代「日本」の史的前提を文化・政治・血統の面から東アジアに押し広げ、「日本」民族の史的固有性を主張する「日本主義」をその客観的「事実」から鋭く批判する力があった。そして今も研究対象としての「渡来」の領域には、人、文化、血統など様々なものが混在し、それが「渡来人」という用語に収斂されて議論されている。しかし、これが一方で「渡来人」とは何かという問題を複雑にしているようにも思える。考古学の議論を引くまでもなく、渡来文化を身にまとった者＝渡来人というわけではない。本来、渡来人の問題と渡来文化の問題は区別すべきものなのである。渡来人の血統をアイデンティティに掲げる渡来系氏族も、その本質が血統にあるわけでないことは、「祖」が政治的・社会的環境のなかで如何様にでも変えられている状況をみれば明らかであろう。「渡来系」という場合の歴史性・社会性を問わないまま、渡来系氏族を渡来人に含めるのも問題である。例えば、渡来人の移住・定住がほとんどない平安時代初期に血統的民族観を持ち出して日本の中華世界を維持しようとした『新撰姓氏録』を使い、現代の我々が当時の畿内の支配者層の三〇％は渡来人で構成されていたということが、いかに安易なことであるかは言うまでもなかろう。しかも、最近は、現代につながる血統的な「祖」を古代史に探し、そこから歴史空間の再構築を試みる議論自体、歴史学として有効な方法たりうるかどうかが検証されるべき段階にある。

したがって、筆者は、渡来人、渡来文化、渡来系氏族の問題は、いずれも「渡来」という広い問題領域を共有しながらも、それぞれは区別して分析・把握していく方がよいと考える。それが認められるとするならば、移動という事実に着目して生み出された「渡来人」の語を、移住・定着が求められた「帰化人」の様態で再び縛る必然性は、あまりないであろう。おそらく現状は、渡来人の問題と渡来文化の問題がほとんど区別されずに議論されている。渡来人そのものの分析から、「日本」「日本人」の境界の歴史性を問うこれまでの帰化人・渡来人研究の視点をより深化させようとするならば、むしろ、朝鮮諸王権・倭王権の錯綜する交流関係のなかにあって、一カ所に定住することなく多元的・重層的な関係を切り結び、その間を行き来した人々の実態と顛末にこそ、その境界の歴史性が示されているように思われる。しかも繰り返すが、日本の古代国家形成期における渡来人の影響の大きさは、身体そのものよりも、身体を介してもたらされるものの方にある。したがって筆者は、研究目的上も研究方法上も、渡来人は移住者・定住者に限定せず、その字義に立ち返って移動者と広く捉え直し、その多様な様態や史的変遷・意義を広く検討する方が積極的意味を持ちうるのではないかと考える。その分析対象に、外交使節や商人も含めて良い。要するに、渡来人が移住・定着することはあっても、渡来人＝移住者とか、渡来人は渡来系氏族をも包摂できる上位概念としては用いないというのが今の筆者の研究上の立場である。古代における東アジアのなかの「倭」「日本」、あるいはそことかかわり史料にあらわれる「外来者」としての渡来人の史的実態・意義は、律令国家が設けた「蕃客」「帰化」の壁を超えたところにみえてくるものなのではなかろうか。

参考文献

・石母田正「天皇と『諸蕃』」(『石母田著作集』第四巻　岩波書店　一九八九)
・加藤謙吉「蘇我氏と飛鳥寺」(『古代を考える　古代寺院』吉川弘文館　一九九九)
・木村誠「新羅国家生成期の外交」(『古代朝鮮の国家と社会』吉川弘文館　二〇〇四)
・シャルロッテ・フォン・ヴェアシュア「九世紀日本の情報輸入体制」(『アジア遊学』二六　二〇〇一)
・新川登亀男「中国南朝と百済と日本(倭)」(『日本古代文化史の構想』名著刊行会　一九九四)
・新川登亀男「東西史部の祓詞と楯節儛」(『日本古代の儀礼と表現』吉川弘文館　一九九九)
・鈴木英夫「加耶・百済と倭」(『古代の倭国と朝鮮諸国』青木書店　一九九六)
・田中史生「『帰化人』論新考」(『日本古代国家の民族支配と渡来人』校倉書房　一九九七)
・田中史生「渡来人と王権・地域」(『日本の時代史』2　吉川弘文館　二〇〇二a)
・田中史生「揺らぐ『一国史』と対外関係史研究」(『歴史評論』六二六　二〇〇二b)
・田中史生「古代の渡来人と戦後『日本』論」(関東学院大学『経済経営研究所年報』二四　二〇〇二c)
・田中史生「五・六世紀の大阪湾岸地域と渡来人—河内を中心に—」(『歴史科学』一七五　二〇〇四)
・羅幸柱「古代朝・日関係における「質」の意味」(『史観』一三四　一九九六)
・山内晋次「朝鮮半島漂流民の送還をめぐって」(『奈良平安期の日本と東アジア』吉川弘文館　二〇〇三a)
・山内晋次「中国海商と王朝国家」(『奈良平安期の日本と東アジア』吉川弘文館　二〇〇三b)
・山尾幸久「『日本書紀』任那関係記事の検討」(『古代の日朝関係』塙書房　一九八九)
・吉井秀夫「朝鮮の墳墓と日本の古墳文化」(『日本の時代史』2　吉川弘文館　二〇〇二)
・李成市「高句麗と日隋外交」(『古代東アジアの民族と国家』岩波書店　一九九八)
・王勇「『ブックロード』とは何か」(『奈良・平安期の日中文化交流』農村漁村文化協会　二〇〇一)

大和政権と渡来氏族の形成

大橋信弥

はじめに

中国大陸や朝鮮半島から日本列島に移住してきた人々は、未だ列島が大陸と陸つづきであった更新世（旧石器時代）以来膨大な数に達すると考えられるが、それらの人々が氏族という、一つの族団を形成して、政治的な役割を果たすのは、日本列島内部で大和政権による政治的な統合がすすみ、その構成員として「氏」という政治集団が形成され、それが渡来人集団にも波及して以降のことであり、五世紀の後半の雄略朝（倭王武の時代）ころと考えられる。そして平安時代の初め八一五年（弘仁六）に編纂された『新撰姓氏録』（以下『姓氏録』と略記）には、当時の山城・大和・摂津・河内・和泉の五カ国に居住し、中央政府の要職を占めていた一一八二氏の家柄リストが書かれており、そのうち三二六氏（約三〇％）が自ら渡来氏族であることを主張しており、大和政権の主要な構成員となっている。[①] こうした渡来氏族の形成は、どのような過程を経て、どのようになされたのであろうか。

渡来氏族の形成―渡来伝説の語るもの―

奈良時代に編纂された『日本書紀』（以下『書紀』と略記）には、応神朝に渡来したとされる倭漢直氏と秦造氏は、それぞれ雄略朝と欽明朝に全国に散らばっていた漢部・漢人・秦人をその配下に組み入れ、その伴造になったという所伝をのせている。すなわち雄略一五・一六年月条には、

一五年に、秦《はた》の民《たみ》を臣連《おみむらじ》等に分散《あか》ちて、各《おのおの》欲《ねがひ》の随《まにま》に駆使《つかまつ》らしむ。秦造《はたのみやつこ》に委《ゆだ》にしめず。是《これ》に由《よ》りて、秦造酒《はたのみやつこさけ》、甚《にへさ》に以て憂《うれへ》として、天皇に仕《つか》へまつる。天皇、愛《うつくし》び寵《めぐ》みたまふ。詔《みことのり》して秦《はた》の民《たみ》を聚《と》りて、秦酒公《はたのさけのきみ》に賜《たま》ふ。公《きみ》、仍《よ》りて百八十種《ももあまりやそのすぐり》勝《すぐり》を領率《ひき》ゐて、庸調《ちからつき》の絹縑《きぬかとり》を奉献《たてまつ》りて、朝庭《みかど》に充積《つ》む。因《よ》りて姓《かばね》を賜《たま》ひて禹豆麻佐《うつまさ》と曰《い》ふ。一《いち》に

云《い》はく、禹豆母利麻佐《うつもりまさ》といへるは、皆盈《みなみ》て積《つ》める貌《かたち》なり。

十六年の秋七月《ふみづき》に、詔《みことのり》して、桑《くに》に宣《よ》き國懸《くにあがた》にして桑を殖《う》えしむ。又《また》秦の民を散《あか》ちて遷《うつ》して、庸調《ちからつき》を獻《たてまつ》らしむ。

冬十月《かむなづき》に詔《みことのり》して、「漢部《あやべ》を聚《つど》へて、其の伴造《とものみやつこ》の者《ひと》を定《さだ》めよ」とのたまへり。姓《かばね》を賜《たま》ひて直《あたひ》と曰《い》ふ。一《いち》に云《い》はく、賜ふとは漢使主《あやのおみら》等に姓を賜ひて直と曰《い》ふぞ。

とあって、天皇が詔して秦の民と漢部を集めて、その伴造を定めることを命じ、姓を賜ったことがみえる。両氏がそれぞれ大きな族団を形成して、朝廷において伴造の地位を得たことが明確に述べられている。また欽明元年八月条には、

八月《はつき》に、高麗《こま》・百濟《くだら》・新羅《しらぎ》・任那《みまな》、並に使《つかひ》を遣《まだ》して獻《ものたてまつ》り、並に貢職脩《みつきたてまつ》る。秦人《はたひと》・漢人等《あやひとら》、諸蕃《となりのくに》の投化《おのづからまう》ける者《ひと》を召《め》し集《つど》へて、國郡《くにこほり》に安置《へべらし》めて、戸籍《へのふみた》に編貫《つ》く。秦人の戸《へ》の數《かず》、總《す》べて七千五十三《ななちへあまりいそあまりみへ》戸。大藏掾《おおくらのふびと》を以《も》て、秦伴造《はたのとものみやつこ》としたまふ。

とあって、新たに渡来した秦人・漢人らの渡来人を集め、各地の国郡に安置し戸籍に編貫したこと、それによると秦人の戸数は七〇五三戸で、大蔵掾（秦大津父）を「秦伴造」としたことがみえる。先の所伝以降の族団の拡大と整備の進展を伝承化したものと考えられる。ただこれらは必ずしも歴史的な事実を述べたものではなく、あくまで両氏が大きな族団を形成した結果を伝承化したものであって、渡来人の氏族形成過程については、具体的にほとんど物語っていない。ただここから判ることは、多くの渡来氏族の中にあって、多少の誇張はあるとしても、その族団の中には、全国に散らばる「諸蕃《となりのくに》の投化《おのづからまう》ける者《ひと》を召《め》し集《つど》へて」、いわゆる伴造系の有力豪族とひけを取らない、またそれを凌駕するような勢力をつくりあげたことが窺われる。この点について、若干の手掛かりになるのが、いくつかの文献にみえる両氏の渡来伝説である。

まず『書紀』応神天皇一四年是歳条には、渡来氏族の雄秦氏の渡来と氏族形成の発端が述べられている。

是歳《ことし》、弓月君《ゆづきのきみ》、百濟より來歸《まうけ》り。因《よ》りて奏《まう》して曰《まう》く、「臣《やつかれ》、己《おの》が國《くに》の人夫《たみ》百二十縣《ももあまりはたちのこほり》を領《ひき》ゐて歸化《まう》く。然《しか》れども新羅《しらき》の拒《ふせ》くに因《よ》りて、皆加羅國《みなからくに》に留《とど》まれり」とまうす。爰《ここ》に葛城襲津彦《かづらきのそつびこ》を遣《つかは》して、弓月《ゆつき》の人夫《たみ》を加羅《から》に召《め》す。然れども三年《みとせ》經《ふ》るまでに、襲津彦《そつびこ》來《まうこ》ず。

すなわち弓月君が一二〇県の人夫を率いて百済より来日しようとしたが、新羅に阻まれたため、その多くは加羅に止まっていたこと、このため弓月の人夫を来日させるため、応神一六年葛城襲津彦を派遣してこれを連れ帰ったとする。秦氏がまとまった族団として渡来したことが積極的に主張されており、氏族形成の一端を物語っている。

また応神二〇年九月条には、

二十年の秋九月《あきながつき》に、倭　漢　直《やまとのあやのあたひ》の祖《おや》阿知使主《あちのおみ》、其の子都加使主、並《ならび》に己《おの》が黨類《ともがら》十　七縣《とをあまりななつのこほり》を率《ゐ》て、來歸《まうけ》り。

とあって、倭漢氏の祖阿知使主とその子都加使主が、その党類一七県を率いて来日したことがみえる。倭漢氏の場合もその渡来伝説で、まとまった族団を形成していたことを主張しており、氏族の形成を示唆している。

そして秦氏の渡来については『姓氏録』山城国諸蕃秦忌寸条により詳しく、まとまった所伝がみえる。

秦忌寸《はたのいみき》。太秦　公宿禰《うずまさのきみのすくね》と同じき祖《おや》。秦始皇帝《こうてい》の後なり。功智王《こうちわう》、弓月王《ゆづきわう》、誉田天　皇《ほむだのすめらみこと》　諡《おくりな》は応神《おうじん》。の十　四年《とをあまりよとせ》に来《ま》朝《い》りて、表《ふみ》を上《たてまつ》りて、更《また》、国《くに》へ帰《かへ》りて、百廿七県の伯姓《たみ》を率《い》て帰化《まい》り、并《また》、金銀玉帛種々の宝物等を献《たてまつ》りき。天皇《すめら》嘉《みことめ》でたまひて、大和の朝津間《あさつま》の腋上《わきのかみ》の地を賜ひて居らしめたまひき。男《こ》、真徳王《しんとくわう》。次に普洞王《ふとうわう》、古記に浦東君と曰ふ。大鷦鷯天皇諡は仁徳　の御世《みよ》、姓《うぢ》を賜《たま》ひて波陀《はた》と曰《い》ふ。今《いま》の秦《はた》の字《じ》の訓《よみ》なり。次に雲師王《うんしわう》。次に武良王《むらわう》。普洞王《ふとうわう》の男、秦　公酒《はたのきみさけ》。大泊瀬稚武　天　皇《おほはつせわかたけのすめらみこと》　諡は雄略。の御世《みよ》に、奏《まを》して偁《まを》す。普洞王《ふとうわう》の時《とき》に秦《はた》の民《たみ》、惣《すべ》て劫略《かす》められて、今《いま》見在《あ》る者《もの》は、十《とを》に一《ひと》つも存《あ》らず。請《こ》ふらくは、勅　使《おほみつかひ》を遣《つかは》して撿括招集《めしあつ》めたまはむことをとまをす。天　皇《すめらみこと》、使《つかひ》、小子部　雷《ちいさこべのいかつち》を遣《つかは》し、大隅《おほすみ》、阿多《あた》の隼人《はやひと》等を率《い》て、捜括鳩集《まぎあつ》めしめたまひ、秦《はた》の民九　十　二　部《たみここのそあまりふたつのともを》、一　万　八　千　六　百　七　十人《ひとよろずひとあまりやちひとあまりむつほひとあまりななそひと》を得て、遂《つい》に酒《さけ》に賜《たま》ひき。爰《ここ》に秦《はた》の民《たみ》を率《い》て、蚕《かひこ》を養《か》ひ、絹《きぬ》を織《お》り、篚《はこ》に盛《も》り、闕《みかど》に詣《まい》でて、貢進《たてまつ》りしに、岳《おか》の如《ごと》く、山《やま》の如《ごと》く、朝庭《おほには》に積《つ》畜みければ、天　皇　嘉《すめらみことよろこぼ》ばせたまひて、特《こと》に寵　命《あつきみこと》を降《くだ》したひ、号《な》を賜《たま》ひて、禹都万佐《うづまさ》と曰《い》へり。是《こ》は盈積《みちつ》みて、利益《くほさあ》有る義《こころ》なり。諸《もろもろ》の秦氏《はたのうじ》を使《つか》ひて、八丈《やつえ》の大蔵《おほくら》を宮《みや》の側《かたはら》に構《かま》へて、其《そ》の貢物《みつぎもの》を納《をさ》めしむ。故《か》れ、其《そ》の地《ところ》を名《なづ》けて、長谷朝倉《はつせのあさくらの》宮《みや》と曰《い》ふ。是《こ》の時《とき》、始《はじ》めて大蔵　官員《おほくらのつかさびと》を置き、酒《さけ》を以《もつ》て長官《かみ》と為《な》す。秦氏等《はたのうじら》が一　祖《ひとつのおや》の子孫《うみのこ》、或《ある》は居住《すみどころ》に就《つ》き、或《ある》は行事《しわざ》に依《よ》りて、別《わか》れて数腹《あまたはら》と為《な》れり。天平　廿年《てんぴゃうのはたとせ》に、京畿《みやこ》に在《あ》る者《もの》は、咸改《みなあらた》めて伊美吉《いみき》の姓《かばね》を賜《たま》ひき。

ここでは、応神朝に秦氏の祖弓月王らが来朝し、いったん国に帰り、「百廿七県の伯姓を率て帰化」し、大和葛城の朝津間を賜り定着したこと、その後秦の民がバラバラとなっていたが、天皇はそれを集め秦公酒に与えた。酒は養蚕で成功を収め、朝廷に八丈の大蔵を建て、その長官に任命されたことが述べられている。秦氏が大きな族団で渡来・定着し、その後さらに族団を拡大すると共に財をなし、朝廷において有力な地位を築いたことが主張されている。特に当初、大和葛城の朝津間の地を賜わったとしながら、その子孫が居住地や職掌により、多くの一族に分岐したとしているように、その族団の拡大に伴い、居地を移動したとしている点は注目される。事実、秦氏が山城の葛野の地と深草に一大拠点をもっていたことは周知のところであるし、後述するように、近江の愛知郡にもその一族が、大きな勢力を築いていた。

また倭漢氏についても、『坂上系図』所引の『姓氏録』逸文に、さらに詳しい渡来伝説が見えている。

姓氏録《しやうじろく》第《だい》廿《にじう》三《さん》巻《くわん》に曰《い》はく、阿智王《あちわう》、誉田天皇《ほむたのすめらみこと》諡《おくりな》は応神《おうじん》。の御世《みよ》に、本国《もとつくに》の乱《みだれ》を避《さ》けて、母《はは》、並《ならび》に妻子《めこ》、母《はは》の弟《おと》、辻興徳《せんこうとく》、七姓《ななつのうぢ》の漢人等《あやひとたち》を率《ゐ》て帰化《まうけ》り。七姓《ななつのうぢ》とは第一《はじめ》を段《だん》古記《こき》に段光公《だんくわうこう》、字《あざな》は冨《ふ》等《と》。一《ある》に云《い》はく、員姓《ゐんせい》。といふ。是《これ》、高向村主《たかむくのすぐり》、高向史《たかむくのふひと》、高向調使《たかむくのつきつかひ》、評首《こほりのおびと》、民使主首等《みたみつかひのおびとら》の祖《おや》なり。次《つぎ》を李姓《りせい》といふ。是《これ》、刑部史《おさかべのふひと》の祖《おや》なり。次《つぎ》を皀郭姓《さうくわくせい》といふ。是《これ》、坂合部首《さかひべのおびと》、佐大首等《さたのおびとら》の祖《おや》なり。次《つぎ》を朱姓《しゅせい》といふ。是《これ》、小市《をち》、佐奈宜等《さなげら》の祖《おや》なり。次《つぎ》を多姓《たせい》といふ。是《これ》、檜前調使等《ひのくまのつきつかひら》の祖《おや》なり。次《つぎ》を皀姓《さうせい》といふ。是《これ》、大和国宇太郡《やまとのくにうだのこほり》の佐波多村主《さはたすぐり》、長幡部等《ながはたべら》の祖《おや》なり。次《つぎ》を高姓《こうせい》といふ。是《これ》、檜前村主《ひのくまのすぐり》の祖《おや》なり。天皇《すめらみこと》、其《そ》のに来《まう》ける志《こころざし》を矜《あはれ》みたまひて、阿智王《あちわう》を号《なづ》けて、使王《おみ》と為《な》したまふ。仍《よ》りて、大和国檜前郡郷《やまとのくにひのくまのさと》を賜《たまは》りて之《ここ》に居《いへを》れり。時《とき》に、阿智使主《あちのおみ》、奏《まう》して言さく、臣《やつかれ》、入朝時《まうくることのとき》に、本郷《もとつくに》の人民《たみ》、往《さき》に離《はな》れ散《ち》れり。今聞《いまき》くに、遍《あまね》く、高麗《こま》・百濟《くだら》、新羅《しらぎ》等の国《くに》に在《あ》りと。望《のぞ》み請《こ》ふらくは、使《つかひ》を遣《つかは》して喚《よ》び来《まうこ》さしめむとまうす。天皇《すめらみこと》、即《すなは》ち使《つかひ》を遣《つかは》して喚《よ》ばしめたまふ。大鷦鷯天皇《おほさざきのすめらみこと》諡《おくりな》は仁徳《にんとく》。の御世《みよ》に、落《さと》を挙《こぞ》つて随《したが》ひ来《まう》く。今《いま》の高向村主《たかむくのすぐり》、西波多村主《かふちのはたのすぐり》、平方村主《ひらかたのすぐり》、石村村主《いはれのすぐり》、飽波村主《あくなみのすぐり》、危寸村主《とのきのすぐり》、長野村主《ながののすぐり》、俾加村主《ひかのすぐり》、茅沼山村主《ちぬのやまのすぐり》、高宮村主《たかみやのすぐり》、大石村主《おほいしのすぐり》、飛鳥村主《あすにかのすぐり》、西大友村主《かふちのおおとものすぐり》、長田村主《ながたのすぐり》、錦部村主《にしごりのすぐり》、田村村主《たむらのすぐり》、忍海村主《おしぬみのすぐり》、佐味村主《さびのすぐり》、桑原村主《くわはらのすぐり》、白鳥村主《しらとりのすぐり》、額田村主《ぬかたのすぐり》、牟佐村主《むさのすぐり》、甲賀村主《かふかのすぐり》、鞍作村主《くらつくりのすぐり》、播磨村主《はりまのすぐり》、漢人村主《あやひとのすぐり》、今来村主《いまきのすぐり》、石寸村主《いはきのすぐり》、金作村主《かなつくりのすぐり》、尾張吹角村主《をはりのふえのすぐり》等《ら》は、是《これ》、其《そ》の後《すゑ》なり。爾時《そのとき》、阿智王《あちわう》奏《まう》して、今来郡《いまきのこほり》を建《たて》むとまうす。後《のち》に改《あらた》めて高市郡《たけちのこほり》と号《なづ》く。而《しか》れども人衆《ひとびと》巨《お》多《ほ》くして、居地《おゐところ》隘狭《せま》くなりぬ。更《さら》に諸国《くにぐに》に分《わか》ち置《お》けり。摂津《せっつ》、参河《みかは》、近江《あふみ》、播磨《はりま》、阿波《あは》等《など》の漢人村主《あやひとのすぐり》、是《これ》なり。

この記事は、本来倭漢氏の祖阿智王の渡来を述べた部分と、七姓漢人の渡来を述べた部分、諸国の漢人村主の渡来を述べた部分の、三つの異なる伝承を一本化したものとみられるが、[2]この所伝では、その祖阿智王が応神朝に本国の乱を避けて、母・妻子・母弟など親族と、七姓漢人などを率いて渡来したが、もともと共に来朝しようとしていた本郷の人々と途中離散し、高麗・百済・新羅に止まっているため、使いを出して呼び来さしめたいと上奏したこと。これにより仁徳天皇の世になり、離散していた人民がこぞって渡来したとし、その子孫とする二五氏にのぼる漢人村主氏の名をあげている。これらの諸氏は当初高市郡＝今来郡に居住していたが、やがて手狭になってしまったため、摂津・三河・近江・播磨・阿波などの諸国に分け置かれることになったとしている。

そして高市郡＝今来郡に倭漢氏の一族が集中的に居住していたことは、『続日本紀』宝亀三年四月条の記述から知ることが出来る。

正四位下近衛員外中将《このえのいんぐえのちうしやう》兼安藝守《あきのかみ》勲二等坂上《さかのうえ》大忌寸苅《かり》田麻呂《たまろ》ら言《まう》さく、「檜前《ひのくま》忌寸を大和《やまと》国高市郡司《たけちのぐんじ》に任《にむ》する元由《もとのよし》は先祖《さきつおや》阿智《あち》使主、軽嶋豊明宮《かろしまのとよあかりのみや》に馭宇《あめのしたしらしめ》しし天皇《すめらみこと》の御世《みよ》に、十七県《あがた》の人夫《ひとども》を率《い》て帰化《まいおもむ》けり。詔《みことのり》して、高市《たけち》郡檜前《ひのくま》村を賜《たま》ひて居《を》らしめき。凡《おほよ》そ高市《たけち》郡の内《うち》には、檜前《ひのくま》忌寸と十七県《あがた》の人夫《ひとども》地《ところ》に満《み》ちて居《を》り。他《ほか》の姓《ひと》の者は、十にして一二なり。是《ここ》を以《もち》て、天平《てんひやう》元年十一月十五日、従五位上民《たみ》忌寸袁志比《をしひ》ら、その所由《よし》を申《まう》しき。天平《てんひやう》三年、内蔵《うちのくら》小属《のせうぞく》従八位上蔵垣《くらかき》忌寸家麻呂《いへまろ》を少《せう》領《りょう》に任《にむ》しき。天平《てんひやう》十一年、家麻呂《いへまろ》を大領《だいりやう》に転《うつ》して、外従八位蚊屋《かや》忌寸子虫《こむし》を少領《せうりやう》に任《にむ》しき。神護《じんご》元年、外正七位上文山口《ふみのやまぐち》忌寸公麻呂《きみまろ》を大領《だいりやう》に任《にむ》しき。今《いま》、此《こ》の人《ひと》ら、郡司《ぐんじ》に任《にむ》せらるること、必《かなら》ずしも子《し》に孫《そん》に伝《つた》へざれども、三腹遆《さむふくたがひ》に任《にむ》せられて、今《いま》に四世なり」とまうす。勅《みことのり》を奉《う》けたまはるに、「譜第《ふだい》を勘《かむが》ふること莫《な》く、郡司《ぐんじ》することを聴《ゆる》すべし」とのたまふ。

したがって倭漢氏の場合も、その族団＝氏族の形成が、渡来伝説とともに物語られており、その族団に後から渡来した人々が含まれるという考え方があったことを示唆している。それと同時に族団内部に親族だけでなく多様な人々が含まれること、それが七姓漢人と諸国の漢人村主というように、フラットな組織ではなく、階層を形成していたことも、推測される。そしてその渡来についても、事実かどうかは別として時期の異なる族団のあったことが想定される。

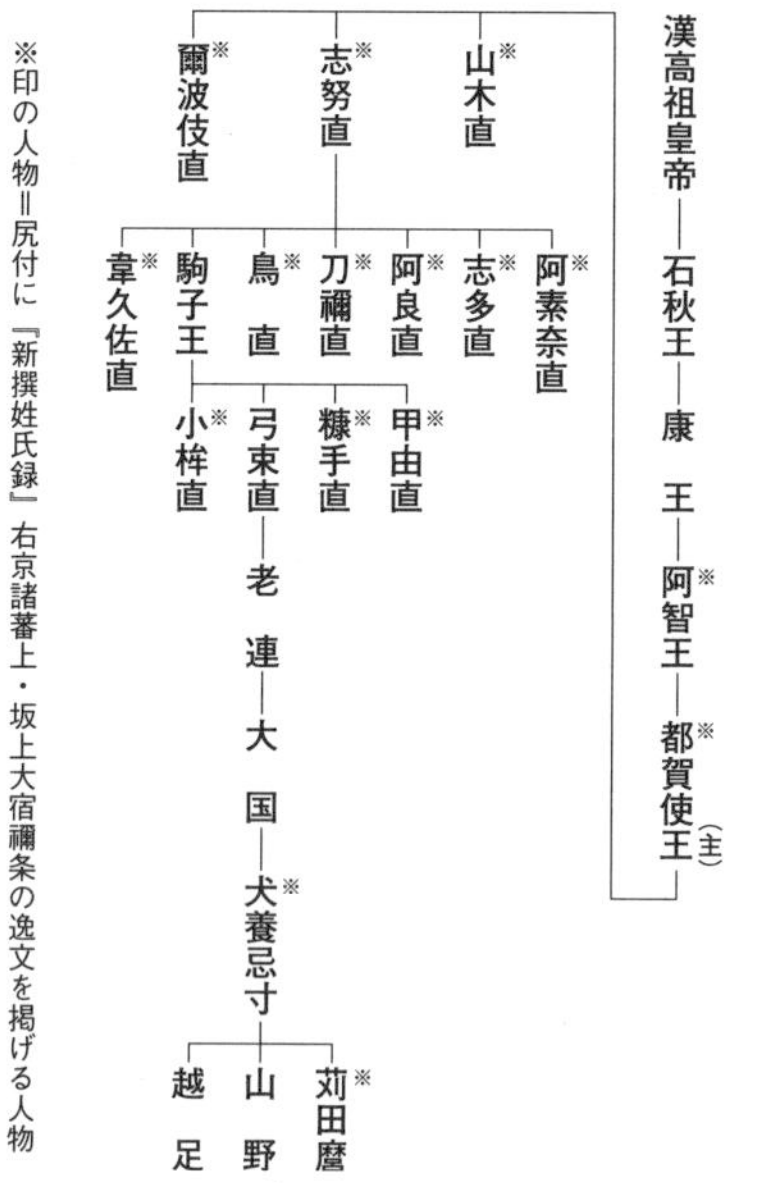

※印の人物＝尻付に『新撰姓氏録』右京諸蕃上・坂上大宿禰条の逸文を掲げる人物

『坂上系図』（註⑦文献による）

このように両氏の渡来については、アメノヒボコのように単独で来日したのではなく、それぞれ一二〇県の人夫や一七県の党類というように、かなり多くの族団を率いて来たとしていることは、この伝説が両氏の氏族形成を前提として、述作されたことを示している。それと同時に一二〇県の人夫がやや遅れて渡来したとするように、族団の中に後から渡来した人々をかなり含んでいることを示唆するといえよう。そして最初に引用した『書紀』の記事にあったように、もともと族団に含まれていなかった、各地の渡来人集団をも吸収して、さらに大きな族団を形成したことが推測される。

これらのことから倭漢直氏や秦造氏のように有力な渡来氏族の場合、その氏族形成にあたっては、新しい技術や知識をもって渡来する人々を系列下に吸収し、また様々なルートを通じて、朝鮮三国から人々を招請して配下に組み入れていったと考えられるのである。[3]

このように大和政権の政治組織に対応する体裁を整えた倭漢直氏や秦造氏などは、しだいに政治中枢の重要な地位を占めることになったが、くり返し渡来した移住民は、新しい知識や技術をもたらしただけではなく、住居・食生活・葬制などについても、多くの影響をもたらしたことは、考古資料などから指摘されているところである。

渡来氏族の氏族構造

前項で検討したように、渡来氏族が氏族を形成するにあたって、各種の非血縁的な渡来人集団を同族として吸収して、族団の拡大をはかっていることが確認できる。そしてその場合に渡来時期の違いや集団の性格の相違により、多様なあり方を示していると考えられる。秦氏の場合も山城に本拠をおく本宗秦造氏のほか、近江の愛知郡に拠点をもつ依知秦公氏をはじめ各地に有力な族団が存在しているが、本宗の秦造氏が居住地により数腹に分かれ、川辺腹・田口腹などがあったとするほか、同族に秦大蔵造・秦長蔵連などがみえ、さらに配下とみられる秦人・秦部の分布が西日本を中心に濃密にみえるところから、そうした様相の一端が確認できる。[4] そして依知秦公氏については、少し具体的な定着の様相が窺える。

依知秦氏とその一族は、古代の文献に見える愛知郡の人名の七割を占めるが、依知秦公氏以外にも、秦公・依知秦・依智・依知秦前公・依知秦前・秦前・秦忌寸・秦大蔵忌寸・大蔵秦公・秦人・秦・など、ウジ名やカバネの異なる氏族がかなり認められる。依知秦・依知・秦公などを称している諸氏は、依知秦公の表記の省略とみられるが、依知秦前氏は単に秦前と記載されるものを含め、愛知郡独自の存在とみられる。しかも延暦一二年の文書には、擬大領正七位下の依知秦前公某がみえており、郡内では依知秦公氏に準ずる地位にあったことが窺える。また秦大蔵忌寸氏は、天平宝字六年の「愛知郡司解」には、郡少領として見えており、また中央豪族の秦造氏の同族に秦大蔵造（忌寸）氏があり、その一族の可能性が大きい。しかし大蔵秦公氏の場合は、ほかに例はなく愛知郡在地の氏族とみられる。秦忌寸氏は秦大蔵忌寸氏の省略とも考えられるが、秦氏の本宗である山城の秦忌寸氏と理解することも出来る。そして秦人と、おそらく単に秦とのみ記載されるのも秦人か秦部で、新しく渡来し依知秦氏一族の配下になったものであろう。こうした依知秦氏一族のあり方は、愛知郡における秦氏がその内部に重層構造を持ち、郡内の統治や中央との連携に大きな

図1　近江の渡来氏族分布図

役割を果たしたとみられる。⑤
これに対し、倭漢氏の場合には、『坂上系図』所引の『姓氏録』逸文に都加使主の三人の子の子孫として六三氏の同族をあげている。すなわち山木直を兄腹の祖、志努直を中腹の祖、爾波伎直を弟腹の祖とし、それぞれ二五氏・一〇氏・二八氏をあげている。この三腹については、倭漢氏が五世紀の末ごろ三氏に分裂し、さらに分裂を重ねたことにより形成されたとして史実と見る見解と、そうではなく多くの渡来集団が結集して族団を構成したことを伝承化したもので、史実とはみなさない見解に分かれている。⑥

諸史料にみえる倭漢氏はいずれも「某直」とみえており、同氏が多数の枝族によって構成される族団であったことは間違いないところである。そして実はこの六三氏の中にみえない有力な同族もかなりあり、それを含めると七九氏という膨大な数になる。これらの同族の多くは、後の大和国高市郡に本拠をおいていたと見られるが、「畿内」を中心に広い範囲に分布している。そしてその中からは、五位以上の官人も多数でている。⑦そしてさらに注目されるのは、倭漢氏には、先の渡来伝説にもみえるように、七姓漢人や諸国の漢人村主のように多くの配下が存在していることである。村主姓氏族は「畿内」だけでなく周辺諸国に広く分布しており、さきの同族の分布とともに、各地の開発・技術革新・学術・文化の普及を大いに促進したと考えられる。

諸国漢人村主による具体的な配置や活動を追跡できる例としては、近江の漢人村主の存在が指摘できる。⑧その主要のものをあげると、大友村主・大友曰佐・大友漢人・穴太村主・穴太史・穴太野中史、錦部村主・錦部曰佐、大友丹波史・大友桑原史、志賀史・登美史・槻本村主・三津首・上村主などで、九世紀以前の滋賀郡の古代人名の七割強を占めている。後の滋賀郡大友郷を本拠とする大友村主一族、大友郷南部の穴太を本拠とする穴太村主一族、錦部郷を本拠とする錦部村主一族、古市郷を本拠とする大友丹波史一族がなかでも有力であった。

これらの漢人村主は近江へ移住した当初は、このような多くの氏族に分かれていたのではなく、志賀に居住する漢人として、志賀漢人と呼ばれたらしい。『書紀』推古一六年九月五日条には、

九月《ながつき》の辛未《かのとのひつじ》の朔 乙亥《ついたちきのとのいのひ》に、客等を難波《なには》の大郡《おほごほり》に饗《あへ》

たまふ。辛巳《かのとのみのひ》に、唐《もろこし》の客《まらうと》裴世清、罷《まか》り歸《かへ》りぬ。則《すなは》ち復《また》小野妹子臣《おののいもこのおみ》を以《も》て大使《おほつかひ》とす。吉士《きし》の雄成《をなり》をもて小使《そひつかひ》とす。福利《ふくり》を通事《をさ》とす。唐の客に副《そ》へて遣《つかは》す。爰《ここ》に天皇《すめらみこと》、唐の帝《きみ》を聘《とぶら》ふ。其の辭《ことば》に曰《い》はく、「東《やまと》の天皇、敬《つつし》みて西《もろこし》の皇帝《きみ》に白《まう》す。使人《つかひ》鴻臚寺の掌客《しゃうかく》裴清等至《まういた》りて、久《ひさ》しき憶《おもひ》、方《みさかり》に解《と》けぬ。季秋《このごろ》、薄《やうやく》に冷《すず》し。尊《かしこどころ》、如何《いか》に。想《おも》ふに清悆《おだひか》にか。比《これ》は即《すなは》ち常《つね》の如し。今大禮《だいら》蘇因高《そいんかう》・大禮乎那利《をなりら》等を遣《まだ》して往《まう》でしむ。謹《つつし》みて白《まう》す。具《つぶさ》ならず。」といふ。是の時に、唐の國《くに》に遣《つかは》す學生《ふむやわらは》倭漢直福《やまとのあやのあたひふく》因《いん》・奈羅譯語惠明《ならのをさえみやう》・高向漢人玄理《たかむくのあやひとぐえんり》・新漢人《いまきのあやひと》大圀、學《もの》問僧《ならふほし》新漢人日文《いまきのあやひとにちもん》・南淵漢人請安《みなみぶちのあやひとしやうあん》・志賀漢人慧隱《しがのあやひとえおん》・新漢人廣濟等《いまきのあやひとくわうさいら》、并《あはせ》て八人《やたり》なり。

とあり、唐の使者裴世清が帰国する際、小野臣妹子を大使とする遣唐使が派遣されたことがみえる。その時八人の学問僧が同行しているが、その中には、「大化改新」で活躍する高向漢人玄理や南淵漢人請安らもいたが、近江出身とみられる志賀漢人慧（恵）隠の名もみえるのである。このことから、推古朝ごろには、志賀漢人が近江に居住し、その中から早くも遣唐学問僧を出す状況が生まれていたことが判明する。

そしてそうした志賀漢人一族の滋賀郡への集住を示すものとしては、いくつかの考古資料が提示できる。すなわちミニチュア炊飯具の四点セットや、銀ないし銅製の釵子（かんざし）などを副葬し、天井がドーム形を呈する横穴式石室を主体とする群集墳の盛行であり、その時期は六世紀前半から七世紀中葉である。その総数は一〇〇〇基にのぼるものとみられている。そして大津北郊では、近年古墳群に対応するように、集落の中から「大壁造り」呼ばれる土壁造りの、方形プランの特異な建物や礎石建物が四〇棟ほど発見され、それに付属すると見られるオンドル状の遺構も発見されている。その時期は六世紀後半から七世紀前半である。また志賀漢人一族の氏寺とみられる、穴太廃寺、坂本八条廃寺、南滋賀廃寺、園城寺跡などが、そうした集落のほぼ中心部に造営されるのは、七世紀中葉から後半である。

志賀漢人の大津北郊への集住については、大津北郊に、「志賀津」と呼ばれる港湾施設があり、後にその地に近江大津宮が造営されるように、大和政権の経済的・軍事的な拠点であったことが注目される。すなわち東国・北国との物流や、六世紀以降、活発化した越前を拠点とする高句麗との対外交渉とのかかわりが推測される。六世紀以降の大和政権の内政・外交を領導したのは名実ともに蘇我大臣家であり、それを実質的にささえたのが、倭漢氏であった。したがって、おそらく六世紀以降、新しい東国政策や日本海ルートの対外交渉を推進しようとする蘇我氏の指示により、倭漢氏がその配下の漢人を大津北郊に配置し、その政策を押し進めようとしたのではなかろうか。

近江の漢人村主とそのネットワーク

ところで近江の漢人村主＝志賀漢人の分布の中心は、右に見たように、あくまでその本拠である滋賀郡南部であるが、それ以外にも浅井郡・坂田郡・犬上郡・愛知郡・神崎郡・野洲郡・栗太郡そして蒲生郡など近江各地に濃密な分布が知られる。またその居住地をみてみると、浅井郡では川道里（郷）に大友史氏、益田郷に錦部日佐氏、坂田郡では朝妻郷に穴太村主氏、犬上郡では簀田郷に、穴太村主・錦村主・穴太曰佐の諸氏が、愛知郡では平流五〇戸（郷）に丹波博士（史）氏、神崎郡には雄諸郷大津里に大友氏、野洲郡では馬道郷に大友・登美史・石木主寸・郡主寸らが、栗太郡でも木川郷に大友曰佐・志賀史らが居住しており、いずれも郡内で琵琶湖に隣接した地域に拠点が集中している。そして、その居住地には坂田郡の朝妻湊のように港湾施設をともなっている場合が多いと考えられる。

これらの点から琵琶湖の水運のカナメである滋賀郡の大津に本拠をおく志賀漢人が、近江各地の主要な港湾施設のある地に進出し、その周辺に拠点を拡大していった様相が推測されてくる。そこで次にこうした近江の漢人村主の、近江各地への具体的な進出の様相を、具体的にみることにより、その特質を考えたい。

近江東部の蒲生郡の場合、渡来氏族は、御船氏、民忌寸氏、調忌寸氏、民使氏、大友曰佐氏、大友氏、錦曰佐氏、明波漢人氏、安吉勝氏、秦氏などで、郡内では三割程度を占めている。[9] このうち欽明朝ごろに来日した王辰爾の子孫である船史氏の一族とみられる御船氏を除けば、倭漢氏系の大友曰佐一族と、秦氏系とみられる安吉勝一族が有力である。倭漢氏系の渡来氏族である民忌寸・調忌寸・民使などの諸氏は、倭漢氏を構成する坂上直・文直・大蔵直等の諸氏の同族で、『坂上系図』に引用される『姓氏録』の逸文では、民忌寸は兄腹の山木直の後、調忌寸は中腹の爾波伎直の後とある。[10] いわば兄弟氏族といえる。漢人村主の居住する地域に、倭漢氏の同族が濃密に分布することは注目される。これに対し大友曰佐・錦曰佐・明波漢人などの諸氏は、ここで問題となる漢人村主である。

『系図』逸文の三腹所属の諸氏（註⑦文献による）

三腹	氏姓
兄腹	〔1〕民忌寸、〔2〕檜原宿禰、〔3〕平田宿禰、〔4〕平田忌寸、〔5〕栗村忌寸、〔6〕小谷忌寸、〔7〕伊勢国奄芸郡の民忌寸、〔8〕軽忌寸、〔9〕夏身忌寸、〔10〕韓国忌寸、〔11〕新家忌寸、〔12〕門忌寸、〔13〕蓼原忌寸、〔14〕高田忌寸、〔15〕国覔忌寸、〔16〕田井忌寸、〔17〕狩忌寸、〔18〕東文部忌寸、〔19〕長尾忌寸、〔20〕檜前直（大和国覔上郡）、〔21〕谷宿禰、〔22〕文部谷忌寸、〔23〕文部岡忌寸、〔24〕路忌寸、〔25〕路宿禰
弟腹	〔26〕山口宿禰、〔27〕文山口忌寸、〔28〕桜井宿禰、〔29〕調忌寸、〔30〕谷忌寸、〔31〕文宿禰、〔32〕文忌寸、〔33〕大和国吉野郡の文忌寸、〔34〕紀伊国伊都郡の文忌寸、〔35〕文池辺忌寸
中腹	〔36〕田部忌寸、〔37〕黒丸直、〔38〕於忌寸、〔39〕倉門忌寸、〔40〕呉原忌寸、〔41〕新佐直、〔42〕石占忌寸、〔43〕国覔忌寸、〔44〕井上忌寸、〔45〕石村忌寸、〔46〕林忌寸、〔47〕郡忌寸、〔48〕榎井忌寸（大和国吉野郡）、〔49〕河原忌寸、〔50〕忍坂忌寸（大和、河内等国）、〔51〕与努忌寸、〔52〕波多忌寸、〔53〕長尾忌寸、〔54〕畝火宿禰、〔55〕荒田井忌寸、〔56〕蔵垣忌寸、〔57〕酒人忌寸、〔58〕白石忌寸、〔59〕大和国高市郡の坂上直、〔60〕蚊屋宿禰、〔61〕蚊屋忌寸、〔62〕参河国の坂上忌寸、〔63〕坂上大宿禰

このうち倭漢氏の同族では、民使氏の居住する篠笥郷が、内湖に面した湖辺に存在するが、漢人村主の大友曰佐が居住する桐原郷も、西に隣接する船木郷はその郷名どおり、琵琶湖に面しており、また同じ大友村主氏の一族とみられる大友氏が、隣の神崎郡にも分布し、湖辺に比定される雄諸郷大津里に拠点をもっており、琵琶湖の水運とのかかわりを推測させる。そして内陸部の西生郷に倭漢氏の同族である民忌寸・調忌寸と漢人村主の明波漢人がともに居住することは、両者が協力して、あるいは倭漢氏の同族が漢人村主を指揮して、何らかの職務を遂行していたことをうかがわせる。

なお蒲生郡の漢人村主の実力を示すものとして、近江八幡市安養寺町に所在する安養寺廃寺の存在がある。伽藍配置などは明確でないが、その主体をなす軒丸瓦には、周縁に輻線文を施すものがみられる。輻線文をもつ軒丸瓦は倭漢氏の氏寺である大和の檜隈寺跡で主要なものであり、近江においては、大津北郊の志賀漢人の氏寺とみられる諸寺院、南滋賀廃寺・穴太廃寺・崇福寺跡などで出土している。これらのデータは安養寺廃寺が大友曰佐氏など漢人村主の氏寺である可能性を示唆するものであろう。

そして承平二年（九三二）正月二一日付の「源昇家領近江国土田荘田地注文」には、大友曰佐氏の一族とみられる、大友馬飼という人が、蒲生郡擬大領としてみえ、平安時代の前半には、それまで蒲生郡の郡領氏族をほぼ独占してきた佐々貴山君氏に並ぶ地位にまで勢力を伸長させていることが確認される。漢人村主は進出した地に土着し、しだいに勢力を扶植していったのであろう。

また琵琶湖の北坂田郡に居住する渡来氏族では、文忌寸氏、文首氏、文部氏、穴太村主氏、志賀忌寸氏、秦氏、大寸直氏、小竹田史氏などがみえる。このほかやや疑問があるものの、八世紀末から九世紀とされる筑摩御厨跡遺跡から出土した墨書土器に「月足」「郡」などが見えるが、このうち「郡」が中主町西河原森ノ内一号木簡にみえる「郡主寸徳足」のように、人名を省略したものとするなら、渡来氏族の一例になるし、また平安時代後期とされる入江内湖出土の墨書土器にも、「錦□（谷カ）」とみえ、錦村主のウジ名の省略とみるなら、これも一例に加えられるであろう。ちなみに渡来氏族は現在知られる坂田郡の古代人名の約三〇％を占めており、古代の坂田郡における大きな存在が推測されよう。

坂田郡の渡来氏族の場合も、応神朝に来日したとされる王仁の子孫である文首氏を除けば、倭漢氏の同族とみられる文忌寸氏、文部氏と漢人村主の穴太村主氏、志賀忌寸氏らの倭漢氏系のグループと、秦氏らの秦氏系のグループに大きく二分される。このうち秦氏系のグループが主として郡の東部の内陸部に拠点をもつのに対し、本郡で大きな勢力を築いた穴太村主氏の本拠は、近年発見された平城京「長屋王家木簡」によって、旦女里（朝妻郷）の戸主に穴太主寸□の居住することが判明し、また米原町の下定使遺跡の墨書土器にも「穴太」という文字があり、坂田郡の南部、古代の湊として繁栄した朝妻の近くに推定され、湖辺に隣接することが明らかになっている。

このことから穴太村主氏は、東山道諸国・北陸道諸国からの物資の集積・交易の中心的な役割を果たすためにこの地域に配置されたと考えられるが、倭漢氏の同族とみられる文忌寸氏、文部氏は、秦氏系と同じ内陸部に居住するものが多く、漢人村主との関連は薄い。ただ資料の残存状況のこともあり、将来湖辺での活動が復元される可能性が高い。そして穴太村主氏は、本郡において奈良時代にはいまだ郡司の第四等官である主帳としてみえる程度であったが、平安時代にはいると、それまで郡大領・少領を独占してきた息長氏と坂田酒人氏と並んで、郡大領・少領を出すようになり、両氏を凌駕しうる実力を築くようになる。あたかも奈良時代後期には、大津北郊の穴太の地に変わり、坂田郡がその本拠としての位置を占めるにいたっているのである[11]。

また依知秦氏が圧倒的な勢力を誇る愛知郡では、依知秦氏とその一族を除いた場合、仁寿四年の文書に署名する愛知郡副擬大領調忌寸、延喜二年の文書に擬主政としてみえる調氏が注目される。調忌寸氏は、『坂上系図』が引用する『姓氏録』逸文に、弟腹「爾波伎直」の後裔氏族として、山口宿禰・文山口忌寸・桜井宿禰・谷忌寸・文宿禰・文忌寸・池辺忌寸などとともにみえ、倭漢氏の中核メンバーであり、本郡に居住する漢人村主を統括する立場にあった可能性もある[12]。

漢人村主の志賀漢人一族の本郡における居住については、まず郡の主帳としてみえる野中史氏や曰佐首氏などは、居住地は明らかでないが、その地位からも志賀漢人一族の有力氏とみられるし、延暦一五年の文書に大国郷の郷長とみえる大友曰佐浄川、西河原森ノ内遺跡出土の木簡に「衣知評平留五十戸旦波博士家」とある大友但波史氏、永承七年の文書にみえる大友久常・友常なども、有力な地位を占めており、数的には多くないが、無視できない存在といえる。愛知郡では、郡内では有力な大友曰佐氏の拠点は内陸部の大国郷であるらしいが、湖辺に所在する平流五十戸（郷）に、その一族旦波博士（大友丹波史）の居住が確認され、湖上交通と関わることが知られる。おそらく蒲生郡で想定したような、倭漢氏の同族と漢人村主の連携が、ここでも想定できる可能性がある。ただ愛知郡では、愛知秦氏の勢力が圧倒的で、両氏の政治的な立場はあまり振るわなかったようである[13]。

このように近江に配置された漢人村主＝志賀漢人は、各地に進出してそれぞれの地域で勢力を拡大しているのであるが、実は近江における本貫地である大津北郊のみならず、彼等が本来居住していた大和や河内の同族とも連携を保っていたのである。その典型的な例が桑原村主の一族の場合である。

桑原村主は『姓氏録』右京諸蕃上に、「漢高祖の七世孫、万徳使主より出づ。」とあり、また『書紀』朱鳥元年（六八六）四月八日条に「侍医桑原村主訶都に直広肆を授く。因って以って、姓を賜いて連と曰ふ。」とあり、同氏が中央政府に登用され、連姓を賜う有力な氏族であることが判明する。そして『続日本紀』天平神護二年（七六六）二月二十五日条には、「右京人従八位下桑原連真嶋。右京人外従五位下桑原村主足床。大和国人少初位上桑原村主岡麻呂等卌人。姓桑原公を賜ふ。」とあり、村主→連→公とカバネが変化したことが確認できる。また『姓氏録』大和国諸蕃に桑原直氏がみえ、「桑原村主と同じき祖。（下略）」とあり、摂津国諸蕃に見える桑原史氏の場合も、「桑原村主と同じき祖。（下略）」とあって、一族に直や史の姓を持つもののあったことが判明する。

そして、『続日本紀』天平宝字二年（七五六）六月二十五日条には、大和国葛上郡人従八位上桑原史年足ら男女九六人と近江国神崎郡人正八位下桑原史人勝ら一、一五五人が藤原朝臣不比等の名に抵触する「史」姓を改めることを申し出たので、新たに「直」姓を賜ったことがみえる。この時年足と人勝らは、その先祖「後漢苗裔鄧言興幷帝利等」が仁徳朝に高句麗から渡来したこと、その後同姓であった人々が数姓に分かれてしまったので、同じ姓を賜りたいと申し出たので、桑原史氏のほか大友桑原史・大友史・大友部史・桑原史戸・史戸らに直姓を賜ったとある。この記事によって、桑原史氏が大和葛城と近江神崎にそれぞれ分住しつつも、同一氏族として連携を保っていたことが判明するし、『書紀』神功五年三月七日条に、新羅に派遣された葛城襲津彦が連れかえった漢人をその本拠、葛城の桑原・佐糜・高宮・忍海に安置したとし、それが「四邑漢人」の始祖であるという所伝により、同氏の本来の本拠が大和葛城で、そこから各地に進出し、勢力を拡大していったことが判明するのである。したがって史料上には見えないが、これら渡来氏族にあっては、列島各地のみならず故郷である朝鮮半島とも強いネットワークを保持していたとみられる。

おわりに

以上、まわりくどい記述となったが、渡来氏族がどのように渡来し、居住地を定め、中央の政府はもとより、列島各地においてどのように政治的な地位を形成・確立して行ったかという、まことに検証不可能な問題について、億説を述べてみた。したがってこうした問題については、今後、文献資料だけでなく、近年調査がすすみ、その系譜や伝播の状況が明らかになりつつある、大壁建物の分布など、渡来人の居住地＝集落の構造や様相の解明、集落と墓域との関連など、考古資料による考察が大きな位置を占めるものとみられる。しかしまだまだ課題は山積しているといわざるを得ない。

註

①関晃『帰化人』（至文堂　一九五六）
②大橋信弥「近江における渡来氏族の研究」（『古代豪族と渡来人』吉川弘文館　二〇〇四　初出一九九五）
③大橋信弥「近江における渡来氏族の研究」（前掲）
④平野邦雄「秦氏の研究」（『史学雑誌』七〇巻三・四号　一九六一）、関晃『帰化人』（前掲）
⑤大橋信弥「依知秦氏の形成」（『古代豪族と渡来人』　前掲　初出二〇〇一）
⑥関晃『帰化人』（前掲）、加藤謙吉「東漢氏の氏族組織の成立」（『大和政権と古代氏族』　吉川弘文館　一九九一）
⑦加藤謙吉「東漢氏の氏族組織の成立」（前掲）
⑧大橋信弥「近江における渡来氏族の研究」（前掲）
⑨大橋信弥「大友日佐と安吉勝―蒲生郡の渡来文化―」（『古代豪族と渡来人』　前掲　初出一九九八）
⑩関晃『帰化人』（前掲）
⑪大橋信弥「息長氏と渡来文化」（『古代豪族と渡来人』　前掲　初出一九九五・一九九八）
⑫関晃『帰化人』（前掲）
⑬大橋信弥「依知秦氏の形成」（前掲）

付録

古代近江渡来人名集成

氏名	出典	年紀	出身・身分	官位	記事	その他
椋直	『森ノ内遺跡出土木簡』		（近江国司？）		森ノ内遺跡に居住する卜部氏に衣知評平留五〇戸からの米の運送を依頼	七世紀
文首魚万呂	『平城京二条大路木簡』		坂田郡下入里		庸米荷札（「平城宮発掘調査出土木簡概報」二三）	八世紀
文忌寸（某）	『平安遺文』一	弘仁一四	坂田郡主政		（「近江国坂田郡長岡郷長解」）	八二三
文部麿	『平安遺文』一	承和二	坂田郡横川駅家長		（「近江国坂田郡横川駅家長解」）	八三五
民忌寸□□	『平城京長屋王家木簡』		近江国蒲生郡西里戸主		庸米荷札（「平城宮発掘調査出土木簡概報」二七）	八世紀
調忌寸三田□	『平城京長屋王家木簡』		近江国蒲生郡西里戸主		庸米荷札（「平城宮発掘調査出土木簡概報」二七）	八世紀
調忌寸	『平安遺文』一一七	仁寿四	愛知郡副擬少領	従八位上		八五四
調	『平安遺文』一八七	延喜二	愛知郡擬主政			九〇二
民使弓□	『平城京長屋王家木簡』		近江国蒲生□薩□□□		庸米荷札（「平城京木簡」一三七）	八世紀
木津氏	『明匠略伝』『天台座主記』		浅井郡大井郷人		天台座主慈恵大師良源の俗姓	九世紀
大寸直□月	『平城京二条大路木簡』		上坂田郷沼多里戸主		庸米荷札（「平城宮発掘調査出土木簡概報」二四）	八世紀
大村白麻呂	『正倉院文書』二五	天平寶字六	坂田郡上坂郷鋼丁		（「近江国坂田郡上坂郷長解」）	七六二
□□直身成	『平城京二条大路木簡』		坂田郡上坂郷戸主		庸米荷札（「平城宮発掘調査出土木簡概報」二九）	八世紀
服部直綱公	『正倉院文書』	天平寶字六	愛知郡主帳	外少初位下		七六二
服直	『平安遺文』四七	弘仁一一	愛知郡蚊野郷長			八二〇
服直	『平安遺文』六五	承和七	愛知郡擬主帳			八四〇
椋人刀良売	『園城寺文書』	天平二	甲加郡蔵部郷戸主			七三〇
志賀漢人恵隠	『日本書紀』	推古一六	大唐学問僧		遣唐大使小野妹子に従い入唐	六〇八
志賀穴太村主	『新撰姓氏録』		未定雑姓右京		後漢孝献帝の男、美波夜王の後	
穴太主寸小国	『正倉院文書』	天平六			興福寺西金堂造仏所に出仕	七三四
穴太村主雑物	『正倉院文書』	天平宝字二			経師造石山院所に出仕	七五八

穴太村主麻呂	『正倉院文書』	天平一九	近江国坂田郡主帳	外大初位下	「坂田郡司解婢売買券」	七四七
穴太村主真広	『続日本紀』	延暦六	近江国坂田郡人	大初位下	志賀忌寸を賜う	七八七
穴太村主真杖	『日本後紀』	延暦一八	近江国浅井郡人	従七位下	志賀忌寸を賜う	七九九
穴太村主牛飼	『平安遺文』一	弘仁一四	近江国坂田郡少領		「長岡郷長解」	八二三
穴太村主牛刀自□	『平安遺文』一	承和三	近江国坂田郡大領	外正七位下	「大原郷長解」	八三六
穴太村主志豆加比賣	『正倉院文書』	宝亀九	近江国人		「穂積真乗女解」	七七八
穴太主寸□	『平城京長屋王家木簡』		坂田郡旦女里		庸米荷札（「平城宮発掘調査出土木簡概報」二一）	八世紀
穴太曰佐広万呂	『正倉院文書』	宝亀九	近江国人		「穂積真乗女解」	七七八
穴太曰佐広継	『正倉院文書』	宝亀九	近江国人		「穂積真乗女解」	七七八
穴太史（欠名）	『正倉院文書』	天平二〇・三	近江国員外少目	従七位下	「坂田郡司解婢売買券」	七四八
穴太史老	『正倉院文書』	天平勝宝三	近江国員外少目	正七位上	「甲可郡蔵部郷墾田野地売買券」	七五一
穴太千依	『正倉院文書』	天平宝字六	（愛知郡）		同郡の東大寺封租米運上使となった。	七六二
穴太野中史玉手	『正倉院文書』	天平一七	近江国野洲郡敷智郷戸主		「丹裹古文書」	七四五
野中史	『平安遺文』一六	延暦一五	愛知郡主帳		「八木郷売券」	七九六
穴太部□□□万呂	『平城京長屋王家木簡』		近江国高嶋郡□原里人		「平城宮発掘調査出土木簡概報」一九	八世紀
□□□□（穴太部）	『平城京長屋王家木簡』		（近江国高嶋郡）大処里人		「平城宮発掘調査出土木簡概報」一九	八世紀
穴太秋□□（万呂）	『長岡京跡出土木簡』		高嶋郡人		「長岡京木簡」一	八世紀
穴太□	『下定使遺跡墨書土器』		（坂田郡）		米原町下定使所在	八世紀
西大友村主	『新撰姓氏録』				逸文（「坂上系図」）	
大友村主高聡	『日本書紀』	推古一〇	書生		百済僧観勒に天文・遁甲を学ぶ	六〇二
大友主寸族宿奈尼賣	『正倉院文書』	天平元	近江国滋賀郡古市郷人	（年三八）	「近江国滋賀郡古市郷計帳」	七二九
大友村主人主	『続日本紀』	神護景雲元	近江国人	外正七位上	西大寺に稲一万束・墾田一〇町を献ずる	七六七
大友村主広道	『続日本紀』	延暦六	右京人	正六位上	志賀忌寸を賜う	七八七
大友村主弟継	『続日本後紀』	承和四	太政官史生		春良宿禰を賜う後漢献帝苗裔	八三七
大友村主夜須麻呂	『寺門伝記補録』	貞観八	近江国滋賀郡擬大領	（従七位上）	「三井別当官牒」	八六六

大友村主黒主	『寺門伝記補録』	貞観八	近江国滋賀郡擬大領	従八位上	「三井別当官牒」	八六六
大友村主忠主丸	『寺門伝記補録』	貞観六		従八位下	「園城寺寄附状」	八六四
大友村主盛主丸	『寺門伝記補録』	貞観六		従八位下	「園城寺寄附状」	八六四
大友史	『新撰姓氏録』		未定雑姓河内国		百済国人白猪奈世之後也	
大友史□□（縣戸？）	『平城京二条大路木簡』		浅井郡川道里人		「平城宮発掘調査出土木簡概報」二三	八世紀
大友但波史族広麻呂	『正倉院文書』	神亀二	近江国滋賀郡古市郷人	年三七	「近江国滋賀郡古市郷計帳」	七二五
大友但波史族覇人	『正倉院文書』	神亀二	近江国滋賀郡古市郷人	年五	「近江国滋賀郡古市郷計帳」	七二五
大友但波史族床世賣	『正倉院文書』	神亀二	近江国滋賀郡古市郷人	年二八	「近江国滋賀郡古市郷計帳」	七二五
大友但波史族姉賣	『正倉院文書』	神亀二	近江国滋賀郡古市郷人	年二一	「近江国滋賀郡古市郷計帳」	七二五
大友但波史族古阿麻賣	『正倉院文書』	神亀二	近江国滋賀郡古市郷人	年六一	「近江国滋賀郡古市郷計帳」	七二五
大友但波史族阿麻賣	『正倉院文書』	神亀二	近江国滋賀郡古市郷人	年六一	「近江国滋賀郡古市郷計帳」	七二五
大友但波史族吉備麻呂	『正倉院文書』	神亀二	近江国滋賀郡古市郷人	年三五	「近江国滋賀郡古市郷計帳」	七二五
大友但波史族虫玉賣	『正倉院文書』	神亀二	近江国滋賀郡古市郷人	年一七	「近江国滋賀郡古市郷計帳」	七二五
大友但波史族阿流自賣	『正倉院文書』	神亀二	近江国滋賀郡古市郷人	年一二	「近江国滋賀郡古市郷計帳」	七二五
大友但波史族伊夜玉賣	『正倉院文書』	神亀二	近江国滋賀郡古市郷人	年一〇	「近江国滋賀郡古市郷計帳」	七二五
大友但波史族佐美賣	『正倉院文書』	天平元	近江国滋賀郡古市郷人	年三五	「近江国滋賀郡古市郷計帳」	七二九
大友但波史族子君	『正倉院文書』	天平一四	近江国滋賀郡古市郷人	年一九	「近江国滋賀郡古市郷計帳」	七二五
大友但波史族乙麻呂	『正倉院文書』	天平一四	近江国滋賀郡古市郷人	年一七	「近江国滋賀郡古市郷計帳」	七二五
大友但波史族古刀自賣	『正倉院文書』	天平一四	近江国滋賀郡古市郷人	年一三	「近江国滋賀郡古市郷計帳」	七二五
大友但波史族酒美	『正倉院文書』	天平一四	近江国滋賀郡古市郷人	年五一	「近江国滋賀郡古市郷計帳」	七二五
大友但波史族美都久賣	『正倉院文書』	天平一四	近江国滋賀郡古市郷人	年一六	「近江国滋賀郡古市郷計帳」	七二五
大友但波史族美久賣	『正倉院文書』	天平一四	近江国滋賀郡古市郷人	年一三	「近江国滋賀郡古市郷計帳」	七二五
大友但波史族三田賣	『正倉院文書』	天平一四	近江国滋賀郡古市郷人	年三一六	「近江国滋賀郡古市郷計帳」	七二五
旦波博士	『森ノ内遺跡出土木簡』		衣知評平留五〇戸		二号木簡（中主町西河原所在）	七世紀
但波史□万呂	『平城京長屋王家木簡』		（高島郡）足積里人		「平城宮発掘調査出土木簡概報」一九	八世紀

大友曰佐広羽賣	『正倉院文書』	天平一四	近江国滋賀郡古市郷人	年六一	「近江国滋賀郡古市郷計帳」	七二五
大友曰佐椋麻呂	『正倉院文書』二五	天平一七	近江国栗太郡木川郷戸主		「丹裏古文書」（優婆塞貢進文）	七四五
大友曰佐千嶋	『正倉院文書』	天平二一	近江国蒲生郡桐原郷戸主		「写経所解」	七四八
大友曰佐広国	『正倉院文書』	天平二一	近江国蒲生郡桐原郷戸口		「写経所解」	七四八
大友曰佐田麻呂	『正倉院文書』	天平勝宝末	近江国滋賀郡錦部郷人		「西南角領解」？	八世紀
大友曰佐麻須良	『正倉院文書』	天平勝宝末	近江国滋賀郡錦部郷人		「西南角領解」？	八世紀
大友民曰佐龍人	『続日本紀』	延暦六	近江国野洲郡人		志賀忌寸を賜う	七八七
大友曰佐浄川	『平安遺文』	延暦一五	近江国愛智郡大国郷長		「大国郷墾田売券」	七九六
大友曰佐豊継	『平安遺文』	仁寿四	近江国滋賀郡真野郷人		「大国郷墾田売券」	八五四
大友曰佐宮安名	『平安遺文』	仁寿四	近江国滋賀郡真野郷人		「大国郷墾田売券」	八五四
大友漢人若子賣	『正倉院文書』	神亀二	近江国滋賀郡古市郷人	年六一九	「近江国滋賀郡古市郷計帳」	七二五
大友氏	『新撰姓氏録』		未定雑姓河内国		百済国人白猪奈世之後也	
大友醜麻呂	『長岡京出土木簡』		近江国米綱丁		「長岡京木簡」一	八世紀
大友夜須万呂	『正倉院文書』	天平宝字六	近江国愛智郡人？		「愛智郡司東大寺封祖米進上解案帳」	七六二
大友□□	『森ノ内遺跡出土木簡』		近江国野洲郡某郷戸主		一号木簡（中主町西河原所在）	八世紀
大友馬飼	『平安遺文』二三九	承平二	近江国蒲生郡安吉郷人	擬大領	「源昇家領近江国土田荘田地注文」	九三二
大友行商	『平城宮出土木簡』		甘作郡雄諸郷大津里		「平城宮発掘調査出土木簡概報」六	八世紀
大友禅師	『正倉院文書』	天平宝字六	近江国夜須郡林寺僧		石山寺増改築工事の信楽殿壊運所専当	七六二
大友久常	『平安遺文』	永承七	近江国愛智郡人？		「愛智荘坪付注文」	一〇一二
大友友常	『平安遺文』	永承七	近江国愛智郡人？		「愛智荘坪付注文」	一〇一二
大友部龍	『光相寺遺跡出土木簡』		（野洲郡）		（中主町西河原所在）	八世紀
桑原史人勝	『続日本紀』	天平宝字二	近江国神崎郡人	正八位下	桑原直に改姓	七五七
桑原直新麻呂	『続日本紀』	神護景雲二	近江国浅井郡人		桑原公に改姓	七六八
桑原直訓志必登	『続日本紀』	神護景雲二	近江国浅井郡人		桑原公に改姓	七六八
桑原大□	『平城京長屋王家木簡』		（蒲生郡）佐々支部（郷）		「平城宮発掘調査出土木簡概報」二七	八世紀

桑原村主	『新撰姓氏録』		右京諸蕃		出自漢高祖七世孫萬徳使主	
桑原史	『新撰姓氏録』		山城國諸蕃		狛国人漢胥後也	
桑原史	『新撰姓氏録』		摂津國諸蕃		桑原村主同祖。高麗国人萬徳使主後也	
桑原直	『新撰姓氏録』		大和国諸蕃		桑原村主同祖。高祖七世孫萬徳使主後也	
錦織村主	『新撰姓氏録』		右京諸蕃		出自韓国人波努志也	
錦部村主	『新撰姓氏録』		山城国諸蕃		波能志之後也	
錦部村主	『新撰姓氏録』				逸文（「坂上系図」）	
錦部村主薬麻呂	『続日本紀』	承和四	近江国人左衛門少志		賜姓春良宿禰後漢献帝苗裔也	八三七
錦部主寸人勝	『続日本紀』	承和四	近江国人越前少目		賜姓春良宿禰後漢献帝苗裔也	八三七
錦織主寸大分	『飛鳥京跡苑池遺構出土木簡』		坂田評歌里人		庸米荷札（『飛鳥京跡苑池遺構出土木簡概報』）	七世紀
錦織主寸□	『柿堂遺跡出土木簡』		（神崎郡）		庸米荷札（能登川町柿堂所在『木簡研究第八号』）	八世紀
錦村主清常刀自	『日本三代実録』	貞観一六	近江国浅井郡人	節婦	叙位二階	八七四
錦村主特万呂	『正倉院文書』	宝亀九	近江国人	郷長	「穂積真乗女解」	七七八
錦村主三田	『正倉院文書』	宝亀九	近江国人		「穂積真乗女解」	七七八
錦村主田主	『正倉院文書』	宝亀九	近江国人		「穂積真乗女解」	七七八
錦日佐周興	『続日本紀』	延暦六	近江国浅井郡人	従六位上	志賀忌寸を賜う	七八七
錦日佐名吉	『続日本紀』	延暦六	近江国蒲生郡人	従八位	志賀忌寸を賜う	七八七
錦部息嶋	『正倉院文書』	天平一四	近江国滋賀郡古市郷人	年二一	「近江国滋賀郡古市郷計帳」	七四二
錦部（欠名）	『正倉院文書』	宝亀九	近江国人		「穂積真乗女解」	七七八
錦部□	『安堂遺跡出土木簡』		益田郷戸主		庸米荷札（『安堂遺跡木簡』）	八世紀
錦氏	『日本文徳天皇実録』	斉衡二	近江国滋賀郡人	僧正	天台宗僧正長訓の俗名	八五五
錦部氏首	『寺門伝記補録』	貞観一〇	近江国滋賀郡擬少領	従八位上	「三井寺壇越大友村主夜須良麻呂奏状」	八六八
錦□（谷カ）	入江内湖遺跡墨書土器		（坂田郡）		（米原町上多良所在）	一〇世紀

志賀忌寸真広	『続日本紀』	延暦元	坂田郡人		穴太村主から志賀忌寸に改姓	七八二
志賀忌寸（某）	『平安遺文』一	天長九	坂田郡主政	外大初位下	（『近江国坂田郡大原郷長解』）	八三二
春良宿禰諸世	『日本三代実録』	貞観六	近江国犬上郡人	正七位下	左近衛府	八六四
春良宿禰	『続日本後紀』	承和四			大友村主・志賀史・錦部村主から改姓	八三七
志何史堅魚麻呂	『正倉院文書』二五	天平一七	近江国栗太郡木川郷戸主	年二〇	「優婆塞貢進文」	七四五
志賀史常継	『続日本後紀』	承和四	近江国人左兵衛権少志		賜姓春良宿禰後漢献帝苗裔也	八三七
上主寸諸足女	『正倉院文書』	天平三	近江国滋賀郡古市郷人	年四一	「近江国滋賀郡古市郷計帳手実」	七三一
上村主楯麻呂	『正倉院文書』五	天平宝字六	近江国栗太郡人	従八位下	造東大寺司画師（『造石山院所労劇帳』）	七六二
登美史久御賣	『正倉院文書』	天平一四	近江国滋賀郡古市郷人	年三一	「近江国滋賀郡古市郷計帳手実」	七三一
登美史東人	『森ノ内出土木簡』		近江国野洲郡某郷戸主		一号木簡（中主町西川原所在）	八世紀
槻本連若子	『正倉院文書』	天平八	志我采女	従八位上		七三六
槻本連良棟	『続日本後紀』	承和四	右京人遣唐知乗船事		賜姓安稺宿禰其先後漢献帝後也	八三七
槻本連豊額	『続日本後紀』	承和四	右京人民部少録		賜姓安稺宿禰其先後漢献帝後也	八三七
槻本連	『寺門伝記補録』	貞観一〇	近江国滋賀郡擬少領	従八位上	「三井寺壇越大友村主夜須良麻呂奏状」	八六八
槻本村主勝麻呂	『日本書紀』	朱鳥元		勲大壱位	賜連姓加封二〇戸	六八六
槻本氏	『日本文徳天皇実録』	仁寿三	近江国野洲郡人		僧正延祥大法師卒俗姓槻本氏	八五三
石寸村主	『新撰姓氏録』				逸文（『坂上系図』）	
磐城村主殷	『日本書紀』	天智三	近江国栗太郡人			六六四
石木主寸	『森ノ内出土木簡』		近江国野洲郡某郷戸主		一号木簡（中主町西川原所在）	八世紀
石城村主宿禰	『平安遺文』	長治元	近江国野洲郡福林寺の建立者		天武朝に近江国福林寺を創建（官宣旨案）	一一〇四
郡主寸得足	『森ノ内出土木簡』		近江国野洲郡某郷戸主		一号木簡（中主町西川原所在）	八世紀
郡	筑摩御厨跡遺跡墨書土器		（坂田郡）		（米原町筑摩所在）	九世紀
佐多	『森ノ内出土木簡』		（野洲郡）			八世紀
永野忌寸吉雄	『三代実録』	元慶三	近江国野洲郡百姓			八七九
三津首浄足	『平安遺文』	宝亀一一	近江国滋賀郡古市郷戸主	正八位下	「近江国府牒」（『来迎院文書』）	七八〇

三津首広野	『平安遺文』	宝亀一一	近江国滋賀郡古市郷戸口		「近江国府牒」(『来迎院文書』)	七八〇
(最澄)	『叡山大師伝』		滋賀の人		先祖後漢献帝苗裔登万貴王也	
御津首持麻呂	『正倉院文書』	天平五	山背国愛宕郡人		「山背国愛宕郡出雲郷計帳」	七三三
下火首君麻呂	『正倉院文書』	天平一四	滋賀郡古市郷人	年三六	「近江国滋賀郡古市郷計帳」	七四二
下火首入鹿	『正倉院文書』	天平一四	滋賀郡古市郷人	年一七	「近江国滋賀郡古市郷計帳」	七四二
下火首国虫	『正倉院文書』	天平一四	滋賀郡古市郷人	年四	「近江国滋賀郡古市郷計帳」	七四二
下火首玉賣	『正倉院文書』	天平一四	滋賀郡古市郷人	年一三	「近江国滋賀郡古市郷計帳」	七四二
下火首子君	『正倉院文書』	天平一四	滋賀郡古市郷人	年三七	「近江国滋賀郡古市郷計帳」	七四二
下火首牛甘	『正倉院文書』	天平一四	滋賀郡古市郷人	年八	「近江国滋賀郡古市郷計帳」	七四二
下火首多次賣	『正倉院文書』	天平一四	滋賀郡古市郷人	年六	「近江国滋賀郡古市郷計帳」	七四二
下火首白刀自賣	『正倉院文書』	天平一四	近江国滋賀郡古市郷人	年一三	「近江国滋賀郡古市郷計帳」	七四二
下火首玉賣	『正倉院文書』	天平一四	近江国滋賀郡古市郷人	年六	「近江国滋賀郡古市郷計帳」	七四二
下火首真君	『正倉院文書』	天平一四	近江国滋賀郡古市郷人	年三五	「近江国滋賀郡古市郷計帳」	七四二
下火首刀自賣	『正倉院文書』	天平一四	近江国滋賀郡古市郷人	年七	「近江国滋賀郡古市郷計帳」	七四二
下火首佐美	『正倉院文書』	天平一四	近江国滋賀郡古市郷人	年二六	「近江国滋賀郡古市郷計帳」	七四二
下火首美怒久賣	『正倉院文書』	天平一四	近江国滋賀郡古市郷人	年七	「近江国滋賀郡古市郷計帳」	七四二
下火首多真賣	『正倉院文書』	天平一四	近江国滋賀郡古市郷人	年三七	「近江国滋賀郡古市郷計帳」	七四二
下火首真税賣	『正倉院文書』	天平一四	近江国滋賀郡古市郷人	年三三	「近江国滋賀郡古市郷計帳」	七四二
下火首刀自賣	『正倉院文書』	天平一四	近江国滋賀郡古市郷人	年二五	「近江国滋賀郡古市郷計帳」	七四二
下火首毛人賣	『正倉院文書』	天平一四	近江国滋賀郡古市郷人	年一八	「近江国滋賀郡古市郷計帳」	七四二
曰佐首勝継	『平安遺文』四七	弘仁一一年	愛知郡主帳	外少初位下		八二〇
曰佐	『姓氏録』山城皇別		近江国野洲郡曰佐			
太田史加比麻呂	『正倉院文書』	神亀元	近江国滋賀郡古市郷人	年二四	「近江国滋賀郡古市郷計帳手実」	七二九
太田史多久米	『正倉院文書』	天平元	近江国滋賀郡古市郷人	年四二	「近江国滋賀郡古市郷計帳手実」	七二九
太田史君足	『正倉院文書』	天平元	近江国滋賀郡古市郷人	年二〇	「近江国滋賀郡古市郷計帳手実」	七二九

太田史君麻呂	『正倉院文書』	天平元	近江国滋賀郡古市郷人	年一二	「近江国滋賀郡古市郷計帳手実」	七二九
太田史衣村賣	『正倉院文書』	天平元	近江国滋賀郡古市郷人	年一四	「近江国滋賀郡古市郷計帳手実」	七二九
太田史志祁志賣	『正倉院文書』	天平元	近江国滋賀郡古市郷人	年八	「近江国滋賀郡古市郷計帳手実」	七二九
太田史安占賣	『正倉院文書』	天平元	近江国滋賀郡古市郷人	年二	「近江国滋賀郡古市郷計帳手実」	七二九
丈安史法麻呂	『正倉院文書』	天平一四	近江国滋賀郡古市郷人	年七四	「近江国滋賀郡古市郷計帳手実」	七三一
高史加太賣	『正倉院文書』	天平一四	近江国滋賀郡古市郷人	年三三	「近江国滋賀郡古市郷計帳手実」	七三一
阿直史姪賣	『正倉院文書』	天平一四	近江国滋賀郡古市郷人	年五二	「近江国滋賀郡古市郷計帳手実」	七三一
惹原史宿奈麻呂	『正倉院文書』	天平一七	近江国野洲郡敷知郷戸口		仕丁送文	七三四
飽波男成	『正倉院文書』	宝亀二	犬上郡野波郷戸主		「凡海連豊成経師貢進文」	七七一
飽波飯成	『正倉院文書』	宝亀二	犬上郡野波郷戸口		「凡海連豊成経師貢進文」	七七一
明波漢人志己夫	『平城京長屋王家木簡』		蒲生郡西里人		「平城宮発掘調査出土木簡概報」二七	八世紀
飽波漢人伊太須	『続日本紀』	養老六	近江国			七二二
秦忌寸家継	『平安遺文』一一六	仁寿四年	愛知郡大国郷保證		貞観三年（八六一）に大国郷保證人	八五四
秦忌寸五月麻呂	『平安遺文』一一七	仁寿四年	愛知郡大国郷戸口		墾田主	八五四
秦忌寸真工女	『平安遺文』一一七	仁寿四年	愛知郡大国郷相売			八五四
秦大蔵忌寸広男	『正倉院文書』	天平寶字六	愛知郡少領	外従八位下		七六二
朴市秦造田来津	『平安遺文』一五九	大化元年			古人皇子の謀反に連座。天智二年（六六三）白村江で戦死。	六四五
依知秦公門守	『正倉院文書』	天平寶字六	愛知郡大領			七六二
依知秦公宅成	『平安遺文』一五	延暦一五年	愛知郡大国郷保長		（墾田売却）	七九〇
依知秦公広麻呂	『平安遺文』二二	延暦二一	愛知郡大国郷證人			八〇二
依知秦公人□	『平安遺文』二二	延暦二一	愛知郡大国郷保子			八〇二
依知秦公	『平安遺文』二二	延暦二一	愛知郡大国郷郷長			八〇二
依知秦公秋主	『平安遺文』三三	弘仁二	愛知郡大国郷證人		墾田売却・承和七年（八四〇）にみえる依知秦前秋主と同一人物か	八一一

依知秦公比留売	『平安遺文』三三	弘仁二	愛知郡大国郷證人		懇田売却	八一一
依知秦公成山	『平安遺文』三三	弘仁二	愛知郡大国郷證人		懇田売却	八一一
依知秦公人男	『平安遺文』四四	弘仁九	愛知郡大国郷保子			八一八
依知秦公真広	『平安遺文』四四	弘仁九	愛知郡大国郷郷長		承和七年（八四〇）大国郷戸主	八一八
依知秦公家成	『平安遺文』四四	弘仁九	愛知郡大国郷保子			八一八
依知秦公万歳麻呂	『平安遺文』四七	弘仁一一	愛知郡大国郷戸主	勲九等	墾田買得	八二〇
依知秦公家持	『平安遺文』五〇	天長二	愛知郡大国郷保子	従八位上		八二五
依知秦公継成	『平安遺文』五〇	天長二	愛知郡大国郷保子	従六位下		八二五
依知秦公家主	『平安遺文』五〇	承和八	愛知郡大国郷戸主			八四一
依知秦公年縄	『平安遺文』五〇	承和八	愛知郡大国郷戸口		依知秦公家主戸口・斉衡二年(八五五)に墾田主	八四一
依知秦公寅継	『平安遺文』五〇	承和八	愛知郡大国郷證人		斉衡二年（八五五）に保証・貞観八年（八六六）に證人	八四一
依知秦公長吉	『平安遺文』五〇	承和八	愛知郡大国郷戸主	従八位上	證人・貞観三年（八六一）にも従八位上・保證人、貞観六年(八六四)に證人	八四一
依知秦公浄男	『平安遺文』六五	承和七	愛知郡大国郷徴部	正八位上	依知秦公真広の戸口。墾田買得。嘉祥元年（八四八）・仁寿四年（八五四）・貞観五年（八六三）・天安元年（八五七）に大国郷戸主、戸口、相売、貞観七年（八六五）に浄雄とある	八四〇
依知秦公年主	『平安遺文』六五	承和七	愛知郡大国郷戸主	正八位上	懇田売却相売、嘉祥元年（八四八）に大国郷戸主、仁寿四年（八五四）に大国郷戸主・相売	八四〇
依知秦公永吉	『平安遺文』六五	承和七	愛知郡大国郷戸主		大国郷戸主・墾田売却・仁寿四年（八五四）に頭領、斉衡二年（八五五）に副擬大領外従八位下、貞観五年（八六三）に大国郷戸主・懇田主、貞観八年（八六六）に証人	八四〇

依知秦公真貞	『平安遺文』六五	承和七	愛知郡大国郷相売		墾田売却相売・貞観五年（八六三）に相売	八四〇
依知秦公	『平安遺文』六五	承和七	愛知郡大国郷保証			八四〇
依知秦公	『平安遺文』六五	承和七	愛知郡大国郷徴部			八四〇
依知秦公秋男	『平安遺文』八八	嘉祥元	愛知郡大国郷戸主		仁寿四年（八五四）に大国郷戸主・墾田主（墾田売却人）	八四八
依知秦公弟縄	『平安遺文』八八	嘉祥元	愛知郡大国郷證人		仁寿四年（八五四）に徴部・斉衡二年（八五五）に相売戸主・貞観五年（八六三）・貞観六年（八六四）に證人	八四八
依知秦公富継	『平安遺文』八八	嘉祥元	愛知郡大国郷證人			八四八
依知秦公吉我	『平安遺文』八八	嘉祥元	愛知郡大国郷證人			八四八
依知秦公	『平安遺文』八九	嘉祥元	愛知郡大国郷保證			八四八
依知秦公	『平安遺文』八九	嘉祥元	愛知郡大国郷徴部			八四八
依知秦公家公	『平安遺文』八九	嘉祥元	愛知郡大国郷保證			八四八
依知秦公千門	『平安遺文』八九	嘉祥元	愛知郡大国郷領	正八位上	仁寿四年（八五四）に証人、貞観三年（八六一）に徴部正八位下、貞観六年（八六四）に証人、貞観八年（八六六）に証人正八位上として見える	八四八
依知秦公福主	『平安遺文』八九	嘉祥元	愛知郡大国郷徴部			八四八
依知秦公貞家	『平安遺文』一一四	仁寿四	愛知郡大国郷相売		墾田売却・依知秦公福万の男	八五四
依知秦公貞男	『平安遺文』一一四	仁寿四	愛知郡大国郷相売		墾田売却・依知秦公福万の男	八五四
依知秦公福貞	『平安遺文』一一四	仁寿四	愛知郡大国郷證人		貞観三年（八六一）に相売	八五四
依知秦公福万	『平安遺文』一一四	仁寿四	愛知郡大国郷戸主		沽人（墾田売却人）、天安元年（八五七）に証人、貞観三年（八六一）にも大国郷戸主・墾田主、貞観六年（八六四）・貞観八年（八六六）に証人	八五四
依知秦公	『平安遺文』一一四	仁寿四	愛知郡大国郷證人			八五四

依知秦公	『平安遺文』一一四	仁寿四	愛知郡大国郷證人			八五四
依知秦公千嗣	『平安遺文』一一六	仁寿四	愛知郡大国郷保證		貞観八年（八六六）に大国郷戸主・墾田主	八五四
依知奉公福常	『平安遺文』一一六	仁寿四	愛知郡大国郷保證			八五四
依知秦公	『平安遺文』一一六	仁寿四	愛知郡大国郷領			八五四
依知秦公	『平安遺文』一一六	仁寿四	愛知郡大国郷頭領			八五四
依知秦公福行	『平安遺文』一一六	仁寿四	愛知郡大国郷戸主	外従八位上	墾田買得。貞観三年（八六一）に大国郷戸主外従八位上	八五四
依知秦公益継	『平安遺文』一一七	仁寿四	愛知郡大国郷戸主		戸主・貞観六年（八六四）に証人	八五四
依知秦公平刀自女	『平安遺文』一一七	仁寿四	愛知郡大国郷戸口		依知秦公益継戸口	八五四
依知秦公	『平安遺文』一二〇	斉衡二	愛知郡大国郷相売			八五五
依知秦公	『平安遺文』一二〇	斉衡二	愛知郡大国郷相売			八五五
依知秦公吉直	『平安遺文』一二〇	斉衡二	愛知郡大国郷徴部	従八位上	天安元年（八五七）・貞観八年（八六六）に従八位上証人	八五五
依知秦公	『平安遺文』一二〇	斉衡二	愛知郡大国郷頭領			八五五
依知秦公	『平安遺文』一二〇	斉衡二	愛知郡大国郷頭領			八五五
依知秦公福貞	『平安遺文』一三一	貞観三	愛知郡大国郷相売			八六一
依知秦公貞成	『平安遺文』一三一	貞観三	愛知郡大国郷相売		墾田売却	八六一
依知秦公貞宗	『平安遺文』一三一	貞観三	愛知郡大国郷保證人	正八位下	天安元年（八五七）にも證人	八六一
依知秦公文男	『平安遺文』一三一	貞観三	愛知郡大国郷保證人		保證人	八六一
依知秦公	『平安遺文』一三一	貞観三	愛知郡大国郷税領	大初位下		八六一
依知秦公	『平安遺文』一三一	貞観三	愛知郡大国郷戸主	大初位下		八六一
依知秦公永雄	『平安遺文』一三二	貞観三	愛知郡大国郷證人	大初位上		八六一
依知秦公継雄	『平安遺文』一三二	貞観三	愛知郡大国郷證人			八六一
依知秦公	『平安遺文』一三二	貞観三	愛知郡大国郷證人			八六一

依知秦公真勝	『平安遺文』一三五	貞観五	愛知郡大国郷證人			八六三
依知秦公	『平安遺文』一三五	貞観五	愛知郡大国郷證人			八六三
依知秦公	『平安遺文』一三五	貞観五	愛知郡大国郷長			八六三
依知秦公田次丸	『平安遺文』一四〇	貞観五	愛知郡大国郷相売		墾田売却相売カ？	八六三
依知秦公夏吉	『平安遺文』一四〇	貞観五	愛知郡大国郷相売		墾田売却相売カ？	八六三
依知秦公安麻呂	『平安遺文』一四四	貞観六	愛知郡大国郷戸口		墾田主・依知秦公浄長の戸口。貞観八年（八六六）に証人	八六四
依知秦公浄長	『平安遺文』一四四	貞観六	愛知郡大国郷戸主		墾田売却相売カ？	八六四
依知秦公舎吉	『平安遺文』一四四	貞観六	愛知郡大国郷長		郷長	八六四
依知秦公真乙前女	『平安遺文』一四七	貞観七	愛知郡大国郷相売		墾田売却	八六四
依知秦公夏成	『平安遺文』一五一	貞観八	愛知郡大国郷戸主		墾田売却相売。	八六六
依知秦公人主	『平安遺文』一五一	貞観八	愛知郡大国郷證人	従七位上	証人従七位上	八六六
依知秦公又子	『平安遺文』一八七	延喜二	愛知郡大国郷戸主		元興寺に墾田を施入。	九〇二
依知秦公春影	『平安遺文』一八七	延喜二	愛知郡大国郷戸主	従八位上	従八位上・右兵衛。	九〇二
依知秦公夏□	『平安遺文』一八七	延喜二	愛知郡大国郷戸主	大初位上	大初位上	九〇二
依知秦公國成	『平安遺文』一六	延暦一五	愛知郡八木郷領			九〇二
依知秦公	『平安遺文』一六	延暦一五	愛知郡八木郷保長			九〇二
依知秦公象守	『平安遺文』八七	承和一四	愛知郡八木郷相沽		墾田売却・依智秦大刀自女の弟。	八四七
依知秦公成人	『平安遺文』四七	弘仁一一	愛知郡蚊野郷戸主	従八位下		八二〇
依知秦公魚成	『平安遺文』四七	弘仁一一	愛知郡蚊野郷戸口		魚成の弟。	八二〇
依知秦公酒富刀自女	『平安遺文』一二三	天安元	愛知郡養父郷戸口		墾田主（墾田売却人）・平群夜須長の戸口。	八五七
依知秦公廣成	『平安遺文』一五九	貞観一〇	愛知郡養父郷戸口		墾田売人・平群廣人戸口。	八六八
依知秦公田刀自	『平安遺文』一五九	貞観一〇	愛知郡養父郷戸口		広人戸口	八六八
依知秦公	『平安遺文』一五九	貞観一〇	愛知郡養父郷証人	正七位上		八六八

依知秦公	『平安遺文』一五九	貞観一〇	愛知郡養父郷証人	正八位下		八六八
依知秦公	『平安遺文』一五九	貞観一〇	愛知郡養父郷証人			八六八
依知秦公	『平安遺文』一五九	貞観一〇	愛知郡養父郷証人			八六八
依知秦公公麻呂	『正倉院文書』	天平宝字六	東大寺封租米運上使		同郡の東大寺封租米運上使となった。	七六二
依知秦公浄成	『正倉院文書』	天平宝字七	愛知郡司子弟		愛知郡司子弟。	七六二
依知秦公長万呂	『正倉院文書』	天平宝字六	愛知郡司子弟		愛知郡司子弟。	七六二
依知秦公門守	『正倉院文書』	天平宝字六	愛知郡大領	従七位上		七六二
依知秦公足上	『平安遺文』一五	延暦一五	愛知郡権大領			七九〇
依知秦公	『平安遺文』一五	延暦一五	愛知郡少領			七九〇
依知秦公子駿河	『平安遺文』一六	延暦一五	愛知郡大領			七九〇
依知秦公	『平安遺文』二二	延暦二一年	愛知郡少領	外従八位下 勲六等		八〇二
依知秦公杭	『平安遺文』三三	弘仁二年	愛知郡擬大領	正八位上		八一一
依知秦公豊上	『平安遺文』四四	弘仁九年	愛知郡擬大領	外正八位上 勲八等		八一八
依知秦公名守	『平安遺文』四七	弘仁一一年	愛知郡擬大領	外正七位下		八二〇
依知秦公吉継	『平安遺文』五〇	天長二年	愛知郡転擬大領	外従七位下		八二五
依知秦公名手	『平安遺文』五〇	天長二年	愛知郡副擬大領	外正七位下		八二五
依知秦公	『平安遺文』五〇	天長二年	愛知郡擬少領	従八位上		八二五
依知秦公福成	『平安遺文』六五	承和七年	愛知郡擬大領	従六位上		八四〇
依知秦公	『平安遺文』六五	承和七年	愛知郡擬少領	大初位下		八四〇
依知秦公	『平安遺文』八七	承和一四年	愛知郡転擬大領	従八位上		八四七
依知秦公内守	『平安遺文』八七	承和一四年	愛知郡擬少領	無位		八四七
依知秦公	『平安遺文』八八	嘉祥元年	愛知郡擬大領	正八位上		八四八
依知秦公当男	『平安遺文』八八	嘉祥元年	愛知郡少領	外従八位下		八四八

依知秦公成盛	『平安遺文』一一六	仁寿四年	愛知郡擬大領	正七位上		八五四
依知秦公	『平安遺文』一一六	仁寿四年	愛知郡擬少領	大初位下		八五四
依知秦公氏益	『平安遺文』一一七	仁寿四年	愛知郡擬大領	正七位上		八五四
依知秦公	『平安遺文』一二〇	斉衡二年	愛知郡擬大領	大初位下		八五五
依知秦公成益	『平安遺文』一二三	天安元年	愛知郡擬大領	正七位上		八五七
依知秦公	『平安遺文』一二三	天安元年	愛知郡擬主帳	正八位上		八五七
依知秦公	『平安遺文』一二三	天安元年	愛知郡擬少領	大初位上		八五七
依知秦公市原	『平安遺文』一四七	貞観七年	愛知郡擬大領	外従八位位		八六五
依知秦公真人	『平安遺文』一四七	貞観七年	愛知郡擬少領	大初位上		八六五
依知秦公勇吉	『平安遺文』一四九	貞観八年	愛知郡擬大領	正八位上		八六六
依知秦公永岑	『平安遺文』一八七	延喜二年	愛知郡目代			九〇二
依智秦富吉女	『平安遺文』四七	弘仁一一年	愛知郡蚊野郷戸口		墾田主・成人の戸口カ？	八二〇
依知秦吉成	『平安遺文』一一七	仁寿四年	愛知郡大国郷證人			八五四
依知秦直継	『平安遺文』一一七	仁寿四年	愛知郡大国郷庸調領			八五四
依知秦全吉	『平安遺文』一一七	仁寿四年	愛知郡大国郷郷長			八五四
依知秦副行	『平安遺文』一二〇	斉衡二年	愛知郡大国郷戸主	外従八位下	大国郷戸主外従八位下、天安元年（八五七）に副擬少領外従八位上	八五五
依知秦	『平安遺文』一二〇	斉衡二年	愛知郡大国郷徴部			八五五
依知秦	『平安遺文』一六	延暦一五年	愛知郡八木郷戸主			七九〇
依知秦真乙刀自女	『平安遺文』一五〇	貞観八年	愛知郡大国郷相売			八六六
依知秦又雄	『平安遺文』一八七	延喜二年	愛知郡前擬【少】大領	正六位上	刀禰	九〇二
依知秦春□	『平安遺文』一八七	延喜二年	愛知郡前擬【少】大領	正六位上	刀禰	九〇二
依知秦房雄	『平安遺文』一八七	延喜二年	愛知郡大国郷戸主	正六位上	刀禰	九〇二
依智秦安岑	『平安遺文』八七	承和一四年	愛知郡八木郷相沽		墾田売却。	八四七
依智秦公吉	『平安遺文』八七	承和一四年	愛知郡八木郷長			八四七

依智秦名並	『平安遺文』八七	承和一四年	愛知郡八木郷證人			八四七
依智秦藤並	『平安遺文』八七	承和一四年	愛知郡八木郷證人		小子（安岑の子カ）	八四七
依知秦	『平安遺文』八七	承和一四年	愛知郡八木郷證人			八四七
依智秦真象	『平安遺文』八七	承和一四年	愛知郡八木郷戸主		墾田売却人依智秦真大刀自女の戸主。	八四七
依智秦大刀自女	『平安遺文』八七	承和一四年	愛知郡八木郷戸口		依知秦真象戸・墾田売人。	八四七
依知秦億義麿	『平安遺文』八七	承和一四年	愛知郡擬主帳			八四七
依知秦氏吉	『平安遺文』八七	承和一四年	愛知郡副擬大領	正八位上		八四七
依知秦兼頼	『平安遺文』一五九	延喜二〇年			少書使右大臣藤原忠平牒にみえる。	九二〇
依知秦	『平安遺文』一八七	延喜二年	愛知郡勾当			九〇二
依知秦忠範	『平安遺文』一八七	延喜二年	愛知郡検校			九〇二
依知秦	『平安遺文』一八七	延喜二年	愛知郡郡老			九〇二
、、、	『平安遺文』一八七	延喜二年	愛知郡擬大領			九〇二
依知秦	『平安遺文』一八七	延喜二年	愛知郡擬少領			九〇二
依知秦是重	『平安遺文』二一七	永承七年	（愛知郡）		愛智郡荘坪付注文	一〇五二
依知秦常久	『平安遺文』六九五	永承七年	（愛知郡）		愛智秦荘坪付注文	一〇五二
依知秦時頼	『平安遺文』六九五	永承七年	（愛知郡）		依智秦荘坪付注文	一〇五二
依知秦利常	『平安遺文』六九五	永承七年	（愛知郡）		愛智秦荘坪付注文	一〇五二
依知秦久永	『平安遺文』六九五	永承七年	（愛知郡）		愛智秦荘坪付注文	一〇五二
依知秦久頼	『平安遺文』六九五	永承七年	（愛知郡）		愛智秦荘坪付注文	一〇五二
依知秦包常	『平安遺文』六九五	永承七年	（愛知郡）		愛智秦荘坪付注文	一〇五二
依知秦氏守		長承二年	（愛知郡）		西押立村横溝善明寺釈迦如来像の胎内銘造仏結縁者	一一三三
依知秦国安		長承二年	（愛知郡）		西押立村横溝善明寺釈迦如来像の胎内銘造仏結縁者	一一三三

依知秦貞宗		長承二年	（愛知郡）	西押立村横溝善明寺釈迦如来像の胎内銘造仏結縁者	一一三三
依知秦重友		長承二年	（愛知郡）	西押立村横溝善明寺釈迦如来像の胎内銘造仏結縁者	一一三三
依知秦重元		長承二年	（愛知郡）	西押立村横溝善明寺釈迦如来像の胎内銘造仏結縁者	一一三三
依知秦重吉		長承二年	（愛知郡）	西押立村横溝善明寺釈迦如来像の胎内銘造仏結縁者	一一三三
依知秦永宗		長承二年	（愛知郡）	西押立村横溝善明寺釈迦如来像の胎内銘造仏結縁者	一一三三
依知秦則重		長承二年	（愛知郡）	西押立村横溝善明寺釈迦如来像の胎内銘造仏結縁者	一一三三
依知秦宗重		長承二年	（愛知郡）	西押立村横溝善明寺釈迦如来像の胎内銘造仏結縁者	一一三三
依知秦用重		長承二年	（愛知郡）	西押立村横溝善明寺釈迦如来像の胎内銘造仏結縁者	一一三三
依知秦久清		長承二年	（愛知郡）	西押立村横溝善明寺釈迦如来像の胎内銘造仏結縁者	一一三三
依知秦久重		長承二年	（愛知郡）	西押立村横溝善明寺釈迦如来像の胎内銘造仏結縁者	一一三三
依智福益	『平安遺文』五〇	天長二年	愛知郡大国郷長		八二五
秦公宗直	『平安遺文』一四四	貞観六年	愛知郡大国郷證人	証人・貞観八年（八六六）に大国郷戸主・墾田主	八六四
秦公□□	『平安遺文』一四九	貞観八年	愛知郡大国郷相沽		八六六
秦公咋麻呂	『平安遺文』一六	延暦一五年	愛知郡八木郷戸主		九〇二
秦公茂人	『平安遺文』一六	延暦一五年	愛知郡八木郷長		九〇二
秦公小月	『平安遺文』三三	弘仁二年	愛知郡大国郷長		八一一

秦公吉継	『平安遺文』四七	弘仁一一年	愛知郡□監	無位		八二〇
依知秦前公	『平安遺文』二二	延暦二一年	愛知郡擬大領	正七位下		八〇二
依知秦前秋麿	『平安遺文』五〇	天長二年	愛知郡大国郷保子		承和八年（八四一）證人	八二五
依知秦前秋主	『平安遺文』六五	承和七年	愛知郡大国郷領		嘉祥元年（八四八）に大国郷長	八四〇
秦前継麻呂	『平安遺文』四七	弘仁一一年	愛知郡蚊野郷戸主	従八位上		八二〇
大蔵秦公広吉女	『平安遺文』五〇	天長二年	愛知郡大国郷戸口		若湯坐連成継戸口・墾田主	八二五
大蔵秦公魚主	『平安遺文』五〇	天長二年	愛知郡大国郷保子			八二五
秦広嶋	「永田遺跡出土木簡」		（高島郡）			八世紀
秦刀自女	『平安遺文』一六	延暦一五年	愛知郡八木郷田作人		墾田売却人民首田次麻呂の田作人。	九〇二
秦氏継	『平安遺文』六五	承和七年	愛知郡大国郷保証			八四〇
秦東人	『平安遺文』一五	延暦一五年	愛知郡大国郷		墾田主	七九〇
秦	『平安遺文』一八七	延喜二年	愛知郡擬主帳			八四〇
秦経尚	『日本三代実録』	元慶元	陰陽権允浅井郡人	従八位下	移貫山城国葛野郡	八七七
秦持古羊	『平安遺文』一	弘仁一〇	坂田郡大原郷人		（「近江国坂田郡大原郷長解」）	八一九
秦浄継	『平安遺文』一	弘仁一〇	坂田郡大原郷戸主		（「近江国坂田郡大原郷長解」）	八一九
秦有伍倍	『平安遺文』一	弘仁一〇	坂田郡大原郷戸口		（「近江国坂田郡大原郷長解」）	八一九
秦美佐米	『平安遺文』一	弘仁一〇	坂田郡大原郷有伍倍親		（「近江国坂田郡大原郷長解」）	八一九
秦継麻呂	『平安遺文』一	弘仁一〇	坂田郡大原郷有伍倍親		（「近江国坂田郡大原郷長解」）	八一九
秦縄手	『平安遺文』一	弘仁一〇	坂田郡大原郷保戸主		（「近江国坂田郡大原郷長解」）	八一九
秦富麿（富麻呂）	『平安遺文』一	弘仁一四	坂田郡長岡郷人		（「近江国坂田郡長岡郷長解」）	八二三
秦永寿	『平安遺文』一	弘仁一四	坂田郡長岡郷人富麿父		（「近江国坂田郡長岡郷長解」）	八二三
秦長種	『平安遺文』一	弘仁一四	坂田郡長岡郷人富麿弟		（「近江国坂田郡長岡郷長解」）	八二三
秦仲麿	『平安遺文』一	承和二	坂田郡横川駅家戸主		（「近江国坂田郡横川駅家長解」）	八三五
秦広雄	『平安遺文』一	承和三	坂田郡大原郷保戸主		（「近江国坂田郡大原郷長解」）	八三六
秦酒田万□	『平安遺文』一	承和三	坂田郡大原郷保戸主		（「近江国坂田郡大原郷長解」）	八三六

秦（某）	『平安遺文』一	承和二	坂田郡横川駅家戸主		（「近江国坂田郡横川駅家長解」）	八三五
秦（某）	『平安遺文』一	承和二	坂田郡横川駅家戸主		（「近江国坂田郡横川駅家長解」）	八三五
秦（某）	『平安遺文』一	承和二	坂田郡横川駅家戸主		（「近江国坂田郡横川駅家長解」）	八三五
秦人□人	『藤原京右京五条木簡』		坂田評長岡里		庸米荷札（下ツ道東側溝出土）	八世紀
秦人乙麻呂	『平安遺文』四七	弘仁一一	愛知郡蚊野郷領			八二〇
秦人國行	『平安遺文』四七	弘仁一一	愛知郡蚊野郷保長	従八位下		八二〇
秦人阿□	『平安遺文』二二	延暦二一	愛知郡大国郷保子			八〇二
秦人福足	『平安遺文』四七	弘仁一一	愛知郡蚊野郷了事カ？			八二〇
秦人咋麻呂	『平安遺文』四四	弘仁九	愛知郡大国郷戸主			八一八
秦□（諸カ）	『平城京二条大路木簡』		（坂田郡）長岡郷塩野		庸米荷札（「平城宮発掘調査出土木簡概報」五）	八世紀
秦倉人酒公	「永田遺跡出土木簡」		（高島郡）			八世紀
秦倉人奈世麻呂	『正倉院文書』	天平五	近江国夜珠郡山本郷			七三三
秦倉人島麻呂	『正倉院文書』	天平五	近江国夜珠郡山本郷	同奈世麻呂戸口	「山背国愛宕郡某郷計帳」	七三三
橘守金弓	『正倉院文書』	天平宝字六	近江国犬上郡人	少初位上	造東大寺司番上（甲賀山作所領）	七六一
簀秦大嶋	『正倉院文書』	天平勝宝九	近江国犬上郡火田郷戸主		「西南角領解」	七五七
簀秦恵師千嶋（大嶋）	『正倉院文書』	天平勝宝九	近江国犬上郡斐田郷戸主		「画工司未選申送解案帳」	七五七
簀秦恵師道足	『正倉院文書』	天平勝宝九	近江国犬上郡斐田郷戸口		画師司画師（「画工司未選申送解案帳」）	七五七
簀秦画師豊次	『正倉院文書』	天平宝字二	近江国犬上郡人		画工司画師（画工司移）	七五七
黄文	『森ノ内出土木簡』		（野洲郡）			八世紀
阿（伎）勝足石	『平城宮出土木簡』		蒲生郡阿伎里戸主		過所木簡（平城京側溝出土）	八世紀
安吉浄成	『正倉院文書』	天平勝宝六	未選舎人	正六位上	「写経所経師以下上日帳」	七五四
安吉勝真道	『続日本後紀』	承和七	近江国人・美濃国大掾		右京三条に貫付	八四〇
安吉勝沢雄	『続日本後紀』	承和七	近江国人		真道の男	八四〇
安吉勝乙浄刀自	『平安遺文』	昌泰三	蒲生郡安吉郷		「源昇家領近江国土田荘田地注文」	九〇〇

御船氏	『天台座主記』		蒲生郡人	第六代天台座主	六世惟首和尚	
三宅連唯麻呂	『森ノ内出土木簡』		（野洲郡）			八世紀
三家人広麻呂	『平城京長屋王家木簡』		蒲生郡西里		「平城宮発掘調査出土木簡概報」二一	八世紀
治田連	『新撰姓氏録』左京諸蕃				賜近江国浅井郡地	
小竹田史身	『日本書紀』	天智三	坂田郡人		肥料としての畜糞の利用開始説話	六六四
辛国連阿弖麻呂	『平安遺文』一四七	貞観七	愛知郡大国郷相売		高徳の男	八六四
調首新麻呂	『平安遺文』一五	延暦一五	愛知郡大国郷戸主			七九〇
調首歳麻呂	『平安遺文』二二	延暦一五	愛知郡大国郷保子			七九〇
調首富麻呂	『平安遺文』四四	弘仁九	愛知郡大国郷戸主		墾田主	八一八
調首黒麻呂	『平安遺文』四四	弘仁九	愛知郡大国郷戸口		墾田主弟	八一八
調首浄麻呂	『平安遺文』四四	弘仁九	愛知郡大国郷戸口		墾田主弟	八一八
調首家主女	『平安遺文』四四	弘仁九	愛知郡大国郷戸口		姑	八一八
調首乙虫女	『平安遺文』四四	弘仁九	愛知郡大国郷戸主			八一八
調首豊門	『平安遺文』六五	承和七	愛知郡大国郷領			八四〇
調首浄川	『平安遺文』四七	弘仁一一	愛知郡蚊野郷領			八二〇
調首大野	『平安遺文』四七	弘仁一一	愛知郡蚊野郷了事			八二〇
調白刀自女	『平安遺文』一六	延暦一五	愛知郡八木郷田作人		墾田売却人民首田次麻呂の田作人。	九〇二
民首田次麻呂	『平安遺文』一六	延暦一五	愛知郡八木郷戸主		墾田売却人	九〇二

（大橋信弥作成）

あとがき

日本考古学協会滋賀大会が無事終わり、その最終的な打ち合わせの中で、滋賀大会の成果を何らかのかたちで残そうということになり、独自企画として大会二日目におこなった研究発表＝シンポジウムの記録が有力になった。当日のシンポは、三つのテーマで三会場でなされ、それぞれ一〇人前後の報告者が、二〇分ほどの短い時間で報告し、そのあと一時間程度の全体討議がなされた。各会場ともほぼ満員の盛況で、時間もかなり押しがちであったが、いずれも好評のうちに終えることが出来た。シンポの企画・コーディネートに当たったものとしては、用意された資料にくらべ、報告時間の短さが、特に気になるところであった。

今回、研究発表の2「渡来人の受容と生産組織」の成果をまとめるにあたって、もう一人の編者である花田勝広氏の提案もあり、シンポジウムの録音を活字化するのでなく、当日の成果を組み込んで、新たに報告内容をまとめ直し、文章化していただくことになったのも、そうした事情による。ただ発表者はそれぞれの職場の中堅として、調査研究に多忙な日常を送っておられ、こうした編者の希望が叶えられるかどうか、大きな危惧を抱いたが、それは杞憂に終わり、幸いすべての方々の賛同を得て、締め切り期限以内に寄稿していただくことが出来た。その内容も、一読していただければ判るように、それぞれの分野の最前線で活躍されている方ばかりであり、大会での報告をさらに充実していただくことが出来た。

本書をこの様な形でまとめることが出来たのは、研究発表の当日、熱心に討議に参加いただいた多くの方々のご協力と、大会会場の提供だけでなく、大会実行委員長をお引き受けいただき、大会の運営をバックアップいただいた、前滋賀県立大学学長の西川幸治先生はじめ、大会運営委員長の重責を果たし大会全体を統括された滋賀大学の小笠原好彦氏、また、学生を動員して実質的に大会を取り仕切っていただいた、滋賀県立大学の菅谷文則・高橋美久二の両氏に負うところが大きい。改めて御礼を申し上げたい。そして何よりも、ご多忙の中、玉稿を提供いただいた執筆者各位に御礼を申し述べたい。また出版事情の厳しい中、短い期間に見事な一書に仕上げていただいた、サンライズ出版の岩根治美さんに、御礼を申し上げたい。

大橋　信弥

二〇〇五年五月三日

■編者略歴

大橋　信弥（おおはし・のぶや）
1945年生まれ　立命館大学大学院修士課程修了
滋賀県立安土城考古博物館学芸課長
著書：『古代豪族と渡来人』（2004　吉川弘文館）
　　　『日本古代の王権と氏族』（1996　吉川弘文館）
　　　『日本古代国家の成立と息長氏』（1984　吉川弘文館）

花田　勝広（はなだ・かつひろ）
1955年生まれ　奈良大学文学部卒業
野洲市教育委員会文化財保護課主査
著書：『古代の鉄生産と渡来人』（2002　雄山閣）
　　　「宗像郷土館の研究」（『古文化論叢』30号　1993）
　　　「三上山下古墳の獣帯鏡」（『滋賀考古』21号　1999）

■執筆者

花田　勝広
青柳　泰介（奈良県立橿原考古学研究所）
田中　清美（大阪市文化財協会）
吉水　眞彦（大津市埋蔵文化財調査センター）
丸川　義広（京都市埋蔵文化財研究所）
富山　直人（神戸市立博物館）
黒石　哲夫（和歌山県文化財センター）
植野　浩三（奈良大学）
亀田　修一（岡山理科大学）
藤居　　朗（草津市教育委員会）
小笠原好彦（滋賀大学）
田中　史生（関東学院大学）
大橋　信弥

日本考古学協会2003年度滋賀大会シンポジウム２

ヤマト王権と渡来人《とらいじん》

2005年５月20日　初版第１刷発行
編　集　大橋信弥・花田勝広
版　権　ⓒ日本考古学協会
発行者　岩　根　順　子
発行所　サンライズ出版株式会社
〒522-0004 滋賀県鳥居本町655-1
TEL. 0749-22-0627　FAX. 0749-23-7720

　ISBN4-88325-274-4 C3021　　印刷・製本　P-NET信州